政府采购、工程招标、投标与评标 1200问

第3版

刘海桑 编著

本书通过1299个问答、177个案例和12个例题解读政府采购和工程招标、投标与评标的基本知识、策略与技巧，包括政府采购的新方式和新方法——竞争性磋商、PPP项目政府采购和电子招标投标，系统地阐述了评标的十大原则。本书供采购人、招标人、投资人、供应商（包括生产型和服务型企业、个体工商户）、投标人（包括施工单位、勘察设计单位、工程监理单位、代建单位、项目管理单位）、招标代理机构、咨询单位使用，也可供政府管理部门、高校相关专业的师生、研究人员使用，特别适合拟进入招标投标领域的人员使用。

图书在版编目（CIP）数据

政府采购、工程招标、投标与评标1200问 / 刘海桑编著. —3版. —北京：机械工业出版社，2021.6（2024.9重印）
ISBN 978-7-111-68477-0

Ⅰ. ①政⋯　Ⅱ. ①刘⋯　Ⅲ. ①政府采购制度—问题解答②建筑工程—招标—问题解答③建筑工程—投标—问题解答　Ⅳ. ①F810.45-44 ②TU723.2-44

中国版本图书馆CIP数据核字（2021）第114162号

机械工业出版社（北京市百万庄大街22号　邮政编码100037）
策划编辑：闫云霞　责任编辑：闫云霞　李宣敏
责任校对：梁　倩　封面设计：陈　沛
责任印制：邓　博
北京盛通数码印刷有限公司印刷

2024年9月第3版第6次印刷
184mm×260mm·25.25印张·489千字
标准书号：ISBN 978-7-111-68477-0
定价：88.00元

电话服务　　　　　　　　网络服务
客服电话：010-88361066　机　工　官　网：www.cmpbook.com
　　　　　010-88379833　机　工　官　博：weibo.com/cmp1952
　　　　　010-68326294　金　　书　　网：www.golden-book.com
封底无防伪标均为盗版　机工教育服务网：www.cmpedu.com

第3版前言

首先感谢读者对本书的厚爱，使本书累积印刷17次。本书第1版和第2版分别出版于2012年5月和2016年3月。

鉴于2018年颁布了《必须招标的工程项目规定》、2019年颁布了《政府采购信息发布管理办法》等工程招标投标、政府采购的规章，尤其是2021年开始实施《政府采购促进中小企业发展管理办法》，同时结合讲座、培训、评审中当事人遇到的问题，本书对相关内容进行了修订和补充。

调整之后的本书共十章，1299个问答。其中：

第一章对政府采购进行系统的阐述，重点是政府采购方式与程序、货物与服务的采购策略和投标与策略。

第二章介绍科技项目、国家科研计划课题评估及其招标、投标和评标。

第三章介绍招标代理机构、工程咨询机构和代建制。

第四章从建设工程项目类别、交易模式、立项、程序、预算及项目管理等方面对建设工程进行扼要介绍。

第五章对工程招标、投标与评标进行全面的阐述，其中，对工程评标进行系统的阐述，包括评标的十项原则。

第六章介绍机电产品国际招标、投标与评标和机电产品出口招标。

第七章介绍政府采购新方式——竞争性磋商。

第八章介绍政府采购新方法——电子招标投标。

第九章介绍政府采购新类型——政府和社会资本合作项目政府采购（PPP项目采购）。

第十章介绍政府采购新项目——政府购买服务。

为便于读者对政府采购、工程招标投标有更具体的认识，本书汇集了177个案例以及12个例题，帮助读者提升编制招标文件或投标文件的能力和技巧。

限于篇幅，本书所涉及的法律、行政法规、部门规章不再一一列出。它们的具体内容可以在相关的政府网站中查到，但读者在查询、使用时应注意部门规章新旧版本之间的差异。此外，应注意不同法律同一术语之间的差别，如《中华人民共和国政府采购法》中的采购文件包括采购活动记录、采购预算、招标文件、投标文件、定标文件等，而《中华人民共和国政府采购法实施条例》中的采购文件仅是由采购人或代理机构编制的，如招标文件，并不包含投标文件、定标文件等。

最后，感谢大家对本人的关心和支持，尤其感谢爱人对本人完成本书第1版、第2版和第3版的支持，本书也是送给一周岁宝宝的一份礼物。

Email：palmae@163.com或微信名：决策情报学——刘海桑。

目 录

第3版前言

第一章 政府采购 …………… 1
第一节 政府采购概述 …………… 1
1. 什么是采购？ …………… 1
2. 什么是政府采购？ …………… 1
3. 政府采购领域有哪些基本的法律和法规？如何快速有效地学习这些法律、法规和规章？ …………… 2
4. 《政府采购法》的宗旨是什么？ …………… 4
5. 如何认定《政府采购法》中的财政性资金？ …………… 4
6. 我国现行的政府采购体系如何构成与实施？ …………… 4
7. 什么是政府采购当事人？ …………… 5
8. 什么是采购人？ …………… 5
9. 什么是供应商？ …………… 5
10. 供应商参加政府采购活动应具备哪些基本条件？ …………… 5
11. 在政府采购活动中，哪些人员应当回避？ …………… 6
12. 在什么情形下政府采购可以不采购本国货物、工程或服务？ …………… 6
13. 什么是政府采购代理机构？ …………… 6
14. 什么是集中采购机构？ …………… 6
15. 采购代理机构有哪些职责？ …………… 6
16. 什么是政府采购信息？ …………… 6
17. 政府采购信息的发布应遵循什么原则？ …………… 7
18. 应当通过什么渠道发布政府采购信息？ …………… 7
19. 指定媒体应当在多少天内发布政府采购信息？ …………… 7
20. 政府采购信息发布由什么单位监管？ …………… 7
21. 如果在不同媒体发布的同一政府采购信息的内容不一致，应如何处理？ …………… 7
22. 指定媒体向政府采购信息发布主体提供信息发布服务，是否可以收费？ …………… 7
23. 采购文件包括哪些内容？ …………… 8
24. 政府采购的预算金额是否应该公开？ …………… 8
25. 采购活动记录包括哪些内容？ …………… 8
26. 政府采购的原则是什么？ …………… 8
27. 政府采购的目的和意义是什么？ …………… 10
28. 政府采购有哪三类对象？ …………… 11
29. 政府采购有哪些基本类型？ …………… 11
30. 政府采购有哪两种模式？ …………… 11
31. 什么是集中采购目录？ …………… 12
32. 什么是政府采购限额标准？ …………… 12
33. 什么是定点采购？ …………… 12
34. 政府采购有哪两种途径？ …………… 12
35. 自行采购的条件是什么？ …………… 13
36. 自行组织招标的条件是什么？ …………… 13
37. 委托代理机构采购时应签订哪些协议？ …………… 13
38. 委托代理机构采购时应办理哪些确认函？ …………… 13
39. 什么情形下可以对进口产品进行政府采购？ …………… 13

40. 进口产品的政府采购应遵循什么规章? ……13
41. 政府采购进口产品由什么部门进行审核管理? ……13
42. 什么是政府采购进口产品的审核管理? 须填报哪些表格? ……13
43. 采购人拟采购国家限制进口的重大技术装备和重大产业技术的, 应出具什么部门的意见? ……14
44. 采购人拟采购国家限制进口的重大科学仪器和装备的, 应出具什么部门的意见? ……14
45. 对政府采购进口产品论证的专家组应如何组成? ……14
46. 参与论证的专家能否作为同一项目的采购评审专家? ……14
47. 进口产品的政府采购应遵循什么原则? ……14
48. 什么情形下采购人应立即终止进口产品的合同? ……15
49. 政府采购有哪些现代化的手段? ……15
50. 政府采购采用现代化手段的原则是什么? ……15

第二节 招标性政府采购的方式与程序 ……15

51. 政府采购的方式有哪些? ……15
52. 什么是招标? ……15
53. 什么是公开招标? ……15
54. 政府采购的首选方式是哪一种? ……15
55. 公开招标的程序是什么? ……16
56. 公开招标有何优、缺点? ……18
57. 资格审查有哪两种类型? ……18
58. 什么是资格预审? 有什么优、缺点? ……18
59. 什么是资格后审? 有什么优、缺点? ……19
60. 以联合体形式进行投标时, 联合体各方应具备什么条件? ……19
61. 如何确定联合体的资质? ……19
62. 什么是邀请招标? ……20
63. 邀请招标的条件是什么? ……20
64. 邀请招标的程序是什么? ……20
65. 邀请招标有什么特点? ……23
66. 达到公开招标数额标准的货物、服务采购项目, 拟采用非招标采购方式的, 向设区的市、自治州以上人民政府财政部门申请批准应提供哪些材料? ……23
67. 政府采购工程依法不进行招标的, 应如何处理? ……23
68. 列入集中采购目录的项目在什么情况下可以不实行批量集中采购? ……23
69. 招标文件至少需要提前多少天发出? ……23
70. 资格预审公告的内容是什么? ……23
71. 对资格预审公告的时间要求是什么? ……24
72. 公开招标公告的内容是什么? ……24
73. 对公开招标公告的时间要求是什么? ……24
74. 政府采购投标保证金的数额上限是多少? 政府采购履约保证金的上限是多少? ……24
75. 能否单独组织只有一个投标人的现场考察? ……24
76. 对投标人的口头答疑有效吗? ……24
77. 采购信息更正公告应包括哪些内容? ……25
78. 对已发出的招标文件进行必要澄清或修改, 应在提交投标文件截止时间多少日前发出? ……25
79. 若推迟投标截止时间和开标时间, 应在提交投标文件截止时间多少日前发出? ……25
80. 开标的时间与地点如何确定? ……25
81. 开标的参与人员有哪些? ……26
82. 开标的步骤有哪些? ……26

83. 若在开标时未宣读价格折扣或备选方案，评标时是否予以考虑？ …………26
84. 开标一览表（报价表）中的内容与投标文件中明细表的内容不一致时如何处理？ ……………………………………26
85. 若参加投标的供应商不足三家而招标程序和招标文件均无瑕疵，招标人应如何处理？ …………………………………26
86. 若招标失败且招标文件存在不合理条款，应如何处理？ …………………27

第三节 非招标性政府采购的方式和程序 …27

87. 什么是询价？有什么特点？ ………27
88. 询价采购方式采购的范围是什么？ …27
89. 询价的条件是什么？ …………………27
90. 询价的程序是什么？ …………………28
91. 什么情况下应终止询价采购？ ………28
92. 什么是单一来源采购？有什么特点？ …28
93. 单一来源采购的条件是什么？ ………29
94. 单一来源采购的程序是什么？ ………29
95. 对单一来源采购的公示媒体有什么具体要求？ ……………………………30
96. 单一来源采购的采购项目信息和唯一供应商名称应公示多少天？ …………30
97. 单一来源采购的公示包含哪些内容？ ……………………………………30
98. 对单一来源采购公示期间收到的异议应如何处理？ ……………………30
99. 单一来源采购的协商情况记录应包括哪些内容？ ………………………30
100. 什么情况下应终止单一来源采购？ …30
101. 什么是竞争性谈判？有什么特点？ …30
102. 竞争性谈判的条件是什么？ ………31
103. 竞争性谈判的程序是什么？ ………31
104. 谈判文件应当包括哪些内容？ ……32
105. 什么情况下应终止竞争性谈判？ …32

106. 谈判文件、询价通知书编制的原则是什么？ ……………………………32
107. 在竞争性谈判和询价采购中，应如何邀请或抽取供应商？ ………………32
108. 如何认定《政府采购法》中竞争性谈判和询价采购的质量和服务相等？ ………………………………32
109. 谈判文件、询价通知书应当包括哪些内容？ ………………………………33
110. 竞争性谈判、单一来源采购方式采购的范围是什么？ ……………………33
111. 竞争性谈判公告、竞争性磋商公告和询价公告的内容是什么？ ………33
112. 对竞争性谈判公告、竞争性磋商公告和询价公告的时间要求是什么？ …33

第四节 货物、服务、小额工程的采购（招标）与策略 …33

113. 采购人成立采购小组有何意义？ …33
114. 采购小组如何组成？ ………………34
115. 如何合理地划分采购标包？ ………34
116. 如何掌握采购时限？ ………………35
117. 在采购前如何防止价高质劣的采购结果？ ……………………………35
118. 采购人如何减少或避免公开招标的流标？ ……………………………35
119. 公开招标失败后应采取何种应对措施与采购方式？ ……………………35
120. 采购人如何减少或避免邀请招标流标？ ……………………………35
121. 邀请招标是否比公开招标更节省时间？ ……………………………35
122. 采购人如何减少或避免竞争性谈判的失败？ ……………………………36
123. 竞争性谈判中应坚持什么原则？ …36
124. 竞争性谈判中如何采取保密措施？ …37

125. 竞争性谈判中谈判文件若需要且有实质性变动时应如何处理？………37
126. 竞争性谈判中投标人虽递交报价文件但未派代表参与谈判应如何处理？…37
127. 竞争性谈判中如何防止报价被抬高？………37
128. 如何使询价采购获得更廉价的采购结果？………37
129. 利用各种范本（招标文件、合同等）有何意义？………37
130. 如何细化采购文本？………37
131. 统一投标文件的格式有何意义？…39
132. 什么是离散型的评分方法？……39
133. 为何在采购文本中增加免责条款？…40
134. 什么是串标？如何防止采购中的串标？………40
135. 什么是低价抢标？如何防止采购中的低价抢标？………40
136. 在采购数字照相机、计算机等具有多种规格标准的货物时应注意哪些问题？………41
137. 在采购单件仪器设备时应注意哪些问题？………41
138. 在采购成套仪器设备或整个实验室的装备时应注意哪些问题？………41
139. 在采购园林植物时应注意哪些问题？………41
140. 编制采购文本时是否需要征求采购专家的意见？………42
141. 采购人或代理机构在编制采购文本时应注意哪些问题？………42
142. 什么是招标救济？………42

第五节 货物、服务、小额工程的响应（投标）策略

143. 投标人成立投标小组有何意义？…45
144. 投标小组如何组成？………45
145. 如何审读采购文本？………45
146. 什么是星号条款？………45
147. 咨询时应注意什么问题？………46
148. 在投标前准备两套报价方案有什么意义？………46
149. 什么是备选方案？………46
150. 询价采购中能否提交备选方案？…46
151. 同一投标方案能否报出两种价格？………46
152. 如何编制投标文件？………46
153. 编制目录页有什么意义？………48
154. 什么是响应采购文本的要求？……48
155. 如何响应采购文本的要求？………48
156. 投标人以很低的报价投标时应做哪些相应的准备？………49
157. 若需答辩应做哪些准备？………49
158. 业绩汇总表有什么意义？………49
159. 为何需要精练投标文件？………49
160. 检查投标文件的方法有哪些？……50
161. 对自己的投标文件进行预打分有什么意义？………50
162. 竞争性谈判的投标文件应如何报价？………50
163. 如何更正资格预审申请书的内容？…50
164. 若超出资格预审申请书的递交时间该怎么办？………50
165. 递交投标文件应注意哪些问题？…50
166. 如何撤回投标文件？………51
167. 在竞争性谈判中投标人代表应注意什么？………51
168. 供应商代表在单一来源采购的谈判中应注意什么问题？………51
169. 采购项目流标时，供应商如何保护自身的商业秘密？………51

170. 供应商应如何质疑？ ……………51
171. 供应商在确知自身权利受到侵害时应如何投诉？ ……………………52
172. 供应商对投诉的处理决定不服或监管部门对投诉逾期未作处理，供应商应怎么办？ …………………52
173. 什么是在政府采购中可以享受扶持政策的中小企业？ ………………53
174. 中小企业的划分标准是什么？ ……53
175. 评审或评标中如何认定政府采购中可以享受扶持政策的中小企业？ …55
176. 小微企业或中型企业能否分包或转包给中型或大型企业？ ……………55
177. 什么情形下中小企业可以在政府采购中享受扶持政策？ ………………55
178. 小微企业在政府采购中所能享受的最高的评审价折扣是多少？ ………56
179. 大中型企业如何在政府采购中争取对小微企业的扶持政策？ …………57
180. 小微企业组成联合体，仍视为小微企业吗？ ……………………………58
181. 中小企业声明函应当公示吗？ ……58
182. 如何填写中小企业声明函？ ………58
183. 在有资质等级要求的招标中，企业组成联合体是应采取什么资质等级的策略？ ………………………………60

第六节 政府采购评审 ……………61

184. 供应商参加政府采购活动应提供哪些基本材料？ ……………………61
185. 政府采购中，对投标人资格有哪些限制？对联合体成员有哪些限制？ …61
186. 政府采购中，什么是重大违法记录？ ……………………………62
187. 政府采购中，什么是差别待遇或者歧视待遇？ ……………………62
188. 在政府采购中，供应商应如何要求与其他供应商有利害关系的采购人员及相关人员回避？ ………………62
189. 公开招标或邀请招标的评标委员会应如何组成？ ……………………62
190. 竞争性谈判的谈判小组应如何组成 ……………………………………63
191. 询价采购的询价小组应如何组成？ …63
192. 对参加评标委员会的评审专家和参加竞争性谈判或询价采购的评审专家有什么不同要求？ …………………63
193. 货物、服务的招标性采购的评标有哪些步骤？ …………………………64
194. 什么是资格性检查？ ………………64
195. 什么是符合性检查？ ………………64
196. 什么是无效投标？ …………………65
197. 符合专业条件的供应商或对招标文件做出实质响应的供应商不足3家时应如何处理？ ………………65
198. 货物、服务的招标中有哪些主要的评审方法？ …………………………65
199. 综合评分法中评分的主要因素是什么？ ……………………………65
200. 综合评分法中价格的权重是多少？ …65
201. 什么情况下价格不列为评分因素？ ……………………………65
202. 性价比法中的主要评审因素是什么？ ……………………………66
203. 货物、服务的政府采购中，当采用最低投标价法时，应如何确定中标人？ ……………………………66
204. 投标文件的大写金额和小写金额不一致时，应如何处理？ ……………66
205. 投标文件的总价金额和单价汇总金额不一致时，应如何处理？ ………66

206. 投标文件的中英文版本不一致时，
应如何处理？……………………67
207. 评标中对投标人的澄清、纠正有何
要求？……………………………67
208. 如何编写评标报告？……………67
209. 供应商是否能同时为采购项目提供
整体设计、规范编制、项目管理、
监理、检测等服务？……………67
210. 多家供应商代理同一品牌同一型号
的，应如何处理？………………67

■ 第七节 政府采购合同与政府采购监管 …67

211. 竞争性谈判和询价采购的评审报告
包括哪些内容？…………………67
212. 评审人员对评审报告有异议的，
应如何处理？……………………68
213. 评审人员在评审报告上签字有什么
意义？……………………………68
214. 竞争性谈判小组或者询价小组在采
购活动中有哪些职责？…………68
215. 成交供应商无正当理由不与采购人
签订合同或拒绝履行合同义务，将
导致什么后果？…………………68
216. 采购代理机构应在评标（或评审）
结束后几个工作日内将评标（或评
审）报告送达采购人？…………68
217. 采购人应在政府采购评审结束后
几个工作日内确定中标供应商或
成交供应商？……………………68
218. 政府采购对公开中标结果（成交结果）、
公开采购合同内容的要求是什么？…69
219. 什么情形下采购人可与中标候选供
应商而不是和中标供应商签订政府
采购合同？………………………69
220. 采购人应在多少日内与中标、成交
供应商签订政府采购合同？……69

221. 政府采购合同及补充采购合同应采
用何种形式？……………………69
222. 补充采购合同的金额上限是多少？…70
223. 由采购代理机构以采购人名义与中
标、成交供应商签订政府采购合同
的，应提交什么材料？…………70
224. 采购人（或代理机构）应在多少日
内将合同副本报同级政府采购监管
部门备案？………………………70
225. 什么是政府采购自主创新产品？…70
226. 采购人应在多少日内与中标、成交
自主创新产品供应商签订自主创新
产品政府采购合同？……………70
227. 能否由采购代理机构与中标、成交
自主创新产品供应商签订自主创新
产品政府采购合同？……………70
228. 采购人能否与中标、成交自主创新
产品供应商签订自主创新产品分包
项目合同？………………………70
229. 对自主创新产品政府采购合同的期
限有什么具体规定？……………70
230. 自主创新产品的供应商进行分包或
转包的，应受到何种处罚？……70
231. 供应商提供的自主创新产品质量
不合格、影响正常使用的，应受到
何种处罚？………………………71
232. 大型或复杂货物的政府采购项目应
如何验收？………………………71
233. 采购文件至少要保存多少年？…71
234. 采购人应在收到供应商的书面质疑
后多少个工作日内做出书面答复？…71
235. 政府采购监管部门进行监督检查的
主要内容是什么？………………71
236. 政府监督部门处理投诉的最长时限
是多少日？………………………71

237. 政府监督部门处理投诉期间若暂停采购活动，则暂停的最长时限是多少日？ …………………………71
238. 投诉处理公告包括哪些内容？ ……71
239. 存在瑕疵的招标信息是否会导致采购无效？ ………………………71
240. 什么情况下可终止采购活动或撤销成交供应商的中标资格？ ………72
241. 什么情况下应变更或中止政府采购合同？ ……………………………72
242. 采购人或采购代理机构擅自变更采购方式、提高采购标准或有歧视性条款的，将受到什么处罚？ …72
243. 采购人或采购代理机构违法隐匿、销毁或伪造、变造采购文件，将受到什么处罚？ ………………………72
244. 供应商若提供虚假材料、以不正当手段排挤其他供应商、进行恶意串通或行贿，将受到什么处罚？ …72
245. 集中采购机构虚报业绩的，将受到什么处罚？ ………………………72
246. 采购中的违规违法行为导致采购合同履行后使采购人或供应商遭受损失的，应如何处理？ …………72
247. 政府采购对公开采购项目预算金额的要求是什么？ …………………73
248. 政府采购对公开已发出的招标文件、资格预审文件、竞争性谈判文件、竞争性磋商文件进行必要的澄清或者修改的要求是什么？ …………73
249. 依法需要终止采购的,应如何处理？ …73
250. 政府采购对公开监管处罚信息的要求是什么？ ………………………73
251. 政府采购评审专家的资格条件是什么？ …………………………74

252. 政府采购评审专家有什么权利与义务？ …………………………74
253. 如何抽取政府采购评审专家？ ……74
254. 政府采购评审专家若违规违法，应如何处理？ ……………………74
255. 应如何加强对政府采购的监管？政府采购发展的未来趋势是什么？ …75
256. 采购人或采购代理机构应如何发出中标或成交通知书？ ……………75
257. 对政府向社会公众提供的公共服务项目的验收有什么要求？政府采购的验收书应包括哪些内容？ …………75
258. 应当在什么时间之内将所签订的政府采购合同进行公告？ …………75
259. 什么情形下属于化整为零方式的规避公开招标？ ……………………76
260. 应在什么时候退还保证金？ ………76

第二章 科技项目、国家科研计划课题评估及其招标、投标和评标 ………77

第一节 科技项目招标、投标、评标及项目评估 ………………77

261. 什么是科技项目招标投标？ ………77
262. 科技项目招标的宗旨是什么？ ……77
263. 科技项目招标投标工作由什么部门监管？ ……………………………77
264. 科技项目招标的范围是什么？ ……77
265. 科技项目不招标的条件是什么？ …77
266. 科技项目招标的原则是什么？ ……78
267. 科技项目进入招标程序的条件是什么？ …………………………78
268. 科技项目招标有哪两种方式？ ……78
269. 什么是科技项目的分段招标？ ……78
270. 什么情形下可以对科技项目进行自行招标？ ……………………………78

271. 科技项目的招标公告或投标邀请书包括哪些内容? …………78
272. 科技项目的招标文件包括哪些内容? …………78
273. 科技项目的招标文件或投标邀请书至少需要提前多少日发布或发出? …79
274. 科技项目招标文件售出后,招标人如对其修改、补充或澄清,应提前多少日发出通知? …………79
275. 招标人要求投标人提供的证明文件有哪些? …………79
276. 若通过资格审查的投标人数量不足三人,应如何处理? …………79
277. 什么情形下可以终止科技项目的招标? …………79
278. 招标人应如何组织开标? …………79
279. 招标人应在开标之日后多少日内完成定标工作? …………79
280. 所有投标被否决后应如何处理? …79
281. 科技项目的投标人应具备什么条件? …………80
282. 投标文件除公章之外是否需要加盖法定代表人的印章? …………80
283. 科技项目的投标文件包括哪些内容? …………80
284. 以联合体形式投标时,投标人应提供什么材料? …………80
285. 已通过资格审查的投标人是否可以再组成联合体进行投标? …………80
286. 若联合体中标,联合体各方应承担什么责任? …………80
287. 投标人应在何时送达投标文件或对已提交的投标文件进行修改和补充? …80
288. 投标人在澄清或答辩时是否可以向评标委员会提供新的材料? …………80

289. 投标人若提供虚假材料或串通投标的,应承担什么责任? …………81
290. 中小企业申报技术创新基金应注意什么? …………81
291. 科技项目招标评审涉及哪些因素? …81
292. 科技项目的评标委员会如何组成? …82
293. 什么情形下投标无效? …………82
294. 科技项目的评标报告包括哪些内容? …………82
295. 科技项目的评标一般确定几个中标(候选)人? …………82
296. 什么是科技评估?有哪几种类型? …82
297. 科技评估的原则是什么? …………83
298. 科技评估的对象和范围是什么? …83
299. 科技项目的评估人员应具备什么条件? …………83
300. 科技项目的评估程序和评估报告的内容是什么? …………83

■ 第二节 国家科研计划课题招标、投标、评标及课题评估评审……84
301. 什么是课题制? …………84
302. 实施课题制管理的主要内容有哪些? …………84
303. 课题制的适用范围是什么? …………84
304. 什么是课题责任人负责制? …………84
305. 什么是国家科研计划课题的招标投标? …………84
306. 国家科研计划课题招标的宗旨是什么? …………84
307. 国家科研计划课题的招标投标工作由什么部门归口管理? …………85
308. 国家科研计划课题招标的范围是什么? …………85
309. 国家科研计划课题不招标的条件是什么? …………85

310. 国家科研计划课题招标的原则是什么? ……85
311. 什么是国家科研计划课题的招标人? ……85
312. 国家科研计划课题招标有哪两种方式? ……85
313. 什么是国家科研计划课题的两阶段招标? ……85
314. 国家科研计划课题的招标文件包括哪些内容? ……85
315. 国家科研计划课题的招标人在制订综合评标标准时,应考虑哪些因素? …85
316. 国家科研计划课题招标文件售出后,招标人如对其修改、补充或澄清,应提前多少日发出通知? ……86
317. 应如何确定标底? ……86
318. 国家科研计划课题的招标人应如何组织开标? ……86
319. 国家科研计划课题的招标人应在什么时间内完成评标定标工作? ……86
320. 国家科研计划课题的招标人违法违规将受到何种处罚? ……86
321. 国家科研计划课题的投标人应具备什么条件? ……86
322. 国家科研计划课题的投标文件除公章外是否需要加盖法定代表人的印章? ……86
323. 国家科研计划课题的投标文件包括哪些内容? ……87
324. 国家科研计划课题招标投标中,以联合体形式投标时,投标人应提供什么材料? ……87
325. 国家科研计划课题招标投标中,若联合体中标,联合体各方应承担什么责任? ……87

326. 国家科研计划课题的投标人应在何时送达投标文件? ……87
327. 国家科研计划课题的投标人应在何时对已提交的投标文件进行修改和补充?应采取何种形式? ……87
328. 国家科研计划课题的投标人在澄清或答辩时是否可以向评标委员会提供新的材料? ……87
329. 国家科研计划课题的投标人若提供虚假材料或串通投标的,应承担何责任? ……87
330. 国家科研计划课题的投标人在投标中应注意哪些问题? ……87
331. 国家科研计划课题的投标人的最低报价是否可以作为中标的唯一理由? …88
332. 国家科研计划课题的评标委员会如何组成? ……88
333. 国家科研计划课题招标投标在什么情形下为无效投标? ……88
334. 国家科研计划课题的评标报告包括哪些内容? ……88
335. 国家科研计划课题的评标一般确定几个中标(候选)人? ……88
336. 什么是课题评估?有哪几种类型? …88
337. 课题评估的原则是什么? ……89
338. 什么是课题评审? ……89
339. 国家科研计划课题的评审专家应具备什么条件? ……89
340. 国家科研计划课题的评估报告的内容是什么? ……89

第三章 代理机构与代建制 ……90
第一节 代理机构和工程咨询机构 …… 90
341. 拟从事政府采购业务代理的机构应通过什么途径进行登记? ……90

342. 拟从事政府采购业务代理的机构进行登记的流程是什么？ …… 90
343. 政府采购业务代理机构基本情况表包括哪些内容？ …… 90
344. 政府采购业务代理机构基本情况表中的"专职人员"是指哪些人员？ …… 91
345. 政府采购业务代理机构可以在外省开展政府采购业务代理吗？ …… 91
346. 工程建设项目招标代理机构的资格如何认定？ …… 91
347. 根据现行国家标准《招标代理服务规范》GB/T 38357，招标服务分为几个阶段？ …… 92
348. 中央投资项目招标代理机构的资格如何认定？ …… 92
349. 机电产品国际招标业务代理机构的资格如何认定？ …… 92
350. 工程咨询机构的资格如何认定？ …… 92

第二节 代建制 …… 92

351. 什么是代建制？ …… 92
352. 代建制有几种模式？ …… 92
353. "委托代理合同"模式的代建制有什么特点？ …… 93
354. "指定代理合同"模式的代建制有什么特点？ …… 93
355. "三方代建合同"模式的代建制有什么特点？ …… 93
356. 代建制适用于什么范围？ …… 93
357. 代建制与工程监理的主要区别是什么？ …… 93
358. 代建单位与总承包商、项目管理企业有什么区别？ …… 93
359. 与自建制相比，代建制有什么优越性？ …… 93
360. 代建制的程序是什么？ …… 94

第四章 建设工程概述 …… 95

第一节 建设工程项目的类别、交易模式及建筑市场 …… 95

361. 什么是工程建设项目？有什么特征？ …… 95
362. 依据建设性质，建设工程分为哪几类？ …… 95
363. 依据建设方向，建设工程分为哪几类？ …… 96
364. 依据建设功能，建设工程分为哪几类？ …… 96
365. 依据建设阶段，建设工程分为哪几类？ …… 97
366. 什么是国有资金投资项目？ …… 97
367. 什么是国家融资项目？ …… 97
368. 有哪些建设工程交易模式？有什么优、缺点？ …… 97
369. 什么是广义的和狭义的建筑市场？ …… 98
370. 什么是建设工程交易中心？ …… 98

第二节 建设工程的立项、程序、预算及项目管理 …… 98

371. 什么是投资项目的审批制、核准制和备案制？ …… 98
372. 政府核准的投资项目涉及哪些领域和类别？ …… 98
373. 项目报建前是否都需要立项审批？ …… 99
374. 是否所有的建设工程都需要报建？ …… 99
375. 报建内容包括哪些？ …… 99
376. 报建项目是否都需要招标？ …… 99
377. 建设工程活动应遵循什么原则？ …… 99
378. 建设单位对建设工程有什么质量责任和义务？ …… 99
379. 勘察、设计单位对建设工程有什么质量责任和义务？ …… 100

380. 施工单位对建设工程有什么质量责任和义务? …… 100
381. 工程监理单位对建设工程有什么质量责任和义务? …… 102
382. 建设项目划分为哪四个层次? … 102
383. 建设工程划分为几个阶段? …… 103
384. 工程设计阶段如何划分? …… 104
385. 什么是概念设计(概念性方案设计)? …… 104
386. 什么是初步设计(基础设计)? … 105
387. 什么是施工图设计(详细设计)? …… 105
388. 什么是技术设计? …… 105
389. 什么是总体规划设计(总体规划、总体设计)? …… 105
390. 什么是工程概、预算? 分为哪几类? …… 106
391. 什么是投资估算? 有什么作用? … 106
392. 什么是设计概算? 有什么作用? … 106
393. 什么是修正概算? 有什么作用? … 107
394. 什么是施工图预算? 有什么作用? … 107
395. 什么是施工预算? 有什么作用? … 107
396. 什么是工程结算? 有什么作用? … 107
397. 什么是竣工决算? 有什么作用? … 107
398. 基本建设阶段与概、预算的对应关系是什么? …… 108
399. 什么是工程项目管理? …… 108
400. 工程项目管理有哪些内容? … 108
401. 什么是分包? …… 108
402. 什么是转包? 与分包有什么区别? …… 108
403. 分包的合法条件是什么? …… 109
404. 违法分包将受到什么处罚? …… 109
405. 国家对重大建设项目如何实施监督? 由什么部门监督? …… 109
406. 稽查工作应遵循什么原则? …… 109
407. 稽查特派员与被稽查单位是什么关系? …… 109
408. 稽查特派员如何派出? …… 110
409. 稽查特派员有什么职责? 如何开展工作? …… 110
410. 被稽查单位如何配合稽查工作? …… 110

第五章 工程招标、投标与评标及合同管理 …… 111

第一节 工程招标概述 …… 111

411. 《招标投标法》的宗旨是什么? … 111
412. 工程招标投标的原则是什么? … 111
413. 应如何理解不同法律、规章之间的差异并开展招标工作? …… 111
414. 什么是招标人? …… 112
415. 工程建设项目强制招标的范围和规模标准是什么? …… 112
416. 什么情形下可以不招标? …… 113
417. 单位集资房、厂房是否属于强制招标的范围? …… 114
418. 工程建设项目招标有哪几种方式? … 114
419. 什么情形下才能采用邀请招标方式? …… 114
420. 对工程项目自行组织招标的条件是什么? …… 115
421. 建设工程的可行性报告是否都需要增加有关招标的内容? …… 115
422. 招标人不具备自行招标条件时其可行性报告的批准是否会受影响? … 115
423. 强制招标的工程项目应在何种媒体发布招标信息? …… 116
424. 刊登招标公告需要支付费用吗? … 116
425. 指定媒体自收到招标公告至刊登该招标公告的最长期限是多少日? … 116

426. 成立招标小组有什么意义？
 招标小组由什么人员构成？
 有什么职责？ ………………… 116
427. 如何掌握招标时限？ ………… 117
428. 招标文件或资格预审文件至少应在
 递交投标文件或资格预审申请文件
 截止之日前多少日发出？招标文件、
 资格预审文件的最短销售时间是
 多少日？ ……………………… 120
429. 对招标文件或资格预审文件进行必
 要的澄清或修改，应在递交投标文
 件或资格预审申请文件截止之日前
 多少日发出？ ………………… 120
430. 工程项目招标公告应包括哪些
 内容？ ………………………… 120
431. 招标公告中的招标编号有什么
 作用？ ………………………… 120
432. 工程项目资格预审公告应包括哪些
 内容？ ………………………… 120
433. 邀请招标的投标邀请书包括哪些
 内容？ ………………………… 120
434. 通过资格预审的投标邀请书包括哪
 些内容？ ……………………… 121
435. 对联合体投标中的同一专业的不同
 等级资质如何认定？ ………… 121
436. 为何招标文件不得指定某一特定的
 生产供应商或品牌？ ………… 121
437. 招标人是否应允许投标人在提交投
 标文件截止时间之前修改或撤回投
 标文件？ ……………………… 121
438. 招标人是否应拒收迟到的投标
 文件？ ………………………… 121
439. 若投标人或资格预审的申请人
 少于3个，是否必须重新招标？ … 121
440. 如何避免或减少招标失败？ …… 121

441. 对开标的时间和地点有什么法定
 要求？对投标有效期有什么法定
 要求？ ………………………… 122
442. 应如何履行开标手续？ ……… 122
443. 若投标人未提交投标保证金，
 应如何处理？ ………………… 122
444. 招标人和中标人应自中标通知书发
 出之日起多少日内签订合同？招标
 人应如何退还投标保证金？ … 122
445. 招标人应在确定中标人之日起多少
 日内向有关行政监督部门提交招标
 投标情况的书面报告？ ……… 122
446. 若中标人不按照招标文件规定提交
 履约保证金的，应如何处理？ … 122
447. 若中标人不履行与招标人订立的
 合同，应如何处理？ ………… 122
448. 招标人是否可以允许中标人将中标
 项目进行分包？ ……………… 123
449. 招标人规避招标有哪些类型？ … 123
450. 什么行为属于招标人以不合理条件
 限制或排斥潜在投标人？招标人将
 受到何种处罚？ ……………… 124
451. 为何招标人不能透露已获取招标文
 件的潜在投标人的名称？ …… 124
452. 招标代理机构违法泄露应保密的与
 招标投标有关的情况和资料，将导
 致什么结果？ ………………… 124
453. 招标人是否能从评标委员会推荐的
 中标候选人之外确定中标人？ … 124
454. 招标人若从评标委员会依法推荐的
 中标候选人之外确定中标人，将受
 什么处罚？ …………………… 125
455. 招标人不按招标投标文件与中标人
 订立合同或订立背离合同实质性内
 容的协议，将受到什么处罚？ … 125

456. 什么是串标？应如何界定？串标应受到何种处罚？ ⋯⋯⋯⋯⋯ 125
457. 投标人以他人名义投标或以其他方式弄虚作假骗取中标的，应受到何种处罚？ ⋯⋯⋯⋯⋯⋯⋯⋯⋯ 125
458. 中标人将中标项目直接或肢解后转让给他人或违法分包，或分包人再次分包的，将受到什么处罚？ ⋯ 126
459. 招标人向他人透露已获取招标文件的潜在投标人的名称、数量或泄露标底的，应受到何种处罚？ ⋯⋯ 126
460. 非法定招标项目的招标投标活动是否应遵循《招标投标法》？ ⋯⋯⋯ 126

第二节 工程投标概述 ⋯⋯⋯⋯ 126

461. 什么是投标人？ ⋯⋯⋯⋯⋯ 126
462. 投标决策中有哪些特殊的手段和方法？ ⋯⋯⋯⋯⋯⋯⋯⋯⋯ 126
463. 什么是竞争情报？ ⋯⋯⋯⋯ 126
464. 竞争情报与信息资料、市场调查、经济课报、传统的情报研究有什么区别？ ⋯⋯⋯⋯⋯⋯⋯⋯⋯⋯ 126
465. 竞争情报有什么功能？ ⋯⋯ 128
466. 竞争情报有哪些类型和本质特征？ ⋯⋯⋯⋯⋯⋯⋯⋯⋯⋯ 129
467. 在投标中如何运用竞争情报？ ⋯ 129
468. 投标人如何组建竞争情报系统？ ⋯⋯⋯⋯⋯⋯⋯⋯⋯⋯ 133
469. 资金的时间价值有哪两种计算方法？ ⋯⋯⋯⋯⋯⋯⋯⋯⋯ 135
470. 如何计算一次投资的本利终值？有什么意义？ ⋯⋯⋯⋯⋯⋯⋯ 135
471. 如何计算多次等额投资的本利终值？有什么意义？ ⋯⋯⋯⋯⋯ 136
472. 如何计算多次等额回款值？有什么意义？ ⋯⋯⋯⋯⋯⋯⋯⋯⋯ 136
473. 什么是规划论？什么是线性规划、动态规划、组合规划、随机规划？ ⋯ 136
474. 使用线性规划的条件是什么？ ⋯ 136
475. 如何在投标决策中运用线性规划？ ⋯⋯⋯⋯⋯⋯⋯⋯⋯⋯ 137
476. 什么是决策树法？ ⋯⋯⋯⋯ 138
477. 什么是图论中的树？什么是决策树？ ⋯⋯⋯⋯⋯⋯⋯⋯⋯⋯ 138
478. 如何将决策树法运用于投标决策？ ⋯⋯⋯⋯⋯⋯⋯⋯⋯⋯ 138
479. 投标划分为几个阶段？ ⋯⋯ 141
480. 组建投标小组有什么意义？ ⋯ 141
481. 如何组建投标小组？ ⋯⋯⋯ 142
482. 如何编制资格预审申请书？ ⋯ 142
483. 如何研究招标文件？ ⋯⋯⋯ 143
484. 如何咨询与进一步沟通？ ⋯ 144
485. 投标文件由哪些要件组成？ ⋯ 145
486. 标前答疑会是否一定要参加？ ⋯ 145
487. 投标人可能无法赶在投标截止时间前递交投标文件，投标人应如何应对？ ⋯⋯⋯⋯⋯⋯⋯⋯⋯⋯ 145
488. 开标活动是否一定要参加？若未参加开标活动，投标保证金是否会被没收？ ⋯⋯⋯⋯⋯⋯⋯⋯⋯⋯ 145
489. 对资格预审文件或招标文件有异议的，应如何处理？在评标期间，投标人应如何澄清、补正或答辩？ ⋯ 145
490. 合同文件的优先顺序是什么？ ⋯ 146

第三节 工程评标概述 ⋯⋯⋯⋯ 145

491. 评标的十项原则是什么？ ⋯ 146
492. 评标的一般程序是什么？ ⋯ 152
493. 什么情形下可以暂停或中止评标？ ⋯⋯⋯⋯⋯⋯⋯⋯⋯⋯ 152
494. 什么情形下可以延长评标时间？ ⋯ 153
495. 什么情形下可以更换评委？ ⋯ 153

496. 如何组建评标委员会? ……………… 153
497. 评标委员会的职责是什么? …… 154
498. 评标委员会的权利、义务和评标纪律是什么? …………… 154
499. 评标准备包括哪些工作? ……… 156
500. 评分规则如何细化、明确? …… 157
501. 什么是量化指标的统一? ……… 157
502. 初步评审包括哪些步骤? ……… 157
503. 投标文件错误分析和修正主要包括哪些内容? ……………… 157
504. 若不同投标文件以不同种货币报价,则应如何处理? ……… 158
505. 投标文件的总价金额和单价汇总金额不一致且不存在小数点错误时,应如何处理? …………… 158
506. 投标文件的不同语言文本的释义不一致时,应如何处理? …… 159
507. 投标文件内容前后不一致时,应如何处理? ………………… 159
508. 评标委员会应如何要求投标人进行澄清、补正? …………… 159
509. 什么是重大偏差? ……………… 160
510. 什么是细微偏差? ……………… 161
511. 拒不按照要求对投标文件进行澄清或补正,评标委员会是否可以否决其投标? …………… 161
512. 如何确定经初步评审合格的投标文件? ………………… 161
513. 评审有哪些类别? ……………… 161
514. 有哪两款定标法则? …………… 163
515. 有哪四类评标方法?与定标法则有什么对应关系? ………… 163
516. 各部委所规定的评标方法有哪些? ……………… 163
517. 什么是综合评分法? …………… 164
518. 什么是性价比法? ……………… 165
519. 什么是价分比法? ……………… 165
520. 什么是综合评议法? …………… 166
521. 什么是最低投标价法? ………… 166
522. 什么是经评审的最低投标价法? ……………… 166
523. 什么是最低评标价法? ………… 169
524. 什么是设备运行年限评标法? … 170
525. 什么是固定低价评标法? ……… 171
526. 什么是组合低价评标法? ……… 171
527. 对备选标进行评审的前提是什么? ……………… 173
528. 对投标人的改进方案进行评审的前提是什么? …………… 173
529. 如何进行整体授标的评审? …… 173
530. 评标有哪些技巧和注意事项? … 173
531. 离散型的评标方法有什么意义? … 175
532. 定标的前提是什么? …………… 176
533. 什么情形下评标委员会可以否决所有投标? …………… 176
534. 废标和流标有什么区别? ……… 176
535. 定标有哪些途径、模式? ……… 176
536. 定标的方法是什么? …………… 176
537. 工程评标如何编写评标报告? … 177
538. 评标专家应具备什么条件?招标人代表是否可以作为评标专家? … 177
539. 评标专家库应具备什么条件? … 177
540. 评标委员会成员收受投标人的财物或其他好处的或透露评审情况的,将受到什么处罚? …………… 177

□ 第四节 施工招标及策略 ……… 178

541. 工程施工强制招标的规模标准是什么? ……………… 178
542. 依法必须进行招标的项目,什么情形下可以不招标? ……… 178

543. 进行工程施工招标的条件是什么？ …………………… 178
544. 工程施工招标有哪两种方式？ … 178
545. 依法必须进行公开招标的项目，什么情形下可以采用邀请招标方式？ … 179
546. 采用邀请招标方式应由什么部门批准？ ………………………… 179
547. 如何划分标段？ ………………… 179
548. 什么是资格预审合格制？ ……… 180
549. 什么是资格预审有限数量制？ … 180
550. 工程施工招标的资格预审公告包括哪些内容？有无范本？ ………… 181
551. 施工招标的资格审查包括哪些内容？ …………………………… 182
552. 资质审查的基本要求是什么？ … 183
553. 施工资质分为几类、几个等级？ … 183
554. 工程监理资质分为几类、几个等级？ ………………………… 183
555. 职业资格、从业资格和执业资格是什么关系？ ………………… 184
556. 职业资格证书包括哪两类？它们的主要差别在哪里？ ……… 184
557. 建造师执业资格证书、建造师注册证书、建造师临时执业资格证书有什么区别？ ……………………… 184
558. 建造师分为几级？各有哪些专业？ …………………………… 184
559. 如何选择施工招标中的项目经理？ …………………………… 184
560. 除注册、临时执业建造师外，其他资格的人员是否可以作为项目经理的拟聘人选？ ………………… 185
561. 对潜在投标人的施工经验要求是否属于以不合理条件限制或排斥潜在投标人？ ……………………… 185
562. 提高对潜在投标人的资质要求是否属于以不合理条件限制或排斥潜在投标人？ ……………………… 185
563. 为施工项目的前期准备或监理工作提供设计、咨询服务的法人及其附属机构是否能参与投标？ ……… 185
564. 招标文件或资格预审文件出售的最短时间是多少日？ ……………… 185
565. 通过信息网络或其他媒介发布的招标文件与书面招标文件不一致时，以什么版本为准？ ……………… 185
566. 工程施工的招标公告（资格后审）包括哪些内容？有无范本？ …… 185
567. 邀请招标的投标邀请书包括哪些内容？是否有范本？ …………… 187
568. 通过资格预审的公开招标的投标邀请书包括哪些内容？是否有范本？ …………………………………… 188
569. 工程施工是否有招标文件、资格预审文件的范本？ ………………… 189
570. 什么是标底？ …………………… 189
571. 一个工程只能有一个标底吗？ … 189
572. 有哪些设标底的招标方式？ …… 189
573. 有哪些不设标底的招标方式？ … 190
574. 什么是审核价？ ………………… 190
575. 什么是控制价（拦标价）？与标底、审核价是什么关系？ …………… 190
576. 备案价、发布的合理低价与审核价是什么关系？ ………………… 190
577. 工期过长时，招标人可以采取什么应对措施？ ………………… 191
578. 如何界定投标有效期的起始时间？ …………………………… 191
579. 招标人是否可以要求投标人延长投标有效期？ ………………… 191

580. 因延长投标有效期造成投标人损失的，招标人是否应给予补偿？ ………… 191
581. 投标保证金的缴交方式有哪些？ … 191
582. 招标人要求投标人从其基本账户缴纳投标保证金有什么意义？ …… 191
583. 投标保证金的数额上限是多少？ … 191
584. 投标保证金的有效期是多久？ …… 191
585. 联合体参加资格预审在获通过之后其成员发生变化，招标人应如何处理？ ………… 191
586. 投标人若在招标文件规定的投标有效期终止之前撤回投标文件，招标人应如何处理？ ………… 192
587. 提交施工投标文件的投标人少于三个时，招标人应如何处理？ …… 192
588. 依法必须进行招标的项目，招标人应当自收到评标报告之日起多少天内公示中标候选人？公示期多久？ … 192
589. 国有资金占控股或者主导地位的依法必须进行招标的项目在什么情形下招标人可以确定排名第二或第三的中标候选人为中标人？ …… 192
590. 招标人是否应向中标人提供工程款支付担保？ ………… 192
591. 招标人应何时退还投标保证金？ … 192
592. 招标人能否使用非中标单位投标文件中的技术成果或技术方案？ … 192
593. 合同所确定的建设规模、标准、内容与价格确需超出规定范围的，招标人应如何处理？ ………… 193
594. 不具备分包条件或不符合分包规定时，招标人应如何处理？ …… 193
595. 若发现中标人转包或违法分包时，招标人应如何处理？ ………… 193

596. 如何防止施工招标中的投标人造假？ ………… 193
597. 如何防止施工招标中时常发生的挂靠？ ………… 194
598. 如何防止挂靠围标？ ………… 194
599. 串标有哪些形式？应如何防止工程招标中的串标？ ………… 194
600. 低价抢标的原因是什么？如何防止工程招标中的低价抢标？ …… 195
601. 针对工程量清单可能出现的缺漏项，招标文件应如何应对？ …… 196
602. 针对图纸中可能出现的节点设计未深化、立面图不详，招标文件应如何应对？ ………… 196
603. 实行风险包干制有什么意义？ … 196
604. 什么是联合招标？有什么意义？ … 196
605. 什么是合并招标？有什么意义？ … 196
606. 如何整合招标人的现有资源？ …… 197
607. 如何妥善地提高或降低对投标人的资格条件？ ………… 197
608. 在施工招标中如何增加免责条款？ ………… 198
609. 招标救济有什么意义？ ………… 198
610. 什么情形下招标人或招标代理机构的违规违法行为会导致招标无效？ … 198

□ 第五节 施工投标及策略 ………… 199
611. 什么是总价合同？有哪两种基本类型？ ………… 199
612. 除总价合同外，建设工程还有哪些合同计价方式？ ………… 199
613. 什么是签约合同价？什么是结算合同价？ ………… 200
614. 施工投标有哪些程序？ ………… 200
615. 投标人确定投标报价有哪些步骤？ ………… 201

616. 投标人如何进行询价? ………… 201
617. 如何核算投标成本? ………… 202
618. 由招标人提供部分材料或设备,应如何界定工程总价? ………… 202
619. 如何确定投标报价?有什么策略? … 202
620. 什么是暂列金额? ………… 204
621. 什么是暂估价? ………… 204
622. 什么是不可竞争费? ………… 204
623. 什么是不平衡报价?如何实施?实施中应注意什么事项? ………… 204
624. 什么是折扣? ………… 205
625. 投标报价应注意哪些问题? ………… 205
626. 投标文件由哪几部分组成? ………… 206
627. 商务标由哪些要件构成? ………… 209
628. 投标函的基本内容是什么? ………… 209
629. 投标函附录包括哪些内容?报价错误或工期错误是否会导致废标? … 210
630. 授权委托书包括哪些内容? ………… 211
631. 联合体协议书的基本内容是什么? ………… 211
632. 招标文件有限定数个品牌时,应如何处理? ………… 212
633. 图纸与主要设备表中的技术参数不一致时应如何处理? ………… 212
634. 技术标由哪些要件构成? ………… 212
635. 施工组织设计包括哪些内容? … 213
636. 投标文件的每一页是否都需要签字或盖章? ………… 213
637. 按照招标文件的格式编写投标文件有什么意义? ………… 214
638. 编制目录页有什么意义?如何编制目录页? ………… 214
639. 投标人拟进行分包的,应如何处理? ………… 215
640. 如何确定非主体、非关键性工作? … 215

641. 分包与联合投标有什么主要异同点? ………… 215
642. 联合投标的基本要求是什么? … 215
643. 就资质而言,联合投标应注意什么问题? ………… 215
644. 联合投标有什么意义? ………… 215
645. 施工总平面图与临时设施布置图、设计总平面图有什么区别? ………… 216
646. 临时用地表或临时设施布置图是否能代替施工总平面图? ………… 216
647. 精练投标文件有什么意义?如何精练投标文件? ………… 217
648. 编制投标文件有什么技巧? ………… 217
649. 如何检查已编制的投标文件?检查有什么意义? ………… 218
650. 施工投标应注意哪些问题? ………… 219

■第六节 勘察、设计招标、投标与评标 … 222
651. 工程勘察、设计强制招标的规模标准是什么? ………… 222
652. 什么情形下可以不招标? ………… 222
653. 勘察、设计招标在什么情形下需要重新招标? ………… 222
654. 重新招标再次失败的,招标人应如何处理? ………… 223
655. 学术性的项目方案设计竞赛或"创意征集",是否需要遵循建筑工程方案设计招标投标管理办法? ………… 223
656. 委托勘察有哪些类别和内容? … 223
657. 勘察招标有什么特点? ………… 224
658. 设计招标有什么特点? ………… 224
659. 进行工程勘察招标的条件是什么? ………… 225
660. 建筑工程方案设计招标分为哪两种类型? ………… 225

661. 进行建筑工程方案设计招标的具体条件是什么? …… 225
662. 工程勘察、设计招标有哪两种方式? …… 226
663. 依法必须进行公开招标的项目,在什么情形下可以采用邀请招标方式? …… 226
664. 什么情形下可以对勘察、设计采用分段或分项招标? …… 226
665. 勘察、设计招标文件或资格预审文件出售的最短时间是多少日? …… 226
666. 什么情形下招标人不得进行建筑工程方案设计的资格预审? …… 226
667. 如果通过建筑工程方案设计的资格预审投标人的数量不足三家,招标人应采取什么措施? …… 226
668. 能否以抽签、摇号等方式限制过多的资格预审合格的投标人参加建筑工程方案设计投标? …… 226
669. 应由什么人员负责建筑工程方案设计招标的资格预审? …… 226
670. 建筑工程方案设计招标的资格预审采用哪一种方式? …… 227
671. 勘察招标的资格审查包括哪些内容? …… 227
672. 工程勘察资质分为几类、几个等级? …… 227
673. 工程设计资质分为哪几类? …… 227
674. 勘察设计招标文件包括哪些内容? …… 228
675. 建筑工程方案设计的招标公告包括哪些内容?有无范本? …… 229
676. 建筑工程方案设计的投标邀请函包括哪些内容?有无范本? …… 229
677. 有无建筑工程方案设计资格预审的法定代表人授权委托书的范本? …… 230
678. 建筑工程方案设计的投标申请人的基本情况表包括哪些内容?有无范本? …… 231
679. 建筑工程方案设计资格预审的近三年类似项目的设计业绩表包括哪些内容? …… 231
680. 建筑工程方案设计的拟投入设计人员的汇总表包括哪些内容?有无范本? …… 231
681. 建筑工程方案设计的拟投入设计人员的简历表包括哪些内容?有无范本?应附上哪些资料? …… 232
682. 建筑工程方案设计的投标须知包括哪些内容? …… 232
683. 建筑工程方案设计招标的技术文件编制包括哪些内容? …… 233
684. 建筑工程概念性与实施性方案设计招标的深度要求有什么差异? …… 233
685. 建筑工程概念性、实施性方案设计招标的主要技术经济指标表包括哪些内容? …… 236
686. 建筑工程方案设计投标的商务标文件包括哪些内容? …… 236
687. 建筑工程方案设计的投标函包括哪些内容?有无范本? …… 236
688. 建筑工程方案设计的投标函附表包括哪些内容?有无范本? …… 237
689. 建筑工程方案设计的法定代表人资格证明有无范本? …… 237
690. 建筑工程方案设计投标的法定代表人授权委托书有无范本? …… 238
691. 建筑工程方案设计投标的商务、技术条款偏离表包括哪些内容? …… 238

692. 建筑工程方案设计投标的联合体协议书应包括哪些内容? ………… 238
693. 联合体牵头人授权书有无范本? … 239
694. 建筑工程方案设计投标的设计费报价表包括哪些内容? 有无范本? … 239
695. 建筑工程方案设计投标的项目分项投资估算表包括哪些内容? 有无范本? ………… 240
696. 建筑工程方案设计的投标人基本情况表包括哪些内容? 有无范本? … 241
697. 建筑工程方案设计的投标人的类似业绩表包括哪些内容? 有无范本? … 241
698. 建筑工程方案设计的项目首席建筑师基本情况表包括哪些内容? 有无范本? ………… 241
699. 建筑工程方案设计投标的拟投入项目的主要设计人员有哪些? … 242
700. 建筑工程方案设计的投标文件的编制时间是多少日? ………… 242
701. 什么情形下招标人可以在发布招标公告（发出投标邀请书）或出售招标文件后终止招标? ………… 242
702. 投标保证金的数额上限是多少? … 242
703. 已作为某一投标联合体的成员，是否还能参加其他联合体进行同一项目的投标? ………… 242
704. 备选投标文件是否同时需要加盖单位公章和法定代表人或其授权代表的签字? ………… 242
705. 建筑工程方案设计的原则是什么? ………… 243
706. 建筑工程方案设计的评标方法有哪些? ………… 243
707. 什么是建筑工程方案设计的记名投票法? ………… 243

708. 什么是建筑工程方案设计的排序法? ………… 243
709. 建筑工程方案设计的综合评分法的权重如何设置? ………… 243
710. 建筑工程概念性方案设计的技术标的评分指标有哪些? ………… 243
711. 建筑工程实施性方案设计的技术标的评分指标有哪些? ………… 244
712. 建筑工程方案设计的商务标的评分指标有哪些? ………… 245
713. 建筑工程方案设计的评标委员会如何组成? 大型公共建筑工程方案设计的评委人数如何确定? ………… 245
714. 建筑工程方案设计的评标准备包括哪些内容? ………… 245
715. 招标人可否派出建筑工程的方案设计评审的列席人员? 若列席是否可以发表评审意见? ………… 245
716. 什么情形下建筑工程方案设计的投标文件应予以废标? ………… 246
717. 什么情形下评标委员会可以对建筑工程的设计方案进行优化后再进行评审? ………… 246
718. 建设工程勘察或设计的评审结果应何时公示? 公示期多久? ………… 246
719. 建筑工程方案设计的评审结果应公示哪些内容? 有无范本? ………… 246
720. 建筑工程方案设计招标投标情况书面报告的主要内容包括哪些? … 247
721. 建筑工程概念性方案设计的招标人应如何付费? ………… 247
722. 招标文件中规定给予未中标人经济补偿的，应在什么期限内给付? … 247
723. 招标人应在何时逐一返还未中标人的投标文件? ………… 247

724. 招标人或中标人是否可以采用其他未中标人投标文件中的技术方案？… 248
725. 拒绝延长投标有效期的投标人是否有权获得招标文件所规定的对未中标人的补偿？……… 248
726. 设计招标文件的编制原则是什么？……………… 248
727. 编制设计招标文件与确定评分规则应注意什么？……… 248
728. 勘察设计投标应注意哪些问题？… 248
729. 编制园林工程设计投标文件时提供苗木清单有什么意义？………… 250
730. 由于设计原因造成工程项目总投资超出预算的，设计单位是否需要承担责任？……………… 251

■ 第七节 工程项目货物招标、投标与评标 ……………………… 251

731. 工程项目招标中的货物如何界定？……………………… 251
732. 工程项目货物招标有什么特点？……………………… 252
733. 工程项目货物强制招标的规模标准是什么？……………………… 252
734. 招标人是否需要在可行性报告中列明工程货物的招标范围、招标方式等有关招标的内容？………… 252
735. 建设项目货物的邀请招标由何部门批准？……………………… 253
736. 工程项目未实行总承包招标时，由谁依法组织工程项目的货物招标？… 253
737. 工程货物以暂估价形式包括在项目的总承包范围内时，什么情形下应当招标？……………………… 253
738. 工程货物的招标代理费用由谁支付？……………………… 253
739. 进行工程货物招标的条件是什么？……………………… 253
740. 工程货物招标有哪两种方式？… 253
741. 什么情形下可以采用邀请招标方式？……………………… 253
742. 工程货物招标如何确定招标文件或资格预审文件的价格？………… 253
743. 工程货物招标在什么情形下适用资格预审？……………… 253
744. 工程货物招标公告或投标邀请书包括哪些内容？……………… 254
745. 工程货物招标的资格预审文件包括哪些内容？……………… 254
746. 工程货物的招标文件包括哪些内容？……………………… 254
747. 什么是工程货物的招标文件的实质性要求和条件？……………… 254
748. 什么是工程货物的招标文件的非实质性要求和条件？……………… 254
749. 若须引用某一生产供应商的技术标准才能阐明拟招标项目的技术标准，招标人应如何处理？………… 254
750. 编制招标文件应注意哪些事项？… 254
751. 没有提出联合体申请的投标人，在资格预审完成后是否能组成联合体投标？……………… 255
752. 资格预审合格的潜在投标人不足3个时，招标人应如何处理？…… 255
753. 工程项目货物招标提交投标文件的投标人少于3个时，招标人应如何处理？……………………… 255
754. 工程货物招标是否可以分包？… 255
755. 投标保证金的数额上限是多少？… 255
756. 至提交投标文件截止时，若投标保证金仍旧未到账，应如何处理？… 255

757. 什么情形下可以采用两阶段招标? ………… 256
758. 如何开展两阶段招标? ………… 256
759. 履约保证金的上限是多少? ……… 256
760. 必须审批的工程建设项目的货物合同价格确需超出范围的,应如何处理? ………… 256
761. 若项目审批部门对货物合同价格超出预算范围不予批准的,应如何处理? ………… 256
762. 不属于工程建设项目,但属于固定资产投资的货物是否适用工程建设项目货物招标投标办法? ……… 256
763. 同一法定代表人的不同法人是否可以在同一货物招标中同时投标? ………… 256
764. 母公司、全资子公司及其控股公司是否可以在同一货物招标中同时投标? ………… 256
765. 一个制造商对同一品牌同一型号的货物,是否可以委托多个代理商参加投标? ………… 256
766. 工程项目货物招标投标的投标文件包括哪些内容? ………… 257
767. 投标人是否必须出席开标会? … 257
768. 什么情形下工程项目货物招标投标的投标文件应予以废标? ………… 257
769. 货物的招标投标采用何种评标方法? ………… 257
770. 货物的招标投标报告包括哪些内容? ………… 257

第八节 房屋建筑与市政基础设施工程施工招标、投标与评标 ………… 257

771. 房屋建筑与市政基础设施工程施工强制招标的规模标准是什么? … 257

772. 市政基础设施工程包括哪些工程? ………… 258
773. 什么情形下房屋建筑与市政基础设施的施工可以不招标? ………… 258
774. 房屋建筑与市政基础设施施工招标的条件是什么? ………… 258
775. 房屋建筑与市政基础设施施工自行招标的条件是什么? ………… 258
776. 房屋建筑或市政基础设施的施工招标人若自行招标,应提前多少日向主管部门备案? ………… 258
777. 应公开招标而未公开招标的,或不具备自行招标条件而自行招标的,将导致何种后果? ………… 259
778. 什么情形下房屋建筑与市政基础设施的施工可以采用邀请招标? … 259
779. 若需选择,招标人应如何从通过资格预审的投标申请人中选择投标人? ………… 259
780. 房屋建筑与市政基础设施施工的投标保证金的上限是多少? ……… 259
781. 房屋建筑与市政基础设施施工的招标评标中,各类奖项是否能额外加分? ………… 259
782. 招标文件及其澄清或修改是否需要向工程所在地的建设行政主管部门备案? ………… 259
783. 房屋建筑或市政基础设施施工招标投标是否需要进入有形建筑市场? … 259
784. 在开标时,什么情形将导致投标文件应作为无效投标文件而不得进入评标阶段? ………… 259
785. 评标委员会的组成不符合法律法规规定的,将导致何种后果? …… 260
786. 招标人应如何发出中标通知书? … 260

787. 招标人如何确保园林工程中所栽植物的成活率? …… 260
788. 园林工程投标文件的劳动力计划表有什么特殊要求? …… 260
789. 园林工程的施工进度表有什么特殊要求? …… 260
790. 园林工程的设计施工总承包的投标应采取什么策略? …… 260

第九节 公路工程施工招标、投标与评标 …… 261

791. 什么是公路工程? …… 261
792. 由什么部门负责公路工程招标投标活动的监管? …… 261
793. 公路工程施工强制招标的规模标准是什么? …… 261
794. 公路工程施工招标的条件是什么? …… 261
795. 公路工程施工自行招标的条件是什么? …… 261
796. 什么情形下公路工程施工可以采用邀请招标? …… 262
797. 公路工程施工的招标程序如何? …… 262
798. 公路工程的施工招标采用何种资格审查形式? …… 262
799. 公路工程施工的资格预审的程序是什么? …… 262
800. 资格预审公告包括哪些内容? …… 262
801. 资格预审文件包括哪些内容? 资格预审须知包括哪些内容? …… 262
802. 资格预审文件至少应提前多少日发出? 发出后若须修改,则应提前多少日? …… 263
803. 公路工程施工的招标人应要求潜在投标人在资格预审申请文件中提供哪些内容? …… 263

804. 具参股关系的关联企业、母子公司,或同一母公司的子公司能否同时申请同一标段的资格预审? …… 263
805. 投资参股招标项目或承担招标项目代建工作的法人单位能否申请该项目的资格预审? …… 263
806. 公路工程施工的资格评审委员会如何组成? …… 264
807. 公路工程施工的资格评审方法有哪些? 能否采用抽签、摇号的方式? …… 264
808. 公路工程施工的综合评分法的权重如何设置? …… 264
809. 公路工程施工的资格评审程序是什么? …… 264
810. 公路工程施工的资格审查的符合性检查的内容是什么? …… 264
811. 公路工程施工的资格评审报告包括哪些内容? …… 264
812. 什么情形下招标人可以发出投标邀请书、资格审查结果? …… 264
813. 什么情形下招标人可以对资格审查进行重审? …… 265
814. 对二级以上公路、大型桥梁或隧道建设项目的主体工程施工的招标文件有什么要求? …… 265
815. 公路工程施工招标的招标文件至少应提前多少日发出? 发出后若须修改,则应提前多少日? …… 265
816. 公路工程施工的招标人对联合体的主办方有什么要求? …… 265
817. 招标人应在多少日内将开标情况向交通主管部门备案? …… 265
818. 公路工程施工招标的评标分为几个步骤? …… 265

819. 公路工程施工招标的清标工作组如何组成？承担哪些工作？ …… 265
820. 公路工程施工的评标委员会的评标准备工作包括哪些内容？ …… 265
821. 公路工程施工招标的初步评审包括哪些工作？ …… 266
822. 公路工程施工招标的符合性审查包括哪些内容？投标人分包的上限是多少？ …… 266
823. 投标人对算术性修正结果存有不同意见或未做书面确认，将导致何种后果？ …… 266
824. 详细评审的第一个环节是什么？此后投标文件在什么情形下仍将成为废标？ …… 266
825. 公路工程施工招标采用什么评标方法进行评审？ …… 266
826. 公路工程施工的综合评分法涉及哪些因素？对评分、统计有何要求？ …… 266
827. 什么是评标价的直线内插法？ … 267
828. 招标人应何时将招标评标报告、评标结果提交交通主管部门核备？评标报告包括哪些内容？ …… 267
829. 什么情形下招标人可以发出中标通知书？ …… 267
830. 招标人应在几日内退还保证金？ … 268

第十节 公路工程勘察设计招标、投标与评标 …… 268

831. 公路工程勘察设计强制招标的规模标准是什么？ …… 268
832. 什么情形下公路工程勘察设计可以不招标？ …… 268
833. 什么情形下公路工程勘察设计可以采用邀请招标方式？ …… 268
834. 公路工程的施工或勘察设计招标采用何种资格审查方式？ …… 268
835. 公路工程勘察设计的招标人采用自行招标或委托招标的，应何时向交通主管部门核备？ …… 268
836. 公路工程勘察设计的资格预审文件至少应提前多少日发出？ …… 269
837. 公路工程勘察设计的招标人应要求潜在投标人在资格预审申请文件中提供哪些内容？ …… 269
838. 公路工程勘察设计的招标文件包括哪些内容？ …… 269
839. 招标文件应提前多少日发出？发出后若须修改，则应提前多少日？ … 269
840. 公路工程勘察设计的招标程序是什么？ …… 269
841. 投标文件包括哪些内容？ …… 269
842. 投标文件应采用何种密封形式？ … 270
843. 公路工程勘察设计的开标程序有什么特殊之处？ …… 270
844. 评标工作的程序是什么？ …… 270
845. 双信封的符合性审查的内容是什么？ …… 270
846. 评分的指标有哪些？如何确定报价得分？ …… 270
847. 评标报告包括哪些内容？ …… 271
848. 公路工程勘察设计的招标人应在多少日内将招标评标报告报交通主管部门核备？ …… 271
849. 公路工程勘察设计的招标人应在多少日内发出中标通知书与招标结果通知书？ …… 271
850. 招标人、中标人能否使用未中标人的专利、专有技术的投标方案？ …… 271

第十一节 公路工程施工监理招标、投标与评标 …… 271

851. 公路工程的施工监理包括哪些？强制招标的规模标准是什么？ … 271
852. 公路工程施工监理招标的条件是什么？ …… 271
853. 什么情形下对公路工程施工监理可采用邀请招标方式？ …… 272
854. 公路工程施工监理应如何划分标段？ …… 272
855. 公路工程施工监理的招标程序如何？ …… 272
856. 公路工程施工监理的招标公告与投标邀请书包括哪些内容？ …… 273
857. 公路工程施工监理的招标公告是否可以只在交通主管部门提供的媒介上发布？ …… 273
858. 公路工程施工监理招标的资格审查方法有哪几种？ …… 273
859. 公路工程的施工监理的资格预审文件应提前多少日发出？ …… 273
860. 公路工程的施工监理的招标文件应提前多少日发出？其补遗书应提前多少日发出？ …… 273
861. 公路工程施工监理的招标文件包括哪些内容？是否有范本？ …… 273
862. 公路工程施工监理的招标文件能否规定以获得本地区奖项作为评标加分条件？ …… 274
863. 公路工程施工监理的投标保证金的上限是多少？ …… 274
864. 投标文件包括哪几部分？ …… 274
865. 公路工程施工监理的履约保证金的上限是多少？ …… 274
866. 公路工程施工监理应如何开标？ … 274
867. 什么是公路工程施工监理的固定标价评分法？ …… 274
868. 什么是公路工程施工监理的技术评分合理标价法？ …… 274
869. 什么是公路工程施工监理的综合评标法？ …… 274
870. 公路工程施工监理的招标人应在多少日内退还保证金？ …… 275

第十二节 经营性公路建设项目投资人招标投标 …… 275

871. 什么是经营性公路？ …… 275
872. 经营性公路建设项目的招标人是谁？ …… 275
873. 对经营性公路建设项目应采用何种招标方式？ …… 275
874. 经营性公路建设项目招标投标有哪些资格审查方式？ …… 275
875. 经营性公路建设项目的资格审查内容有哪些？ …… 275
876. 经营性公路建设项目的招标程序有哪些？ …… 275
877. 经营性公路建设项目的招标人在编制资格预审文件、招标文件时应注意什么问题？ …… 276
878. 经营性公路建设项目的资格预审文件应提前多少日发售？ …… 276
879. 经营性公路建设项目的招标文件应提前多少日发售？ …… 276
880. 经营性公路建设项目的招标文件、资格预审结果与评标报告是否须报交通主管部门核备？ …… 276
881. 全国经营性公路建设项目投资人招标投标活动的监督管理工作由什么部门负责？其主要职责是什么？ …… 276

882. 省级人民政府交通主管部门如何开展本行政区域内经营性公路建设项目投资人招标投标活动的监管工作？ …… 277

883. 未列入国家高速公路网规划或省级人民政府确定的重点经营性公路建设项目的投资人招标工作由什么部门负责组织？ …… 277

884. 经营性公路建设项目的招标应符合哪些条件？ …… 277

885. 经营性公路建设项目的资格预审委员会如何组成？ …… 277

886. 对经营性公路建设项目的招标文件编制有什么特殊要求？ …… 277

887. 招标人编制的经营性公路建设项目可行性研究报告和招标文件有什么关系？ …… 277

888. 投标人应当具备哪些基本条件？ …… 277

889. 以联合体形式参加投标的，对其提交的共同投标协议有什么基本要求？ …… 278

890. 联合体中标的，联合体各方是否应当与招标人签订项目投资协议？ …… 278

891. 对投标联合体的主办人有什么要求？ …… 278

892. 投标担保的额度是多少？履约担保的额度是多少？ …… 278

893. 经营性公路建设项目的评标委员会如何组成？ …… 278

894. 经营性公路建设项目投资人招标的评标办法是什么？ …… 278

895. 什么是经营性公路建设项目评审的最短收费期限法？ …… 278

896. 什么情形下招标人可以确定排名第二或第三的中标候选人为中标人？ …… 279

897. 招标人确定中标人后，应当在多少天内向中标人发出中标通知书并告知所有未中标的投标人？ …… 279

898. 履约保证金应当在什么时间退还？ …… 279

899. 经营性公路建设项目投资协议应包括哪些内容？ …… 279

900. 对经营性公路建设项目特许权协议有什么要求？ …… 279

第十三节 水运工程建设项目招标、投标与评标 …… 279

901. 什么是水运工程建设项目？强制招标的规模标准是什么？ …… 279

902. 水运工程涉及哪些项目？ …… 280

903. 什么是水运工程建设项目的货物？ …… 280

904. 什么是水运工程建设项目的服务？ …… 280

905. 水运工程建设项目招标投标活动应遵循什么原则？ …… 280

906. 水运工程建设项目招标投标活动由什么部门监管？ …… 280

907. 水运工程建设项目应当在什么场所开展招标投标活动？ …… 280

908. 什么是水运工程建设项目招标人？ …… 281

909. 什么情形下可以开展勘察、设计招标？ …… 281

910. 什么情形下可以开展监理、施工、设备、材料等招标？ …… 281

911. 水运工程建设项目的招标有哪些方式？ …… 281

912. 国有资金占控股或者主导地位的水运工程建设项目在什么情形下可以采用邀请招标？ …… 281

913. 水运工程建设项目在什么情形下可以不进行招标? ………… 281
914. 水运工程建设项目设计招标可采用什么方式? ………… 281
915. 招标人自行招标应当具备哪些条件? ………… 282
916. 招标人自行招标应当履行什么手续? ………… 282
917. 水运工程建设项目采用资格预审方式公开招标的程序是什么? …… 282
918. 水运工程建设项目实行邀请招标应履行什么手续? ………… 282
919. 若依法必须进行招标的项目的资格预审文件或招标文件的内容违反法律、行政法规的强制性规定,违反公开、公平、公正和诚实信用原则,影响资格预审结果或者潜在投标人投标,应如何处理? ………… 282
920. 对依法必须进行招标的水运工程建设项目的资格预审文件和招标文件的编制有什么要求? ………… 282
921. 对在网络上发布资格预审公告和招标公告,有什么要求? ………… 283
922. 资格预审文件或招标文件的发售期是多少日? ………… 283
923. 自资格预审文件停止发售之日起至提交资格预审申请文件截止之日止的最短期限是多少日? ………… 283
924. 若对资格预审文件的澄清或修改可能影响资格预审申请文件编制,应如何处理? ………… 283
925. 若依法必须招标的项目在资格预审文件停止发售之日止,获取资格预审文件的潜在投标人少于3个的,应如何处理? ………… 283

926. 若潜在投标人或者其他利害关系人对资格预审文件有异议的,应当在什么时间提出异议? ………… 283
927. 招标人应如何处理对资格预审文件的异议? ………… 283
928. 资格预审有哪两种方法? ………… 283
929. 对资格预审采用有限数量制有何要求? ………… 284
930. 若通过资格预审的申请人少于3个的,应如何处理? ………… 284
931. 自招标文件开始发售之日起至潜在投标人提交投标文件截止之日止的最短时限是多少日? ………… 284
932. 若对招标文件的澄清或修改可能影响投标文件编制,应如何处理? … 284
933. 若获取招标文件的潜在投标人少于3个,应如何处理? ………… 284
934. 若潜在投标人或者其他利害关系人对招标文件有异议,应在什么时间提出异议? ………… 284
935. 招标人应如何处理对招标文件的异议? ………… 284
936. 如何确定投标有效期的起始时间? ………… 284
937. 投标保证金的上限是多少? …… 284
938. 对境内投标单位采用现金或者支票形式提交投标保证金有什么要求? ………… 285
939. 对招标人设立标底有什么要求? … 285
940. 对接受委托编制标底的中介机构有什么要求? ………… 285
941. 对招标人设立最高或最低投标限价有什么限制? ………… 285
942. 对招标人组织踏勘项目现场有什么要求? ………… 285

目 录

943. 若招标人因特殊原因需要终止招标，应如何处理？ …………………… 285
944. 什么情形属于以不合理条件限制、排斥潜在投标人或者投标人？ … 285
945. 水运工程建设项目对投标人资格有什么限制？ …………………… 286
946. 如何认定联合体各方的资质等级？ …………………………………… 286
947. 对联合体成员有哪些限制？ …… 286
948. 资格预审通过后联合体增减、更换成员的，其投标是否有效？ …… 286
949. 资格预审申请文件（或投标文件）按要求送达后，在资格预审文件（或招标文件）规定的截止时间前，潜在投标人（或投标人）是否可以对已提交的资格预审申请文件（或投标文件）进行撤回或补充、修改？ ……… 286
950. 潜在投标人（或投标人）若要撤回或者补充、修改资格预审申请文件（或投标文件），应履行什么手续？ … 286
951. 什么情形下，招标人应当拒收资格预审申请文件（或投标文件）？ … 286
952. 若拒收资格预审申请文件（或投标文件），招标人应履行什么手续？ ……………………………………… 287
953. 若投标人已缴纳投标保证金且在投标截止时间之前撤回已提交的投标文件，招标人应当在什么时间退还其投标保证金？ ……………… 287
954. 若投标人在投标截止后撤销投标文件，招标人是否应退还其投标保证金？ ………………………………… 287
955. 若出现特殊情况需要延长投标有效期且投标人同意延长的，投标人是否可以要求或被允许修改其投标文件？ … 287

956. 若出现特殊情况需要延长投标有效期且投标人拒绝延长，其投标是否失效，是否可以收回投标保证金？ … 287
957. 若投标人少于3个，应如何处理？ … 287
958. 水运工程建设项目的开标由什么机构组织？ …………………………… 287
959. 开标记录包括哪些内容？ ……… 287
960. 投标人若对开标有异议，则应如何应对？ ………………………………… 287
961. 若投标人对开标有异议，招标人或招标代理应如何处理？ ………… 288
962. 若投标人未参加开标的，事后对开标结果提出异议是否有效？ …… 288
963. 对依法必须进行招标的水运工程建设项目的评标委员会的组建有什么要求？ ……………………………… 288
964. 若招标人设有标底，对招标人有什么要求？ …………………………… 288
965. 在评标过程中，若评标委员会成员因故更换，应如何处理？ ………… 288
966. 什么情形下，评标委员会应当否决其投标？ …………………………… 288
967. 评标委员会应如何要求对投标人做出必要的澄清或说明？ ………… 289
968. 对投标人做出澄清或说明有什么限制？ ………………………………… 289
969. 什么情形下，评标委员会可以否决全部投标？此时，招标人应如何处理？ ………………………………… 289
970. 若资格预审或招标再次失败，招标人应如何处理？ ………………… 289
971. 中标人的投标应当符合什么条件？ …………………………………… 289
972. 评标委员会可以推荐多少个中标候选人？ …………………………… 289

xxxi

973. 若评标委员会成员对评标结论持有异议，应如何处理？ …… 290
974. 评标报告应包括哪些内容？ …… 290
975. 依法必须进行招标的项目，中标候选人的公示期是多少时间？ …… 290
976. 若投标人或者其他利害关系人对评标结果提出异议，招标人应当在什么时间做出答复？ …… 290
977. 国有资金占控股或者主导地位的水运工程建设项目，应如何确定中标人？ …… 290
978. 招标人和中标人应当在什么时间订立合同？ …… 290
979. 履约保证金的上限是多少？ …… 290
980. 水运工程建设项目是否可以分包？ …… 290

■ 第十四节 水利工程招标、投标与评标 288

981. 由什么部门进行水利工程的监管？ …… 291
982. 水利工程强制招标的范围和规模标准是什么？ …… 291
983. 水利工程招标的重要设备是指什么设备？ …… 291
984. 水利工程招标的重要材料是指什么材料？ …… 291
985. 什么情形下水利工程可以不招标？ …… 291
986. 什么情形下水利工程可以采用邀请招标？ …… 292
987. 水利工程自行招标的条件是什么？ …… 292
988. 水利工程申请自行招标时应报送什么材料？ …… 292
989. 水利工程进行招标的条件是什么？ …… 292
990. 水利工程招标的程序是什么？ …… 292
991. 水利工程监理应何时开始招标？ …… 293

992. 水利工程监理是否适合分标？ …… 293
993. 水利工程招标应在什么媒体发布招标公告？ …… 293
994. 公告正式发布至发售资格预审文件（或招标文件）的时间间隔是多少日？ …… 293
995. 水利工程招标的招标文件应提前多少日发出？若须修改，应提前多少日？ …… 293
996. 水利工程招标文件的售价如何确定？ …… 293
997. 水利工程监理或重要设备、材料招标的资格预审文件的售价限额是多少？ …… 293
998. 水利工程监理的招标公告（投标邀请书）包括哪些内容？ …… 293
999. 水利工程监理的招标文件包括哪些内容？ …… 294
1000. 水利工程监理的资格审查内容是什么？ …… 294
1001. 水利工程的重要设备、材料的招标文件的内容包括什么？ …… 294
1002. 水利工程的重要设备、材料招标的资格审查的内容包括什么？ …… 294
1003. 水利工程投标设置标底的方法有哪些？ …… 294
1004. 水利工程投标保证金的额度是多少？ …… 295
1005. 水利工程监理或重要设备、材料招标的履约保证金的额度是多少？ …… 295
1006. 水利工程监理的投标文件包括哪些内容？ …… 295
1007. 水利工程监理的监理大纲包括哪些内容？ …… 295

1008. 水利工程重要设备、材料的投标文件包括哪些内容? …… 295
1009. 水利工程开标的程序是什么? … 295
1010. 水利工程评标的程序是什么? … 296
1011. 如何组建水利工程的评标委员会? …… 296
1012. 水利工程评标的方法有哪些? … 296
1013. 水利工程评标标准的内容包括什么? …… 296
1014. 什么情形下水利工程的投标文件为无效标? …… 297
1015. 水利工程监理招标的评标报告包括哪些内容? …… 297
1016. 水利工程重要设备、材料招标的评标报告包括哪些内容? …… 297
1017. 水利工程的招标人应何时与中标人签订合同? …… 297
1018. 水利工程监理或重要设备、材料的招标人应何时退还保证金? … 297
1019. 招标人应何时向水行政主管部门提交招标评标报告? …… 297
1020. 若由于招标人自身原因致使合同未能如期签订,招标人应承担什么责任? …… 298

第十五节 通信工程建设项目招标、投标与评标 …… 298

1021. 什么是通信工程建设项目? 强制招标的规模标准是什么? … 298
1022. 由什么部门监督通信工程建设项目的招标投标活动? …… 298
1023. 由什么部门建立"通信工程建设项目招标投标管理信息平台"? … 298
1024. 国有资金占控股或者主导地位的依法必须进行招标的通信工程建设项目在什么情形下可以邀请招标? … 298
1025. 什么情形下可以不进行招标? …… 299
1026. 依法必须进行招标的通信工程建设项目的招标人若自行办理招标事宜,应履行什么手续? …… 299
1027. 依法必须进行招标的通信工程建设项目的资格预审公告和招标公告,应在什么媒介发布? …… 299
1028. 资格预审公告、招标公告或者投标邀请书应当载明哪些内容? …… 299
1029. 资格预审文件包括哪些内容? …… 299
1030. 招标文件包括哪些内容? …… 299
1031. 对于招标文件中的非实质性要求和条件,招标人应如何处理? … 299
1032. 勘察设计招标项目的评标标准包括哪些内容? …… 300
1033. 监理招标项目的评标标准包括哪些内容? …… 300
1034. 施工招标项目的评标标准包括哪些内容? …… 300
1035. 与通信工程建设有关的货物招标项目的评标标准包括哪些内容? …… 300
1036. 若通信工程建设项目的投标人少于3个,应如何处理? …… 300
1037. 若投标人认为存在低于成本价投标情形的,应如何处理? …… 300
1038. 开标记录包括哪些内容? …… 300
1039. 开标记录应当由哪些现场人员签字? …… 300
1040. 若因不可抗力或者其他特殊原因需要变更开标地点,招标人应如何处理? …… 301
1041. 通信工程建设项目评标委员会的专家成员应当具备哪些条件? … 301

1042. 依法必须进行招标的通信工程建设项目的评标委员会应如何组建? ………… 301
1043. 依法必须进行招标的通信工程建设项目若技术复杂、评审工作量大,评标委员会是否可以进行分组评审? ………… 301
1044. 评标委员会若设负责人,该负责人人选如何产生? ………… 301
1045. 评标委员会若在评标过程中收到低于成本价投标的书面质疑材料、发现投标人的综合报价明显低于其他投标报价或者设有标底时明显低于标底,认为投标报价可能低于成本的,应如何处理? ………… 301
1046. 若部分投标人在开标后撤销投标文件或者部分投标人被否决投标后,有效投标不足3个且明显缺乏竞争,评标委员会应当如何处理? …… 302
1047. 若有效投标不足3个,评标委员会又未否决全部投标,则评标委员会应当履行什么手续? ………… 302
1048. 依法必须进行招标的通信工程建设项目,若评标委员会否决了全部投标,则招标人应如何处理? ………… 302
1049. 评标报告应当包括哪些内容? …… 302
1050. 招标档案应当包括哪些内容? … 302

第十六节 农业基本建设项目招标、投标与评标 ………… 302

1051. 农业基本建设项目招标的适用范围是什么? ………… 302
1052. 农业基本建设项目招标的规模标准是什么? ………… 303
1053. 什么情形下农业基本建设项目可以采用邀请招标方式? ………… 303

1054. 什么情形下农业基本建设项目可以不招标? ………… 303
1055. 由什么部门管理农业基本建设项目的招标投标? ………… 303
1056. 项目建议书中的招标方案包括哪些内容? ………… 303
1057. 农业基本建设项目自行招标的条件是什么? ………… 303
1058. 农业基本建设项目招标的程序是什么? ………… 304
1059. 农业基本建设项目的招标文件销售的最短时间是多少日? ……… 304
1060. 农业基本建设项目的招标文件须提前多少日发出? ………… 304
1061. 已发出的农业基本建设项目的招标文件若须修改,应提前多少日? ………… 304
1062. 农业基本建设项目监理招标的条件是什么? ………… 304
1063. 农业基本建设项目的监理招标文件包括哪些内容? ………… 304
1064. 农业基本建设项目的监理招标的评审内容有哪些? ………… 304
1065. 农业基本建设项目勘察设计招标的条件是什么? ………… 305
1066. 农业基本建设项目的勘察设计招标文件包括哪些内容? ………… 305
1067. 农业基本建设项目的勘察设计招标的评审内容有哪些? ………… 305
1068. 农业基本建设项目施工招标的条件是什么? ………… 305
1069. 农业基本建设项目的施工招标文件包括哪些内容? ………… 305
1070. 农业基本建设项目的施工招标的评审内容有哪些? ………… 305

目 录

1071. 农业基本建设项目的仪器、设备、材料招标的条件是什么？………… 306
1072. 农业基本建设项目的仪器、设备、材料招标文件包括哪些内容？… 306
1073. 农业基本建设项目的仪器、设备、材料招标的评审内容有哪些？… 306
1074. 中华人民共和国农业部直属单位重点项目的招标文件须履行什么手续才能发出？………… 306
1075. 农业基本建设项目的招标文件的售价额度是多少？………… 306
1076. 农业基本建设项目的投标保证金的额度是多少？………… 306
1077. 农业基本建设项目的开标人员由哪些人组成？………… 307
1078. 农业基本建设项目的开标程序是什么？………… 307
1079. 农业基本建设项目的仪器、设备、材料招标中，对评标专家有何要求？………… 307
1080. 农业基本建设项目的评标委员会如何组成？………… 307
1081. 农业基本建设项目的评标程序是什么？………… 307
1082. 农业基本建设项目设计、施工、监理评标之前，应履行什么手续？… 307
1083. 什么情形下农业基本建设项目的投标文件为无效标？………… 308
1084. 农业基本建设项目的评标方法有哪些？………… 308
1085. 农业基本建设项目的招标人应在多少日内向什么部门提交招标评标报告？………… 308
1086. 农业基本建设项目的招标评标报告的主要内容有哪些？………… 308

1087. 农业基本建设项目的定标工作应在什么时间内完成？………… 308
1088. 农业基本建设项目的招标人应何时退还投标保证金？对勘察设计的投标人予以补偿的，应何时予以给付？………… 308
1089. 什么情形下农业基本建设项目应重新招标？………… 309
1090. 农业基本建设项目重新招标后再次流标应如何处理？………… 309

▍第十七节　民航专业工程建设项目招标、投标与评标 ………… 309

1091. 民航专业工程包括哪几类？………… 309
1092. 民航专业工程建设项目招标的范围和规模标准是什么？………… 310
1093. 民航专业工程建设项目的招标管理由什么部门负责？………… 310
1094. 依法必须招标的民航工程建设项目，应当具备哪些条件才能进行招标？………… 311
1095. 报民航地区管理局备案的招标方案包括哪些内容？………… 311
1096. 什么情形下民航专业工程建设项目的招标人可以发出资格预审公告、招标公告或投标邀请书？… 311
1097. 对招标文件的发售期有什么要求？………… 311
1098. 民航专业工程建设项目的招标人如何进行资格预审？………… 311
1099. 什么是民航专业工程建设项目投标人？………… 312
1100. 若重新招标后投标人仍少于3个，招标人应如何处理？………… 312
1101. 招标人允许联合体投标的，对联合体的资格有什么要求？………… 312

XXXV

1102. 民航专业工程建设项目的招标人拟申请在民航专业工程专家库中抽取专家,应填写什么表格? ……… 312

1103. 民航专业工程建设项目的评标委员会如何组建? …………… 312

1104. 民航专业工程评标专家的抽取由什么部门负责? …………… 313

1105. 评标委员会成员拒绝在评标报告上签字且不陈述其不同意见和理由的,应如何处理? …………… 313

1106. 对于评委的打分超出算术平均分±30%时(技术部分总评分和商务部分总评分应当分别计算),应如何处理? …………… 313

1107. 在什么情形下,民航专业工程建设项目的评标结论才有效? …… 313

1108. 评标报告包括哪些内容? ……… 313

1109. 民航专业工程建设项目的招标人应在什么时间内提交评标报告和其他材料? …………… 313

1110. 民航专业工程建设项目的招标人在什么情形下可以发出中标通知书? …………… 314

1111. 民航专业工程建设项目的评标委员会成员报到后,应如何管理? … 314

1112. 投标人少于3个的,招标人应如何处理? …………… 314

1113. 若投标人的报价超出最高限价,应如何处理? …………… 314

1114. 采用综合评分法时,是否应去掉一个最高分和一个最低分? …… 314

1115. 对中标候选人公示有什么要求? …………… 314

1116. 对投标保证金的数额有什么要求? …………… 314

1117. 对投标保证金的有效期有什么要求? …………… 314

1118. 什么情形下,中标候选人方可确定为中标人? …………… 314

1119. 开标前对投标保证金的退还有什么要求? …………… 314

1120. 开标后对投标保证金的退还有什么要求? …………… 315

▌第十八节　合同管理 ……… 315

1121. 施工项目的发包人有哪些义务? …………… 315

1122. 施工项目的承包人有哪些义务? … 315

1123. 施工项目的监理人有哪些权利和义务? …………… 315

1124. 发包人如何对施工监理进行有效管理? …………… 316

1125. 中标人进场的项目管理班子人员与投标文件不符,应如何处理? …………… 316

1126. 总监或发包人发现项目经理不能胜任工作,应如何处理? …… 316

1127. 承包人要求更换项目经理等主要人员,应履行什么手续? …… 316

1128. 如何对承包人提供的材料、设备,尤其是园林工程中的植物,进行有效的监管? …………… 316

1129. 对发包人提供的材料、设备,尤其是甲供苗木,发包人与承包人应如何协调? …………… 316

1130. 对入场的材料、设备的管理有什么基本要求? …………… 317

1131. 若发包人提供的基准资料有误,应由谁承担责任? …………… 317

1132. 若无特别约定,应提前多少日向承包人发出开工通知? …… 317

1133. 由于发包人导致的工期延误，承包人应如何处理? …… 317
1134. 由于承包人导致的工期延误，应如何处理? …… 317
1135. 由于发包人导致暂停施工，承包人应如何处理? …… 317
1136. 由于承包人导致暂停施工，应如何处理? …… 318
1137. 对工程隐蔽部位覆盖前的检查有什么要求? …… 318
1138. 由谁承担监理人重新检查的费用? …… 318
1139. 若存在不文明施工，应如何处理? …… 318
1140. 若施工存在安全隐患，应如何处理? …… 318
1141. 什么是合同变更? 变更程序包括哪些内容? …… 318
1142. 物价上涨幅度过高是否属于不可抗力因素? 不可抗力因素有哪些? …… 319
1143. 物价上涨时，价格应如何调整? …… 319
1144. 如何确定计量周期? …… 319
1145. 如何处理质量保证金? …… 319
1146. 什么条件下承包人可以提交竣工验收申请报告? …… 320
1147. 如何界定缺陷责任的起算日期? …… 320
1148. 如何界定保修责任的起算日期? …… 320
1149. 承包人违约应如何处理? 发包人如何进行索赔? …… 320
1150. 发包人违约应如何处理? 承包人如何进行索赔? …… 320

第六章 机电产品国际招标、投标、评标与出口招标 …… 322

第一节 机电产品国际招标、投标与评标 …… 322

1151. 监督机电产品国际招标投标的国家行政主管部门是哪一个? 有何相应职责? …… 322
1152. 什么是机电产品国际招标投标活动? …… 322
1153. 原产地在国内的机电产品，是否可以采用国内招标的方式? …… 322
1154. 机电产品国际招标一般采用什么招标方式? …… 322
1155. 国有资金占控股或者主导地位的依法必须进行机电产品国际招标的项目，什么情形下可以采用邀请招标? …… 322
1156. 什么情形下机电产品不需要国际招标? …… 323
1157. 招标文件包括哪些内容? …… 323
1158. 应通过什么途径对招标文件进行备案? …… 323
1159. 什么情形下机电产品应采用国际招标方式? …… 323
1160. 机电产品国际招标投标活动中的机电产品涉及哪些领域? …… 323
1161. 机电产品国际招标投标活动应当有哪些原则? …… 324
1162. 招标文件应提前多少日发售? 发售后若须修改，且修改的内容可能影响投标文件编制的，应提前多少日? …… 324
1163. 投标人若认为招标文件有歧视性条款或不合理要求，应如何处理? … 324
1164. 投标人应如何应对星号条款? … 324

1165. 对使用同一家制造商或集成商生产的产品的两家以上投标人应如何界定？……………… 324

1166. 对两家以上集成商或代理商使用相同制造商产品作为其项目包的一部分，且相同产品的价格总和均超过该项目包各自投标总价60%的，应如何界定？ ……………… 324

1167. 开标时若投标人少于3个，应如何处理？…………………………… 324

1168. 开标后认定投标人少于3个的，应如何处理？…………………………… 324

1169. 重新招标后投标人仍少于3个的，应如何处理？…………………… 325

1170. 对评标委员会的组成有何具体要求？………………………… 325

1171. 若评标委员会成员名单泄密，应如何处理？…………………………… 325

1172. 机电产品一般采用什么评分方法？………………………… 325

1173. 对一般参数的偏离加价的幅度应控制在什么范围？……………… 325

1174. 在商务评议过程中，什么情形应予否决投标？………………… 325

1175. 若招标人列出的供货产品清单和分项报价有缺漏项，评标时应如何处理？………………………… 326

1176. 若招标文件允许以多种货币投标，在评标时应如何折算？………… 326

1177. 技术评议过程中，什么情形将应予否决投标？………………… 326

1178. 评标结果公示表包括哪些内容？评标结果应公示多久？…… 327

1179. 使用国外贷款、援助资金的项目，对公示有什么要求？……………… 327

1180. 评标时如遇重大意见分歧，应如何处理？…………………………… 327

1181. 若投标人对评标结果有异议，应在什么时间内进行质疑？应办何手续？……………………………… 327

1182. 投标人应如何投诉？…………… 327

1183. 什么情形下的投诉不予受理？… 328

1184. 若招标人对投诉的内容无法提供充分解释和说明，应如何处理？… 328

1185. 采用综合评价法评标的原则是什么？……………………………… 328

1186. 对投诉处理的结果有哪几种？… 329

1187. 招标人应何时退还投标保证金？………………………………… 329

1188. 采用最低评标价法评标的原则是什么？……………………………… 329

1189. 招标人和中标人应在什么时间内签订合同？……………………… 329

1190. 若在评标结果投诉处理中，发现招标文件重要商务或技术条款（参数）出现内容错误、前后矛盾或与国家相关法律法规不一致的情形，影响评标结果公正性，应如何处理？………………………………… 330

第二节 机电产品出口招标…………… 330

1191. 什么是机电产品出口招标？…… 330

1192. 机电产品出口招标工作的原则是什么？……………………………… 330

1193. 招标委员会、招标办公室的职责分别是什么？……………………… 330

1194. 参加投标须具备什么条件？…… 330

1195. 对投标价格有什么要求？……… 330

1196. 机电产品出口招标的投标文件包括哪些内容？……………………… 330

1197. 招标工作由谁进行法律见证？… 331

1198. 如何确定中标数量? …………… 331

1199. 什么情形下投标人将被取消当年的中标数量? ………………… 331

1200. 什么情形下投标人将被取消下一年度的投标资格? …………… 331

第七章 政府采购新方式
——竞争性磋商 332

1201. 什么是竞争性磋商? …………… 332

1202. 竞争性磋商方式采购的范围是什么? ……………………… 332

1203. 如何确定竞争性磋商项目的属性? ……………………… 332

1204. 竞争性磋商的采购程序是什么? … 332

1205. 如何选择参加竞争性磋商的供应商? ……………………… 333

1206. 竞争性磋商公告应当包括哪些内容? ……………………… 333

1207. 对竞争性磋商文件的编制有什么要求? ……………………… 334

1208. 竞争性磋商文件包括哪些内容? ……………………… 334

1209. 竞争性磋商文件至少需要提前多久发出? ……………………… 334

1210. 对竞争性磋商文件的发售时间有什么要求? ……………………… 334

1211. 若对已发出的竞争性磋商文件进行必要的澄清或者修改,在时间上有什么要求? ………………… 334

1212. 对采购人或采购代理机构组织供应商进行现场考察或召开磋商前答疑会有什么要求? ……………… 334

1213. 磋商保证金的上限是多少? …… 335

1214. 供应商如何缴纳磋商保证金? ……………………… 335

1215. 对磋商小组的人员组成有什么具体要求? ……………………… 335

1216. 采购人、采购代理机构或者磋商小组应当如何处理在截止时间后送达的响应文件? ……………… 335

1217. 对供应商修改和撤回响应文件有什么要求? ……………………… 335

1218. 若响应文件中有含义不明确、表述前后不一致或计算明显错误,应如何处理? ………………… 335

1219. 磋商中若采购需求中的技术、服务要求以及合同草案条款出现实质性变动,应如何处理? ……… 336

1220. 若磋商文件不能详细列明采购标的的技术、服务要求而需经磋商由供应商提供最终设计方案或解决方案的,磋商小组应如何处理? ……………………… 336

1221. 在竞争性磋商中,什么情形下提交最后报价的供应商可以为两家? … 336

1222. 供应商在提交最后报价之前退出磋商,其磋商保证金将如何处理? … 336

1223. 竞争性磋商的综合评分法中,价格分值占总分值的比重是多少? …… 336

1224. 如何计算竞争性磋商的供应商的报价得分? ……………………… 336

1225. 应当如何确定成交候选供应商? … 336

1226. 应当如何确定成交供应商? …… 337

1227. 成交结果公告应当有哪些内容? … 337

1228. 采购人与成交供应商应当在什么时间内签订政府采购合同? …… 337

1229. 什么情形下磋商保证金不予退还? ……………………… 337

1230. 采购人或者采购代理机构应当在什么时间退还磋商保证金? …… 337

1231. 什么情形下采购人或者采购代理机构应当组织重新评审或重新开展采购活动？……… 338

1232. 若成交供应商拒绝签订政府采购合同，采购人应如何处理？…… 338

1233. 什么情形下，采购人或者采购代理机构应当终止竞争性磋商采购活动并重新开展采购活动？…… 338

1234. 竞争性磋商和其他政府采购方式的主要异同点是什么？………… 338

1235. 竞争性磋商和竞争性谈判的报价策略有什么区别？…………… 339

第八章 政府采购新方法
——电子招标投标……………… 341

1236. 什么是电子招标投标活动？…… 341

1237. 电子招标投标系统包括哪些平台？它们的架构关系和主要功能是什么？………………… 341

1238. 电子招标投标系统的开发、检测、认证、运营应遵守什么规章和技术规范？……………… 342

1239. 电子招标投标交易平台建设和运营的原则和方向是什么？……… 342

1240. 电子招标投标交易平台应具备哪些基本功能？………………… 342

1241. 电子招标投标交易平台应满足哪些要求？……………………… 342

1242. 对电子招标投标交易平台运营机构有哪些要求？………………… 342

1243. 若招标人或者其委托的招标代理机构选择使用除招标人或招标代理机构之外第三方运营的电子招标投标交易平台的，应履行什么手续？………………………… 342

1244. 电子招标投标中，对招标人或招标代理机构发出资格预审公告、招标公告或投标邀请书有什么特殊要求？……………………… 343

1245. 对数据电文形式的资格预审公告、招标公告、资格预审文件、招标文件有什么统一的要求？………… 343

1246. 电子招标投标交易平台运营机构在投标截止时间前是否可以透露下载资格预审文件或招标文件的潜在投标人名称或数量？……… 343

1247. 电子招标投标中，对招标人澄清或者修改资格预审文件或招标文件有什么要求？……………………… 343

1248. 对电子招标投标交易平台的运营机构进行投标或代理投标有什么限制？………………………… 343

1249. 投标人在电子招标投标交易平台注册登记的原则是什么？……… 343

1250. 若投标人（或投标申请人）未按规定对投标文件（或资格预审申请文件）加密，将如何处理？… 344

1251. 电子招标投标中，投标人（或投标申请人）是否可以补充、修改或者撤回投标文件（或资格预审申请文件）？………………… 344

1252. 若在投标（或资格预审）截止时间前未完成投标文件（或资格预审申请文件)传输,将如何处理？… 344

1253. 若在投标（或资格预审）截止时间后送达投标文件（或资格预审申请文件)，将如何处理？………… 344

1254. 对于投标（或资格预审）截止时间之前送达的投标文件（或资格预审申请文件），将如何处理？…… 344

1255. 什么情形下，在投标（或资格预审）截止时间前可以解密或提取投标文件（或资格预审申请文件）？ …… 345

1256. 电子招标投标活动中的开标（或资格预审申请文件的开启）与传统的开标（或资格预审申请文件的开启）有什么不同？ …………… 345

1257. 投标文件（或资格预审申请文件）未解密的，应如何处理？ ……… 345

1258. 对电子评标中出现的澄清有什么要求？ ……………………………… 345

1259. 对电子招标投标活动中的资格审查报告、资格预审结果通知书、评标报告、中标结果公示、中标通知书、中标结果通知书和合同有什么特殊要求？ ……………………………… 345

1260. 投标人或者其他利害关系人对资格预审文件、招标文件、开标或评标结果有异议的，应通过什么途径提出？ …………………………… 346

1261. 招标人应通过什么途径对投标人的异议进行答复？ ……………… 346

1262. 电子招标投标活动中的哪些文件需要电子签名并进行电子存档？ ……………………………… 346

1263. 招标结束后，电子招标投标交易平台应当依法及时公布哪些信息？ … 346

1264. 各级人民政府有关部门应当在本部门网站及时公布并允许下载哪些与电子招标投标相关的信息？ …… 346

1265. 电子招标投标公共服务平台应具备哪些要求？ ……………………… 347

1266. 投标人或者其他利害关系人认为电子招标投标活动不符合有关规定的，应通过什么途径投诉？ ……… 347

1267. 什么情形下，电子招标投标系统不得交付使用，或已经运营的应当停止运营？ …………………… 347

1268. 在电子招标投标中，哪些情形将被视为限制或者排斥潜在投标人？ ……………………………… 347

1269. 电子招标投标系统运营机构向他人透露已获取招标文件的潜在投标人的名称、数量、投标文件内容或者对投标文件的评审和比较以及其他可能影响公平竞争的招标投标信息，将受到什么处罚？ …………… 347

1270. 就招标人而言，在电子招标投标中，有哪些与传统招标投标不同的策略？ ……………………………… 347

1271. 就投标人而言，在电子招标投标中，有哪些与传统招标投标不同的策略？ ……………………………… 348

1272. 投标人在电子投标过程中使用计算机和网络时应注意什么问题？ … 348

第九章 政府采购新类型
——政府和社会资本合作项目政府采购（PPP项目采购） …… 349

1273. 什么是政府和社会资本合作项目政府采购（PPP项目采购）？ … 349

1274. PPP项目采购有哪些参与者？ … 349

1275. PPP项目咨询服务机构从事PPP项目采购业务的，应办理什么手续？ ……………………………… 349

1276. PPP项目采购有哪些方式？ …… 349

1277. PPP项目的公开招标主要适用哪些范围？ ……………………………… 349

1278. PPP项目采购采用哪一种资格审查方式？ ……………………………… 349

1279. PPP项目采购的资格预审公告包括哪些内容? …………………… 350
1280. PPP项目采购的资格预审公告应当在什么时间发布? …………… 350
1281. PPP项目的采购文件包括哪些内容? …………………………… 350
1282. PPP项目采购中,对参加采购活动的保证金有什么要求? ……… 350
1283. PPP项目采购中,对履约保证金有什么要求? ………………… 350
1284. PPP项目采购的评审小组应如何组成? ………………………… 351
1285. PPP项目的采购结果确认谈判工作组应如何组成? …………… 351
1286. PPP项目采购的程序是什么? … 351
1287. 若评审小组发现采购文件内容违反国家有关强制性规定,评审小组应如何处理? ………………… 354
1288. 若评审小组在评审中发现社会资本有行贿、提供虚假材料或者串通等违法行为的,或者受到非法干涉,评审小组应如何处理? …………… 355
1289. PPP的采购人(PPP项目实施机构)如何提前做好项目公司的风控? ………………………… 355

1290. 社会资本如何寻找PPP项目?社会资本在作为投标人或供应商时,应特别注意什么? ……………… 355
1291. 中标、成交结果公告内容应当包括哪些内容? ………………… 356

第十章 政府采购新项目——政府购买服务 ……………………… 357

1292. 什么是政府购买服务?应当遵循什么原则? ………………… 357
1293. 政府购买服务的购买主体和承接主体分别是什么? …………… 357
1294. 政府购买服务的内容是什么? … 357
1295. 如何对政府购买服务实施管理? ………………………… 358
1296. 政府购买服务合同包括哪些内容? ………………………… 358
1297. 政府购买服务合同的履行期限是多长? ………………………… 358
1298. 承接主体是否可以将服务项目转包给其他主体? ……………… 358
1299. 承接主体是否可以利用政府购买服务合同向金融机构融资? …… 358

附　录　案例索引 …………………… 359
参考文献 …………………………………… 362

第一章　政府采购

第一节　政府采购概述

1. 什么是采购？

答：采购即选择购买，购买通常需要选择，故就此意义而言，采购与购买并无差别。但在政府采购中，采购包括了购买与租赁等多种方式，其中购买特指货物所有权发生转移的行为。

2. 什么是政府采购？

答：国内外对政府采购的界定有所差异。在我国，政府采购的法定概念是：①《中华人民共和国政府采购法》（以下简称《政府采购法》）中第一章第二条所规定的政府采购（government procurement），主体是各级国家机关、事业单位或团体组织，采购对象必须属于采购目录或达到限额标准，或②《政府和社会资本合作项目政府采购管理办法》所规定的政府和社会资本合作项目的政府采购（即PPP项目采购，详见本书第九章）；在广义上是指利用财政（拨款、自有或融资）资金进行采购，对采购主体以及对采购对象是否属于集中采购目录或是否达到限额标准均无要求，或是利用社会资本进行PPP项目采购；在狭义上是指对货物和服务的政府采购。下文中的政府采购若无特别说明，均指法定的政府采购。

政府采购与公共采购不同，后者是指利用公共资金（包括财政或国家融资资金、国际组织或外国政府贷款及援建资金等）或基于公共利益、公众安全进行采购。在市场经济条件下，利用公共资金进行采购往往需要以公开方式发出邀约；但以公开方式发出邀约的并非都基于公共资金。《中华人民共和国招标投标法》（以下简称《招标投标法》）的第一章第三条第一款所列项目，只有建设资金属于财政性的，它们才属于政府采购范畴，但无论其建设资金来源如何，都属于公共采购，应当招标。政府采购的外延比公共采购的窄。两者的比较见表1-1。无论是政府采购，还是公共采购，均以招标性采购为主，根本目的都是为满足社会公众的共同需求。

表1-1 政府采购和公共采购的比较

	首要宗旨	主体	所用资金	适用的法规、程序
政府采购	规范政府采购行为	各级国家机关、事业单位和团体组织	财政性资金、PPP项目的社会资本	基于《政府采购法》和《招标投标法》及其配套法规、规章，向上级、相应的主管部门报批、报审即可
公共采购	维护各方当事人的合法权益	上述单位以及企业	含财政性资金在内的各类资金	除遵守上述法规、程序外，对于国外提供无偿资金或贷款的，还需遵循对方的规定，或适用对方的规定，但不得违背我国社会公共利益

在实施的过程中应特别注意两者在主体、适用的法规和程序上的差异，否则易遭受不必要的经济损失。

案例1-1

> X省向世界银行申请贷款用于高等级公路建设，并交由A国际招标公司代理此建设项目。A公司为赶工期，在向我国有关部委报送材料并经审批后就在 *China Daily* 与《人民日报》上发布资格预审通告，随后发售资格预审文件。世界银行获悉这一违反世界银行采购规则的做法，即建议有关部门予以纠正，并要求更换代理机构。X省只好委托B国际招标公司代理此项目，项目被迫推迟招标，造成了很大的经济损失。

3. 政府采购领域有哪些基本的法律和法规？如何快速有效地学习这些法律、法规和规章？

答：政府采购领域有两部基本的法律，即《政府采购法》和《招标投标法》；有两部行政法规，即《中华人民共和国政府采购法实施条例》（以下称《政府采购法实施条例》）和《中华人民共和国招标投标法实施条例》（以下称《招标投标法实施条例》）。这四部法律法规以及基于它们所制定的部门规章和地方性法规和规章，构成了我国政府采购和招标投标领域的法律体系。

快速有效的学习基于以下七个方面：

（1）厘清法律、法规和规章之间的区别与联系。法律有广义、狭义、最狭义之分。广义的法律包括法律、法规和规章；狭义的法律仅限于全国人民代表大会及其常务委员会制定的法律；最狭义的法律是指宪法之外的法律；法规主要包括国务院制定的行政法规、军事法规和地方性法规；规章主要包括国务院各部委和直属机构制定的部门规章和地方政府规章。

（2）厘清法律与规范性文件之间的区别与联系。广义而言，法律（广义）也属于规范性文件，常以令的形式发布；狭义的规范性文件即一般规范性文件，不包含法律（广义），以通知、函等形式下发。

（3）厘清三个日期的区别与联系。一部法律（广义）通常会涉及三个日期，即该法律的通过日期、颁布日期和施行日期。依据《中华人民共和国立法法》"不溯及既往"的规定，施行日期不得早于颁布日期。

（4）找到法律、法规、规章的最新版本。可借助竞争情报信息的收集方法。这里提醒读者注意，有的部门规章的内容已经修改了，但规章的标题没有改变，这就导致不同网页有着标题相同但内容不同的规章。鉴于此，建议读者可以在政府官方网站查找所需要的规章，但仍需要注意该规章失效与否。

（5）掌握法律条文的编排结构。法律根据内容需要，可以分编、章、节、条、款、项、目。其中，编、章、节、条的序号用中文数字依次表述，款不编序号，项的序号用中文数字加括号依次表述，目的序号用阿拉伯数字依次表述。若某一条由几个自然段构成，那么这一条就由几款构成，在法律条文的表述中常会使用"前款"。

通常，法律的第一部分是总则（宪法中为总纲），最后一部分是附则。总则依次包含立法宗旨（和依据）、法律的适用范围、原则等内容，大多由一章构成，如《政府采购法》和《招标投标法》；有的法律，如《中华人民共和国合同法》，条款非常多，总则由数章构成。附则包含了法律施行的日期、原有法律的失效等内容。

对于标题相同的两部规章，可以从附则或法律标题题注来判断哪一部较新，哪一部较旧。例如，1990年第12号的《水运工程施工招标投标管理办法》的附则就载明了该规定的施行日期是1990年4月1日，而2000年第4号的《水运工程施工招标投标管理办法》的附则就载明了该规定的施行日期是2000年9月12日，1990年3月7日发布的《水运工程施工招标投标管理办法》同时废止。

（6）了解法律的效力。下位法服从上位法，即法律的效力高于行政法规、地方性法规、规章，行政法规的效力高于地方性法规、规章，地方性法规的效力高于本级和下级地方政府规章，省、自治区的人民政府制定的规章的效力高于本行政区域内的较大的市的人民政府制定的规章。

部门规章之间、部门规章与地方政府规章之间具有同等效力，在各自的权限范围内施行。

特别规定与一般规定不一致的，适用特别规定。自治条例和单行条例依法对法律、行政法规、地方性法规作变通规定的，在本自治地方适用自治条例和单行条例的规定。

经济特区法规根据授权对法律、行政法规、地方性法规作变通规定的,在本经济特区适用经济特区法规的规定。

新的规定与旧的规定不一致的,适用新的规定。

法律(或行政法规)之间对同一事项的新的一般规定与旧的特别规定不一致,不能确定如何适用时,由全国人民代表大会常务委员会(或国务院)裁决。地方性法规、规章之间不一致时,由有关机关裁决。

(7)辅以法律释义、司法解释、案例进行学习。有的法律有相应的法律释义或司法解释,可以借助它们进行学习。此外,可借助一些问答、案例进行学习。

4.《政府采购法》的宗旨是什么?

答:《政府采购法》的宗旨是规范政府采购行为,提高政府采购资金的使用效益,维护国家利益和社会公共利益,保护政府采购当事人的合法权益,促进廉政建设。

5. 如何认定《政府采购法》中的财政性资金?

答:财政性资金是指纳入预算管理的资金。以财政性资金作为还款来源的借贷资金,视同财政性资金。国家机关、事业单位和团体组织的采购项目既使用财政性资金又使用非财政性资金的,使用财政性资金采购的部分,适用《政府采购法》及《政府采购法实施条例》;财政性资金与非财政性资金无法分割采购的,统一适用《政府采购法》及《政府采购法实施条例》。

6. 我国现行的政府采购体系如何构成与实施?

答:我国现行的政府采购分为两种情形:由财政性资金支付的政府采购(表1-2),PPP项目采购。

表1-2 财政性资金支付的政府采购

序号	采购对象	主要的法律依据	牵头或业务主管部门	采购方式	项目首轮采购(招标)对供应商(投标人)数量的要求
1	(1)货物(工程货物、国际招标的机电产品除外) (2)服务(含市场竞争不充分的科研项目以及需要扶持的科技成果转化项目,但工程服务、招标的科技项目及国家科研计划课题除外) (3)工程(法定招标的除外)	《政府采购法》《政府采购法实施条例》《政府采购货物和服务招标投标管理办法》《政府采购非招标采购方式管理办法》《政府采购竞争性磋商采购方式管理暂行办法》等	财政部	公开招标、邀请招标、竞争性谈判、询价、单一来源采购和竞争性磋商	不少于3家(单一来源采购除外)

（续）

序号	采购对象	主要的法律依据	牵头或业务主管部门	采购方式	项目首轮采购（招标）对供应商（投标人）数量的要求
2	科技项目及国家科研计划课题	《招标投标法》《招标投标法实施条例》《科技项目招标投标管理暂行办法》《国家科研计划课题招标投标管理暂行办法》	科技部等	公开招标、邀请招标	不少于3家
3	工程	《招标投标法》《招标投标法实施条例》等	国家发改委、住建部等	公开招标、邀请招标	不少于3家
4	国际招标的机电产品(含工程类机电产品和医用等非工程机电产品)	《招标投标法》《招标投标法实施条例》《机电产品国际招标投标实施办法（试行）》	商务部	公开招标、邀请招标	不少于3家（但对于国外贷款、援助资金项目，资金提供方规定当投标截止时间到达时，投标人少于3个可直接进入开标程序的，可以适用其规定）

7. 什么是政府采购当事人？

答： 政府采购当事人是指在政府采购活动中享有权利和承担义务的各类主体，包括采购人、供应商和采购代理机构等。

8. 什么是采购人？

答： 采购人是指依法进行政府采购的国家机关、事业单位与团体组织。

9. 什么是供应商？

答： 供应商是指向采购人提供货物、工程或服务的法人、其他组织或自然人。

10. 供应商参加政府采购活动应具备哪些基本条件？

答： 具有独立承担民事责任的能力；具有良好的商业信誉和健全的财务会计制度；具有履行合同所必需的设备和专业技术能力；具有依法缴纳税收和社会保障资金的良好记录；参加政府采购活动前三年内，在经营活动中没有重大违法记录；法律、行政法规规定的其他条件。

11. 在政府采购活动中,哪些人员应当回避?

答:采购人员及相关人员与供应商有下列利害关系之一的,应当回避:

(1)参加采购活动前3年内与供应商存在劳动关系。

(2)参加采购活动前3年内担任供应商的董事、监事。

(3)参加采购活动前3年内是供应商的控股股东或者实际控制人。

(4)与供应商的法定代表人或者负责人有夫妻、直系血亲、三代以内旁系血亲或者近姻亲关系。

(5)与供应商有其他可能影响政府采购活动公平、公正进行的关系。

12. 在什么情形下政府采购可以不采购本国货物、工程或服务?

答:具有下列情形之一政府采购可以不采购本国货物、工程或服务:所需货物、工程或服务在中国境内无法获取或无法以合理的商业条件获取;为在中国境外使用而进行采购;其他法律、行政法规另有规定。

13. 什么是政府采购代理机构?

答:政府采购代理机构是受采购人委托,从事政府采购货物、工程和服务采购代理业务的非营利事业法人或社会中介机构。

14. 什么是集中采购机构?

答:设区的市、自治州以上人民政府设立的采购代理机构,属于非营利事业法人,是代理集中采购项目的执行机构。集中采购机构应当根据采购人委托制定集中采购项目的实施方案,明确采购规程,组织政府采购活动,不得将集中采购项目转委托。

15. 采购代理机构有哪些职责?

答:采购代理机构应当提高确定采购需求,编制招标文件、谈判文件、询价通知书,拟订合同文本和优化采购程序的专业化服务水平,根据采购人委托在规定的时间内及时组织采购人与中标或者成交供应商签订政府采购合同,及时协助采购人对采购项目进行验收。

16. 什么是政府采购信息?

答:政府采购信息是指依照政府采购有关法律制度规定应予公开的公开招标公告、

资格预审公告、单一来源采购公示、中标（成交）结果公告、政府采购合同公告等政府采购项目信息，以及投诉处理结果、监督检查处理结果、集中采购机构考核结果等政府采购监管信息。

17. 政府采购信息的发布应遵循什么原则？

答：政府采购信息的发布应当遵循真实性、准确性、完整性、一致性、及时性以及格式规范统一、渠道相对集中、便于查找获得的原则。

18. 应当通过什么渠道发布政府采购信息？

答：中央预算单位政府采购信息应当在中国政府采购网发布；地方预算单位政府采购信息应当在所在行政区域的中国政府采购网省级分网发布。

除中国政府采购网及其省级分网以外，政府采购信息可以在省级以上财政部门指定的其他媒体同步发布。

19. 指定媒体应当在多少天内发布政府采购信息？

答：中国政府采购网或者其省级分网应当自收到政府采购信息起1个工作日内发布。

20. 政府采购信息发布由什么单位监管？

答：财政部指导和协调全国政府采购信息发布工作，并依照政府采购法律、行政法规有关规定，对中央预算单位的政府采购信息发布活动进行监督管理。地方各级人民政府财政部门对本级预算单位的政府采购信息发布活动进行监督管理。

财政部对中国政府采购网进行监督管理。省级（自治区、直辖市、计划单列市）财政部门对中国政府采购网省级分网进行监督管理。

21. 如果在不同媒体发布的同一政府采购信息的内容不一致，应如何处理？

答：以在中国政府采购网或者其省级分网发布的信息为准。同时在中国政府采购网和省级分网发布的，以在中国政府采购网上发布的信息为准。

22. 指定媒体向政府采购信息发布主体提供信息发布服务，是否可以收费？

答：指定媒体不得向政府采购信息发布主体、市场主体和社会公众收取信息查阅费用。

23. 采购文件包括哪些内容？

答：采购文件包括采购活动记录，采购预算，招标文件、竞争性谈判文件、询价文件、单一来源采购文件，投标文件及其他报价文件，评审标准，评审报告，定标文件，合同，验收证明，质疑答复，投诉处理决定。

24. 政府采购的预算金额是否应该公开？

答：采购人或者采购代理机构应当在招标文件、谈判文件、询价通知书中公开采购项目预算金额。

25. 采购活动记录包括哪些内容？

答：采购活动记录包括：采购项目类别、名称；采购项目预算、资金构成和合同价格；采购方式，采用公开招标以外的采购方式的，应载明原因；邀请和选择供应商的条件及原因；评标标准及确定中标人的原因；废标的原因；采用招标以外采购方式的相应记载。

26. 政府采购的原则是什么？

答：政府采购的首要原则是公开透明、公平竞争与公正。

（1）公开透明是公平竞争与公正的必要保证。没有公开，就没有公平竞争的环境、机会与过程，不可能有公正的结果。公开须及时、有效，并保证事前公开、过程公开和结果公开。事前公开指政府采购项目应在政府指定的媒体上提早公布，并符合法定的最短期限；过程公开包括招标文件的修改应及时、有效公布，并符合法定的最短期限；结果公开应及时公布中标结果及废标的理由与依据（若有废标）。

（2）公平竞争与公正是政府采购首要原则的核心。公平竞争包括公平对待及充分竞争两方面。公平的本意为不偏袒，强调平等的机会与待遇，不仅对供应商应同等对待，对代理机构也应同等对待。公正的本意为不偏私，强调无私、结果更为合理。公平与公正的目的虽一致，但内涵有所不同，两者不能相互代替，例如《政府采购法》第五条体现了公平，而《政府采购法》第十条就体现出公正。

> **案例1-2**
>
> 某工程公开招标，其资格预审文件规定，通过资格预审的本地企业及对本地建设有突出贡献的企业可以投两个以上的标，而其他外地企业只能投一个标。显然，此规定完全违反了公平原则。

案例1-3

某工程公开招标,有20家潜在投标人参加了资格预审,经评分预审,大部分潜在投标人通过了资格预审。招标人认为通过资格预审的申请人太多,日后投标费用太高,故决定根据分数高低从通过资格预审的企业中选择一半的投标人参加投标。在本案例中,招标人似乎出于好心,但违反了公平原则。

案例1-4

某次政府采购,在三家供应商中仅有其中的一家企业法人响应招标文件的要求,而其他两家个体工商户未响应招标文件的要求,故采购流标。期间,有人提出能否对未完全响应招标文件要求的那两家个体工商户放宽评审尺度。评标委员会指出,若不判定流标,对响应招标文件的那一家企业就是不公平,整个评审也不公正;反之,重新招标后就给了那两家未完全响应招标文件要求的个体工商户机会,对他们而言,完全是公平的。

片面强调形式公平一般难以保证合理的结果,例如以抽签的形式确定评标委员会主任,这看似公平,但如果抽中的人选对招标不熟悉,那么势必会影响评标的进度,有时还会影响评标结果,在招标文件有瑕疵时更是如此。公平和公正分别是形式正义和实质正义,若不能确保合理的结果,那公平就失去了存在的意义。

诚实守信是政府采购的另一基本原则,招标者、投标者或招标代理机构都应严格遵守,例如招标者不应随便变更设计,在验收合格后应及时付款;投标者应履行对招标文件的承诺。此外,招标者可在招标文件中做一些友善提示,以防止外地投标者由于不知情而实施的低于成本价的投标。

案例1-5

Y单位于2007年进行J实验室的设备采购,由于经办人对采购文本进行了细化,强调须二次运输且其费用都由成交供应商负责,甚至连运到采购人的哪一幢楼等也予以明确,当省外的这家成交供应商因二次运输而需较长时间才能送达货物并需支付运输费及住宿费时,该成交供应商并未就此提出任何异议。

案例1-6

某水电项目，招标人为防止投标人的过高报价而隐瞒了项目所在地地质情况复杂的重要信息。此后，中标人的施工方案在遇到复杂的地质条件时无效，中标人不得不调整施工计划和施工方案，导致工程延期，结果给当事人双方都造成了损失。

政府采购还须严格按照经批准的预算执行，应兼顾效益与效率，并严格遵守保密规定。保密规定包括：①在开标前对投标人的数量及投标文件进行保密。②设有标底的在评标前予以保密。③评审结果在公示前应保密。④评审的讨论细节不得透露给其他人。⑤评委的名单在评审结果公示前应保密。

27. 政府采购的目的和意义是什么？

答：（1）在政府采购中，纳税人成为采购的委托方，委托政府在处理公共事务时用税收进行采购，政府则成为代理人在市场上实施采购。此委托代理关系可以增强政府的公仆意识和公民的主人翁意识。

（2）政府采购能增加行政透明度，使政府行为置于财政、纪检监察、审计、舆论等多方的监督之下，不仅能使采购人、供应商双方原有的"合作型博弈"变为供应商之间及采购人、供应商双方之间的"竞争型博弈"，有效地防止"权力寻租"，还能提高政府的办事效率，从而促进廉政、勤政。政府采购不仅规范了政府采购行为，也维护了各方的合法权益，是市场经济的必要保障。没有政府采购，市场经济将会走向无序。

（3）使供应商把更多的精力集中在产品质量和服务质量上，也有利于供应商开拓国际市场。

（4）政府采购能加强财政支出管理，提高财政资金的使用效率，不仅能细化预算、强化预算，避免浪费，还能以合理的低价获得预期数量与质量的货物、工程和服务，实现政府消费市场化，从而节省开支。在案例1-5中，由于对采购文本的考虑较周密，无任何变更，结算价即为中标成交价，比控制价少了36.37%。

（5）调控经济总量与结构，促进国民经济的总量平衡，稳定物价。政府作为国内市场上最大的消费者，当总需求远大于总供给导致经济过热时，可适当缩减并推迟政府采购以使经济过热降温；当总需求远小于总供给导致经济萧条时，可适当增加并提前政府采购以刺激经济增长，并能促进就业。

（6）政府采购在一定条件下能促进国民经济增长。根据凯恩斯的倍数原理，国家每增加一笔投资，国民产品（或国民收入）的增加量则不限于原来增加的这笔投资，而是该投资的若干倍。

（7）实施政府采购是一种非关税贸易壁垒，例如可限制采购外国产品，或规定国产化比例，或同等条件下优先购买本国产品，或贸易补偿（须要求外国供应商达到某比例的国内采购，或要求技术转移，或要求在国内建厂等）。实施政府采购还能扶持不发达地区和少数民族地区，促进中小企业发展。

（8）能促进国民经济的结构优化与升级，对技术创新的产品予以倾斜，少买或不买高能耗产品，节约能源，避免浪费，从而保护环境。而对环境的保护，反过来能进一步节省财政支出。

（9）政府采购中的资格审查有助于企业缴交员工的社会保险（未缴交社会保险的，则无投标资格）。

28. 政府采购有哪三类对象？

答：货物、服务和工程。其中，工程是指施工以及与工程密切相关的设备、原料和服务（包括勘察、设计和监理）。

29. 政府采购有哪些基本类型？

答：政府采购的基本类型包括购买、租赁、委托、雇用、PPP项目合作。其中，购买特指货物所有权发生转移的政府采购行为；租赁是在一定期限内货物的使用权和收益权由出租人向承租人即政府采购方转移的行为；委托与雇佣是政府采购方请受托方或受雇人处理事务的行为，工程的招标就属于委托；PPP项目合作是指委托社会资本合作者处理受托事物。

在一次大型的政府采购中，一般采用不同的政府采购类别相结合的方式，例如对建筑物进行招标投标时，除对建设工程进行委托设计、施工外，对其中的电梯还能以购买的方式进行单独招标；对景观工程进行招标投标时，除对园林施工进行委托外，对其中的价格昂贵或数量较多的乔木也能以购买的方式进行单独招标。

30. 政府采购有哪两种模式？

答：政府采购包括集中采购和分散采购两种模式。集中采购是指将纳入集中采购目录的项目委托集中采购机构代理采购或者进行部门集中采购；对集中采购目录之外但达到采购限额的则实行分散采购，由采购人委托政府采购代理机构进行采购。

集中采购能取得规模效益，降低采购成本，便于监管与保证质量；而分散采购能满足采购对象多样性的需求。与我国香港地区实施的高度集中的政府采购不同，内地实行集中采购与分散采购相结合的模式。

31. 什么是集中采购目录？

答：由省级以上人民政府公布的集中采购的范围，其中，属于中央预算的政府采购项目，其集中采购目录由国务院确定并公布；属于地方预算的政府采购项目，其集中采购目录由省、自治区、直辖市人民政府或其授权的机构确定并公布。凡纳入集中采购目录的政府采购项目，应实行集中采购。

以《2020年度厦门市政府采购目录及采购限额标准》为例，电视机、空调、计算机（台式和便携式）及其外部设备（如数字照相机）等，无论数量和金额多少，均须集中采购；车辆维修、保养与保险则为定点采购。

32. 什么是政府采购限额标准？

答：未列入集中采购目录的货物、服务或工程，其单项或批量采购预算金额达到某一数额之上的应实行政府采购，该数额即为政府采购限额标准。以《2020年度厦门市政府采购目录及采购限额标准》为例，大宗货物采购目录和定点及公务机票采购目录之外的项目，100万元以上的货物、服务采购，实施政府采购，其中，200万元以下（不含200万元）的可以采用招标性采购方式或非招标性采购方式（详见问答51），200万元以上的采用公开招标方式；200万元以上的且招标投标法律法规规定招标限额以下的工程，实施政府采购，可以采用询价之外的非招标性采购方式。

招标投标法律法规规定的招标限额，详见问答第415条。

33. 什么是定点采购？

答：某些属于服务类的政府采购项目实施定点采购，如公务车辆维修，采购人可自行选择已获得政府采购授权的维修点，这就属于定点采购，这是一种部分集中的定点采购模式。这些服务机构的定点需通过招标方式产生。

34. 政府采购有哪两种途径？

答：政府采购的途径包括委托采购和自行采购。其中，委托采购是指采购人通过集中采购机构或其他政府采购代理机构进行采购；属于集中采购目录或达到采购限额的，应通过委托采购途径，反之应通过自行采购途径。

第一章　政府采购

35. 自行采购的条件是什么?

答:凡达不到采购限额或不属于采购目录的均可进行自行采购;属于本单位有特殊要求的项目,经省级以上人民政府批准,也可以进行自行采购。

36. 自行组织招标的条件是什么?

答:具有独立承担民事责任的能力;具有编制招标文件和组织招标的能力,有与采购招标项目的规模和复杂程度相适应的技术、经济等方面的采购和管理人员;采购人员经过省级以上人民政府财政部门组织的政府采购培训。

37. 委托代理机构采购时应签订哪些协议?

答:委托代理机构采购时应签订委托代理协议,依法确定委托代理的事项,约定双方的权利与义务。若由代理机构抽取评审专家,还应签署随机抽取政府采购评审专家的委托书。

38. 委托代理机构采购时应办理哪些确认函?

答:委托代理机构采购时应办理业主对代理机构编制的招标文件进行审定的确认函,对招标结果进行审核的确认函。

39. 什么情形下可以对进口产品进行政府采购?

答:采购人需要采购的产品在中国境内无法获取或无法以合理的商业条件获取,或法律法规另有规定确需采购进口产品的,可在获得财政部门核准后进行进口产品的政府采购。

40. 进口产品的政府采购应遵循什么规章?

答:进口产品的政府采购应遵循《政府采购进口产品管理办法》,涉及进口机电产品的,还应遵循相关规定。

41. 政府采购进口产品由什么部门进行审核管理?

答:政府采购进口产品由设区的市、自治州以上人民政府财政部门依法审核管理。

42. 什么是政府采购进口产品的审核管理?须填报哪些表格?

答:政府采购进口产品的审核管理指采购人确需采购进口产品,应出具以下表格、材料,并经财政部门核准后,才能依法开展政府采购活动:①政府采购进口产品申请表;②关于鼓励进口产品的国家法律法规政策文件的复印件;③进口产品所属行业的设区的市、自治州以上主管部门出具的"政府采购进口产品所属行业主管部门意见";④专家组出具的"政府采购进口产品专家论证意见"。其中,拟采购的进口产品属于国家法律法规政策明确规定鼓励进口产品的,应出具上述表格①、材料②;拟采购的进口产品属于国家法律法规政策明确规定限制进口产品的,应出具上述表格①、材料③、材料④。

43. 采购人拟采购国家限制进口的重大技术装备和重大产业技术的,应出具什么部门的意见?

答:采购人拟采购国家限制进口的重大技术装备和重大产业技术的,应出具中华人民共和国国家发展和改革委员会的意见。

44. 采购人拟采购国家限制进口的重大科学仪器和装备的,应出具什么部门的意见?

答:采购人拟采购国家限制进口的重大科学仪器和装备的,应出具中华人民共和国科学技术部的意见。

45. 对政府采购进口产品论证的专家组应如何组成?

答:对政府采购进口产品论证的专家组应由五人以上的单数组成,其中必须包括一名法律专家;产品技术专家须为非本单位并熟悉该产品的专家。采购人代表不得作为专家组成员参与论证。

46. 参与论证的专家能否作为同一项目的采购评审专家?

答:参与论证的专家不得作为采购评审专家参与同一项目的采购评审工作。

47. 进口产品的政府采购应遵循什么原则?

答:应公开招标,因特殊情况需采用其他采购方式的,按照政府采购有关规定执行;采购文本中应载明优先采购向我国企业转让技术、与我国企业签订消化吸收再创新方案的供应商的进口产品;采购人因产品的一致性或服务配套要求,需继续从原供应商添购原有采购项目的,不需要重新审核,但添购资金总额不超过原合同采购金额的10%;在合同履行中,采购人确需追加与合同标的相同的产品,在不改变合同其他条款的前提下,且所有补充合同的采购金额不超过原合同采购金额的10%的,可与供应商协商签订补充合同,不需要重新审核。

第一章 政府采购

48. 什么情形下采购人应立即终止进口产品的合同？

答：合同履行过程中出现危害国家利益和社会公共利益问题的，采购人应立即终止合同。

49. 政府采购有哪些现代化的手段？

答：政府采购的现代化手段包括公务卡，网络审批，电子交易平台，电子抽取、通知评标专家系统，电子评标系统。

50. 政府采购采用现代化手段的原则是什么？

答：政府采购采用现代化手段应以规范政府采购、增加透明度、提高采购效率、降低交易成本为原则，而不应以增加当事人的交易成本为代价，更不能成为垄断、排斥某些投标人的工具。

第二节 招标性政府采购的方式与程序

51. 政府采购的方式有哪些？

答：依据是否具备招标性质，可分为招标性采购和非招标性采购，前者包括公开招标与邀请招标，后者包括询价、单一来源采购、竞争性谈判以及政府采购的新方式——竞争性磋商（详见本书第七章）。其中，询价不适用建设工程的政府采购。

52. 什么是招标？

答：招标是"投标"的对称，指当事人中的一方（招标人）提出自己的条件，征求他方（投标方）承买或承卖，故招标既可能是为买而招标，也可能是为卖而招标。在政府采购中，招标是一种采购方式。

53. 什么是公开招标？

答：公开招标也称竞争性招标，是指通过公开程序邀请所有潜在的供应商参加投标。

54. 政府采购的首选方式是哪一种？

答：招标性采购是政府采购的主要方式，其中公开招标是货物、服务和工程采购的首选方式，因特殊情况需要采用公开招标以外的采购方式，应事先获得设区的市、自治州以上的政府采购监督管理部门的批准。

55. 公开招标的程序是什么？

答：（1）采购预算与采购申请：采购人编制采购预算，并填写采购申请表。货物类招标一般需提供招标货物的名称、数量、交货期、货物用途、技术指标及参数要求、供货方案、验收标准及方法、培训要求、质量保证和售后服务要求等。经上级主管部门审核后提交财政行政主管部门审批。

（2）采购审批：主管部门依据采购项目及相关规定确定公开招标，并确定是委托采购还是自行采购。

（3）选定代理机构：依据当地规定选择代理机构，并签署代理协议。对于符合自行招标条件、具有编制招标文件和组织评标能力的，可以自行办理招标事宜，但应预先提出申请并经批准，才可自行招标。

（4）编制招标文件：由代理机构和/或采购人编制招标文件。招标文件应写明采购需求和评审规则。

（5）审定招标文件：由采购人和/或评标专家审定招标文件，工程类招标还需报送工程造价审核所审定控制价。设有标底的，应做好保密工作。审定招标文件的专家不得再参加评标。

（6）发布招标公告：在指定的媒体发布招标公告。招标公告应载明招标人的名称和联系方式、招标项目概况（性质、数量、地点和时间）。

（7）资格预审：有的采购项目（如大型复杂的土建工程或成套的专门设备）要求资格预审，只有通过了资格预审的供应商才可购得招标文件、参加投标。

（8）发售招标文件：代理机构或采购人应按照招标公告的要求公开发售招标文件，通常在开标之前应保证投标人都能购买到招标文件。从发售招标文件的第一天到开标之日不得少于20日。

（9）询标答疑与现场勘察：投标人若对招标文件有疑问，应以书面方式及时向采购人提出。招标单位应以答疑纪要的形式进行澄清。若招标文件有误，招标人应向投标人发出修改纪要，组织现场勘察（若有需要）。

（10）确定评标专家：随机抽取评委，但对于技术特别复杂、专业性特别强的采购项目，若采购人通过随机方式难以确定合适的评标专家，经设区的市、自治州以上人民政府主管部门同意，可直接选定评委。

（11）开标：开标应在招标文件确定的提交投标文件截止时间的同一时间公开进

行。开标前应根据实际情况确定是否需要监管部门或公证部门进行监督。凡超过投标截止时间的投标材料均不得接受,也不得将原有的投标材料进行替换。属于大中型建设工程采购的,通常要求在当地的建设工程交易中心进行开标。

(12)资格后审:凡未进行资格预审的,通常都要进行资格后审。对于工程采购,有的要求除法定代表人或其委托人外,项目经理、技术负责人、预算员须亲自到场接受验证。

(13)组建评标委员会和评标:评委到齐后即可组建评标委员会,推选评标委员会主任并进行分工。评标委员会主任的人选最好在熟悉评标业务的具有高级职称的评标专家中产生。若随机抽选评标委员会主任,则就难以保证所产生的人选一定非常熟悉评标业务,这有碍于评标的顺利进行。提交评标报告后,评标委员会的职责告终,但若有质疑或投诉,评标委员会应作必要解答。在评标结束前,评委的名单须保密。

> **案例1-7**
>
> 某次评标后,全部评委被通知去处理某一投标人的投诉。虽然该投诉明显不成立(投诉人的投标文件缺乏必须提供的劳动合同和社会保险证明),但五名评委全部赶赴招标办公室就该投诉写一份意见。若有(并由)评标委员会主任负责解答,就不会浪费五名评委的半天时间。

> **案例1-8**
>
> 某次政府采购,评委被通知去处理某一供应商的投诉,等到达代理机构时,却被告知该供应商刚发传真撤销了投诉。

上述两个案例均表明评标委员会的职责并不一定随着评标结束而终结;废标的理由和依据应写得准确、明了。

> **案例1-9**
>
> 在某次评标过程中,个别投标人提出要先取回项目经理的证书原件,评标专家以评标尚未结束拒绝了此要求。事实上,建设工程交易中心的工作人员及代理机构的工作人员应拒绝投标人的此类要求,尤其是应阻止他们接近评标场所或对评标进行观望,否则不利于对评标人员及评标过程的保密。

(14)评标结果公示:属委托招标的,代理机构应把评标结果及时报送采购人。采购人无异议的,则应立即公示,公示的内容包括中标候选人的名单及其排序,废标的名单、理由与依据,评委的名单。对于固定低价招标项目与组合低价招标项目等,应同时公示随机抽取的时间、地点及其他要求,若公示无异议,则进入随机抽取程序确定中标人。随机抽取方式产生的中标人也应公示。

(15) 办理中标落标手续:采购人向中标人发出中标通知书,双方签订合同,中标人办理履约担保手续(若招标文件有要求,此时招标人应提供支付担保)。采购人向未中标者发出招标结果通知书并退保证金。

56. 公开招标有何优、缺点?

答:优点:公开招标最大限度地遵循了《政府采购法》和《招标投标法》的首要原则——公开、公平和公正,即最大限度地保证事前公开、过程公开和结果公开,提供了最广泛竞争的平台,既有助于供应商提升管理水平和技术质量,并降低成本,又有助于采购人得到价廉物美的标的物。

缺点:采购文本的编写较烦琐,且考虑不容易周全。有时的不周全会使采购人或供应商陷于尴尬的境地,甚至导致流标。招标程序较复杂,所需时间较长,一旦出现流标,则至少浪费一个多月的时间。

57. 资格审查有哪两种类型?

答:资格审查的类型包括资格预审和资格后审。

58. 什么是资格预审?有什么优、缺点?

答:资格预审是指发售招标文件之前先对潜在投标人进行资格审查,只有通过了资格审查的潜在投标人才有投标资格。潜在投标人须满足的基本条件可分为一般资格条件和专业资格条件,前者包括法人地位、资质等级、财务状况、企业信誉等;后者以投标人是否完成过与招标项目同类型或同容量项目作为衡量标准。

若采用资格预审,应预先在指定的媒体上发布资格预审公告,说明资格预审的要求、发售时间和地点,以及供应商提交资格预审申请书的地点和截止时间。招标人应向资格预审合格的潜在投标人发出资格预审合格通知书。采用资格预审时,可以不再进行资格后审。邀请招标、大型复杂的土建工程或成套的专门设备的采购,以及潜在投标人较多的采购常采用资格预审。

资格预审的主要优点是可以对潜在投标人进行深入的调查,能对造假行为及时甄别,此外还可减少评标的工作量;资格预审的主要缺点是通常由招标人负责,缺少监管，投标人的名单也易于泄露。

合格制的资格预审只考察潜在投标人总体上是否具备完成招标任务的条件，故只要具备了资格预审文件规定的条件即可获得投标资格；否则，就属于限制和排斥潜在投标人。在资格预审中，不存在类似于评标中可能出现的主观评审情形。此外，如果潜在投标人递交的材料不齐全，招标人可允许潜在投标人在规定的时间内补充材料，这不会构成对其他竞争对手的不公平。如果招标人允许或不允许某一位潜在投标人补充材料，那么对其他潜在投标人应一视同仁。

案例1-10

> 某大型电站招标的资格预审文件规定，未回答所有问题的申请人可能会被拒绝。某具有大型电站建设经验的投标人虽回答了招标人的大部分问题，但未直接回答有关财务的问题，而是用过去数年的财务审计报告来代替。在资格预审中，招标人以该潜在投标人以往的某项合同执行不佳为由，认为其不具备投标资格。在本案例中，该潜在投标人以财务审计报告来应答，并无大碍；此外，招标人也绝不能以某项合同执行不佳为由否决该潜在投标人的投标资格。

59. 什么是资格后审？有什么优、缺点？

答：资格后审是开标之后才对投标人的资格进行审查，只有通过了资格后审的投标文件才能进入下一阶段的评审。

资格后审的主要优点是审查过程容易监管，投标人的名单也不易泄露。主要缺点是不便于对投标人进行深入的调查，一旦投标人造假，不容易及时发现；此外，评标的工作量较大。

60. 以联合体形式进行投标时，联合体各方应具备什么条件？

答：以联合体形式进行投标时，联合体各方均应具备承担招标项目的相应能力，并满足国家有关规定及招标文件对投标人资格条件的要求。对于政府采购项目，联合体各方应具备的基本条件是：具有独立承担民事责任的能力；具有良好的商业信誉和健全的财务会计制度；具有履行合同所必需的设备和专业技术能力；有依法缴纳税收和社会保障资金的良好记录；参加政府采购活动前三年内在经营活动中无重大违法记录。

61. 如何确定联合体的资质？

答：联合体中有同类资质的供应商按照联合体分工承担相同工作的，应当按照资质等级较低的供应商确定资质等级。

62. 什么是邀请招标?

答:邀请招标也称为选择性招标与限制性招标,简称邀标,是指采购人依法从符合相应资格条件的供应商中随机邀请三家以上的供应商参加投标,并发给投标邀请书。

63. 邀请招标的条件是什么?

答:对于货物和服务项目,只有当采购具有特殊性,仅能从有限范围的供应商处采购,或采用公开招标方式的费用占政府采购项目总价值的比例过大时,才能采用邀请招标。对于工程项目,只有当项目具有较强的专业性,只能从数家潜在投标人处获得,项目受自然地域环境影响,项目涉及国家安全、国家秘密或抢险救灾,或公开招标的费用占项目总价值比例过大时,才能采用邀请招标。其中,若国务院发展计划部门确定的国家重点项目或省、自治区、直辖市人民政府确定的地方重点项目采用邀请招标,须经国务院发展计划部门或省、自治区、直辖市人民政府批准后,才能采用邀请招标。

64. 邀请招标的程序是什么?

答:(1)采购预算与申请:采购人编制采购预算,填写采购申请表并提出采用邀请招标的理由,经上级主管部门审核后提交财政局采购管理部门。工程类招标应向建设行政主管部门提交建设工程项目登记表,提出采用邀请招标的理由,同时附上建设工程项目的立项批准文件。

(2)采购审批:主管部门根据采购项目及相关规定确定邀请招标,并确定是委托采购还是自行采购。

(3)选定代理机构:程序与公开招标的相同。

(4)资格预审公告、招标文件的编制与审定:由代理机构和/或采购人编制招标文件与资格预审公告;由采购人和/或评标专家审定招标文件与资格预审公告。工程类招标还需报送工程造价审核所审定控制价。

(5)发布资格预审公告:由代理机构或采购人在指定的媒体发布资格预审公告,资格预审公告应载明招标人的名称和联系方式(地址、时间、电话、传真),以及招标项目概况(性质、数量、地点和时间)。

(6)进行资格预审并确定资格预审合格的投标人。

(7)随机选择供应商:招标人从资格预审合格的投标人中通过随机方式选择三家以上的投标人,并向其发出投标邀请书。

《政府采购法》和《招标投标法》都只要求投标人的最低数量是三家，但在实践中还是应多选择几家供应商，因为如果只选择三个投标人，一旦有一个投标人不能准时提交投标文件，那么将无法开标；而在货物、服务的招标采购中，只要有一个投标人被废标，招标即告失败；在工程招标中，若有效投标不足三个而使得投标缺乏竞争性时，那么评标委员会可以否决全部投标。一旦出现上述情形，必将造成人、财、物的浪费。

案例1-11

某次基地设施采购，采购人在发售招标文件后又发出补充通知，要求投标人在投标价格中预留部分款项作为该基地的某待建设施的建造费用，被邀请的所有三个投标人均确认了此补充通知后，但投标时均未按补充通知的要求预留相应的款项，故为废标。期间，有人提出能否让这三家做出按补充通知要求预留款项的承诺，评标委员会告知此承诺是对投标文件的一种实质性的改变，是不能接受的。

案例1-12

某次采购，所有投标人都提交了详尽的商务标和技术标，但只有其中一家完全按照资格审查的要求提交了资格后审申请书，有人提出能否让其他两家按照资格审查的要求对资格后审申请书进行补充。对资格后审申请书的补充是对投标文件的一种实质性的改变，且造成了对通过资格审查的投标人的不公平。最终，评标委员会依据《政府采购法》第三十六条第一款判定此次招标活动流标。

（8）发售招标文件：从发售招标文件的第一天到开标之日不得少于20日。由于经过了资格预审的程序，采购人掌握了资格预审合格的投标人的名单，故可以尽早提醒尚未及时购买招标文件的潜在投标人。

（9）询标答疑与现场勘察：询标答疑与现场勘察程序与公开招标的相同。在公开招标中，采购人并不一定掌握投标人的详细资料，只能在网上发布相关通知；而在邀请招标中，招标人有义务将通知发给每一个投标人（图1-1）。

（10）确定评标专家：确定评标专家的程序与公开招标的相同。邀请招标中的投标人较少，评委人数满足法定要求即可。

（11）开标：开标程序与公开招标的相同。

（12）组建评标委员会、评标：组建评标委员会、评标的程序与公开招标的相同。若招标文件仍要求进行资格后审，则应进行资格后审。

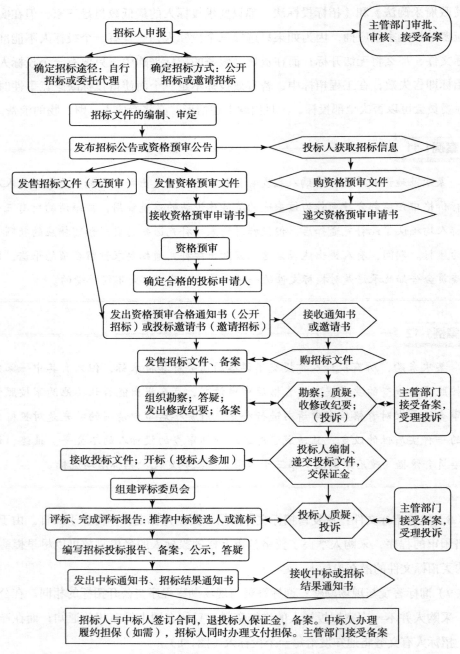

图1-1 公开招标和邀请招标的流程图

（13）评标结果公示、办理中标落标手续：评标结果公示、办理中标落标手续的程序与公开招标的相同。由于是邀请招标，故一般不存在从评审合格的投标人中随机抽取中标人定标的可能性。

公开招标和邀请招标是政府采购（包括货物、服务、工程）的主要方式，其流程图如图1-1所示。

65. 邀请招标有什么特点？

答：邀请招标遵循了《政府采购法》和《招标投标法》的基本原则——公开、公平、公正、诚实信用，能做到事前公开、结果公开。但邀请招标在选择供应商时不容易进行监督。由于采购人须先在财政部门指定的政府采购信息媒体发布资格预审公告，并进行资格预审，故在时间上比无资格预审的公开招标要多10个工作日。对于概念性规划招标与设计招标等专业性较强的政府采购项目，更适用于邀请招标。

66. 达到公开招标数额标准的货物、服务采购项目，拟采用非招标采购方式的，向设区的市、自治州以上人民政府财政部门申请批准应提供哪些材料？

答：（1）采购人名称、采购项目名称、项目概况等项目基本情况说明。

（2）项目预算金额、预算批复文件或者资金来源证明。

（3）拟申请采用的采购方式和理由。

67. 政府采购工程依法不进行招标的，应如何处理？

答：应依照《政府采购法》和《政府采购法实施条例》规定的竞争性谈判或者单一来源采购方式采购。

68. 列入集中采购目录的项目在什么情况下可以不实行批量集中采购？

答：紧急的小额零星货物项目、有特殊要求的服务或工程项目可以不实行批量集中采购。

69. 招标文件至少需要提前多少天发出？

答：至少提前20日，且提供期限自招标文件开始发出之日起不得少于5个工作日。

70. 资格预审公告的内容是什么？

答：资格预审公告的内容应当包括采购人和采购代理机构的名称、地址和联系方法；采购项目名称、数量、简要规格描述或项目基本概况介绍；采购项目预算金额；采购项目需要落实的政府采购政策；投标人的资格要求，以及审查标准、方法；获取资格预审文件的时间、地点、方式；投标人应当提供的资格预审申请文件的组成和格式；提交资格预审申请文件的截止时间及资格审查日期、地点；采购项目联系人姓名和电话。

71. 对资格预审公告的时间要求是什么？

答：资格预审公告的公告期限为5个工作日。

72. 公开招标公告的内容是什么？

答：公开招标公告的内容应当包括采购人和采购代理机构的名称、地址和联系方法；采购项目的名称、数量、简要规格描述或项目基本概况介绍；采购项目预算金额；采购项目需要落实的政府采购政策；投标人的资格要求；获取招标文件的时间、地点、方式及招标文件售价；投标截止时间、开标时间及地点；采购项目联系人姓名和电话。

73. 对公开招标公告的时间要求是什么？

答：公开招标公告的公告期限为5个工作日。

74. 政府采购投标保证金的数额上限是多少？政府采购履约保证金的上限是多少？

答：政府采购投标保证金不得超过采购项目概算的2%。政府采购履约保证金不得超过政府采购合同金额的10%。

75. 能否单独组织只有一个投标人的现场考察？

答：不允许。

76. 对投标人的口头答疑有效吗？

答：无效。所有的评审都将按照招标文件及答疑纪要、修改纪要进行评审，若前后不一致，则以最后一次为准。答疑纪要与修改纪要均须签字盖章。

案例1-13

某次评标中，发现有大量人员配备不符合要求的技术标，代理机构解释说，招标方的经办人曾在向投标人答疑时口头同意放宽项目经理条件，但考虑重新发出答疑纪要需要推迟开标，故未形成书面的答疑纪要，故评委只得按招标文件进行评审。评标结果公示后，部分投标人向招标办公室投诉，评委仍维持原来的评标结论并由招标办公室转交投诉人。在本案例中，评委始终坚持评审原则，招标办公室则尊重了评委的意见。

案例1-14

某电站招标要求投标人须成功完成过两个以上类似的建设项目。招标评审结果公布后，投标人甲投诉说获得中标资格的投标人乙只有一个类似的在建项目，不具备招标文件所规定的资格条件，故招标人不得不重新组织资格审查，并据审查结果取消了投标人乙的中标资格。投标人乙提出自己是在征询招标人并获得其同意后才参加投标的，招标人怎能自食其言？招标管理机构也觉得投标人乙的提法有道理，并进行协调。投标人乙仍获得了中标资格。在本案例中存在诸多问题：首先，招标人违反招标文件的规定口头认同投标人乙具备投标资格，这明显对其他潜在投标人不公平；其次，在资格审查与评标中，相关人员没有严格执行招标文件的规定，让投标人乙获得中标资格；接着，招标人重新组织资格审查后，未坚持审查意见及处理结果；最后，招标管理机构没有按原则处理此次纠纷。

事实上，招标人即使在签订合同时仍有权以投标人乙不具备投标资格而否决评标结果；否则，对其他潜在投标人和投标人就会造成不公，因为部分潜在投标人会因"须成功完成过两个以上类似的建设项目"的规定而放弃投标，而不具备投标资格的投标人能以较低的投标报价参与竞争。如果投标人乙要坚持投标，应提出让招标人书面修改招标文件，以便自己具备投标资格。

77. 采购信息更正公告应包括哪些内容？

答：采购信息更正公告应包括采购人与采购代理机构的名称、地址和联系方式；原公告的采购项目名称及首次公告日期；更正事项、内容及日期；采购项目联系人的姓名和电话。

78. 对已发出的招标文件进行必要澄清或修改，应在提交投标文件截止时间多少日前发出？

答：15日。

79. 若推迟投标截止时间和开标时间，应在提交投标文件截止时间多少日前发出？

答：3日。

80. 开标的时间与地点如何确定？

答：开标的时间与地点由招标文件规定，且开标应在招标文件确定的投标截止时间的同一时间进行。

81. 开标的参与人员有哪些？

答：开标由采购人、投标人和有关方面代表参加，属于委托采购的还应有代理机构的工作人员参加。

82. 开标的步骤有哪些？

答：开标时，主持人应先对参加开标仪式的工作人员（如唱标员、监标员、记录员）进行简要介绍，经检查投标文件密封无误后，由工作人员当众拆封，宣读投标人的名称、投标价格和投标文件的其他主要内容：交货日期、质量、保证金、备选方案或改进方案的主要内容（如果允许提交备选方案或改进方案）。若投标价格、价格折扣和招标文件允许提供的备选或改进投标方案等实质内容未宣读，则评标时不予承认。如果到截标时投标人不足三家，则不应开启投标文件；若投标人太多，或投标标段太多，则招标人（自行采购）或代理机构（委托采购）应及时做好投标文件的归类保管工作，以绝对避免投标文件的遗失。

案例1-15

某次评标快结束时，商务标的评标专家对商务标文件进行清点，发现少了一份商务标文件（开标时已有记录），在评标室中对所有施工组织文件、项目管理班子人员配备文件、商务标文件与资格后审文件进行查找后，仍未找到那一份商务标文件，代理机构的工作人员只好又到开标大厅去找，最终在准备向招标办公室报告遗失一份商务标文件之前找到了该文件，避免了一次招标事故。

83. 若在开标时未宣读价格折扣或备选方案，评标时是否予以考虑？

答：不予考虑。

84. 开标一览表（报价表）中的内容与投标文件中明细表的内容不一致时如何处理？

答：以开标一览表（报价表）为准。

85. 若参加投标的供应商不足三家而招标程序和招标文件均无瑕疵，招标人应如何处理？

答：经报批后，可采用竞争性谈判、询价或单一来源方式采购。

案例1-16

某新城建设项目，拟在一周内采购10000株凤凰木和10000株刺桐，结果公开招标失败。由于招标文件没有不合理条款，经批准后改为竞争性谈判，但谈判仍旧失败，最后现场询价，从数家企业购得上述苗木。在本案例中，由于时间紧，而标的物并没有划分成几个标包，导致公开招标失败。

86. 若招标失败且招标文件存在不合理条款，应如何处理？

答：重新招标。

第三节　非招标性政府采购的方式和程序

87. 什么是询价？有什么特点？

答：询价是指询价小组向符合资格条件的供应商发出采购货物询价通知书，要求供应商一次报出不得更改的价格，采购人从询价小组提出的成交候选人中确定成交供应商的采购方式。

询价在本质上是一种不得讲价的货比三家，最主要的特点是文件的编制便捷、采购效率高，不易流标。

88. 询价采购方式采购的范围是什么？

答：（1）依法制定的集中采购目录以内，且未达到公开招标数额标准的货物。

（2）依法制定的集中采购目录以外、采购限额标准以上，且未达到公开招标数额标准的货物。

（3）达到公开招标数额标准、经批准采用非公开招标方式的货物。

89. 询价的条件是什么？

答：采购的货物规格、标准统一、现货货源充足且价格变化幅度小，且属于以下情形之一：①依法制定的集中采购目录以内，且未达到公开招标数额标准；②依法制定的集中采购目录以外、采购限额标准以上，且未达到公开招标数额标准；③达到公开招标数额标准、经批准采用非公开招标方式。

服务及工程的采购不适用询价采购方式。

90. 询价的程序是什么？

答：（1）采购预算与申请：采购人编制采购预算，填写采购申请表并提出采用询价的理由，经上级主管部门审核后提交财政局采购管理部门。

（2）采购审批：财政行政主管部门根据采购项目及相关规定确定询价这一采购方式，并确定采购途径——是委托采购还是自行采购。

（3）代理机构的选定：代理机构的选定的程序与公开招标的相同。

（4）组建询价小组。

（5）编制询价文件：询价文件应对采购项目的价格构成与评定成交的标准等事项做出规定。

（6）确定被询价的供应商名单：询价小组根据采购需求，从符合相应资格条件的供应商名单中确定不少于三家的供应商，并向其发出询价通知书。为邀请更多的符合相应资格条件的供应商参加报价，可通过网络发布询价文件。在案例1-5中，由于通过网络发布询价文件，报价最低的是外省的一家供应商，经过评审后，此供应商为成交供应商，成交价比控制价少了36.37%。

（7）询价：询价小组要求被询价的供应商在规定时间内一次报出不得更改的价格。

（8）确定成交供应商：根据符合采购需求，以及质量和服务相等且报价最低的原则确定成交供应商，并将结果通知所有被询价的成交供应商。

（9）评审结果公示：公示的内容包括成交供应商的名单、各供应商的报价与询价专家的名单。

（10）发出成交通知书：公示期满无异议，则应立即发出成交通知书，这才能确保询价方式的高效。

91. 什么情况下应终止询价采购？

答：（1）因情况变化，不再符合规定的询价采购方式适用情形的。

（2）出现影响采购公正的违法、违规行为的。

（3）在采购过程中符合竞争要求的供应商或者报价未超过采购预算的供应商不足三家的。

92. 什么是单一来源采购？有什么特点？

答：单一来源采购也称为直接采购，简称直购，是指采购人从某一特定供应商处采购货物、工程和服务的采购方式，采购人只能与供应商进行一对一交易的采购方式。

93. 单一来源采购的条件是什么？

答：符合下列情形之一的货物或者服务，可以采用单一来源方式采购：

（1）因货物或者服务使用不可替代的专利、专有技术，或者公共服务项目具有特殊要求，导致只能从唯一供应商处采购的。

（2）发生了不可预见的紧急情况不能从其他供应商处采购的。

（3）必须保证原有采购项目一致性或者服务配套的要求，需要继续从原供应商处添购，且添购资金总额不超过原合同采购金额的10%。

94. 单一来源采购的程序是什么？

答：（1）采购预算与申请：采购人编制采购预算，填写采购申请表并提出采用单一来源采购方式的理由，经上级主管部门审核后提交财政管理部门。其中，属于因货物或者服务使用不可替代的专利、专有技术，或者公共服务项目具有特殊要求，导致只能从唯一供应商处采购的，且达到公开招标数额的货物、服务项目的，应当由专业技术人员论证并公示，公示情况一并报财政部门。

（2）采购审批：财政行政主管部门根据采购项目及相关规定确定单一来源采购这一采购方式，并确定采购途径——是委托采购还是自行采购。

（3）代理机构的选定：程序与公开招标的相同。

（4）组建协商小组：由代理机构协助组建协商小组。

（5）协商、编写协商情况记录：采购小组与供应商协商。由于单一来源采购缺乏竞争性，在协商中应确保质量的稳定性、价格的合理性、售后服务的可靠性。由于经过了技术论证，因而，价格是协商的焦点问题，协商小组应通过协商帮助采购人获得合理的成交价并保证采购项目质量。协商情况记录应当由协商小组人员签字认可。对记录有异议的协商小组人员，应当签署不同意见并说明理由。

> **案例1-17**
>
> 在某次采购中供应商反复强调自身工艺的先进性以及报价已是成本价，但采购专家一直以报价过高、单一来源采购缺乏竞争性为由要求供应商在保证质量的前提下降低单价，最终节约了财政资金。

（6）签发成交通知书：将谈判确定的成交价格报采购人，经采购人确认后签发成交通知书。

95. 对单一来源采购的公示媒体有什么具体要求？

答：应当在省级以上财政部门指定媒体上公示。

96. 单一来源采购的采购项目信息和唯一供应商名称应公示多少天？

答：公示期不得少于5个工作日。

97. 单一来源采购的公示包含哪些内容？

答：单一来源采购的公示包含：采购人、采购项目名称和内容；采购的货物或者服务的说明；采用单一来源采购方式的原因及相关说明；拟定的唯一供应商名称、地址；专业人员对相关供应商因专利、专有技术等原因具有唯一性的具体论证意见，以及专业人员的姓名、工作单位和职称；公示的期限；采购人、采购代理机构、财政部门的联系地址、联系人和联系电话。

98. 对单一来源采购公示期间收到的异议应如何处理？

答：采购人、采购代理机构收到对采用单一来源采购方式公示的异议后，应当在公示期满后5个工作日内，组织补充论证，论证后认为异议成立的，应当依法采取其他采购方式；论证后认为异议不成立的，应当将异议意见、论证意见与公示情况一并报相关财政部门。

采购人、采购代理机构应当将补充论证的结论告知提出异议的供应商、单位或者个人。

99. 单一来源采购的协商情况记录应包括哪些内容？

答：单一来源采购的协商情况记录应包括：协商日期和地点，采购人员名单；供应商提供的采购标的成本、同类项目合同价格以及相关专利、专有技术等情况说明；合同主要条款及价格商定情况。对于需要公示的，还应包含公示情况说明。

100. 什么情况下应终止单一来源采购？

答：因情况变化而不再符合规定的单一来源采购方式适用情形的，出现影响采购公正的违法、违规行为的，或报价超过采购预算的，应终止单一来源采购，发布项目终止公告并说明原因。

101. 什么是竞争性谈判？有什么特点？

答：竞争性谈判是指谈判小组与符合资格条件的供应商就采购货物、工程和服务事宜进行谈判，供应商按照谈判文件的要求提交响应文件和最后报价，采购人从谈判小组提出的成交候选人中确定成交供应商的采购方式。

竞争性谈判最大的特点是允许参与谈判的供应商给出二次报价。此外，谈判文件可作必要的实质性变动，但须以书面方式通知参与谈判的所有供应商。

102. 竞争性谈判的条件是什么？

答：符合下列情形之一的采购项目，可以采用竞争性谈判方式采购：

（1）招标后没有供应商投标或者没有合格标的，或者重新招标未能成立的。

（2）技术复杂或者性质特殊，不能确定详细规格或者具体要求的。

（3）非采购人所能预见的原因或者非采购人拖延造成采用招标所需时间不能满足用户紧急需要的。

（4）因艺术品采购、专利、专有技术或者服务的时间、数量事先不能确定等原因不能事先计算出价格总额的。

103. 竞争性谈判的程序是什么？

答：（1）采购预算与申请：采购人编制采购预算，填写采购申请表并提出采用竞争性谈判的理由，经上级主管部门审核后提交财政局采购管理部门。

（2）采购审批：财政行政主管部门根据采购项目及相关规定确定竞争性谈判这一采购方式，并确定采购途径——是委托采购还是自行采购。

（3）代理机构的选定：代理机构的选定的程序与公开招标的相同。

（4）组建谈判小组。

（5）编制谈判文件：谈判文件应明确谈判程序与内容、合同草案条款及评定成交的标准等事项。

（6）确定参与谈判的供应商名单。谈判小组根据采购需求，从符合相应资格条件的供应商名单中确定并邀请不少于三家的供应商进行谈判，若公开招标的货物、服务采购项目，招标过程提交投标文件或者经评审实质性响应招标文件要求的供应商只有两家时，采购人、采购代理机构经本级财政部门批准后可以与该两家供应商进行竞争性谈判采购。

（7）谈判：谈判小组所有成员集中与每一个被邀请的供应商分别进行谈判，在谈判中任何一方不得透露与谈判有关的其他供应商的技术资料、价格和其他信息。若谈判文件有实质性变动，谈判小组应以书面形式通知所有参加谈判的供应商。可以按照供应商提交投标文件的顺序或以抽签的方式确定谈判顺序。

（8）确定成交供应商：谈判结束后，谈判小组应要求所有参加谈判的供应商在规定时间内进行最后报价，采购人从谈判小组提出的成交候选人中根据符合采购需求，以及质量和服务相等且报价最低的原则确定成交供应商，并将结果通知所有参加谈判的未成交的供应商。要求供应商尽早报价有助于防止串标。

（9）评审公示：评审公示的内容包括成交供应商名单、谈判文件修正条款、各供应商报价与谈判专家名单。

（10）发出成交通知书：公示期满无异议，即可发出成交通知书。

104. 谈判文件应当包括哪些内容？

答：谈判文件应包括：供应商资格条件、采购邀请、采购方式、采购预算、采购需求、采购程序、价格构成或者报价要求、响应文件编制要求、提交响应文件截止时间及地点、保证金缴纳数额和形式、评定成交的标准，并应明确谈判小组根据与供应商谈判情况可能实质性变动的内容，包括采购需求中的技术、服务要求以及合同草案条款。

105. 什么情况下应终止竞争性谈判？

答：①因情况变化而不再适用竞争性谈判；②出现影响采购公正的违法、违规行为，或在采购过程中符合竞争要求的供应商或者报价未超过采购预算的供应商不足三家（公开招标中提交投标文件或者经评审实质性响应招标文件要求的供应商只有两家而经批准采用竞争性谈判采购的除外）。

106. 谈判文件、询价通知书编制的原则是什么？

答：应当根据采购项目的特点和采购人的实际需求编制，不得擅自提高经费预算和资产配置等采购标准；不得要求或者标明供应商名称或者特定货物的品牌，不得含有指向特定供应商的技术、服务等条件。

107. 在竞争性谈判和询价采购中，应如何邀请或抽取供应商？

答：采购人、采购代理机构应当通过发布公告、从省级以上财政部门建立的供应商库中随机抽取或者采购人和评审专家分别书面推荐的方式邀请不少于三家符合相应资格条件的供应商参与竞争性谈判或者询价采购活动。

采取采购人和评审专家书面推荐方式选择供应商的，采购人和评审专家应当各自出具书面推荐意见。采购人推荐供应商的比例不得高于推荐供应商总数的50%。

108. 如何认定《政府采购法》中竞争性谈判和询价采购的质量和服务相等？

答：是指供应商提供的产品质量和服务均能满足采购文件规定的实质性要求。

109. 谈判文件、询价通知书应当包括哪些内容？

答：谈判文件、询价通知书应包括：供应商资格条件、采购邀请、采购方式、采购预算、采购需求、采购程序、价格构成或者报价要求、响应文件编制要求、提交响应文件截止时间及地点、保证金缴纳数额和形式、评定成交的标准等。此外，谈判文件还应当明确谈判小组根据与供应商谈判情况可能发生实质性变动的内容，包括采购需求中的技术、服务要求以及合同草案条款。

110. 竞争性谈判、单一来源采购方式采购的范围是什么？

答：（1）依法制定的集中采购目录以内，且未达到公开招标数额标准的货物、服务。

（2）依法制定的集中采购目录以外、采购限额标准以上，且未达到公开招标数额标准的货物、服务。

（3）达到公开招标数额标准、经批准采用非公开招标方式的货物、服务。

（4）按照《招标投标法》及其《招标投标法实施条例》必须进行招标的工程建设项目以外的政府采购工程。

111. 竞争性谈判公告、竞争性磋商公告和询价公告的内容是什么？

答：竞争性谈判公告、竞争性磋商公告和询价公告的内容应当包括采购人和采购代理机构的名称、地址和联系方法；采购项目的名称、数量、简要规格描述或项目基本概况介绍；采购项目预算金额；采购项目需要落实的政府采购政策；对供应商的资格要求；获取谈判、磋商、询价文件的时间、地点、方式及文件售价；响应文件提交的截止时间、开启时间及地点，采购项目联系人姓名和电话。

112. 对竞争性谈判公告、竞争性磋商公告和询价公告的时间要求是什么？

答：竞争性谈判公告、竞争性磋商公告和询价公告的公告期限为3个工作日。

第四节 货物、服务、小额工程的采购（招标）与策略

113. 采购人成立采购小组有何意义？

答：采购人成立采购小组可提升采购的效率与效益，减少采购文本与资格预审公告

等的差错，在一定程度上能规范招标过程并避免因个别工作人员的人事变动所带来的不利影响。

> **案例1-18**
>
> Y单位于2005年进行K实验室的设备采购，由于没有成立采购小组，不完善的招标文件未被认真审定，再加上采购代表不熟悉，导致结算价款超出中标价15%。此外，产品质量很差且存在安全隐患，期间返修多次，对业主造成了很大影响。

114. 采购小组如何组成？

答：应由懂得专业知识、法律知识与财务知识的工作人员组成采购小组。

115. 如何合理地划分采购标包？

答：合理划分采购标包是非常重要的，这样既有利于提高招标效率，又有利于保证采购质量，还能尽量避免不必要的流标。划分的依据是项目的具体内容、缓急程度与总量大小；此外，也可依据便于招标人进行管理或依据潜在投标人的实力来划分。

> **案例1-19**
>
> 某贷款项目涉及道路维修、机动车污染控制与交通安全设备等。在第一次招标时，将道路工程施工机械和交通信号系统放在一起进行采购，导致无任何企业前来投标；招标人重新招标时，将道路工程施工机械和交通信号系统分成不同的标包，结果有多个投标人前来参与投标，招标圆满结束。

> **案例1-20**
>
> 某单位招标采购数万吨化肥，要求投标人一次性提供全部数量的化肥，否则作为废标。评标期间，一个虽能提供大部分化肥且报价最低的投标被否决。对该投标的否决完全合法，但从节约采购人资金的角度而言，完全可将标的物分成2~3个标包，因而在大宗物资的一次性采购中，若招标人合理地划分标包，并允许同时投标几个标包，则更易于节省采购资金。

> **案例1-21**
>
> 某单位将其所管理的小区的绿化养护与道路绿化养护各划分成2个标段进行养护招标，因管理界限明确，同类管理养护项目便于比较，故管理养护效果较好，在养护期结束后的重新招标中，仍沿用上述方式。

116. 如何掌握采购时限？

答： 采购时限可归纳为一对照、二计划、三落实，即公开招标和邀请招标所花的时间较长，故首先要对照它们的流程图（见本书问答第64条），确认所有的步骤及相应的法定的最短时间；其次，根据流程图做出相应的计划；最后，将计划落实到采购中，并根据实际情况进行实时调整。

117. 在采购前如何防止价高质劣的采购结果？

答： 确保有足够多的供应商，细化规格标准和评审标准，设定合理的控制价。

118. 采购人如何减少或避免公开招标的流标？

答： 及早发布招标公告、合理地划分标包、确定适宜的资格条件，以确保有足够多的供应商；明确废标条款且以加粗字体或标注星号等方式予以强调，以减少废标的可能性。此外，对于一些信誉好的单位，可以直接询问其是否看到该招标公告。

119. 公开招标失败后应采取何种应对措施与采购方式？

答： 对失败的原因进行分析，若招标文件不合理或招标程序不合规定，则需要重新招标，否则经批准后，可改用其他采购方式。

120. 采购人如何减少或避免邀请招标流标？

答： 及早发布资格预审公告，以确保有足够多的潜在供应商供选择。多选择几个供应商参与投标，及早向他们发出投标邀请书；明确废标条款且以加粗字体或标注星号等方式予以强调，以减少废标的可能性。

121. 邀请招标是否比公开招标更节省时间？

答： 不会。采用资格预审的邀请招标与资格后审的公开招标相比，会花更多的时间。

122. 采购人如何减少或避免竞争性谈判的失败？

答：在招标文件中规定投标人的第二次报价不得高于第一次报价，且多选择几个供应商参与投标，以尽量避免报价过高而超出控制价。对于公开招标失败后改用竞争性谈判的，应重新确定控制价并予保密。

> **案例1-22**
>
> 某次苗木采购约20个标包，采用了公开招标方式。投标人仅参与了其中2/3的标包的投标，经评审，只有1/2的标包中标。招标结束后，经报批后，尚余的1/2标包采用竞争性谈判的采购方式。由于公开招标结束时公布了当时各种废标的原因（包括部分报价超过控制价），结果在竞争性谈判中，投标人均给出了接近控制价的报价，这使采购人陷入了非常被动的局面。

123. 竞争性谈判中应坚持什么原则？

答：（1）公开、公平、公正与诚实信用原则：应基于事先公布的评审标准对他们的谈判承诺书（包括报价）进行评审，若对谈判文件进行实质性修正，则应及早通知所有的供应商使他们有平等的机会进行最后的报价。在面对面的谈判中，对所有供应商不应有任何歧视，不能受供应商代表的谈吐举止的影响。

（2）保密原则：在谈判中，谈判小组不能将供应商的技术资料、价格和其他信息泄露给其他人。

> **案例1-23**
>
> 某服装城二期苗木采购，供应商报价高低竟相差一半，由于供应商不知道控制价，虽经谈判，最低报价仍超出控制价数千元。本案例发生于《政府采购法实施条例》之前，采购人不告诉供应商控制价是当时通行的做法。

> **案例1-24**
>
> 某次小型景观雕塑采购，经谈判后，各供应商提交了最后的报价，采购专家在填写采购成交报告时向采购人询问控制价，采购人不愿意回答，采购专家以不知道各供应商报价是否超出控制价为由拒绝填写采购成交报告。最终，采购人告知了控制价，并解释说此前曾承诺要支付设计方设计费用。尽管本案例发生于《政府采购法实施条例》之前，但采购人若不告诉采购专家控制价，采购专家就无法完成评审。

124. 竞争性谈判中如何采取保密措施？

答：（1）对参与谈判的供应商的名单进行保密。

（2）控制价保密至谈判结束。

（3）无关人员均不得进入评标室，谈判小组成员均不得离开评标室（评标室配备卫生间）。

（4）在下一位谈判供应商进入评标室之前，应对评标室内的资料（包括前一位谈判供应商的报价文件）进行整理，以防泄密；若是大额采购项目，可以为参与谈判的供应商准备单独的休息室。

（5）若谈判数日，应在每一天谈判结束时密封所有材料。

125. 竞争性谈判中谈判文件若需要且有实质性变动时应如何处理？

答：应及早通知所有的供应商使他们有平等的机会进行最后的报价。

126. 竞争性谈判中投标人虽递交报价文件但未派代表参与谈判应如何处理？

答：理论上未派代表参与谈判的供应商没有第二次报价的机会。若谈判小组认为确有必要，应在评标室直接通知该供应商，要求其及时将第二次报价经法定代表人或其委托人签字、单位盖章后传真至评标室。

127. 竞争性谈判中如何防止报价被抬高？

答：做好保密工作（见本书问答第124条）；防止参与谈判的供应商进行串通；在采购文本中规定第二次的报价不得高于第一次的报价。

128. 如何使询价采购获得更廉价的采购结果？

答：通过网络发布采购信息。

129. 利用各种范本（招标文件、合同等）有何意义？

答：充分利用招标文件范本和合同范本，这样能减少编制文件的工作量，尤其能避免一些招标人或代理机构因自身考虑不周所引起的纠纷与损失。

130. 如何细化采购文本？

答：首先是细化货物的规格标准（见本书问答第750条）；其次是细化评审标准。细化评标标准既便于评委评审，也能有效地控制评委的自由裁量权；同时，也有助于潜在投标人决定是否参加投标。

（1）明确被废标的条件。

（2）业绩评审的要求应尽可能明确。

1）业绩的确认，是只要有合同即可，还是必须附上验收单或/和发票。鉴于当前招标投标中时有造假行为，故应在招标文件中从严规定业绩确认的标准。

2）业绩的时效性应予以明确，例如"近3年的业绩"的起止时间并不明确，最好规定从哪一天开始至今的业绩，且规定以合同签订的时间为准。

3）业绩金额的评分标准应很明确。以往业绩金额的评分标准有欠缺的常见类型有边界重叠，遗漏与表述不够完整。

案例1-25

某次政府采购，规定"……单项业绩100万～300万元的，每项给2分；单项业绩300万～500万元的，每项给4分……"此评分标准就属于边界重叠，不同的评委可能有不同的打分结果。

案例1-26

某次政府采购，规定"……单项业绩50万～290万元的，每项给4分；单项业绩300万元以上的，每项给7分……"此评分标准就属于遗漏。评委经讨论取得一致意见后才开始评审。

案例1-27

某次政府采购，规定"单项业绩超过80万元，每项给4分；单项业绩超过160万元，每项给6分，总分为30分"，此评分标准就属于表述不够完整，若投标人的业绩刚好是80万元，应如何评分？

（3）信誉、获奖评审的要求应尽可能明确，例如什么级别或什么机构的"重合同、守信誉"的称号可以作为信誉，ISO的认证与验收结论是否作为信誉。

案例1-28

某次政府采购，规定"国家级、省级、市级奖励分别给15分、10分、5分，满分为30分"。此评分标准也不够完整，例如同一项目的奖励能否重复计分？此外，有人提出同级奖励不能重复计分。若同级奖励不能重复计分，则获得2项省级奖励的投标人甲只能得10分，获得1项省级奖励和1项市级奖励的投标人乙却能获得15分，这有违公平原则。经讨论，对同一项目的奖励，记分时就高不就低。

（4）财务状况评审的要求应尽可能明确，例如可以规定资不抵债的企业不得参加投标。此外，应明确重点审查的经济指标，例如短期偿债能力的流动比率指标（流动资产/流动负债）。

（5）对有别于通常情形的采购进行明确提示，例如在案例1-5中，提示供应商需要自行解决二次运输。

（6）可以提出相应的采购要求，以避免以往出现的问题。

案例1-29

城市道路绿地的养护须借助水车，某招标人据以往经验对水车这一设备的要求进行细化：投标人自有水车并提供该车辆的照片和发票、行驶证的，在水车这一栏给5分；已租赁水车的并提供了租赁合同、车辆照片的，给3分；未租赁水车但能承诺一旦中标可在3日内提供租赁合同的，给1分；未承诺的则作为废标。该细化措施不仅有利于保证日后的服务质量，也便于管理，还能有效地防止投标方造假。

案例1-30

某地对建筑垃圾的运输出岛进行招标，招标文件虽已要求投标人提供接受地的村镇证明，但仍屡次出现建筑垃圾被倒入水体的事情，这就是招标文件与管理不够细化、到位所致。若在接受地进行实地测算并和运输前的测算值进行比较，就能有效地防止投标方中途倾倒建筑垃圾。

131. 统一投标文件的格式有何意义？

答：统一投标文件的格式即要求投标人必须按照招标文件所规定的内容顺序与授权委托书等文本格式、表格式样编制投标文件。统一格式有助于评标，尤其在有很多投标人或有多个标段、标包时，格式的统一不仅能提高评审效率，也能减少评审结果的分歧，这对招标人与投标人都是有益的。

132. 什么是离散型的评分方法？

答：离散型的评分方法即将主观分评审的优、良等各档次分别直接设定为某一分值，而不是设定为某一区间的分值，例如某一分项的满分为60分，若设为优、良、中、差四档（不设基本分），则可分为60分、40分、20分、0分；若设为优、良、合格、基本合格四档（设有基本分），则可分别为60分、50分、40分、30分。离散型的评分方法可增强评审的可重复性，详见本书问答第531条。

133. 为何在采购文本中增加免责条款？

答： 为避免招标中出现的一些疏漏而使招标人本身处于一种被动的、可能被起诉的境地，招标文件可增加免责条款，甚至要求投标方须放弃诉讼权利。免责条款成立的前提是招标人应遵守相关的法律法规。

134. 什么是串标？如何防止采购中的串标？

答： 串标是指投标人在投标前或投标期间（如竞争性谈判期间）与其他投标人或招标人、招标代理机构暗中达成协议，通过不正当方式获取中标（串标的几种常见形式详见本书问答第599条）。串标不仅给招标人造成了经济损失，而且难以保证标的物的质量及售后服务，还破坏了市场的合法有序的自由竞争，损害了政府采购及招标投标制度。可采取以下防范措施：

（1）判断潜在供应商的范围。根据采购的标的物，判断潜在供应商的范围，若潜在供应商仅几家或集中于某一地区，则比较容易出现串标，可及早采取相应的对策，包括选择恰当的采购方式。

（2）及早发布招标信息，同时严格保密投标人的名单。供应商的范围越大，越不容易串标。

（3）严把评审关。严格评审是在货物、服务采购中防范串标的最后一道关卡。

135. 什么是低价抢标？如何防止采购中的低价抢标？

答： 低价抢标是指投标人通过低于成本价的价格进行投标以谋取采购合同（低价抢标的原因见本书问答第600条）。表面上，极低的投标价格能帮助招标人节约采购资金，但低价抢标者会通过偷工减料、以次充好、延误供应期来获取不正当的利益，并致使招标人遭受较大的经济损失。此外，低价抢标破坏了市场的合法有序的自由竞争，损害了政府采购及招标投标制度。

可采取下述防范措施：

（1）细化规格标准是防范低价抢标的首要措施，可防止投标人钻空子。以树木采购为例，"所需乔木的第三级分枝的长度不得少于20cm"比"所需乔木需有三级分枝"要细化。

（2）细化评标标准，有助于科学评审、防止低价抢标。

（3）严格评审，以确认投标文件是否完全响应招标文件的要求。

（4）现场确认。以乔木采购为例，可规定定标之后，招标人经现场确认后才与中标人签订合同。

136. 在采购数字照相机、计算机等具有多种规格标准的货物时应注意哪些问题？

答： 根据实际需要确定所需规格标准；为防止出现采购到的货物比商场中同型号的更贵，可以先调查，并在此基础上进行限价；若以往供应的货物质量或售后服务较差，可以对规格标准进行调整，以防止同一家供应商再次供同一种货物。

137. 在采购单件仪器设备时应注意哪些问题？

答： 若仪器设备有易损耗的原配件，在采购文本中应提出需增配的数量，并规定在保修期内供应商应予以维修更换。如果仪器设备较复杂，需对操作人员进行培训，应在采购文本中予以明确。有的仪器设备需安装调试，如超速离心机，应要求供应商现场安装调试。

138. 在采购成套仪器设备或整个实验室的装备时应注意哪些问题？

答： 采购成套仪器设备时，招标文件应要求供应商进行安装调试，经运行正常后才签单付款。

整个实验室的装备采购时，应考虑电力负荷；招标文件应要求供应商列出详细的清单。

若采购人因疏忽遗漏了某些物件，若补充购买这些物件的金额不超过原合同总价的10%，可采用单一来源采购的方式向该供应商直接购买。若采购人对采购对象不甚清楚，则应要求供应商列出详细的清单，可以在评审的过程中对所有供应商的供货清单与报价进行详细对比。

139. 在采购园林植物时应注意哪些问题？

答： 园林植物的采购较为特殊，因为它是一种活体的采购，不仅与尺寸规格有关，还与生长健壮与否、有无病虫害有关，而相关的行业标准、国家标准都很少。其中，树木的采购还应明确几级分枝与分枝的认定标准。此外，还应明确是地栽苗还是桶栽苗，若是地栽苗，是否断根过，或是假植苗。

植物同名异物、同物异名的现象较为严重，以枣椰为例，据不完全统计，已有海枣、千年枣、波斯枣等十几个其他的中文名（见参考文献［6］），因而对中文名较混乱的植物，应在其后列出拉丁学名。

> **案例1-31**
>
> 某次苗木采购，由于某种植物存在同名异物的现象，而招标文件中并未列出该种植物的拉丁学名，结果不同投标人提供了同一中文名的不同植物的照片；评委经讨论，从网络上下载了一张招标人所需植物的照片给投标人，让其确认报价。早期曾发生过采购铁树时因同名异物所引发的诉讼案件。

有时权威的分类专著（如《中国植物志》《Flora of China》）对植物做出了错误的鉴定，导致学名的误用，甚至两个种的拉丁学名完全相反（见参考文献［7、8］）。但这毕竟是少数情况，使用拉丁学名在全世界都是通行的。招标人若对拉丁学名不熟悉，可要求设计单位把植物的拉丁学名列出来。

140. 编制采购文本时是否需要征求采购专家的意见？

答：公开招标或邀请招标时，可以根据实际情况确定是否需要征求采购专家的意见，但征求过意见的专家不得再作为同一采购项目的评标专家；而在竞争性谈判和询价采购时，采购专家参与采购文本的制订。

141. 采购人或代理机构在编制采购文本时应注意哪些问题？

答：遵循编制采购文本的三大原则——政府采购政策、采购预算、采购需求。采购需求应当符合法律法规以及政府采购政策规定的技术、服务、安全等要求；政府向社会公众提供的公共服务项目，应当就确定采购需求征求社会公众的意见；除因技术复杂或者性质特殊，不能确定详细规格或者具体要求外，采购需求应当完整、明确；必要时，应当就确定采购需求征求相关供应商、专家的意见。

尽可能利用各种范本（招标文件、合同等）；能明确的尽量明确，能细化的尽量细化，尤其是对货物本身的要求以及评审标准；要求投标文件格式统一；涉及评分的，采用离散型的评分方法；采用合适的招标采购方式以防串标或低价抢标，针对以往发生的问题，提出相应的采购要求；可在采购文本中增加免责条款。

142. 什么是招标救济？

答：招标救济是指因招标人编制招标文件不够仔细或缺乏经验导致招标文件有瑕

疵，因投标人的串标、挂靠围标、低价抢标等非法或不正当竞争行为，或者因评委的错误评审，使招标人在接受评审结果后将遭受很大的经济损失，为避免此情形的发生，招标人所采取的补救措施。

（1）招标人代表参与评标并发现招标人的利益可能受损。如果招标人委派代表参与评审，发现有串标之嫌，且被陪标人、陪标人（和护标人）的格局较明显时，则可要求其他评委加大对这些投标人的投标文件的审查力度，一旦所有投标文件中的有效标不足三家，若是货物或服务的招标，则应根据《政府采购法》判为流标；若是工程的招标，则应以缺乏竞争性为由并依据《招标投标法》判为流标。流标之后应立即着手重新招标。

若发现有挂靠围标之嫌，应重点审查投标文件中的图、表及报价部分；若有大量雷同处，且当事人无法做出合理解释时，可作为废标处理。若发现有低价抢标之嫌，应对其各分项报价进行反复核查，核查内容包括是否有漏项，不可竞争费是否被调低，可竞争费的计算方式是否有误，优惠或调低的幅度是否超出了限度等。

此外，若招标文件有与现行法律法规不符处，或招标文件有严重瑕疵时，应否决此次招标，重新组织招标。但是，招标人可能要因此补偿或赔偿投标人的损失。

（2）招标人未派代表参与评标或所派代表并未当场发现问题。如果招标人并未委派代表参与评审或有的地区已规定招标人不得委派代表参与评审，或所派代表并未当场发现问题，直到评审结束后才发现如果接受评审结果将遭受很大的经济损失，此时应尽可能在发出中标通知书和招标结果通知书之前对评审结果进行分析。

1）一般性审查。分析评审是否有瑕疵，如是否有评委应回避而未回避的情形；评审是否尽责，包括按照原定程序、方法进行。如果评审有瑕疵，招标人可提出重新组织评审；如果评委对评审结论有分歧，或有串标、挂靠围标、低价抢标之嫌，也可要求重新评审。

案例1-32

2002年，深圳某综合楼工程在市建设工程交易服务中心进行招标投标，经专家评审的中标价低于标底价33.6%，明显异常，故被裁定为废标。此后，市建设局组织原有专家进行第二次评标，次低价中标，低于标底价31%，仍明显异常，再遭业主质疑。最后，市建设局组织其他专家就该项目进行第三次评标，发现投标单位中有两家投标人的投标文件有大量雷同，有的投标文件竟出自同一台打印机，故认定这两家是串通投标。经调查取证查实，这两家投标人相互串通投标，构成违法。事后，这两家投标人及法定代表人、直接责任人分别被罚款，而参与前两次评标的专家因未认真履行职责被取消评标专家资格，招标人的评标代表被通报批评。本案例表明，评委（包括评标专家和招标人委托的评标代表）在评审时应认真履行职责，而招标人为维护自身合法权益可以提出重新评审或重新组织评审的要求。

2）技术性审查。通常，不少投标人对投标文件的制作非常随意，若再次严格评审，时常会出现原来被判为合格的投标文件被判为废标的情形。以本书案例5-25为例，项目的第一次招标评审中，技术标评审全部合格而商务标评审后流标；但在该项目的第二次招标评审中，两个标段中都只有一家投标人的技术标评审合格。

3）真实性审查。对中标的投标文件进行认真核实，若有造假，则可否决招标结果。因为评委评标时一般只对投标人提供的材料进行评审，不对其真实性进行核查，故招标文件应要求投标人对投标文件的真实性进行承诺。

案例1-33

岳阳市某投标人甲与湖南某公路桥梁建设有限公司乙组成联合体参与常张高速公路工程的投标，投标人甲的业绩表上赫然写着该公司曾参与浙江"宁海盐高速公路第3合同段"的建设。而实际上，所谓的"宁海盐高速公路"是投标人甲凭空编造的。投标人甲如愿以偿地在该工程第7标段的竞争中脱颖而出，获得第一名。由于纪律检查组接到举报，对该工程第9、10、20标段进行调查，此后没有被举报的7标段引起了调查人员的注意，最终投标人甲因伪造业绩而受到了相应的处罚。

《中华人民共和国合同法》以自愿、公平、诚实信用为基本原则，强调了当事人订立、履行合同应守法，尊重社会公德，不得损害他人的合法利益和社会公共利益，依法订立的合同对当事人具有法律约束力，因而若对招标结果的履行损害了他人的合法利益和社会公共利益，或投标人存在严重的欺诈行为，招标人可以拒绝招标结果，或在合同签订后停止合同的履行。

（3）违约评估。若不具备上述条件或上述方法无效，则应对拒绝招标结果或不签订合同的法律责任进行评估而采取相应对策，见本书问答第609条。

第五节 货物、服务、小额工程的响应（投标）策略

143. 投标人成立投标小组有何意义？

答：投标人成立投标小组可使投标活动更加专业化，可避免因疏忽大意所导致的废标，提高中标率，并使效益最大化。

144. 投标小组如何组成？

答：由专业、财务、采购、竞争情报四方面的人员组成（参见本书问答第480条）。投标小组可以建立微信群进行讨论，但报价等核心内容不应出现在微信群中。

> **案例1-34**
>
> 某次政府采购，某投标人提交了投标保证金的缴纳凭证，但招标代理机构声称并未收到投标保证金。然而，该投标人在上午的投标中所缴交的投标保证金确已到账，难道下午的投标保证金到账更慢？经仔细核对，上午和下午的投标保证金账号不同——财政部门为防止投标保证金的返还被拖延而采用了随机账号，这些账号只能接受一个项目的投标保证金，一旦该投标人未能中标，投标保证金就能自动返还投标人。由于该投标人是按照上午的投标保证金缴纳账号去交下午的投标保证金，所以招标代理机构无法收到投标保证金。该投标人的投标被否决。

投标小组的组建不仅能减少因疏忽大意所导致的损失，还能在一定程度上防止因某些人员离岗所造成的真空状态。

145. 如何审读采购文本？

答：通读招标文件；研读技术与质量规格；细读合同条款（交货期、支付条款、运输保险为主要内容）；审读价格条件（参见本书问答第483条）。

146. 什么是星号条款？

答：有的采购文本中常规定打星号的条款为强制性条款，若投标人未满足，则为废标。在机电产品国际招标中，对招标文件中的重要商务和技术条款（参数）要加注星号（"*"），并注明若不满足任何一条带星号（"*"）的条款（参数）将导致废标。

147. 咨询时应注意什么问题？

答：咨询时，如采购人对采购文本有实质性的改动，供应商应要求其给出书面的答复。

148. 在投标前准备两套报价方案有什么意义？

答：增强保密性；根据到场的竞争对手灵活运用。

案例1-35

某次询价采购，投标人甲在递交询价文件后，发现自己熟悉的竞争对手乙也来参与投标，等投标人甲决定降低投标报价、向招标代理机构要求撤回原有的投标文件时，招标代理机构以超过投标截止时间为由不允许该投标人替换原有的报价。最终，该投标人的报价为次低报价，未能中标。

149. 什么是备选方案？

答：在招标文件允许的前提下投标人额外准备的投标方案，只有原投标方案中标后才能供招标人选择。

150. 询价采购中能否提交备选方案？

答：不能。

151. 同一投标方案能否报出两种价格？

答：不能。

152. 如何编制投标文件？

答：审读投标文件；进行必要的咨询与沟通；确定投标报价；确定投标文件的组成要件；根据招标文件的要求编写投标文件；反复检查并做好报价的保密工作。投标文件如按照下列顺序编排，更利于评审：

（1）投标函等基本材料（包括开标一览表、分项报价表、货物说明一览表、技术规格和商务偏离表等）。

（2）资格性评审所需材料（包括营业执照影印件，若营业执照、税务登记证、组织机构代码证未三证合一的，还应提交税务登记证和组织机构代码证影印件，若招标文件要求列出经营范围而营业执照又未显示经营范围的，应提供商事主体信息平台上所显示的经营范围的截图；若投标文件不是由法定代表人签署的，还应提交法定代表人授权书原件；有的招标文件要求提交包含四表一注的财务报表、缴税证明、无行贿犯罪声明函、廉洁承诺函等）。

（3）符合性评审所需其他材料（包含对星号条款的响应）。

（4）商务评审所需材料（以按照评分项顺序排列为佳）。

（5）技术评审所需材料（以按照评分项顺序排列为佳）。

（6）招标代理服务费承诺书。

案例1-36

某次政府采购，招标文件要求投标人提交营业执照、税务登记证、组织机构代码证的影印件，如果三证合一的，只需要提交营业执照；投标人应有相应的经营范围，如果营业执照没有显示经营范围，那么，应提供商事主体信息平台上所显示的经营范围的截图。某投标人既没有提交商事主体信息平台上所显示的经营范围的截图，也没有提交相应业务的资质证书。评委一致认定该投标文件为废标。

案例1-37

某次政府采购，招标文件要求投标人提交包含四表一注的财务报表、前一年度的审计报告或银行出具的资信证明，如果投标人为小微企业，可以不提交股东权益变动表。某投标人只提交了资产负债表、利润表和现金流量表，未提交附注，由于该投标人也未提交审计报告或资信证明，评标委员会最终否决了该投标人的投标。

案例1-38

某次政府采购，招标文件要求投标人提交缴税证明。某投标人既没有提交缴税证明，也没有提交免税证明，评标委员会否决了该投标人的投标。

案例1-39

某次政府采购，招标文件要求投标人提交在政府采购中没有被处罚等的声明函，并要求评委查询信用中国、信用厦门有无被列为失信被执行人和其他被处罚的记录。某投标人虽提交了相关的声明函，但由于该投标人在此前的政府采购中提供了不合格的产品而被罚款几千元，最终导致其中标资格被取消。

案例1-40

某次政府采购,招标文件提供了法定代表人授权书的模板,规定授权书不得转委托。某投标人提交的授权书与招标文件的授权书模板不一致——"不得转委托"被删除,因而,该投标人的投标被否决。

153. 编制目录页有什么意义?

答:既有利于投标人自己检查投标文件,也有利于投标文件的评审。若采用综合评分法、性价比法与综合评议法等综合评审的方法,个别评委有可能因投标文件没有目录页找不到投标文件响应招标文件的得分项而未给分。此外,目录页的编制质量可能会对投标文件的主观分有所影响。

但有的设计招标项目,为防止泄露投标人的身份信息,招标文件不允许编页码。

154. 什么是响应采购文本的要求?

答:应书面满足招标文件的强制性要求;若所供货物有技术规格或供货日期的偏离,应明确是正偏离还是负偏离,若是负偏离,绝不能超出采购文本所规定的底线。

155. 如何响应采购文本的要求?

答:无论是货物、服务或工程的投标文件(报价文件),都应从内容与形式两方面来响应。

较常见的未响应采购文本的情形包括:签名或盖章失误(忘记签名、盖章,或在匿名评审部分签名、盖章),未得到法定代表人书面授权的工作人员(如总经理等)代签,报价不完整,出现浮动或两种报价,规格(包括技术指标、生产性能等)与采购文本的要求不符。

国外的一些招标项目及国际组织贷款或援助的招标项目,对投标文件响应招标文件的要求非常严格,若投标人未予以响应,即使其投标报价是最低价,其投标仍会被否决。

案例1-41

某投标人参加某贷款的采购投标。招标文件规定投标人须逐页签名,但该投标人只在投标报价书上签名,投标文件的其他部分包括分项报价表、技术参数表等均未签名,结果被评为废标。

第一章 政府采购

案例1-42

某投标人提交的技术标文件在开标后经代理密封、投标人代表签字后随其他投标人的文件一起送至评标室。评委发现该技术标文件（须匿名评审）的每一页下方都有签名，该技术标随即被评为废标。

案例1-43

某贷款的某次设备采购，要求所有部件均要列出单项报价，某投标人并未按要求列出单项报价，为此评标专家对该投标文件是否符合招标文件产生了很大分歧，后裁定其为废标。

案例1-44

某工程项目招标，大部分投标文件被否决。商务标与技术标都通过的仅两家投标人，但他们的报价都较高。招标人为避免以高价采购，希望让商务标被废标的投标人进行补正，但遭到否决。

156. 投标人以很低的报价投标时应做哪些相应的准备？

答：在投标文件中充分阐明相关理由，并做好被评标委员会质询的准备，应准备相关的证明资料。

157. 若需答辩应做哪些准备？

答：答辩人员应熟悉投标文件，最好由投标文件的编制人员与技术人员组成。同时，应做好对投标文件中可能存在的含义不明确、前后不一致或错误进行澄清和补正的准备。此外，答辩人员应熟悉本公司的情况和主要业务。如果要求项目经理岗位的拟派人选进行答辩，那么该人选应对自己以往的业务如数家珍。

158. 业绩汇总表有什么意义？

答：对投标人或评委而言，便于检查或查找、统计，可避免编写或统计中的一些不必要的疏漏。

159. 为何需要精练投标文件？

答：分值评审法中，投标文件冗长可能会使重要的内容难以体现出来，甚至会被忽略。

160. 检查投标文件的方法有哪些?

答：检查投标文件的方法包括全面检查、反复检查、多人检查、交叉检查、重点检查与纸质文本检查（详见本书问答第649条）。

161. 对自己的投标文件进行预打分有什么意义?

答：预打分是检查投标文件编制的一种方法，有助于确定是否参加投标。

162. 竞争性谈判的投标文件应如何报价?

答：有的竞争性谈判文件规定第二轮的报价不能超过第一轮的报价，故第一次报价应适当报高些。

163. 如何更正资格预审申请书的内容?

答：在截止递交资格预审申请书的时间之前书面更正（须法定代表人或其委托人签字）、递交。

164. 若超出资格预审申请书的递交时间该怎么办?

答：若还未开始评审，可以和采购人协商，但可能会被采购人拒绝，故应尽量避免此情形的发生。

165. 递交投标文件应注意哪些问题?

答：当面检查密封情况，若采用邮寄，应加套信封，并注明投标文件不得随意开启。无论是货物、服务还是工程的采购，投标人一般都可以采取早到晚交但不能迟交的策略；若设计项目的招标投标采取了早交晚开标、晚交早开标的方式，那么可以采取早到早交的策略；若可能迟到，应及早和采购人联系，以尽可能争取推迟投标截止时间，但不同国家、地区、项目会有不同的规定。

> **案例1-45**
>
> 　　由于台风导致轮渡停航，某投标人无法按时送达投标文件，错失投标机会。台风虽是不可抗力，但并非不可预见、不能避开，故其不能投标的损失只能自己承担。

案例1-46

某次政府采购，由于大桥塞车严重，导致所有投标人都无法准时到达。尽管多数投标人同意推迟投标截止的时间，但也有投标人不同意推迟投标截止的时间，故此次招标流标。实际上，根据国内的法律法规，不得临时推迟投标截止时间。实践中，即使全部投标人同意延长几十分钟的投标截止时间，那么，一旦落标的投标人投诉，招标人就会非常被动。

案例1-47

在某次国际招标中，某投标人的投标文件从北美洲由私营飞机送往非洲的该项目所在地，由于项目所在地有重要的集会，所在地的首都机场于当天不对私营飞机开放，导致该投标人无法在次日投标截止时间之前送达投标文件，故该投标人请求推迟数小时开标。最终，招标人同意将截标时间推后3小时，并电告所有投标人，该投标人准时送达了投标文件。在本案例中，该投标人无法预见并克服机场于当天不对私营飞机开放这一不可抗力，故其延期申请得到了招标人的许可。

166. 如何撤回投标文件？

答：在截止递交投标文件的时间之前书面要求撤回（须法定代表人或其委托人签字）。

167. 在竞争性谈判中投标人代表应注意什么？

答：应尽可能最后报价，以获得最大的报价灵活性。若报价不可能再优惠，那么可以考虑通过多提供一些原配件、缩短供货期、提供优质服务等获得在同等价格下的竞争优势。

168. 供应商代表在单一来源采购的谈判中应注意什么问题？

答：强调自身的专利性、首创性和（或）环保型，若属于补充采购，则报价不应超过原供货总价的10%。

169. 采购项目流标时，供应商如何保护自身的商业秘密？

答：若属于投标人不足三家的情形，应在采购人宣布流标时立即收回自己的投标文件。

170. 供应商应如何质疑？

答：供应商对政府采购活动事项有疑问的，可以向采购人提出询问。

171. 供应商在确知自身权利受到侵害时应如何投诉？

答：可以在知道或应知其权益受到损害之日起7个工作日内，以书面形式向采购人提出投诉。

172. 供应商对投诉的处理决定不服或监管部门对投诉逾期未作处理，供应商应怎么办？

答：对采购人、采购代理机构的答复不满意或采购人、采购代理机构未在规定的时间内答复的，投诉人可在答复期满后15个工作日内向同级政府采购监督管理部门投诉。投诉人对投诉处理决定不服或政府采购监督管理部门逾期未处理，可以依法申请行政复议或向法院提起行政诉讼。

案例1-48

某药业公司（以下称甲公司）的某药品以每片0.5元的低价失标，而国外某企业的同种药片以每片1.612元的价格中标。随后，甲公司向当地卫生主管部门投诉，认为招标机构制定的招标标准不合法，要求认定此次招标结果无效，并要求重新组织招标。当地卫生主管部门答复说没有充分理由判定本次招标结果无效。甲公司又向上级卫生主管部门提起行政复议，后者答复说甲公司应向当地检察机关和纠风机构反映情况。最终，甲公司把该上级卫生主管部门告上了法庭，认为其在药品招标监督工作中失职。最终法院做出判决：责令被告依法履行复议职责。本案例虽发生在《政府采购法》实施之前，但依据《中华人民共和国行政复议法》，被告有责任依法履行复议职责。

案例1-49

某县公园扩建，政府投资80万元。项目被分包给不同的施工队，每个分包合同都低于县政府所规定的必须招标的最低金额——50万元，而该省规定100万元以上的项目必须招标。有关部门认为该项目的业主肢解项目、规避招标，故依据《招标投标法》对业主罚款3万元。业主随后申请复议，认为该项目未达到100万元，属于非强制招标项目；县里所定50万元并无法律依据；项目按照道路、绿化、喷水池进行分包是依据项目的特点进行的，且经主管部门同意，不存在肢解项目、规避招标的问题，故请求行政复议机关撤销行政罚款3万元的决定。最终，行政复议机关支持了业主的合理要求。

案例1-50

投标人甲在一次施工招标中以800万元中标,竣工后的结算价超出中标价200多万元。投标人乙未中标,获悉投标人甲的结算价后便向法院起诉,认为结算价远超出他的投标价,若能如此,他当时也能以很低的报价投标。法院经审理认为该案件并无串通招标投标的证据,工程价款的调整也是依据招标文件的约定进行的,价格变更属于合法的合同变更行为,故依法驳回了投标人乙的请求。

173. 什么是在政府采购中可以享受扶持政策的中小企业?

答:在中华人民共和国境内依法设立,依据国务院批准的中小企业划分标准确定的中型企业、小型企业和微型企业,但与大企业的负责人为同一人,或者与大企业存在直接控股、管理关系的除外。符合中小企业划分标准的个体工商户,在政府采购活动中视同中小企业。

174. 中小企业的划分标准是什么?

答:中小企业划分为中型、小型、微型三种类型,其中:

(1)农、林、牧、渔业。营业收入20000万元以下的为中小微型企业。其中,营业收入500万元及以上的为中型企业,营业收入50万元及以上的为小型企业,营业收入50万元以下的为微型企业。

(2)工业。从业人员1000人以下或营业收入40000万元以下的为中小微型企业。其中,从业人员300人及以上,且营业收入2000万元及以上的为中型企业;从业人员20人及以上,且营业收入300万元及以上的为小型企业;从业人员20人以下或营业收入300万元以下的为微型企业。

(3)建筑业。营业收入80000万元以下或资产总额80000万元以下的为中小微型企业。其中,营业收入6000万元及以上,且资产总额5000万元及以上的为中型企业;营业收入300万元及以上,且资产总额300万元及以上的为小型企业;营业收入300万元以下或资产总额300万元以下的为微型企业。

(4)批发业。从业人员200人以下或营业收入40000万元以下的为中小微型企业。其中,从业人员20人及以上,且营业收入5000万元及以上的为中型企业;从业人员5人及以上,且营业收入1000万元及以上的为小型企业;从业人员5人以下或营业收入1000万元以下的为微型企业。

(5)零售业。从业人员300人以下或营业收入20000万元以下的为中小微型企业。其中，从业人员50人及以上，且营业收入500万元及以上的为中型企业；从业人员10人及以上，且营业收入100万元及以上的为小型企业；从业人员10人以下或营业收入100万元以下的为微型企业。

（6）交通运输业。从业人员1000人以下或营业收入30000万元以下的为中小微型企业。其中，从业人员300人及以上，且营业收入3000万元及以上的为中型企业；从业人员20人及以上，且营业收入200万元及以上的为小型企业；从业人员20人以下或营业收入200万元以下的为微型企业。

（7）仓储业。从业人员200人以下或营业收入30000万元以下的为中小微型企业。其中，从业人员100人及以上，且营业收入1000万元及以上的为中型企业；从业人员20人及以上，且营业收入100万元及以上的为小型企业；从业人员20人以下或营业收入100万元以下的为微型企业。

（8）邮政业。从业人员1000人以下或营业收入30000万元以下的为中小微型企业。其中，从业人员300人及以上，且营业收入2000万元及以上的为中型企业；从业人员20人及以上，且营业收入100万元及以上的为小型企业；从业人员20人以下或营业收入100万元以下的为微型企业。

（9）住宿业。从业人员300人以下或营业收入10000万元以下的为中小微型企业。其中，从业人员100人及以上，且营业收入2000万元及以上的为中型企业；从业人员10人及以上，且营业收入100万元及以上的为小型企业；从业人员10人以下或营业收入100万元以下的为微型企业。

（10）餐饮业。从业人员300人以下或营业收入10000万元以下的为中小微型企业。其中，从业人员100人及以上，且营业收入2000万元及以上的为中型企业；从业人员10人及以上，且营业收入100万元及以上的为小型企业；从业人员10人以下或营业收入100万元以下的为微型企业。

（11）信息传输业。从业人员2000人以下或营业收入100000万元以下的为中小微型企业。其中，从业人员100人及以上，且营业收入1000万元及以上的为中型企业；从业人员10人及以上，且营业收入100万元及以上的为小型企业；从业人员10人以下或营业收入100万元以下的为微型企业。

（12）软件和信息技术服务业。从业人员300人以下或营业收入10000万元以下的为中小微型企业。其中，从业人员100人及以上，且营业收入1000万元及以上的为中型企业；从业人员10人及以上，且营业收入50万元及以上的为小型企业；从业人员10人以下或营业收入50万元以下的为微型企业。

（13）房地产开发经营。营业收入200000万元以下或资产总额10000万元以下的为中小微型企业。其中，营业收入1000万元及以上，且资产总额5000万元及以上的为中型企业；营业收入100万元及以上，且资产总额2000万元及以上的为小型企业；营业收入100万元以下或资产总额2000万元以下的为微型企业。

（14）物业管理。从业人员1000人以下或营业收入5000万元以下的为中小微型企业。其中，从业人员300人及以上，且营业收入1000万元及以上的为中型企业；从业人员100人及以上，且营业收入500万元及以上的为小型企业；从业人员100人以下或营业收入500万元以下的为微型企业。

（15）租赁和商务服务业。从业人员300人以下或资产总额120000万元以下的为中小微型企业。其中，从业人员100人及以上，且资产总额8000万元及以上的为中型企业；从业人员10人及以上，且资产总额100万元及以上的为小型企业；从业人员10人以下或资产总额100万元以下的为微型企业。

其他未列明行业。从业人员300人以下的为中小微型企业。其中，从业人员100人及以上的为中型企业；从业人员10人及以上的为小型企业；从业人员10人以下的为微型企业。

175. 评审或评标中如何认定政府采购中可以享受扶持政策的中小企业？

答： 中小企业参加政府采购活动，应当根据采购对象出具相应的《中小企业声明函》，否则不得享受相关中小企业扶持政策。任何单位和个人不得要求供应商提供《中小企业声明函》之外的中小企业身份证明文件。

176. 小微企业或中型企业能否分包或转包给中型或大型企业？

答： 专门面向中小企业的政府采购，或非专门面向中小企业的政府采购但已享受了价格优惠，那么，小型、微型企业不得分包或转包给大型、中型企业，中型企业不得分包或转包给大型企业。

177. 什么情形下中小企业可以在政府采购中享受扶持政策？

答： 在政府采购活动中，供应商提供的货物、工程或者服务符合下列情形的，享受《政府采购促进中小企业发展管理办法》规定的中小企业扶持政策：

（1）在货物采购项目中，货物由中小企业制造，即货物由中小企业生产且使用该中小企业商号或者注册商标。

（2）在工程采购项目中，工程由中小企业承建，即工程施工单位为中小企业。

（3）在服务采购项目中，服务由中小企业承接，即提供服务的人员为中小企业依照

《中华人民共和国劳动合同法》订立劳动合同的从业人员。

在货物采购项目中，供应商提供的货物既有中小企业制造货物，也有大型企业制造货物的，则不享受本办法规定的中小企业扶持政策。

以联合体形式参加政府采购活动，联合体各方均为中小企业的，联合体视同中小企业。其中，联合体各方均为小微企业的，联合体视同小微企业。

178. 小微企业在政府采购中所能享受的最高的评审价折扣是多少？

答：对符合《政府采购促进中小企业发展管理办法》规定的小微企业报价给予6%~10%（工程项目为3%~5%）的扣除，用扣除后的价格参加评审。适用《招标投标法》的政府采购工程建设项目，采用综合评分法但未采用低价优先法计算价格分的，评标时应当在采用原报价进行评分的基础上增加其价格得分的3%~5%作为其价格分。

案例1-51

某次政府采购谈判文件规定评审价折扣为6%，有3家供应商参加谈判，小微企业甲最终报价100万元，中型企业乙最终报价98.6万元，大型企业丙最终报价95.8万元，那么评审价从低到高排序为：100×（1-6%）=94万元、95.8万元、98.6万元。因而，甲、丙、乙依次为第一至第三成交供应商。甲与采购人签订合同时，合同价仍为100万元。

例题1-1

某装修工程，价格分占30%，规定投标人的基本价格得分：

$$Y = 30 \times (1 - \left|\frac{X - X_0}{X_{\max}}\right|)$$，其中，X为有效的投标人报价，$X_{\max}$为最高的有效投标人报价。投标人甲、乙、丙、丁、戊的报价分别为420万元、424万元、448万元、460万元、498万元，其中，乙和丁为小微企业。请分别计算：（1）X_0为有效的投标人报价的算术平均值，给予小微企业在其报价评分的基础上增加其价格得分的5%作为其价格分。（2）当X_0为最低的有效投标人报价，给予小微企业对其报价扣除5%的基础上进行评审，上述5个投标人最终的报价得分Y_p是多少？

解：（1）当X_0为有效的投标人报价的算术平均值，$X_{\max}$=498万元，X_0=450万元。

$Y_p（甲）= Y（甲）= 28.19$

$Y_p（乙）= Y（乙）×（1+5\%）= 28.43 ×（1+5\%）= 29.85$

$Y_p（丙）= Y（丙）= 29.88$

$Y_p（丁）= Y（丁）×（1+5\%）= 29.40 ×（1+5\%）= 30.87$

$Y_p（戊）= Y（戊）= 27.11$

（2）当X_0为最低的有效投标人报价，$X_{max} = 498$万元

$X_p（甲）= X（甲）= 420$万元

$X_p（乙）= X（乙）×（1-5\%）= 424 ×（1-5\%）= 402.80$万元

$X_p（丙）= X（丙）= 448$万元

$X_p（丁）= X（丁）×（1-5\%）= 460 ×（1-5\%）= 437.00$万元

$X_p（戊）= X（戊）= 498$万元

因而，$X_0 = X_p（乙）= 402.80$万元

$Y_p（甲）= 28.96$

$Y_p（乙）= 30$

$Y_p（丙）= 27.28$

$Y_p（丁）= 27.94$

$Y_p（戊）= 24.27$

在上述例题中，以最低价为基准价时，需要先对投标价计算折扣以获得评标价，从而确定基准价，评标价最低的投标人的价格分为最高分即满分；不以最低价为基准价时，需要先计算投标价的价格分，再根据增加的折扣分值计算最终的价格分，报价接近基准价的小微企业的最终价格分有可能超过价格满分。

179. 大中型企业如何在政府采购中争取对小微企业的扶持政策？

答：接受大中型企业与小微企业组成联合体或者允许大中型企业向一家或者多家小微企业分包的采购项目，对于联合协议或者分包意向协议约定小微企业的合同份额占到合同总金额30%以上的，采购人、采购代理机构应当对联合体或者大中型企业的报价给予2%~3%（工程项目为1%~2%）的扣除，用扣除后的价格参加评审。适用《招标投标法》的政府采购工程建设项目，采用综合评估法但未采用低价优先法计算价格分的，评标时应当在采用原报价进行评分的基础上增加其价格得分的1%~2%作为其价格分。组成联合体或者接受分包的小微企业与联合体内其他企业、分包企业之间存在直接控股、管理关系的，不享受价格扣除优惠政策。

180. 小微企业组成联合体，仍视为小微企业吗？

答：小微企业组成联合体，仍视为小微企业，可以在政府采购中享受相应的优惠和福利。

181. 中小企业声明函应当公示吗？

答：中标、成交供应商享受《政府采购促进中小企业发展管理办法》规定的中小企业扶持政策的，采购人、采购代理机构应当随中标、成交结果公开中标、成交供应商的中小企业声明函。适用《招标投标法》的政府采购工程建设项目，应当在公示中标候选人时公开中标候选人的中小企业声明函。

182. 如何填写中小企业声明函？

答：（1）首先确认采购项目是货物、服务还是工程，从而选择"中小企业声明函（货物）"或"中小企业声明函（工程、服务）"进行填写。货物是指各种形态和种类的物品，包括原材料、燃料、设备和产品等。工程是指建设工程，包括建筑物和构筑物的新建、改建、扩建、装修、拆除、修缮等。服务是指货物和工程以外的采购对象。如果供应商还不太清楚采购项目的类别，可以咨询采购人或代理机构。

（2）应逐项认真填写，其中单位自身的名称和项目名称不能填错或漏填，盖章处不能漏盖章；对于有备选项的下划线处应写明中型企业、小型企业或微型企业；从业人员、营业收入、资产总额填报上一年度数据，无上一年度数据的新成立企业可不填报。

中小企业声明函（货物）

本公司（联合体）郑重声明，根据《政府采购促进中小企业发展管理办法》（财库〔2020〕46号）的规定，本公司（联合体）参加（单位名称）的（项目名称）采购活动，提供的货物全部由符合政策要求的中小企业制造。相关企业（含联合体中的中小企业、签订分包意向协议的中小企业）的具体情况如下：

1.（标的名称），属于（采购文件中明确的所属行业）；制造商为（企业名称），从业人员___人，营业收入为___万元，资产总额为___万元，属于（中型企业、小型企业、微型企业）。

2.（标的名称），属于（采购文件中明确的所属行业）；制造商为（企业名称），从业人员___人，营业收入为___万元，资产总额为___万元，属于（中型企业、小型企业、微型企业）。

……

以上企业，不属于大企业的分支机构，不存在控股股东为大企业的情形，也不存在与大企业的负责人为同一人的情形。

本企业对上述声明内容的真实性负责。如有虚假，将依法承担相应责任。

企业名称（盖章）：

日期：

中小企业声明函（工程、服务）

本公司（联合体）郑重声明，根据《政府采购促进中小企业发展管理办法》（财库〔2020〕46号）的规定，本公司（联合体）参加（单位名称）的（项目名称）采购活动，工程的施工单位全部为符合政策要求的中小企业（或者服务全部由符合政策要求的中小企业承接）。相关企业（含联合体中的中小企业、签订分包意向协议的中小企业）的具体情况如下：

1.（标的名称），属于（采购文件中明确的所属行业）；承建（承接）企业为（企业名称），从业人员__人，营业收入为__万元，资产总额为__万元，属于（中型企业、小型企业、微型企业）。

2.（标的名称），属于（采购文件中明确的所属行业）；承建（承接）企业为（企业名称），从业人员__人，营业收入为__万元，资产总额为__万元，属于（中型企业、小型企业、微型企业）。

……

以上企业，不属于大企业的分支机构，不存在控股股东为大企业的情形，也不存在与大企业的负责人为同一人的情形。

本企业对上述声明内容的真实性负责。如有虚假，将依法承担相应责任。

企业名称（盖章）：

日期：

案例1-52

某次谈判采购，谈判文件规定，小微企业可以缴纳一半的谈判保证金，并享受6%的评审价折扣。某企业提交的中小企业声明函并未填写任何内容，故无法认定为小微企业，由于该企业只缴纳了一半的谈判保证金，故该企业未能通过符合性审查。

案例1-53

某次谈判采购，谈判文件规定，小微企业可以享受10%的评审价折扣。某企业和成交供应商的报价非常接近，质疑该企业享受10%的评审价折扣后的报价（实际上是评审价而非报价）比成交供应商的报价更低。该企业之所以没有享受10%的评审价折扣，是因为其所提交的中小企业声明函没有盖章，不能认定为小微企业。

案例1-54

某次政府采购，招标文件规定，小微企业可以享受10%的评审价折扣。某企业提交了中小企业声明函，但声明函中的项目名称写成其他项目。因而，该企业不能认定为参与本项目的小微企业。

案例1-55

某次政府采购，有的企业选用了"中小企业声明函（货物）"并进行填写、盖章，有的企业选用了"中小企业声明函（工程、服务）"并进行填写、盖章。之所以出现这样的结果是因为代理机构在编制上述政府采购项目的招标文件时，把"中小企业声明函（货物）"和"中小企业声明函（工程、服务）"两个模板都放到招标文件的附件中。最终，评委认为招标文件给出了模糊的信息，评标委员会应对投标人做出有利的评审，即投标人所提交的填写完整无误并盖章的两种中小企业声明函都予以认可。

案例1-56

某次政府采购，企业在填写中小企业声明函时，遗漏了中小企业声明函模板的最后一段话"以上企业，不属于大企业的分支机构……本企业对上述声明内容的真实性负责。如有虚假，将依法承担相应责任"，其小微企业的声明被认定无效。

183. 在有资质等级要求的招标中，企业组成联合体是应采取什么资质等级的策略？

答：应通过联合体分工协议确保最高资质等级的认定，例如，设计施工总承包中，企业A具有设计甲级、施工二级资质，企业B具有设计乙级、施工一级资质，而招标文件要求具有设计甲级、施工一级资质，允许联合体投标，那么，企业A和企业B组成联合体时，应确保联合体分工协议中明确，所有设计任务由企业A承担，所有施工任务由企业B承担。至于联合体的牵头人的人选，应符合招标文件的要求，牵头人应负责与招标人的对接，与联合体成员的协调。

> **案例1-57**
>
> 某次政府采购，要求具备某二级施工资质，允许联合体投标。企业A和企业B组成联合体，其中，企业A无相应施工二级资质，企业B具有相应施工二级资质。该联合体中标。落标人C投诉，认为牵头人A没有相应施工二级资质，不具备投标资格，不能中标。事实上，由于联合体分工协议中明确了由企业B承担施工任务，企业A承担其他工作，故该联合体投标资格没有问题。落标人C的投诉被驳回。

第六节　政府采购评审

184. 供应商参加政府采购活动应提供哪些基本材料？

答： 法人或者其他组织的营业执照等证明文件，自然人的身份证明；财务状况报告，依法缴纳税收和社会保障资金的相关材料；具备履行合同所必需的设备和专业技术能力的证明材料；参加政府采购活动前3年内在经营活动中没有重大违法记录的书面声明；具备法律、行政法规规定的其他条件的证明材料。

185. 政府采购中，对投标人资格有哪些限制？对联合体成员有哪些限制？

答： 单位负责人为同一人或者存在直接控股、管理关系的不同供应商，不得参加同一合同项下的政府采购活动。

除单一来源采购项目外，为采购项目提供整体设计、规范编制或者项目管理、监理、检测等服务的供应商，不得再参加该采购项目的其他采购活动。

参加政府采购活动前3年内有重大违法记录，不得再参加该采购项目的其他采购活动。

以联合体形式参加政府采购活动的，联合体各方不得再单独参加或者与其他供应商另外组成联合体参加同一合同项下的政府采购活动。

186. 政府采购中，什么是重大违法记录？

答：是指供应商因违法经营受到刑事处罚或者责令停产停业、吊销许可证或者执照、较大数额罚款等行政处罚。

187. 政府采购中，什么是差别待遇或者歧视待遇？

答：以下情形属于以不合理的条件对供应商实行差别待遇或者歧视待遇：

（1）就同一采购项目向供应商提供有差别的项目信息。

（2）设定的资格、技术、商务条件与采购项目的具体特点和实际需要不相适应或者与合同履行无关。

（3）采购需求中的技术、服务等要求指向特定供应商、特定产品。

（4）以特定行政区域或者特定行业的业绩、奖项作为加分条件或者中标、成交条件。

（5）对供应商采取不同的资格审查或者评审标准。

（6）限定或者指定特定的专利、商标、品牌或者供应商。

（7）非法限定供应商的所有制形式、组织形式或者所在地。

（8）以其他不合理条件限制或者排斥潜在供应商。

188. 在政府采购中，供应商应如何要求与其他供应商有利害关系的采购人员及相关人员回避？

答：供应商可以向采购人或者采购代理机构书面提出回避申请，并说明理由。

采购人或者采购代理机构应当及时询问被申请回避人员，有利害关系的被申请回避人员应当回避。

189. 公开招标或邀请招标的评标委员会应如何组成？

答：公开招标或邀请招标的评标委员会由采购人代表和有关技术、经济等方面的专家组成，成员人数须为5人以上单数，评标委员会的主任委员由专家担任，采购人代表不得担任评标委员会的主任委员。其中，技术、经济等方面的专家不得少于成员总数的2/3。采购数额在300万元以上、技术复杂的项目，评标委员会中技术、经济方面的专家人数须为5人以上单数。就招标文件征询过意见的专家，不得再作为评标专家参加评标。采购人不得以专家身份参与本部门或本单位采购项目的评标。采购代理机构工作人员不得参加由本机构代理的政府采购项目的评标。若采购专家人数过少，则容易出现偏差。

第一章 政府采购

> **案例1-58**
>
> 某单位采购,由于其中一位采购专家的打分与其他采购专家的打分完全相左,且决定了整个评审结论,故采购人决定重新组织采购专家进行复评。若采购专家的人数达到5人以上,并采用去掉一个最高分和一个最低分再行汇总的方法,那么就能避免一位评委的打分能决定整个评审结论的局面。

190. 竞争性谈判的谈判小组应如何组成?

答: 由采购人的代表和有关专家共3人以上的单数组成,谈判小组的组长由专家担任,采购人代表不得担任谈判小组的组长,其中专家人数不得少于成员总数的2/3。达到公开招标数额标准的货物或者服务采购项目,或者达到招标规模标准的政府采购工程,谈判小组应当由5人以上单数组成。

采用竞争性谈判的政府采购项目,评审专家应当从政府采购评审专家库内相关专业的专家名单中随机抽取。技术复杂、专业性强的竞争性谈判采购项目,通过随机方式难以确定合适的评审专家的,经主管预算单位同意,可以自行选定评审专家。技术复杂、专业性强的竞争性谈判采购项目,评审专家中应当包含一名法律专家。

采购人不得以评审专家身份参加本部门或本单位采购项目的评审。采购代理机构人员不得参加本机构代理的采购项目的评审。

191. 询价采购的询价小组应如何组成?

答: 由采购人的代表和有关专家共3人以上的单数组成,询价小组的组长由专家担任,采购人代表不得担任询价小组的组长,其中专家人数不得少于成员总数的2/3。达到公开招标数额标准的货物或者服务采购项目,或者达到招标规模标准的政府采购工程,询价小组应当由5人以上单数组成。

采用询价方式采购的政府采购项目,评审专家应当从政府采购评审专家库内相关专业的专家名单中随机抽取。

采购人不得以评审专家身份参加本部门或本单位采购项目的评审。采购代理机构人员不得参加本机构代理的采购项目的评审。

192. 对参加评标委员会的评审专家和参加竞争性谈判或询价采购的评审专家有什么不同要求?

答: 招标人或代理机构就公开招标或邀请招标的招标文件征询过意见的专家,不得再作为评标专家参加同一项目的评标,而对参加竞争性谈判或询价采购的评审专家则无此要求。

193. 货物、服务的招标性采购的评标有哪些步骤?

答:货物、服务的招标性采购的评标步骤包括评标准备、初步评审与详细评审。

(1)评标准备。

1)评标委员会主任应组织评委认真研究招标文件,应了解和熟悉:

①招标目标、范围和性质。

②招标文件中规定的主要技术要求、标准和商务条款。

③招标文件规定的评标方法、评标标准和在评标过程中考虑的相关因素。

此外,应确定招标文件中是否有违法的评标标准且据此评标将导致评标结果的不公平,以及背离了招标投标活动的目的或导致无法继续评标,若有,则应及时报告相关主管部门,本次招标失败。

2)确定分工、编制相应的分数比较一览表或价格比较一览表等供评标使用的表格。

3)细化评标标准:若评分标准有欠缺,应细化、统一评分标准(详见本书问答第130条)。

(2)初步评审。初步评审即初审,分为资格性审查和符合性审查,有的需要质疑、澄清、修正或答辩。

(3)详细评审。

1)按招标文件中规定的评标方法和标准,对资格性审查和符合性审查合格的投标文件进行商务和技术评审,综合比较与评价,并填写分数或价格比较一览表,或票决汇总表。

2)推荐中标候选供应商,所推荐的数量应根据采购需要确定,但必须按顺序排列中标候选供应商。

3)编写评标报告。

194. 什么是资格性检查?

答:基于法律规章和招标文件审查投标文件中的资格证明与投标保证金等,以确定是否具备投标资格。

195. 什么是符合性检查?

答:基于招标文件从投标文件的有效性、完整性和对招标文件的响应程度进行审查,以确定是否对招标文件的实质性要求做出响应。

196. 什么是无效投标？

答： 以下情形均属无效投标：应交而未交投标保证金；未按招标文件规定密封、签署、盖章；不具备招标文件中所规定的资格要求；不符合法律法规和招标文件中规定的其他实质性要求。

197. 符合专业条件的供应商或对招标文件做出实质响应的供应商不足3家时应如何处理？

答： 除采购任务取消情形外，招标采购单位应重新组织招标。需要采取其他采购方式的，应在采购活动开始前获得设区的市、自治州以上人民政府财政部门的批准。

198. 货物、服务的招标中有哪些主要的评审方法？

答： （1）最低投标价法（《政府采购货物和服务招标投标管理办法》《政府采购法实施条例》先后将其误作最低评标价法，最低投标价法以投标人的报价排序确定中标候选人，而最低评标价法以评标价来排序）。

（2）综合评分法（《政府采购法实施条例》未收录性价比法）。

199. 综合评分法中评分的主要因素是什么？

答： 投标报价、技术或服务水平、履约能力（尤其是经验合格的类似业绩）、售后服务。

对于技术难度大、复杂或涉及安全性的政府采购项目，可以将经验合格的类似业绩作为资格条件。

> **案例1-59**
>
> 2021年某地举行马拉松越野赛，比赛期间遭遇突发降温、降水、大风的高影响天气（尚不属于极端天气）以致发生公共安全责任事件，造成21名参赛选手死亡，8人受伤。
>
> 该事件的联合调查组依据《突发事件应对法》《招标投标法》（应为《政府采购法》，笔者注）及国务院《大型群众性活动安全管理条例》等法律、法规、规章，参照国务院《生产安全事故报告和调查处理条例》等法规、规章，通过现场勘查、调查取证、专家论证、综合分析等方式，开展事件调查工作，认定这是一起由于极限运动项目百公里越野赛在强度难度最大赛段遭遇大风、降水、降温的高影响天气，赛事组织管理不规范、运营执行不专业，导致重大人员伤亡的公共安全责任事件，做出责任认定及处理建议：运营方——某体育文化发展有限公

司相关人员5人因涉嫌刑事犯罪依法被批准逮捕,由司法机关依法追究其刑事责任;主办单位和承办单位27人被问责,其中有2人严重违纪违法涉嫌职务犯罪,已留置。

上述某体育文化发展有限公司成立于2016年,是上述四届马拉松越野赛的运营单位。第一届马拉松越野赛的运营方是通过政府采购(具体方式为招标投标)确定,招标公告只要求了投标人的经营范围,并没有要求投标人要有体育赛事策划和经营的经验。而该公司当时并没有举办体育赛事的经验,便以150万元的报价中标,成为第一届马拉松越野赛的运营方。如果赛事的采购人在第一次赛事的政府采购中,以体育赛事策划和经营为资格条件,则刚成立不到两年的这家公司就不可能成为中标人,或许之后就不会出现上述21名参赛选手死亡的悲剧。

200. 综合评分法中价格的权重是多少?

答:货物项目的价格分值占总分值的比重(即权值)为30%~60%;服务项目的价格分值一般占总分值的比重(即权值)为10%~30%。

201. 什么情况下价格不列为评分因素?

答:执行统一价格标准的服务项目,其价格不列为评分因素。

202. 性价比法中的主要评审因素是什么?

答:价格以及技术、财务状况、信誉、业绩、服务、新颁布的《政府采购法实施条例》未收录性价比法。

203. 货物、服务的政府采购中,当采用最低投标价法时,应如何确定中标人?

答:以经评审合格的投标人中提出最低报价的投标人作为中标候选供应商或中标供应商。

204. 投标文件的大写金额和小写金额不一致时,应如何处理?

答:无论是货物、服务采购,还是工程招标,投标文件的大、小写金额不一致时通常以大写金额为准(本书问答第505条中表5-8第三行则属例外)。

205. 投标文件的总价金额和单价汇总金额不一致时,应如何处理?

答:以单价汇总金额为准。

206. 投标文件的中英文版本不一致时，应如何处理？

答： 以中文版为准。

207. 评标中对投标人的澄清、纠正有何要求？

答： 须提交书面材料，并经法定代表人或其授权委托人签字。

208. 如何编写评标报告？

答： 评标委员会根据全体评委签字的原始评标记录和评标结果编写评标报告并全体签字，评标报告主要内容包括：招标项目名称（及编号）；招标公告刊登的媒体名称；开标日期和地点；投标人名单；评标委员会全体成员名单；评标方法和标准；开标记录；评标情况及说明，包括被废标的投标人名单及原因；评标结果和中标候选供应商排序表；评标委员会的授标建议。

对评标结论持异议的评委应以书面方式阐述其意见和理由。评标委员会应就此进行书面说明并予记录。

209. 供应商是否能同时为采购项目提供整体设计、规范编制、项目管理、监理、检测等服务？

答： 采购人可以委托同一供应商同时为采购项目提供整体设计、规范编制、项目管理、监理、检测等服务，但不得向该供应商购买该项目的产品（单一来源采购则不受此限制）。

210. 多家供应商代理同一品牌同一型号的，应如何处理？

答： 应按照一个供应商计算。

第七节　政府采购合同与政府采购监管

211. 竞争性谈判和询价采购的评审报告包括哪些内容？

答： （1）邀请供应商参加采购活动的具体方式和相关情况，以及参加采购活动的供应商名单。

（2）评审日期和地点，谈判小组、询价小组成员名单。

（3）评审情况记录和说明，包括对供应商的资格审查情况、供应商响应文件评审情况、谈判情况、报价情况等。

（4）提出的成交候选人的名单及理由。若谈判小组、询价小组成员对评审报告有异议，由谈判小组、询价小组书面记录相关情况。

212. 评审人员对评审报告有异议的，应如何处理？

答：评审人员（采购人代表和评审专家）对评审报告有异议的，应当在评审报告上签署不同意见，并说明理由，否则视为同意评审报告。评标委员会、竞争性谈判小组或询价小组应在评审报告上对上述异议作如实记录。

213. 评审人员在评审报告上签字有什么意义？

答：签字表明对自己的评审意见承担法律责任。

在案例5-25中，评委有两种截然相反的意见，其中，多数人坚持不应废标，由于双方都不能说服对方，拟进行表决，但因要对自己的评审意见签字，最终采纳了少数评委的评审意见。在案例5-43中，评委也有两种截然相反的意见，其中，多数评委坚持要废标，由于双方各不相让，拟进行表决，但因要对自己的评审意见签字，最终采纳了少数评委的评审意见。

214. 竞争性谈判小组或者询价小组在采购活动中有哪些职责？

答：（1）确认或者制定谈判文件、询价通知书。

（2）从符合相应资格条件的供应商名单中确定不少于3家的供应商参加谈判或者询价。

（3）审查供应商的响应文件并做出评价。

（4）要求供应商解释或者澄清其响应文件。

（5）编写评审报告。

（6）告知采购人、采购代理机构在评审过程中发现的供应商的违法违规行为。

215. 成交供应商无正当理由不与采购人签订合同或拒绝履行合同义务，将导致什么后果？

答：成交供应商将被责令限期改正，情节严重的，列入不良行为记录名单，在1~3年内禁止参加政府采购活动，并予以通报。

216. 采购代理机构应在评标（或评审）结束后几个工作日内将评标（或评审）报告送达采购人？

答：2个工作日内。

217. 采购人应在政府采购评审结束后几个工作日内确定中标供应商或成交供应商？

答： 应当自收到评审报告之日起5个工作日内在评审报告推荐的中标或者成交候选人中按顺序确定中标或者成交供应商。

218. 政府采购对公开中标结果（成交结果）、公开采购合同内容的要求是什么？

答： 中标、成交结果公告的内容应当包括采购人和采购代理机构名称、地址、联系方式；项目名称和项目编号；中标或者成交供应商名称、地址和中标或者成交金额；主要中标或者成交标的的名称、规格型号、数量、单价、服务要求或者标的的基本概况；评审专家名单。协议供货、定点采购项目还应当公告入围价格、价格调整规则和优惠条件。采用书面推荐供应商参加采购活动的，还应当公告采购人和评审专家的推荐意见。

招标文件、竞争性谈判文件、竞争性磋商文件和询价通知书应当随中标、成交结果同时公告。中标、成交结果公告前采购文件已公告的，不再重复公告。

中标、成交结果应当自中标、成交供应商确定之日起2个工作日内公告，公告期限为1个工作日。

批量集中采购项目应当公告框架协议。政府采购合同中涉及国家秘密、商业秘密的部分可以不公告，但其他内容应当公告。政府采购合同涉及国家秘密的内容，由采购人依据《保守国家秘密法》等法律制度规定确定。采购合同中涉及商业秘密的内容，由采购人依据《反不正当竞争法》《最高人民法院关于适用〈中华人民共和国民事诉讼法〉若干问题的意见》（法发〔1992〕22号）等法律制度的规定，与供应商在合同中约定。其中，合同标的名称、规格型号、单价及合同金额等内容不得作为商业秘密。合同中涉及个人隐私的姓名、联系方式等内容，除征得权利人同意外，不得对外公告。

219. 什么情形下采购人可与中标候选供应商而不是和中标供应商签订政府采购合同？

答： 中标供应商因不可抗力或自身原因不能履行政府采购合同的，采购人可与排位在中标供应商之后第一位的中标候选供应商签订政府采购合同，以此类推。

220. 采购人应在多少日内与中标、成交供应商签订政府采购合同？

答： 应在中标、成交通知书发出之日起30日内签订合同。

221. 政府采购合同及补充采购合同应采用何种形式？

答： 书面形式。

222. 补充采购合同的金额上限是多少？

答：10%。

223. 由采购代理机构以采购人名义与中标、成交供应商签订政府采购合同的，应提交什么材料？

答：应提交采购人的授权委托书，并以此作为合同附件。

224. 采购人（或代理机构）应在多少日内将合同副本报同级政府采购监管部门备案？

答：7个工作日内。

225. 什么是政府采购自主创新产品？

答：指纳入中华人民共和国财政部公布的《政府采购自主创新产品目录》的货物和服务。

226. 采购人应在多少日内与中标、成交自主创新产品供应商签订自主创新产品政府采购合同？

答：应在中标、成交通知书发出之日起30日内签订合同。

227. 能否由采购代理机构与中标、成交自主创新产品供应商签订自主创新产品政府采购合同？

答：可以，但须提交采购人的授权委托书，以此作为合同附件。

228. 采购人能否与中标、成交自主创新产品供应商签订自主创新产品分包项目合同？

答：不能。

229. 对自主创新产品政府采购合同的期限有什么具体规定？

答：一般不得超过自主创新产品的认证有效期。

230. 自主创新产品的供应商进行分包或转包的，应受到何种处罚？

答：财政部门将该供应商列入不良行为记录名单，并予公告；中华人民共和国财政部应将该产品从目录中删除，并及时将该产品和供应商的信息反馈给中华人民共和国科学技术部。

231. 供应商提供的自主创新产品质量不合格、影响正常使用的，应受到何种处罚？

答：财政部门将该供应商列入不良行为记录名单，并予公告；中华人民共和国财政部应将该产品从目录中删除，并及时将该产品和供应商的信息反馈给中华人民共和国科学技术部。此外，该供应商应按合同约定进行赔偿。

232. 大型或复杂货物的政府采购项目应如何验收？

答：应邀请国家认可的质量检测机构参加验收。验收方成员应在验收书上签字并承担相应责任。

233. 采购文件至少要保存多少年？

答：15年。

234. 采购人应在收到供应商的书面质疑后多少个工作日内做出书面答复？

答：7个工作日。

235. 政府采购监管部门进行监督检查的主要内容是什么？

答：有关政府采购的法律、行政法规和规章的执行情况；采购范围、采购方式和采购程序的执行情况；政府采购人员的职业素质和专业技能。

236. 政府监督部门处理投诉的最长时限是多少日？

答：30个工作日。

237. 政府监督部门处理投诉期间若暂停采购活动，则暂停的最长时限是多少日？

答：30个工作日。

238. 投诉处理公告包括哪些内容？

答：采购人、采购代理机构的名称；采购项目的名称及采购日期；投诉人的名称及投诉事项；投诉处理机关的名称；处理决定的主要内容。

239. 存在瑕疵的招标信息是否会导致采购无效？

答：招标信息不真实，或以不合理条件限制或排斥潜在投标人，则采购无效。

240. 什么情况下可终止采购活动或撤销成交供应商的中标资格？

答：有任何违规违法且影响或可能影响中标结果的行为，如提供虚假材料谋取中标、成交；以不正当手段诋毁、排挤其他供应商；进行行贿或串标；在招标采购过程中与采购人进行协商谈判；拒绝有关部门监督检查或提供虚假情况。

241. 什么情况下应变更或中止政府采购合同？

答：政府采购合同如继续履行将损害国家利益和社会公共利益，则应变更、中止或终止合同。

242. 采购人或采购代理机构擅自变更采购方式、提高采购标准或有歧视性条款的，将受到什么处罚？

答：政府采购监督管理部门责令限期改正，给予警告，可以并处罚款；对直接负责的主管人员和其他直接责任人员，由其行政主管部门或有关机关给予处分，并予通报。

243. 采购人或采购代理机构违法隐匿、销毁或伪造、变造采购文件，将受到什么处罚？

答：政府采购监督管理部门处以2万元以上10万元以下的罚款，对其直接负责的主管人员和其他直接责任人员依法给予处分；构成犯罪的，依法追究刑事责任。

244. 供应商若提供虚假材料、以不正当手段排挤其他供应商、进行恶意串通或行贿，将受到什么处罚？

答：处以采购金额0.5%～1%的罚款，列入不良行为记录名单，在1～3年内禁止参加政府采购活动；有违法所得的，并处没收违法所得；情节严重的，吊销营业执照；构成犯罪的，依法追究刑事责任。

245. 集中采购机构虚报业绩的，将受到什么处罚？

答：处以2万元以上20万元以下的罚款，并予以通报；情节严重的，取消其代理采购的资格。

246. 采购中的违规违法行为导致采购合同履行后使采购人或供应商遭受损失的，应如何处理？

答：应依照有关民事法律规定承担民事责任。

247. 政府采购对公开采购项目预算金额的要求是什么？

答：采购项目预算金额应当在招标公告、资格预审公告、竞争性谈判公告、竞争性磋商公告和询价公告等采购公告，以及招标文件、谈判文件、磋商文件、询价通知书等采购文件中公开。采购项目的预算金额以财政部门批复的部门预算中的政府采购预算为依据；对于部门预算批复前进行采购的项目，以预算"二上数"中的政府采购预算为依据。对于部门预算已列明具体采购项目的，按照部门预算中具体采购项目的预算金额公开；部门预算未列明采购项目的，应当根据工作实际对部门预算进行分解，按照分解后的具体采购项目预算金额公开。对于部门预算分年度安排但不宜按年度拆分的采购项目，应当公开采购项目的采购年限、概算总金额和当年安排数。

248. 政府采购对公开已发出的招标文件、资格预审文件、竞争性谈判文件、竞争性磋商文件进行必要的澄清或者修改的要求是什么？

答：招标文件、资格预审文件，以及采用公告方式邀请供应商参与的竞争性谈判文件、竞争性磋商文件进行必要的澄清或者修改的，应当在原公告发布媒体上发布更正公告，并以书面形式通知所有获取采购文件的潜在供应商。采购信息更正公告的内容应当包括采购人和采购代理机构名称、地址、联系方式，原公告的采购项目名称及首次公告日期，更正事项、内容及日期，采购项目联系人和电话。

澄清或者修改的内容可能影响投标文件、资格预审申请文件、响应文件编制的，采购人或者采购代理机构发布澄清公告并以书面形式通知潜在供应商的时间，应当在投标截止时间至少15日前、提交资格预审申请文件截止时间至少3日前，或者提交首次响应文件截止之日3个工作日前；不足上述时间的，应当顺延提交投标文件、资格预审申请文件或响应文件的截止时间。

249. 依法需要终止采购的，应如何处理？

答：依法需要终止招标、竞争性谈判、竞争性磋商、询价、单一来源采购活动的，采购人或者采购代理机构应当发布项目终止公告并说明原因。

250. 政府采购对公开监管处罚信息的要求是什么？

答：财政部门做出的投诉、监督检查等处理决定公告的内容应当包括相关当事人名称及地址、投诉涉及采购项目名称及采购日期、投诉事项或监督检查主要事项、处理依据、处理结果、执法机关名称、公告日期等。投诉或监督检查处理决定应当自完成并履行有关报审程序后5个工作日内公告。

财政部门对集中采购机构的考核结果公告的内容应当包括集中采购机构名称、考核内容、考核方法、考核结果、存在问题、考核单位等。考核结果应当自完成并履行有关报审程序后5个工作日内公告。

供应商、采购代理机构和评审专家的违法失信行为记录公告的内容应当包括当事人名称、违法失信行为的具体情形、处理依据、处理结果、处理日期、执法机关名称等。供应商、采购代理机构和评审专家的违法失信行为信息月度记录应当不晚于次月10日前公告。

251. 政府采购评审专家的资格条件是什么？

答：具有较高的业务素质和良好的职业道德，在政府采购的评审过程中能以客观公正、廉洁自律、遵纪守法为行为准则；从事相关领域工作满8年，具有本科及以上文化程度，具有高级专业技术职称或同等专业水平，精通专业业务，熟悉产品情况，在其专业领域享有一定声誉；熟悉政府采购、招标投标的相关政策法规和业务理论知识，能胜任政府采购评审工作；本人愿意以独立身份参加政府采购评审工作，并接受财政部门的监督管理；没有违纪违法等不良记录；财政部门要求的其他条件。

252. 政府采购评审专家有什么权利与义务？

答：权利包括：对政府采购制度及相关情况的知情权；对供应商所供货物、工程和服务质量的评审权；推荐中标候选供应商的表决权；按规定获得评审劳务报酬；法律法规和规章规定的其他权利。义务包括：为政府采购工作提供真实可靠的评审意见；严格遵守政府采购评审工作纪律，不得向外界泄露评审情况（不包括必要的工作解答）；发现供应商在政府采购活动中有不正当竞争或恶意串通等违规行为，应及时向政府采购评审工作的组织者或财政部门报告并加以制止；解答有关方面对政府采购评审工作中有关问题的咨询或质疑；法律法规和规章规定的其他义务。

253. 如何抽取政府采购评审专家？

答：原则上由采购人或其代理机构的经办人在财政部门监督下随机抽取。特殊情况下经采购人或采购代理机构同意，也可由财政部门专家库的维护管理人员从专家库中随机抽取后推荐给采购人或其代理机构。

254. 政府采购评审专家若违规违法，应如何处理？

答：将依据情节轻重，作为不良行为予以通报批评或记录，直至取消其政府采购评审专家资格，并由其上级部门或监察机关给予相应的行政处分；其违规行为给有关单位造成经济损失的，相关评审专家应承担经济赔偿责任；构成犯罪的，将追究其刑事责任。

255. 应如何加强对政府采购的监管？政府采购发展的未来趋势是什么？

答：通过法规规章的细化加强监管，对过程加强监管，对采购当事人加强监管（如建立信誉档案）。

政府采购发展的未来趋势是网络化、电子化的充分运用，如公务卡、电子交易平台、电子抽取与语音通知评标专家系统、电子评标系统的采用，推行网络审批等。

256. 采购人或采购代理机构应如何发出中标或成交通知书？

答：应当自中标、成交供应商确定之日起2个工作日内，发出中标、成交通知书，并在省级以上人民政府财政部门指定的媒体上公告中标、成交结果、招标文件、竞争性谈判文件、询价通知书随中标、成交结果同时公告。

案例1-60

某次政府采购评审结束之后，成交供应商一直没有来领取成交通知书。读者就此提问，应如何处理。显然，本案例中的采购人对《政府采购法》缺乏正确理解。《政府采购法》第四十六条的第一款、第二款都提到了"中标、成交通知书发出"，所谓发出，是指由采购人发出，并不是等着中标人或成交供应商向采购人领取。

257. 对政府向社会公众提供的公共服务项目的验收有什么要求？政府采购的验收书应包括哪些内容？

答：验收时应当邀请服务对象参与并出具意见，验收结果应当向社会公告。政府采购的验收书应当包括每一项技术、服务、安全标准的履约情况。

258. 应当在什么时间之内将所签订的政府采购合同进行公告？

答：应当自政府采购合同签订之日起2个工作日内，将政府采购合同在省级以上人民政府财政部门指定的媒体上公告，但政府采购合同中涉及国家秘密、商业秘密的内容除外。

259. 什么情形下属于化整为零方式的规避公开招标？

答：在一个财政年度内，采购人将一个预算项目下的同一品目或者类别的货物、服务采用公开招标以外的方式多次采购，累计资金数额超过公开招标数额标准的，属于以化整为零方式规避公开招标，但项目预算调整或者经批准采用公开招标以外方式采购除外。

260. 应在什么时候退还保证金？

答：采购人或者采购代理机构应当自中标结果通知书（成交结果通知书）发出之日起5个工作日内退还未中标供应商（未成交供应商）的投标保证金（报价保证金），自政府采购合同签订之日起5个工作日内退还中标供应商（成交供应商）的投标保证金（报价保证金）。

第二章 科技项目、国家科研计划课题评估及其招标、投标和评标

第一节 科技项目招标、投标、评标及项目评估

261. 什么是科技项目招标投标？

答：指招标人对拟招标的科技项目预先公布指标和要求，众多投标人参加竞争，招标人按规定程序选择中标人。

262. 科技项目招标的宗旨是什么？

答：优化科技资源配置，提高科技经费的使用效率，促进公平竞争，保障当事人的合法权益。

263. 科技项目招标投标工作由什么部门监管？

答：中华人民共和国科学技术部负责管理、指导和监督全国科技项目招标投标工作，依法查处科技项目招标投标活动中的违法行为；行业和地方科技行政主管部门负责管理和监督本行业、本地区科技项目招标投标工作，依法查处本行业、本地区科技项目招标投标活动中的违法行为。

264. 科技项目招标的范围是什么？

答：涉及以政府财政拨款投入为主的技术研究开发、技术转让推广和技术咨询服务等，其目标内容明确、有明确的完成时限、能确定评审标准的科技项目，应当招标。

265. 科技项目不招标的条件是什么？

答：有下列条件之一的科技项目可不招标：目标不确定性较大（项目指标不易量

化），难以确定评审标准；涉及国家安全和国家秘密；只有两家以下（含两家）潜在投标人可供选择；没有引起有效竞争或对招标文件未做实质性响应，或发生其他情形而导致废除所有投标；法律法规规定的其他情况。

266. 科技项目招标的原则是什么？

答：公平、公开、公正、择优和信用。

267. 科技项目进入招标程序的条件是什么？

答：需招标的科技项目已确定；科技项目的投资资金已落实；招标所需其他条件已达到。

268. 科技项目招标有哪两种方式？

答：公开招标和邀请招标。

269. 什么是科技项目的分段招标？

答：即第一段招标主要是取得各投标人对招标项目的技术经济指标、技术方案和标底的建议，以便完善招标文件，等第二段招标时才确定中标人。

270. 什么情形下可以对科技项目进行自行招标？

答：以政府财政拨款为主的特别重大的科技项目可以由相应科技行政主管部门自行组织招标。

271. 科技项目的招标公告或投标邀请书包括哪些内容？

答：招标人的名称和地址；招标项目的性质；招标项目的主要目标；获取招标文件的办法、地点和时间；对招标文件的收费。

272. 科技项目的招标文件包括哪些内容？

答：投标须知；科技项目名称；项目的主要内容与要求；目标与考核指标的构成；成果形式及数量要求；进度与时间要求；财政拨款的支付方式；投标报价的构成细目及定价原则；投标文件的编制要求；投标人应提供的有关资格和资信证明文件；提交投标文件的方式、地点和截止日期；开标、评标与定标的日程安排；综合评标标准和方法。

第二章 科技项目、国家科研计划课题评估及其招标、投标和评标

273. 科技项目的招标文件或投标邀请书至少需要提前多少日发布或发出？

答：从招标公告发布或投标邀请书发出日到提交投标文件截止日，不得少于30日。

274. 科技项目招标文件售出后，招标人如对其修改、补充或澄清，应提前多少日发出通知？

答：应至少在投标截止日期15日前以书面形式通知所有购买者，并作为招标文件的组成部分；对招标文件有重大修改的，应适当延长投标截止时间。

275. 招标人要求投标人提供的证明文件有哪些？

答：业绩；研究人员的素质和技术能力；研究所需技术设施和设备条件；资信证明；近两年财务状况资料；匹配资金（如需）的筹措情况及证明；相关的行业资质证明；国家规定的其他资格证明。

276. 若通过资格审查的投标人数量不足三人，应如何处理？

答：应修改并再次发布招标公告或再次发出投标邀请书，直至不少于三个投标人通过为止。

277. 什么情形下可以终止科技项目的招标？

答：发生不可抗力，作为技术开发项目标的的技术已由他人公开，或发生废标。

278. 招标人应如何组织开标？

答：应按招标文件规定的时间、地点和方式公开进行。开标由招标人主持，邀请有关单位代表和投标人参加。开标时，投标人或其推选的代表检查投标文件的密封情况，也可由招标人委托的公证机构检查并公证；确认无误后，由工作人员当众开启并宣读投标人名称、投标报价、技术目标及其他主要内容。开标过程应记录在案，招标人和投标人的代表在开标记录上签字或盖章。

279. 招标人应在开标之日后多少日内完成定标工作？

答：应在开标之日后10日内完成定标工作，特殊情况可延长至15日。

280. 所有投标被否决后应如何处理？

答：对于依法必须进行招标的项目，则应重新招标。

281. 科技项目的投标人应具备什么条件？

答：与招标文件要求相适应的研究人员、设备和经费；招标文件要求的资格和相应的科研经验与业绩；资信情况良好；法律法规规定的其他条件。

282. 投标文件除公章之外是否需要加盖法定代表人的印章？

答：需加盖法定代表人的印章或签字。

283. 科技项目的投标文件包括哪些内容？

答：投标函；投标人概况；近两年的经营发展和科研状况；技术方案及说明（包括方案的可行性、先进性、创新性，技术、经济、质量指标，风险分析等）；计划进度；投标报价及构成细目；成果的提供方式及规模；承担项目的能力说明（包括与招标项目有关的科技成果或产品的开发情况，承担项目主要负责人的资历及业绩情况，相关专业的科技队伍情况及管理水平，所具备的科研设施、仪器情况，为完成项目所筹措的资金情况及证明等）；项目实施组织形式和管理措施；有关技术秘密的申明；招标文件要求具备的其他内容。

284. 以联合体形式投标时，投标人应提供什么材料？

答：应提交联合体各方共同签订的投标协议，该协议明确约定各自所承担的工作和责任。

285. 已通过资格审查的投标人是否可以再组成联合体进行投标？

答：不可以。

286. 若联合体中标，联合体各方应承担什么责任？

答：就中标项目向招标人承担连带责任。

287. 投标人应在何时送达投标文件或对已提交的投标文件进行修改和补充？

答：在招标文件要求提交投标文件的截止日期前送达招标人。

288. 投标人在澄清或答辩时是否可以向评标委员会提供新的材料？

答：未经允许不得向评标委员会提供新的材料。

第二章 科技项目、国家科研计划课题评估及其招标、投标和评标

289. 投标人若提供虚假材料或串通投标的，应承担什么责任？

答： 由相应科技行政主管部门责令改正；已被选定为中标者的，中标无效；给招标人造成损失的，应承担赔偿责任；情节严重，构成犯罪的，依法追究刑事责任。

290. 中小企业申报技术创新基金应注意什么？

答： 从某种意义而言，各类基金（包括科技型中小企业技术创新基金和国家自然科学基金）也是一种政府采购项目。使用了财政资金，但标的物不确定，可由申报者自由选题。

申报科技型中小企业技术创新基金时，正文部分的研究意义要明确（项目的重要性、必要性、紧迫性），创新性、先进性要突出，研究内容、方案要合理可行（最好要有技术路线图），开发模式、效益分析要合理、恰当，研发团队和管理模式要优化、科学；附件部分除必须提供的材料（如营业执照、税务登记的复印件，有的还要求提交审计报告）外，还应提交主要的证明材料，如资格证书、获奖证书、专利授权的复印件（若尚处在公示期而未获专利授权，则只需列出专利申请号）。拟利用他人专利的，应附上专利所有人的许可函。

申报科技型中小企业技术创新基金与国家自然科学基金不同，后者的工作基础与研究能力多由论文来体现，论文很容易检索到，而科技型中小企业技术创新基金大多由同行评审，故申报科技型中小企业技术创新基金应尽量提交重要的证明，并附技术查新报告。

> **案例2-1**
>
> 某企业在申报项目时，声明有一项专利已通过形式审查，处于公示期，但经有的评审专家查询，该专利申请已被驳回。此类情形很可能被作为一种欺诈行为而无法获得资助。

> **案例2-2**
>
> 某企业在申报项目时，声明已得到使用某专利的许可，但许可函并非专利所有人出具，因而不仅该项目的可行性会受到质疑，其知识产权是否清晰也会受到质疑。

291. 科技项目招标评审涉及哪些因素？

答： 科技项目招标评审涉及技术路线的可行性、先进性和承担单位的开发条件、人

员素质、资信等级与管理能力等因素；经费使用的合理性；尤其是项目的创新性和目标的可实现性。

292. 科技项目的评标委员会如何组成？

答：科技项目的评标委员会由招标人和受聘的技术、经济、管理等方面的专家组成，总人数为七人以上的单数，其中受聘的专家不得少于三分之二。

293. 什么情形下投标无效？

答：具有下列情形之一的，其投标无效：投标文件未加盖投标人公章或法定代表人未签字或盖章；投标文件印刷不清、字迹模糊；投标文件与招标文件规定的实质性要求不符；设有标底的，投标报价远低于完成项目必需的实际成本；投标文件没有满足招标文件规定的招标人认为重要的其他条件。

294. 科技项目的评标报告包括哪些内容？

答：对投标人的技术方案评价，技术、经济风险分析；对投标人的承担能力与工作基础的评价；对投标人进行综合排名并推荐中标候选人；需进一步协商的问题及协商应达到的指标和要求。

295. 科技项目的评标一般确定几个中标（候选）人？

答：一般确定一个中标人，特殊情况下也可根据需要确定一个以上的中标人。

296. 什么是科技评估？有哪几种类型？

答：科技评估指由科技评估机构根据委托方明确的目的，遵循一定的原则、程序和标准，运用科学、可行的方法对科技政策、科技计划、科技项目、科技成果、科技发展领域、科技机构、科技人员及与科技活动有关的行为所进行的专业化咨询和评判活动。一般可分为以下四种类型：

（1）事先评估：是在科技活动实施前对实施该项活动的必要性和可行性所进行的评估。

（2）事中评估：是在科技活动实施过程中对该活动是否按照预定的目标、计划执行，并对未来的发展态势所进行的评估。评估的目的在于发现问题，调整或修正目标与策略。

（3）事后评估：是在科技活动完成后对其目标实现情况及水平、效果和影响所进行的评估。

（4）跟踪评估：是在科技活动完成一段时间后的后效评估，重点评估其整体效果，以及政策执行、目标制定、计划管理等的综合影响和经验，从而为后期的科技活动决策提供参考。

297. 科技评估的原则是什么？

答： 独立、客观、公正和科学。

298. 科技评估的对象和范围是什么？

答： 科技政策的研究、制定和效果；科技计划的执行与运营；科技项目的前期立项、中期实施与后期效果；科技机构的综合实力和运营绩效；科技成果的技术水平与经济效益；区域或产业科技进步与运营绩效；企业和其他社会组织的科技投资行为及运营绩效；科技人才资源；其他与科技工作有关的活动。

299. 科技项目的评估人员应具备什么条件？

答： 熟悉科技评估的基本业务，掌握科技评估的基本原理、方法和技巧；具备大学本科以上学历，具有一定的科技专业知识；熟悉相关经济、科技方面的法律法规和政策，以及国家或地方的科技发展战略与发展态势；掌握财会、技术经济、科技管理等相关知识；具有较丰富的科技工作实践经验和较强的分析与综合判断能力；须经过中华人民共和国科学技术部认可的科技评估专业培训，并通过专业考核或考试。

300. 科技项目的评估程序和评估报告的内容是什么？

答： 科技项目的基本程序包括：评估需求分析和方案设计；签订评估协议或合同；采集评估信息并综合分析；撰写评估报告。

科技项目的评估报告包括正文和附件。

正文包括：评估机构的名称；委托方的名称；评估目的、范围和简要说明；评估原则；评估报告的适用时间及范围；评估所依据的法律法规和政策性文件；评估方法的采用；评估说明；评估结论；重大事项声明；评估机构负责人与评估项目负责人签名并加盖单位公章。

附件包括：评估机构资格证明的复印件及其他与评估有关的文件资料。

第二节 国家科研计划课题招标、投标、评标及课题评估评审

301. 什么是课题制?

答:课题制指按公平竞争、择优支持的原则确立科学研究课题,并以课题为中心、以课题组为基本活动单位进行课题组织、管理和研究活动的一种科研管理制度。

302. 实施课题制管理的主要内容有哪些?

答:(1)建立专家评议和政府决策相结合的课题立项审批机制。充分发挥专家和社会中介机构的作用,确保课题立项的科学性。

(2)建立与科研活动规律相适应的预算管理机制。按照国家财政预算管理改革的总体要求,对课题实行全额预算管理,细化预算编制,并实行课题预算评估评审制度。

(3)建立、健全监督机制。建立计划管理与经费管理、课题立项与课题预算之间既分工协作,又相互制约的监督管理机制,公开办事程序和审批决策程序,接受社会监督。

303. 课题制的适用范围是什么?

答:适用于以国家财政拨款资助为主的各类科研计划的课题及相关的管理活动。

304. 什么是课题责任人负责制?

答:课题责任人负责制指课题责任人在批准的计划任务和预算范围内享有充分的自主权。一个课题只能确立一个课题责任人。课题责任人为自然人或法人。法人课题责任人必须指定所承担课题的课题组长,并在合同或任务书中明确课题组长的责任与权利,且不得随意变更。

305. 什么是国家科研计划课题的招标投标?

答:国家科研计划课题的招标投标指招标人对拟招标的课题预先公布指标和要求,众多投标人参加竞争,招标人按规定选择中标人。

306. 国家科研计划课题招标的宗旨是什么?

答:优化科技资源配置,提高科技经费的使用效益,促进公平竞争,保障当事人的合法权益。

第二章 科技项目、国家科研计划课题评估及其招标、投标和评标

307. 国家科研计划课题的招标投标工作由什么部门归口管理？

答：各科研计划的归口管理部门。

308. 国家科研计划课题招标的范围是什么？

答：研究目标和研究内容明确，完成时限和评审标准确定的国家科研计划课题。

309. 国家科研计划课题不招标的条件是什么？

答：涉及国家安全和国家秘密的，只有两家以下（含两家）潜在投标人可供选择的，或法律法规规定的其他情况可以不招标。

310. 国家科研计划课题招标的原则是什么？

答：公平、公开、公正、择优和诚实信用。

311. 什么是国家科研计划课题的招标人？

答：提出招标课题并进行招标活动的归口部门。

312. 国家科研计划课题招标有哪两种方式？

答：公开招标和邀请招标。

313. 什么是国家科研计划课题的两阶段招标？

答：即第一阶段招标主要是取得各投标人对招标课题的技术经济指标、技术方案和标底的建议，以便完善招标文件，等第二阶段招标才确定中标人。

314. 国家科研计划课题的招标文件包括哪些内容？

答：投标须知；课题名称；课题主要内容要求；目标与考核指标的构成；成果形式及数量要求；进度与时间要求；国家财政拨款的支付方式；投标报价的构成细目及制订原则；投标文件的编制要求；投标人应提供的有关资格和资信证明文件；提交投标文件的方式、地点和截止日期；开标、评标与定标的日程安排；综合评标标准和方法；课题经费使用绩效考评的内容、程序和方法。

315. 国家科研计划课题的招标人在制订综合评标标准时，应考虑哪些因素？

答：应考虑技术路线的可行性、先进性，以及承担单位的开发条件、人员素质、资

信等级、管理能力等因素，还要考虑经费使用的合理性，并着重考虑课题的创新性和目标的可实现性。

316. 国家科研计划课题招标文件售出后，招标人如对其修改、补充或澄清，应提前多少日发出通知？

答：应至少在投标截止日期15日前以书面形式通知所有购买者，并作为招标文件的组成部分。

317. 应如何确定标底？

答：根据与课题研究目标的相关性、与国家政策的相符性及经济合理性的原则确定标底。

318. 国家科研计划课题的招标人应如何组织开标？

答：按招标文件规定提交投标文件截止时间的同一时间及预先确定的地点公开进行。开标由招标人主持，邀请有关单位代表和所有投标人参加。开标时，投标人或其推选的代表检查投标文件的密封情况，也可由招标人委托的公证机构进行检查并公证。确认无误后，由工作人员当众开启并宣读投标人名称、投标报价、技术目标及其他主要内容。开标过程应记录在案，招标人和投标人的代表在开标记录上签字或盖章。

319. 国家科研计划课题的招标人应在什么时间内完成评标定标工作？

答：招标人应在招标文件规定的投标有效期结束日30个工作日前完成评标和定标工作。

320. 国家科研计划课题的招标人违法违规将受到何种处罚？

答：由国家招标投标主管部门责令改正。已选定中标者的，中标无效；给投标人造成损失的，应承担赔偿责任；情节严重，构成犯罪的，依法追究刑事责任。

321. 国家科研计划课题的投标人应具备什么条件？

答：与招标文件要求相适应的研究人员、设备和经费；招标文件要求的资格和相应的科研经验与业绩；资信情况良好；法律法规规定的其他条件。

322. 国家科研计划课题的投标文件除公章外是否需要加盖法定代表人的印章？

答：须加盖法定代表人的印章或签字。

323. 国家科研计划课题的投标文件包括哪些内容？

答：投标函；投标人概况；近两年的经营发展和科研状况；技术方案及说明（含方案的可行性、先进性、创新性，技术、经济、质量指标，风险分析等）；计划进度；投标报价及构成细目；成果提供方式及规模；承担课题的能力说明；课题实施的组织形式和管理措施；有关技术秘密的申明；招标文件要求具备的其他内容。

324. 国家科研计划课题招标投标中，以联合体形式投标时，投标人应提供什么材料？

答：应提交联合体各方共同签订的投标协议，该协议明确约定各自所承担的工作和责任。

325. 国家科研计划课题招标投标中，若联合体中标，联合体各方应承担什么责任？

答：就中标项目向招标人承担连带责任。

326. 国家科研计划课题的投标人应在何时送达投标文件？

答：在招标文件要求提交投标文件的截止日期前将投标文件密封送达指定地点。

327. 国家科研计划课题的投标人应在何时对已提交的投标文件进行修改和补充？应采取何种形式？

答：在招标文件要求提交投标文件的截止日期前送达招标人。应采取书面形式。

328. 国家科研计划课题的投标人在澄清或答辩时是否可以向评标委员会提供新的材料？

答：进行澄清或答辩时，不得超过投标文件的范围，不得改变投标文件的实质性内容，未经允许不得向评标委员会提供新的材料。

329. 国家科研计划课题的投标人若提供虚假材料或串通投标的，应承担何责任？

答：由归口部门责令改正。已被选定为中标者的，中标无效；给招标人造成损失的，应承担赔偿责任；情节严重、构成犯罪的，依法追究刑事责任。

330. 国家科研计划课题的投标人在投标中应注意哪些问题？

答：除了在形式、内容上响应招标文件的要求外，应针对评审因素做相应的阐述，并可利用标题突出。

331. 国家科研计划课题的投标人的最低报价是否可以作为中标的唯一理由？

答：由于采用综合评标标准和方法进行评审，故投标人的最低报价不能作为中标的唯一理由。

332. 国家科研计划课题的评标委员会如何组成？

答：评标委员会由招标人和受聘的技术、经济、管理等方面的专家组成，总人数为五人以上的单数，其中受聘的专家不得少于成员总数的三分之二。

333. 国家科研计划课题招标投标在什么情形下为无效投标？

答：有下列情形之一的均为无效投标：投标文件未加盖投标人公章或法定代表人未签字或盖章；投标文件印刷不清、字迹模糊；投标文件与招标文件规定的实质性要求不符；投标文件没有满足招标文件规定的招标人认为重要的其他条件。

334. 国家科研计划课题的评标报告包括哪些内容？

答：对投标人的技术方案评价，技术、经济风险分析；对投标人的承担能力与工作基础的评价；推荐满足综合评标标准的中标候选人；需进一步协商的问题及协商应达到的指标和要求；对投标人进行综合排名。

335. 国家科研计划课题的评标一般确定几个中标（候选）人？

答：一般确定一个中标人，特殊情况下也可根据需要确定两个中标人，此时不同的中标人应采用不同的技术方案独立完成中标课题。

336. 什么是课题评估？有哪几种类型？

答：课题评估指归口部门按照公开、公平和竞争的原则，择优遴选具有科技评估能力的评估机构（以下简称评估机构），按照规范的程序和公允的标准对课题进行专业化咨询和评判。包括以下两种类型：

（1）课题立项评估评审，指对课题立项的必要性、研究目标及技术路线的可行性、科技成果的应用或产业化前景、课题实施的人员、设备及组织管理等条件的评估评审。

（2）课题预算评估评审，指对课题研究目标的相关性、与国家政策的相符性和经济合理性的评估评审。

337. 课题评估的原则是什么？

答：独立、客观、公正。

338. 什么是课题评审？

答：课题评审指归口部门组织专家，按照规范的程序和公允的标准对课题进行的咨询和评判活动。

339. 国家科研计划课题的评审专家应具备什么条件？

答：从事被评审课题所属领域或行业专业技术工作满8年，并具有副高级以上专业技术职务或具有同等专业技术水平；具有良好的科学道德，能够独立、客观、公正、实事求是地提出评审意见；熟悉被评审课题所属领域或行业的最新科技、经济发展状况，了解本领域或行业的科技活动特点与规律；归口部门规定的其他条件。

340. 国家科研计划课题的评估报告的内容是什么？

答：国家科研计划课题的评估报告的主要内容是评估结论，此外应对评估活动的目的、范围、原则、依据、标准与方法等进行说明。

第三章　代理机构与代建制

第一节　代理机构和工程咨询机构

341. 拟从事政府采购业务代理的机构应通过什么途径进行登记?

答：2014年8月31日起，政府采购代理机构的资质等级认定已经取消。自2015年1月1日起，拟从事政府采购业务代理的机构可以在中国政府采购网www.ccgp.gov.cn的机构注册所在地的省级分网进行登记。

342. 拟从事政府采购业务代理的机构进行登记的流程是什么?

答：①阅读注册须知；②申请注册账号；③填写基本信息；④提交证照信息；⑤财政部门核对；⑥通过后纳入政府采购代理机构名单。

343. 政府采购业务代理机构基本情况表包括哪些内容?

答：主要包括单位的基本信息和专职人员的信息，见下表。

政府采购业务代理机构基本情况表

机构名称		组织机构代码		
经济性质	有限责任公司□　股份有限公司□　集体所有制企业□　全民所有制企业□ 合伙企业□　个人独资企业□			
法定代表人		联系电话		电子邮箱
法定代表人身份证号				
业务联系人		联系电话		手机
		传真电话		电子邮箱
营业地址	省（自治区、直辖市）　　地区（市、州、盟）　　县（区、市、旗）			

（续）

营业地址		街（路、道、巷、乡、镇）		号（村）	邮政编码	
营业执照	注册号码			注册地址		
	注册资金		万元	发证机关	发证日期	
	营业范围（主营）					
	营业范围（兼营）					
基本账户开户行及账号						
税务登记机关						
专职人员总数		人	中级以上职称人员总数	人	占专职人员总数比例	%
			参加政府采购培训人员总数	人	占专职人员总数比例	%
近三年内有无重大违法记录						

344. 政府采购业务代理机构基本情况表中的"专职人员"是指哪些人员？

答： 表中的"专职人员"是指与代理机构签订劳动合同，由代理机构依法缴纳社会保险费的在职人员，不包括退休、外聘、兼职人员。

345. 政府采购业务代理机构可以在外省开展政府采购业务代理吗？

答： 政府采购业务代理机构的网上登记遵循"自愿、免费、一地登记、全国通用"的原则，登记完成后可以在外省开展政府采购业务的代理。

346. 工程建设项目招标代理机构的资格如何认定？

答： 自2017年12月28日起，各级住房和城乡建设部门不再受理招标代理机构资格认定申请，停止招标代理机构资格审批。

招标代理机构可按照自愿原则向工商注册所在地省级建筑市场监管一体化工作平台报送基本信息。信息内容包括：营业执照相关信息、注册执业人员、具有工程建设类职称的专职人员、近3年代表性业绩、联系方式。上述基本信息统一在住建部全国建筑市场监管公共服务平台对外公开。

347. 根据现行国家标准《招标代理服务规范》GB/T 38357，招标服务分为几个阶段？

答：分为6个阶段——招标准备、资格预审、招标投标、开标、评标与定标，合同签订与后续服务。

348. 中央投资项目招标代理机构的资格如何认定？

答：自2017年12月28日起，国家发展和改革委员会已经不再对中央投资项目招标代理机构的资质等级进行审批。

349. 机电产品国际招标业务代理机构的资格如何认定？

答：2013年11月起，商务部已经不再对机电产品国际招标代理机构的资质进行审批。

拟从事机电产品国际招标业务代理的机构，应具备一定数量的招标的专业人员（但招标师职业资格也已取消），营业执照经营范围应当增加国际招标代理业务，再到中国国际招标网登记即可开展代理业务。

350. 工程咨询机构的资格如何认定？

答：自2017年10月18日起，国家发展和改革委员会已经不再对工程咨询机构的资质等级进行审批。

拟从事工程咨询业务的机构，按规定内容通过全国投资项目在线审批监管平台进行登记、告知即可。

第二节 代建制

351. 什么是代建制？

答：代建制即不是由使用单位自己负责，而是通过选择社会专业化的项目管理单位（即代建单位）直接负责项目的投资管理和建设组织实施工作，待项目建成后再由代建单位交付使用单位的制度。

352. 代建制有几种模式？

答：即委托代理合同、指定代理合同与三方代建合同三种模式。

353. "委托代理合同"模式的代建制有什么特点？

答： "项目业主"（政府投资主管部门指定的某部门）或新设立具法人资格的"项目法人"作为委托方，与采用招标投标方式选定的代建单位（受托方）签订"代建合同"。

354. "指定代理合同"模式的代建制有什么特点？

答： 由政府投资主管部门采用招标投标方式选定代建单位，该代建单位（代理人）与使用单位（被代理人）签订"代建合同"。

355. "三方代建合同"模式的代建制有什么特点？

答： 政府投资管理部门与代建单位、使用单位签订"三方代建合同"。

356. 代建制适用于什么范围？

答： 代建制适用于政府投资项目，特别是公益性项目。

357. 代建制与工程监理的主要区别是什么？

答：（1）应用范围不同：自建制中的工程监理一般应用在施工阶段；而代建制的范围较广，一般既包括施工，也包括设计，甚至包括可行性研究。

（2）使用单位的地位不同：自建制中的监理工程师受使用单位（业主）委托，前者仅起辅助作用，后者在管理上仍起主导作用，监理工程师与承包商分别与使用单位签订合同；而在代建制中，代建单位在代建合同约定期间对项目管理起主导作用，可直接与承包商签订合同，使用单位则不直接参与项目管理。

（3）费用不同：自建制中的建设监理是一种管理服务，使用单位按预先约定支付费用，一般与项目控制的水平不直接相关；而在代建制中，代建合同常具有激励属性，据工程项目管理的水平确定管理费用和奖金。

358. 代建单位与总承包商、项目管理企业有什么区别？

答： 代建单位具有项目建设阶段的法人地位，拥有法人权利（包括在业主监督下对建设资金的支配权），同时承担相应责任（包括投资保值责任）；而总承包商与项目管理企业没有项目法人地位和法人权利。

359. 与自建制相比，代建制有什么优越性？

答： 项目决策更加科学，管理水平与工作效率增强，项目控制得以落实，有助于规范管理。

360. 代建制的程序是什么？

答：以"三方代建合同"模式为例：使用单位先提出项目需求，自行或委托编制项目建议书，按程序报发展改革部门审批；发展改革部门批复项目建议书，并确定该项目实行代建制及其代建方式；发展改革部门委托具相应资质的社会招标代理机构通过招标确定前期工作代理单位，发展改革部门与前期工作代理单位、使用单位三方签订书面《前期工作委托合同》；前期工作代理单位遵照相关规定，对项目勘察、设计进行招标投标，并按照《前期工作委托合同》开展前期工作，前期工作深度须符合国家有关规定，并按规定程序报原审批部门审批；发展改革部门会同规划、建设等部门对该项目的初步设计及概算投资进行审核批复；发展改革部门委托具有相应资质的招标代理机构，依据批准的项目初步设计及概算投资编制招标文件，通过招标投标选定代建单位；发展改革部门与代建单位、使用单位三方签订书面《项目代建合同》；代建单位依照《项目代建合同》及相关规定开展工作，行使项目法人的权利并承担相应责任，包括对项目施工、监理和重要设备材料采购的招标及项目控制（质量、投资、进度）；政府投资代建制项目建成后，须按国家有关规定和《项目代建合同》进行竣工验收，并办理政府投资财务决算审批手续，工程验收合格后，即交付使用单位。

第四章 建设工程概述

第一节 建设工程项目的类别、交易模式及建筑市场

361. 什么是工程建设项目？有什么特征？

答： 工程建设项目是指按一个总体设计或初步设计施工，经济上独立核算，行政上统一管理的建设单位。特征如下：

（1）在一个总体设计或初步设计范围内，由一个或若干个相互关联的单项工程所组成，建设中实行统一核算、统一管理。具有一次性的组织管理形式，建设地点固定，投入一次性，设计单一，施工单件。

（2）在特定的约束条件下，以形成固定资产为特定目标。约束条件包括时间约束（即建设工期目标）、资源约束（即投资总量目标）、质量约束（即预期的生产能力、技术水平及使用效益目标）。

（3）需要遵循必要的建设程序和特定的建设过程，即从项目构想、建议、方案选择、评估、决策、勘察、设计、施工直至竣工验收、投入使用均有一个有序的全过程。

（4）须达到一定的投资限额，否则只能称为零星固定资产购置。

362. 依据建设性质，建设工程分为哪几类？

答： 分为以下五类：

（1）新建项目：包括从无到有的建设项目，以及从较小的原有规模经重新设计且扩大规模后新增固定资产价值比原有的固定资产价值超过三倍以上的建设项目。

（2）扩建项目：指为提高原有生产能力或增加新的使用功能，在原有基础上进行有限的新建或增建。

（3）改建项目：指为变更建设项目的原有功能而进行改建，包括为调整产品方向，改进质量，提高生产效率而进行的改建。

（4）迁建项目：指业主因各种原因（如拆迁）迁址建设，其建设规模一般会扩大。

（5）重建项目：指对因重大自然灾害、战争而破坏的固定资产进行重新建设或在重建时进行扩建。

有的建设项目虽已招标，但中标人因某些因素未施工或仅进行了有限的施工，若此时招标人（业主）对原有设计进行了重大调整，则一般需要重新招标。

案例4-1

某学院需建综合楼，经招标选定了施工单位，因经费未落实，施工单位仅完成部分基础工作。数年后，学院拟大幅增加楼层，经设计，该综合楼改为高层建筑，建筑面积增加近一倍。学院提出由原施工单位继续承包施工。在本案例中，学院的提法不能被接受，因为根据《招标投标法》及相关规定，原项目已停工，属非在建项目，扩建项目应重新招标；而原施工单位可要求学校承担缔约过失所致的赔偿责任。

363. 依据建设方向，建设工程分为哪几类？

答：分为以下三类：

（1）基础性项目：主要包括自然垄断性、建设周期长、前期投资大而收益不高的基础性设施，以及需要政府重点扶持的支柱产业项目，包括交通、能源、水利、通信与城市公用设施。其中，跨地区的重大项目由中央政府作为投资主体；城市公用设施及其他地方性的项目，依据"谁受益，谁投资"的原则由当地政府作为投资主体；经济欠发达地区，可由中央政府给予补贴。

（2）公益性项目：主要包括国防、科研、文教、体育、卫生、环保等非营业性的无偿还能力的建设项目，由财政资金投资建设。科教文卫及环保项目也可由社会捐赠，或由企业、个人兴办。

（3）竞争性项目：竞争性项目指具有竞争能力、市场调节较强、投资收益较高的项目，通常由企业自主决策、自担风险，通过市场融资进行建设、营运。

364. 依据建设功能，建设工程分为哪几类？

答：（1）生产性项目：指直接用于物质生产或为其服务的项目，包括工业矿业项目，资源勘探和建筑业项目，农林水利项目，运输邮电项目，以及各类商业项目。

（2）非生产性项目：指直接用于满足公众物质文化生活需求的项目，包括住宅、科教文卫、社会福利与公用事业等项目。

365. 依据建设阶段，建设工程分为哪几类？

答：（1）筹建项目，即正做准备、尚无开工条件的项目。

（2）在建项目，即正在建设中的项目。

（3）竣工项目，即施工已全部结束并通过验收的项目。

（4）建成投产项目，即已通过验收并交付使用的项目。

366. 什么是国有资金投资项目？

答：国有资金投资项目包括：使用各级财政预算资金的项目，使用纳入财政管理的各类政府专项建设基金的项目，使用国有企、事业单位自有资金且国有资产投资者拥有实际控制权的项目。

367. 什么是国家融资项目？

答：国家融资项目包括国家发行债券所筹资的项目，使用国家对外借款或担保所筹资金的项目，使用国家政策性贷款的项目，国家授权投资主体融资的项目，国家特许的融资项目。

368. 有哪些建设工程交易模式？有什么优、缺点？

答：主要有以下几种模式：

（1）平行承、发包模式：业主将建设工程的设计、施工及材料设备采购分别发包给若干个设计单位、施工企业及材料设备供应商，并分别与其签订合同。该模式的招标投标工作内容具体、明确，合同条款易确定，易择优选择投标人，易于进度、质量控制；但合同数量多，合同管理的工作量大，投资控制难度大。

（2）设计或施工总分包模式：业主将设计、施工任务分别委托给一个设计单位和一个施工企业作为总承包。该模式的合同数量较前一种模式少，易于项目管理及投资控制；但建设周期长，投标人报价较高。

（3）项目总承包模式：业主将建设工程的设计、施工及材料设备采购全部发包给一家承包公司，由其进行设计、施工和采购，并向业主交付一个建成投产项目。该模式的合同关系简单，易于缩短建设周期与进行投资控制；但合同条款不易准确确定，发包难度大，因承包范围大、风险大，故投标单位少，不易择优。

（4）项目总承包管理模式：建设项目的业主将整个建设项目委托给一个专门从事项目组织管理的总承包单位，总承包单位不直接进行设计、施工或材料设备的采购。该模式的优点是便于合同管理与组织协调；缺点是项目总承包管理单位的实力较弱，而承担的管理责任较大。

（5）代建制，见第三章第二节。

369. 什么是广义的和狭义的建筑市场？

答：狭义的建筑市场是指建筑商品交易场所；广义的建筑市场是指建筑商品供求关系的总和，包括建筑商品的交易场所、建筑商品的需求程度，以及建筑商品交易过程中形成的各种经济关系等。

370. 什么是建设工程交易中心？

答：建设工程交易中心是为工程招标投标活动提供服务的自收自支的事业性单位，本身无行政管理或行政监督的职责，也没有赢利的功能。建设工程交易中心与政府部门完全脱钩，实行人员、职能、场所的三分离，但政府有关部门及其管理机构可在建设工程交易中心设立服务窗口，对工程招标投标活动进行依法监督。

第二节　建设工程的立项、程序、预算及项目管理

371. 什么是投资项目的审批制、核准制和备案制？

答：以往的项目无论是政府投资还是企业投资，均采用审批制，即须经过政府的审批方可投资建设，这严重影响审批效率，也不利于企业的自主发展，为此国家发布了《国务院关于投资体制改革的决定》和《企业投资项目核准暂行办法》（该规章现已修订为《企业投资项目核准和备案管理办法》），将原有的审批制依据项目资金来源等改为审批制、核准制和备案制。

凡使用政府投资的均采用审批制；凡未使用政府投资但属于《政府核准的投资项目目录》的采用核准制；凡未使用政府投资且不属于《政府核准的投资项目目录》的项目采用备案制。

372. 政府核准的投资项目涉及哪些领域和类别？

答：农林水利，涉及农业、水库和其他水事工程；能源，涉及电力、煤炭、石油和天然气；交通运输，涉及铁道、公路、水运、民航；信息产业，涉及电信、邮政、电子信息产品制造；原材料，涉及钢铁、有色、石化、化工原料、化肥、水泥、稀土、黄

金；机械制造，涉及汽车、船舶、城市轨道交通；轻工烟草，涉及纸浆、变性燃料乙醇、聚酯、制盐、糖、烟草；高新技术，涉及民用航空航天；城建，涉及城市快速轨道交通、城市供水、城市道路桥梁和其他城建项目；社会事业，涉及教育、卫生、文化、广播电影电视、旅游、体育、娱乐和其他社会事业项目；金融，涉及印钞、造币、钞票纸项目；外商投资；境外投资。

373. 项目报建前是否都需要立项审批？

答： 不一定需要，但政府投资的均须审批。

374. 是否所有的建设工程都需要报建？

答： 必须报建。

375. 报建内容包括哪些？

答： 工程名称；建设地点；投资规模；资金来源；当年投资额；工程规模；开工竣工日期；发包方式；工程筹建情况。

376. 报建项目是否都需要招标？

答： 不一定需要。

377. 建设工程活动应遵循什么原则？

答： 一般应遵循先勘察、后设计、再施工的原则。

378. 建设单位对建设工程有什么质量责任和义务？

答： 应向施工单位提供施工现场及毗邻区域内供水、排水、供电、供气、供热、通信广播电视等地下管线资料，气象和水文观测资料，相邻建（构）筑物、地下工程的有关资料，并保证资料的真实、准确、完整。

建设单位在申请领取施工许可证时，应提供建设工程有关安全施工措施的资料。建设单位应自开工报告批准之日起15日内，将保证安全施工的措施报送建设行政主管部门或其他有关部门备案。

建设单位应将拆除工程发包给具有相应资质等级的施工单位，建设单位应在拆除工程施工15日前，将相关资料报送建设工程所在地的县级以上地方人民政府建设行政主管部门或其他有关部门备案。

建设单位不得对承包单位提出不符合建设工程安全生产法律法规和强制性标准规定的要求，不得压缩合同约定工期；在编制工程概算时，应确定建设工程安全作业环境及安全施工措施所需费用；不得明示或暗示施工单位购买、租赁、使用不符合安全施工要求的防护用具、机械设备、施工机具、消防设施和器材。

379. 勘察、设计单位对建设工程有什么质量责任和义务？

答：勘察单位应按照法律法规和工程建设强制性标准进行勘察，所提供的勘察文件应真实、准确，满足建设工程安全生产的需要。勘察作业时，应严格执行操作规程以保证各类管线、设施和周边建（构）筑物的安全。

设计单位应按法律法规和工程建设强制性标准进行设计，防止因设计不合理导致生产安全事故的发生；应考虑施工安全操作和防护需要，对涉及施工安全的重点部位和环节在设计文件中应注明，并对防范生产安全事故提出指导意见。若采用新结构、新材料、新工艺或特殊结构的建设工程，则应在设计中提出保障施工人员安全和预防生产安全事故的措施建议。设计单位和注册建筑师等执业人员应对其设计负责。

380. 施工单位对建设工程有什么质量责任和义务？

答：施工单位主要负责人依法对本单位的安全生产工作全面负责。施工单位应建立、健全安全生产责任制度和安全生产教育培训制度，制定安全生产规章制度和操作规程，保证本单位安全生产条件所需资金的投入，对所承担的建设工程进行定期和专项安全检查，并做好安全检查记录。

项目负责人对工程项目的安全施工负责，落实安全生产责任制、安全生产规章制度和操作规程，确保安全生产费用的有效使用，并制定相应的安全施工措施，消除事故隐患，及时、如实报告生产安全事故。

施工单位的主要负责人、项目负责人与专职安全生产管理人员应经有关部门考核合格后方可任职。施工单位应对管理人员和作业人员每年至少进行一次安全生产教育培训，并记入个人工作档案。特种作业人员须按国家有关规定经过专门的安全作业培训，并取得特种作业操作资格证书后方可上岗。作业人员进入新岗位或新施工现场前，应接受安全生产教育培训。未经教育培训或教育培训考核不合格的，不得上岗作业。施工单位在采用新技术、新工艺、新设备、新材料时，应对作业人员进行相应的安全生产教育培训。

施工单位对列入建设工程概算的安全作业环境及安全施工措施所需费用，应用于施工安全防护用具及设施的采购和更新、安全施工措施的落实、安全生产条件的改善，不得挪作他用。施工单位应设立安全生产管理机构，配备专职安全生产管理人员。

（1）建设工程实行施工总承包的，由总承包单位对施工现场的安全生产负总责。总承包单位应自行完成建设工程主体结构的施工。

（2）依法分包时，合同中应明确各自的安全生产方面的权利与义务。总承包单位和分包单位对分包工程的安全生产承担连带责任。分包单位应服从总承包单位的安全生产管理。

施工单位应在施工组织设计中编制安全技术措施和施工现场临时用电方案，对达到一定规模的危险性较大的分部（分项）工程编制专项施工方案，并附具安全验算结果，经施工单位技术负责人、总监理工程师签字后实施，由专职安全生产管理人员进行现场监督。建设工程施工前，施工单位负责项目管理的技术人员应对有关安全施工的技术要求向施工作业班组、作业人员做出详细说明，并由双方签字确认。

施工单位应在危险部位设置明显的安全警示标志，该标志须符合国家标准；应根据不同施工阶段和周围环境及季节、气候的变化，在施工现场采取相应的安全施工措施；暂停施工的，应做好施工现场的防护。

施工单位应将施工现场的办公、生活区与作业区分开设置，并保持安全距离；办公、生活区的选址应符合安全性要求；职工的膳食饮水、休息场所等应符合卫生标准。施工单位不得在尚未竣工的建筑物内设置员工集体宿舍。临时搭建的建筑物应符合安全使用要求。现场使用的装配式活动房屋应有产品合格证。

施工单位对因建设工程施工而可能造成损害的毗邻建（构）筑物和地下管线等，应采取专项防护措施；应遵守有关环境保护的法律法规，在施工现场采取措施防止或减少粉尘、废气、废水、固体废物、噪声、振动和施工照明对人和环境的危害和污染。市区内的建设工程，施工单位应对施工现场实行封闭围挡。

施工单位应在施工现场建立消防安全责任制度，确定消防安全责任人，制定用火、用电、使用易燃易爆材料等各项消防安全管理制度和操作规程，设置消防通道与消防水源，配备消防设施和灭火器材，并在施工现场入口处设置明显标志。

施工单位应向作业人员提供安全防护用具及防护服装，并书面告知危险岗位的操作规程和违章操作的危害。作业人员应遵守安全施工的强制性标准、规章制度和操作规程，正确使用防护用具与机械设备等。

施工单位采购、租赁的防护用具、机械设备、施工机具及配件，应有生产（制造）许可证与产品合格证，入场前应查验，并由专人管理，定期检查、维修和保养，建立相应的资料档案，并按照国家有关规定及时报废。施工单位在使用施工起重机械和整体提升脚手架、模板等自升式架设设施前，应组织有关单位进行验收，也可以委托具有相应资质的检验检测机构进行验收；使用承租的机械设备和施工机具及配件的，由施工总承包单位、分包单位、出租单位和安装单位共同进行验收，验收合格的方可使用。《特种设备安全监察条例》规定的施工起重机械，在验收前应经有相应资质的检验检测机构监督检验合格。施工单位应自施工起重机械和整体提升脚手架、模板等自升式架设设施验收合格之日起30日内，向建设行政主管部门或其他有关部门登记。登记标志应置于或附着于该设备的显著位置。

施工单位应为现场从事危险作业的人员办理意外伤害保险，意外伤害保险费由施工单位支付。实行施工总承包的，由总承包单位支付意外伤害保险费。意外伤害保险期限自开工之日起至竣工验收合格止。

381. 工程监理单位对建设工程有什么质量责任和义务？

答：应审查施工组织设计中的安全技术措施或专项施工方案是否符合工程建设强制性标准。在实施监理过程中，发现存在安全事故隐患的，应要求施工单位整改；情况严重的，应要求施工单位暂停施工，并及时报告建设单位。施工单位拒不整改或不停止施工的，监理单位应及时向有关主管部门报告。监理单位和监理工程师应按照法律法规和工程建设强制性标准实施监理，并对建设工程安全生产承担监理责任。

382. 建设项目划分为哪四个层次？

答：分为以下四个层次：

（1）单项工程：是指一个建设项目中具有独立的设计文件与预算编制，且竣工后具有独立功能的工程，是建设项目的必要组成部分，一个建设项目由一个或多个单项工程构成，如一个居住小区的各幢楼房，一个工厂的各车间、办公楼、住宅。一个单项工程可以进一步分解为多个单位工程。

（2）单位工程：是指一个单项工程中具有独立的设计文件与预算编制，且可独立施工和竣工结算，但竣工后不具有独立功能的单体工程，是施工企业交付给建设单位的最终产品，如住宅小区（或厂房）的室外工程包括三个单位工程：室外管道工程（包括给水排水管道、煤气管道、供暖管道）、室外电气安装工程（包括电缆、路灯）和室外建筑工程（包括道路、围墙、园林工程的花坛、园林小品等）；而建筑物工程包括两个单位工程：建筑工程和建筑设备安装工程；公路工程包括五个单位工程：路面工程、路基工程、桥梁工程、隧道工程和交通安全设施工程。

在工程招标中，有时应按照单位工程来划分标段，以便有较多的投标人参与竞争，例如案例1-19。但有时呆板地按照单位工程来划分标段，将导致责任推诿、不便管理，例如案例5-57。

（3）分部工程：是不同部位、不同施工方法的单位工程的组成部分，如建筑物工程包括多个分部工程：地基与基础工程、主体工程、地面与楼面工程、屋面工程、管道工程、电气工程、门窗工程、装饰工程（和电梯安装工程、通风与空调工程）；公路工程的路基单位工程包括四项分部工程：路基土石方工程、排水工程、挡土墙工程、小桥与涵洞工程。

（4）分项工程：是不同工种的分部工程的组成部分，如路基土石方分部工程包括土方、石方、软基处理等分项工程；绿化工程包括园林工的种植工程，瓦工的假山砌砖工程，钢筋工的假山绑扎工程，木工的木桌木椅安装工程，涂装工的亭榭涂装工程等分项工程。

383. 建设工程划分为几个阶段？

答：一般分为以下五个阶段：

（1）工程建设前期阶段：工程建设前期阶段也称为决策分析阶段，主要是解决工程投资是否合理（包括投资意向、投资机会分析、项目建议书、可行性分析、审批立项等环节）等问题。

（2）工程建设准备阶段：工程建设准备阶段是为工程勘察、设计、施工创造条件的阶段，包括规划、获得土地使用权、拆迁、报建、工程发包等。未经报建就不得办理招标手续、发放施工许可证，设计、施工单位不得承接该项目的设计与施工。国家提倡招标投标，属于强制招标的必须招标投标。

（3）工程建设实施阶段：包括勘察和设计、施工准备（建设单位取得开工许可证和施工单位进行技术和物资的准备）、工程施工、生产准备等环节。施工企业已确定是取得开工许可证的前提；应招标而未办理招标手续的，无法取得开工许可证。施工企业应在取得开工许可证后3个月内组织开工；因故不能开工的，可向发证机关申请延期，延期以两次为限，每次不超过3个月。既不按期开工，又不申请延期或延期超过时限的，开工许可证自行作废。中标企业应在取得开工许可证后及时开工，以免被取消中标资格。

（4）工程验收与保修阶段：包括工程的竣工验收与工程的保修两项内容。竣工是工程按设计和合同内容、标准全部建成，并将现场全部清理完毕。园林工程通常有一个种植的养护期，若发包方要求承包方进行养护，那么只有养护期结束并养护验收合格才意味着整个园林工程的结束，故在施工进度表上必须体现出养护期。不少投标文件的施工进度表未体现出养护期，或养护期的时限未响应招标文件，则为废标。在工程保修期间，承包方要对工程中出现的质量缺陷承担保修与赔偿。

案例4-2

某次评标中,有数家投标人未在施工进度表上写明养护期,有人提出有的投标人在投标文件的施工进度表之外的章节中已写明了养护期,是否可以作为合格标。评标委员会认为,按招标文件评审标准,每一项须可行或无原则性错误才能成为合格标,施工进度表无养护期,属原则性错误,故为废标。

案例4-3

某次设计施工总招标,所有五家投标人的商务标与人员配备文件均合格且设计文件均达到设计深度要求,其中有两家投标人未在施工进度表上写明养护期而被废标,其他三家投标人则为合格投标人,故自动成为中标候选人。被废标的投标人之一进行投诉,所有评委仍坚持原来的评审结论——施工进度表未注明养护时间属原则性错误,招标办公室转交了评委的书面回复,并附上投诉人的施工进度表的复印件。

(5)终结阶段:包括生产运营、投资后评价等环节。

384. 工程设计阶段如何划分?

答:国内一般将中小型建设工程分为"初步设计"和"施工图设计"两个阶段,而国际上一般将设计分为"概念设计""基础设计"和"详细设计"三个阶段。在实践中,建设工程的设计实施主要取决于工程规模的大小与难度、有无特殊技术要求及业主是否已有具体设想,如对于要解决总体部署的大中型建设工程,还需进行总体规划设计;对于技术复杂又无经验的建设工程,还需增加专门的技术设计环节(阶段);若业主对项目缺乏具体设想,可先进行概念设计。因而,设计的实施因项目而异,既可一次完成(如技术简单又成熟的小型项目),也可分为三个阶段(概念设计+初步设计+施工图设计)或两个阶段(初步设计+技术设计与施工图设计合并,或者初步设计与技术设计合并为扩大初步设计+施工图设计)来完成。无论分为几个阶段完成,设计文件都应符合国家规定的设计深度要求,并注明工程合理使用年限。

385. 什么是概念设计(概念性方案设计)?

答:概念性方案设计简称概念设计,适用于一些大型复杂工程或业主并无具体设想的工程项目。概念设计不如总体设计全面，但设计深度应满足编制初步设计文件和控制概算的需要。概念设计的本质是应对一种复杂性或不确定性，只有克服了这种复杂性，获得了确定性才能使项目的效益最大化。一些大型复杂项目，一般只对方案设计（概念性方案设计或实施性方案设计）招标，此后的设计均交由中标人负责。

386. 什么是初步设计（基础设计）？

答：初步设计也称为基础设计，应在总体设计（如有）的指导下进行，是下一阶段施工图设计的基础，例如一个大型游乐园，对其人流量的预测估算将为施工图中的道路设计提供依据。初步设计的内容与成果涉及：设计依据、设计指导思想、建设规模（包括用地和土建工程量的估算）、总概算、产品方案、主要的建（构）筑物（包括公用及辅助设施）、原材料及能源动力供给、原材料与产品的运输或人流量、给水排水、工艺流程及主要的设备选型、三废治理与环保措施、初步的施工组织设计和进度计划、主要的经济技术指标及分析、外部协作条件。为保证设计思想的连贯性，可由初步设计的中标人承担此后的设计任务。

387. 什么是施工图设计（详细设计）？

答：施工图设计即详细设计，是根据批准的初步设计绘制出正确、完整和尽可能详细的建筑图与安装图，使各方能据此进行预算、招标，以及安排设备和材料的订货与验收，应注明建筑工程的合理使用年限。

388. 什么是技术设计？

答：技术设计是为解决某些重大或特殊项目在初步设计阶段无法解决的技术问题而进行的中间环节。这些技术问题包括大型建（构）筑物的某些关键部位的试验研究和确定，新型设备的试制、试验和确定，特殊工艺流程的试验研究和确定，以及其他一些需特殊处理的技术问题的研究和解决。

389. 什么是总体规划设计（总体规划、总体设计）？

答：总体规划设计是指为大型联合企业、矿区、水力枢纽等大型建设项目解决总体布置图、运输方案、生产组织和生活区规划，应满足编制初步设计文件和控制概算的需要。为保证规划设计思想的连贯性，可由总体设计的中标人承担此后的其他设计任务。总体规划与概念设计不同，前者是解决布局问题，后者是解决项目的具体设想。上述几种设计的关系如图4-1所示。

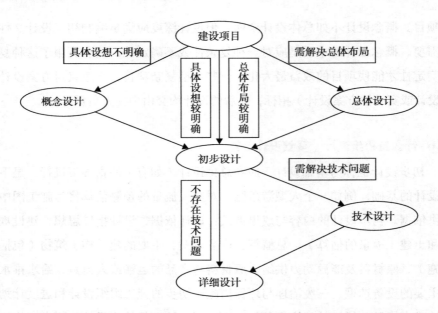

图4-1 概念设计、总体设计、初步设计、技术设计、详细设计的关系

390. 什么是工程概、预算？分为哪几类？

答：工程概、预算是根据不同阶段的文件的具体内容和有关定额、指标及取费标准所预先计算和确定的建设项目的全部工程费用的技术经济文件。分为投资估算、设计概算、修正概算、施工图预算、施工预算、工程结算与竣工决算。

391. 什么是投资估算？有什么作用？

答：投资估算是指建设单位向国家申请拟立项目或对拟立项目进行决策时确定建设项目在规划、项目建议书、设计任务书等不同阶段的相应投资总额而编制的经济性文件，是对拟建项目继续进行研究与否的依据，是国家审批项目建议书、设计任务书的依据，也是编制国家中长期规划，保持合理比例和投资结构的依据。

392. 什么是设计概算？有什么作用？

答：设计概算指在初步设计或扩大初步设计阶段，由设计单位根据初步设计或扩大初步设计图样及说明书、概算定额或概算指标、各类费用定额或取费标准、材料设备的预算单价，预先计算工程从筹建至竣工验收、交付使用全过程的建设费用的经济性文件。简单说来，即计算建设项目总费用。其作用有：设计文件的组成部分之一；确定工程投资的最高限额；工程招标、承包的依据；核定贷款额度的依据；分析设计方案经济合理性的依据；国家确定和控制基本建设总投资的依据。

393. 什么是修正概算？有什么作用？

答： 修正概算指在技术设计阶段，随着对初步设计内容的深化，设计单位对建设规模的结构性质与设备类型等进行必要修正而形成的经济文件，其作用与设计概算的相当。修正概算一般不能超过原已批准的概算投资额。

394. 什么是施工图预算？有什么作用？

答： 施工图预算是施工单位根据已批准的施工图计算出的工程量、施工组织设计（施工方案）、现行预算定额、各项取费标准、材料设备预算单价等计算工程建设费用的经济性文件。其作用有：确定单位工程和单项工程预算造价的依据；编制标底，投标文件，签订承、发包合同的依据；工程价款结算的依据；加强管理、实施预算包干，进行竣工结算的依据。

395. 什么是施工预算？有什么作用？

答： 施工预算是在施工图预算的控制下，由施工企业根据施工图、施工定额并结合施工组织设计，通过工料分析，计算和确定拟建工程所需的工、料、机械台班消耗及其相应费用的技术经济文件，旨在控制成本。

主要作用：企业内部下达施工任务、限额领料、实行经济核算的依据；是企业加强施工计划管理、编制作业计划的依据；是实行计件工资、按劳分配的依据。

396. 什么是工程结算？有什么作用？

答： 工程结算是指一个单项工程、单位工程、分部工程或分项工程完工，并经建设单位及有关部门验收后，施工企业依据施工过程中现场实际情况的记录、设计变更通知书、现场工程更改签证、预算定额、材料预算价格和各项费用的取费标准等资料，在概算范围内和施工图预算的基础上，按规定编制的向建设单位办理的工程结算价款的经济性文件。工程结算用于分项核算，是办理工程款结算的依据，使企业获得收入、补偿消耗。

397. 什么是竣工决算？有什么作用？

答： 竣工决算是建设项目全部完成并通过验收，由建设单位编制的从项目筹建到竣工验收、交付使用全过程中实际支付的全部建设费用的经济性文件。其作用有：反映基本建设的实际投资额及其投资效果；核算新增固定资产和流动资金价值；国家或主管部门验收小组验收和交付使用的重要财务成本依据。

398. 基本建设阶段与概、预算的对应关系是什么？

答：对应关系如图4-2所示。

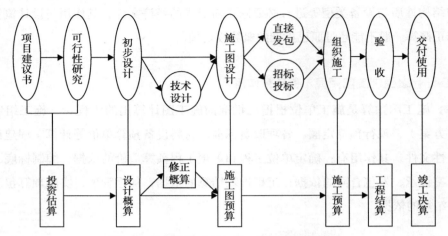

图4-2　基本建设阶段与概、预算的对应关系

399. 什么是工程项目管理？

答：工程项目管理是指从事工程项目管理的企业受项目业主委托，对工程全过程或分阶段进行专业化管理和服务。

400. 工程项目管理有哪些内容？

答：协助业主方进行项目前期策划，以及可行性分析与投资估算；协助业主方办理土地征用、规划许可等；协助业主方提出任务设计书，组织工程勘察设计招标，组织工程设计方案评审、进行工程设计优化并进行投资控制，协助签订勘察设计合同并监督实施；协助业主方组织工程监理、施工与设备材料采购招标；协助业主方与工程项目总承包单位或施工单位及建筑材料，设备，构、配件供应等企业签订合同并监督实施；协助业主方提出工程实施用款计划，进行工程结算和竣工决算，处理工程索赔，组织竣工验收，向业主方移交竣工档案资料；生产试运行及工程保修期管理，组织项目后评估。

401. 什么是分包？

答：分包是指从事工程总承包的单位将所承包的建设工程的非主体部分依法发包给具有相应资质的承包单位，该总承包单位与承包单位就其工作成果向发包人承担连带责任。

402. 什么是转包？与分包有什么区别？

答：转包是指承包者将承包的工程转交给其他施工单位。转包单位和分包单位都不直接与建设单位签订承包合同，而直接与总承包人签订承包合同，但分包工程的总承包人参与施工并自行完成建设项目的主体部分，而转包工程的总承包人不参与施工。

403. 分包的合法条件是什么？

答： 须取得发包人的同意；分包是一次性的，即分包单位不得再次分包；分包单位须具备相应资质条件；主体工程不得分包。

404. 违法分包将受到什么处罚？

答： 根据《中华人民共和国建筑法》，转包或违反本法分包的，将责令改正，没收违法所得，并处罚款，可责令停业整顿，降低资质等级；情节严重的，吊销资质证书。

根据《招标投标法》，将中标项目转让或肢解后分别转让给他人的，将中标项目的部分主体、关键性工作分包给他人的，或分包人再次分包的，转让、分包无效，处转让、分包项目金额0.5%~1%的罚款；有违法所得的，并处没收违法所得；可责令停业整顿；情节严重的，吊销营业执照。

根据《建设工程质量管理条例》，承包单位进行转包或违法分包的，责令改正，没收违法所得，对勘察单位、设计单位、监理单位处合同价款的25%~50%的罚款，对施工单位处合同价款0.5%~1%的罚款。

根据《房屋建筑和市政基础设施工程施工分包管理办法》，对转包、违法分包或允许他人以本企业名义承揽工程的，按照《中华人民共和国建筑法》《招标投标法》和《建设工程质量管理条例》的规定予以处罚；对于接受转包、违法分包和用他人名义承揽工程的，处1万~3万元的罚款。

405. 国家对重大建设项目如何实施监督？由什么部门监督？

答： 实行稽查特派员制度。由中华人民共和国国家发展和改革委员会监督。

406. 稽查工作应遵循什么原则？

答： 依法办事、客观公正、实事求是。

407. 稽查特派员与被稽查单位是什么关系？

答： 是监督与被监督的关系。稽查特派员不参与、不干预被稽查单位的日常业务活动和经营管理活动。

408. 稽查特派员如何派出？

答：稽查特派员与稽查特派员助理均由中华人民共和国国家发展和改革委员会任免。一名稽查特派员一般配备三至五名助理。

409. 稽查特派员有什么职责？如何开展工作？

答：职责：监督被稽查单位贯彻执行国家有关法律、行政法规和方针政策的情况，监督被稽查单位有关建设项目的决定是否符合法律、行政法规和规章制度规定的权限、程序；检查建设项目的招标投标、工程质量、进度等情况，跟踪监测建设项目的实施情况；检查被稽查单位的财务会计资料及与建设项目有关的其他资料，监督其资金使用、概算控制的真实性与合法性；对被稽查单位主要负责人的经营管理行为进行评价，提出奖惩建议。

稽查特派员采取下列方式开展稽查工作：听取被稽查单位主要负责人有关建设项目的汇报，在被稽查单位召开与稽查事项有关的会议，参加被稽查单位与稽查事项有关的会议；查阅被稽查单位有关建设项目的财务报告、会计凭证、会计账簿等财会资料及其他有关资料；进入建设项目进行现场查验，调查、核实建设项目的招标投标、工程质量、进度等；核查被稽查单位的财务、资金状况，向职工了解情况、听取意见，必要时要求被稽查单位主要负责人做出说明；向财政、审计、建设等有关部门及银行调查了解被稽查单位的资金使用、工程质量和经营管理情况。

410. 被稽查单位如何配合稽查工作？

答：被稽查单位应接受稽查特派员依法进行的稽查，定期、如实向稽查特派员提供与建设项目有关的文件、合同、协议、报表等资料和情况，报告建设和管理过程中的重大事项，不得拒绝、隐匿与伪报。

第五章 工程招标、投标与评标及合同管理

第一节 工程招标概述

411. 《招标投标法》的宗旨是什么？

答：规范招标投标活动，保护国家利益、社会公共利益和招标投标活动当事人的合法权益，提高经济效益，保证项目质量。

412. 工程招标投标的原则是什么？

答：公开、公平、公正和诚实信用。若背离这些原则，很可能使自己或双方都陷入很被动的境地。

> **案例5-1**
>
> 某招标人以日后还有更多工程为诱饵，胁迫中标人与之签订了比中标价还低20%的合同。在施工过程中，中标人发现若按照合同价继续实施，则会亏损，故要求按照中标价来结算。由于招标人不同意中标人的要求，最终向法院起诉。

413. 应如何理解不同法律、规章之间的差异并开展招标工作？

答：以政府采购、工程招标投标领域的两部法律《政府采购法》和《招标投标法》为例，这两部法律的基本关系是相容、并行的，既有分工又互为补充。这两部法律都保护当事人各方的合法权益，"三公一诚"的原则也是相同的。此外，某些条款的内容也是一致的，如供应商、投标人少于3家则流标；邀请招标中的供应商、投标人的最低数量是3家；自招标文件开始发出之日起至投标人提交投标文件截止之日止，最短不得少于20

日；在中标通知书发出的30日内双方须签订合同。

《政府采购法》和《招标投标法》的差异是相容的，例如前者规定招标性采购中若合格标不足3家时则流标；而后者规定若合格标不足3家时，只要具有竞争性，则仍可从中确定中标人。但《政府采购法》已明确规定政府采购工程进行招标投标的，适用《招标投标法》，故它们之间的差异并无矛盾。

我国政府采购和招标投标领域的所有行政法规、部门规章和地方性法律法规、规章都是以《政府采购法》或《招标投标法》为基础的，不同采购对象的采购活动适用相应的法律法规和规章，只要遵循"三公一诚"的原则，招标工作就不会因不同法律、规章之间的差异而受到影响。

414. 什么是招标人？

答：招标人是指依照《招标投标法》规定提出招标项目、进行招标的法人或其他组织。

415. 工程建设项目强制招标的范围和规模标准是什么？

答：（1）全部或者部分使用国有资金投资或者国家融资的项目包括：使用预算资金200万元人民币以上，并且该资金占投资额10%以上的项目；或者，使用国有企业事业单位资金，并且该资金占控股或者主导地位的项目。

（2）使用国际组织或者外国政府贷款、援助资金的项目包括：使用世界银行、亚洲开发银行等国际组织贷款、援助资金的项目；或者，用外国政府及其机构贷款、援助资金的项目。

（3）不属于上述规定的大型基础设施、公用事业等关系社会公共利益、公众安全的项目，包括：煤炭、石油、天然气、电力、新能源等能源基础设施项目；铁路、公路、管道、水运，以及公共航空和A1通用机场等交通运输基础设施项目；电信枢纽、通信信息网络等通信基础设施项目；防洪、灌溉、排涝、引(供)水等水利基础设施项目；城市轨道交通等城建项目。

上述规定的项目，其勘察、设计、施工、监理以及与工程建设有关的重要设备、材料等的采购达到下列标准之一的，必须招标：施工单项合同估算价在400万元人民币以上；重要设备、材料等货物的采购，单项合同估算价在200万元人民币以上；勘察、设计、监理等服务的采购，单项合同估算价在100万元人民币以上；同一项目中可以合并进行的勘察、设计、施工、监理以及与工程建设有关的重要设备、材料等的采购，合同估算价合计达到前款规定标准的，必须招标。

案例5-2

某公司的国有股、私人股各占50%，该公司拟建信息产业基地项目，提出因国有股不占控股地位，建设项目不需要招标。在本案例中，国有股虽然未绝对控股，但仍相对控股，故仍应招标。

案例5-3

某校兴建学生宿舍楼，因资金紧缺而未经招标就直接将工程交由承建商建设，双方约定在工程竣工后数年内以工程实际造价外加一定比例的利息偿还。该工程本质上仍属于利用国有资金进行建设，故必须招标。

案例5-4

某市政府决定让一家私营企业出资建设当地一市政道路，作为回报，该私营企业将获得道路两旁的部分土地进行开发。事后，其他企业也要求获得该经营开发权。无论从融资的角度，还是从道路属于关系公共利益、公众安全的基础设施项目且投资估算远超过当时3000万元规定或现行规定的角度，该项目都应招标。

416. 什么情形下可以不招标？

答： 涉及国家安全或秘密、抢险救灾或属于利用扶贫资金实行以工代赈、需使用农民工等，不宜招标的，按国家有关规定可以不招标。此外，根据新颁布的《招标投标法实施条例》，以下情形可以不招标：需要采用不可替代的专利或者专有技术；采购人依法能够自行建设、生产或者提供；已通过招标方式选定的特许经营项目投资人依法能够自行建设、生产或者提供；需要向原中标人采购工程、货物或者服务，否则将影响施工或者功能配套要求；国家规定的其他特殊情形。

案例5-5

某监狱项目包括枪械库，业主以枪械库属国家秘密为由提出项目不招标。显然，无论枪械库是否是国家机密，该项目的其他部分均应公开招标。

案例5-6

某地为防止出现海潮险情而实施海堤加固，业主以项目涉及抢险救灾为由要求不进行招标。事实上，防灾有别于救灾，防灾项目应招标，如某地对多个校舍进行加固的项目均采用招标方式。

417. 单位集资房、厂房是否属于强制招标的范围？

答：如果集资房的资金均来源于职工，则不属于强制招标的范围。

案例 5-7

某单位宿舍楼拆建，职工集资建房，有关部门补助近百万元，住户在是否招标的问题上产生了分歧，有的认为为保证质量，项目涉及公众安全，故应招标；而有的认为招标中违法现象严重，招标不能达到较好的效果。在本案例中，集资房不属于关系公众利益的商品房项目，且有关部门的补助并没有改变职工对资产的所有权或控制权，故不属于强制招标的范围。

案例 5-8

某单位宿舍楼属于危房，因其毗邻的正在开发的楼盘加剧了其危房程度，必须拆建，并由住户自己集资建设住房。商品房小区的开发商同意承担住户的集资房建设，其中大部分的费用由开发商承担。在本案例中，虽由开发商承担建设任务，但其集资房的性质并未发生改变，故不属于强制招标的范围。

案例 5-9

某公司投资1600万元兴建厂房，有关部门以厂房涉及公众安全为由要求该项目招标，但业主认为该项目不属于强制性招标项目，故未经招标而直接下令开工，有关部门欲对其进行行政处罚并会同供电部门对其停止供电。最终，由当地政府出面进行协调，使该事件得到妥善解决。事实上，该项目并非关系社会公共利益或公众安全的基础设施项目或公用事业项目，安全生产不同于公众安全；此外，该项目也并未使用国有资金或国家融资资金，以及国际组织或外国政府的资金或贷款，因此不需要招标。

418. 工程建设项目招标有哪几种方式？

答：公开招标和邀请招标。

419. 什么情形下才能采用邀请招标方式？

答：根据《招标投标法实施条例》，国有资金占控股或者主导地位的依法必须进行招标的项目，若有下列情形之一的，可以邀请招标：技术复杂、有特殊要求或者受自然环境限制，只有少量潜在投标人可供选择；采用公开招标方式的费用占项目合同金额的比例过大。

420. 对工程项目自行组织招标的条件是什么？

答：招标人具有编制招标文件和组织评标能力的，可自行办理招标事宜。应具备如下条件：具有法人或项目法人资格；具有与招标项目的规模和复杂程度相适应的工程技术、概、预算、财务和工程管理等方面的专业技术力量；有从事同类工程建设项目招标的经验；设有专门的招标机构或拥有3名以上专职招标业务人员；熟悉和掌握招标投标法及有关法规规章。

案例5-10

某公司发包居民安置房项目，无建房经验，但仍以具有市政道路建设经验，熟悉建筑行业为由提出自行招标。显然，安置房和市政道路并非同类建设项目，故该公司不具备自行招标的条件。

案例5-11

某厂自建污水处理项目，提出自行招标，并出具了以往物资采购的招标文件，提供了环保、土建等的技术人员名单，还准备招聘专职招标业务人员并成立专门的招标机构。在本案例中，由于该厂既无专职招标业务人员，也无专门的招标机构，故该厂不具备自行招标的条件。

案例5-12

某厂以业主身份欲建新污水处理厂，拟自行招标，在申请时提供了原自行招标的项目证明，内设招标机构及招标人员的名单，相应的技术力量证明及营业执照等。在本案例中，该厂具备《工程建设项目自行招标试行办法》所界定的编制招标文件、组织评标的能力，被核准自行招标也是理所当然的。

421. 建设工程的可行性报告是否都需要增加有关招标的内容？

答：属于强制招标的项目必须增加有关招标的内容。

422. 招标人不具备自行招标条件时其可行性报告的批准是否会受影响？

答：不受影响。

423. 强制招标的工程项目应在何种媒体发布招标信息？

答：《中国经济导报》《中国建设报》《中国日报》和中国采购与招标网（www.chinabidding.com.cn）为发布依法必须招标项目招标公告的媒介。其中，国际招标的应在《中国日报》发布。

> **案例5-13**
>
> 某校扩建，只在县里发布招标信息，结果本地一家企业中标。一外地企业投诉，认为招标公告发布违法，应重新招标。在本案例中，业主的做法确实违反了《招标投标法》《招标公告发布暂行办法》和《国家计委关于指定发布依法必须招标项目招标公告的媒介的通知》，故相关责任人应受到相应处罚。《工程建设项目施工招标投标办法》明确规定，未在指定媒介发布招标公告的，招标无效。

424. 刊登招标公告需要支付费用吗？

答：指定媒介发布依法必须招标项目的招标公告，不得收取费用，但发布国际招标公告的除外。

425. 指定媒体自收到招标公告至刊登该招标公告的最长期限是多少日？

答：最长期限是7日。

426. 成立招标小组有什么意义？招标小组由什么人员构成？有什么职责？

答：成立招标小组可提升招标的效率与效益，能有效防止因招标文件瑕疵所导致的开标延期、流标，在一定程度上能规范招标过程，并避免因个别工作人员的人事变动所带来的不利影响。

招标小组由懂得专业知识、法律知识、财务知识的工作人员组成。

招标小组的职责是确定工作日程，明确人员分工，提出标的物的规格、审定或编制招标文件，负责招标答疑，组织勘查现场（若需要），接收投标文件，（协助）组建评标委员会，委派代表参与评标，编写、报送招标投标报告，发出中标通知书与招标结果通知书，审核履约担保（如有要求），办理合同的签订及有关手续。

> **案例5-14**
>
> 某重点建设工程，要求养护期在通常的6个月的基础上予以延长，但招标文件的表述含糊不清，让技术标的评委难以确定养护期到底是24个月、27个月，还

是30个月。尽管评委已就此瑕疵明确地告诉代理机构的工作人员,但该项目在所有商务标被废标后进行新一轮的招标时,招标文件仍未就此瑕疵做修正,投标人也未提出异议。显然,若有一个招标小组对招标文件进行审核,就不会出现上述问题。

案例5-15

某招标项目,招标人在项目评标结束时才发现工程所需材料是钢管而非铸铁管(两者的差价很大)。显然,若有一个专业的招标小组对招标文件进行把关,就不会发生如此张冠李戴的问题。

427. 如何掌握招标时限?

答: 招标各阶段的时限包括招标准备时限、公告时限、保证金时限、开标与评标时限、中标通知时限、履约担保时限与合同签订时限。应对这些时限予以掌控。

(1) 招标准备时限。招标准备的时间通常由招标项目所决定,但都应留有足够的时间对招标文件进行仔细的审定,若属于委托招标,招标人和代理机构双方应进行充分的沟通,以避免招标文件发出之后再做澄清或修改。根据《政府采购货物和服务招标投标管理办法》或《招标投标法》,货物、服务或工程的招标中,招标人对已发出的招标文件进行必要的澄清或修改的,至少应在投标截止时间的15日前,故若省去了仔细审定招标文件的时间,那么反而会导致延期开标与浪费时间。若多次澄清,不仅浪费时间,而且会增加投标人的报价风险。

(2) 公告时限。公告时限包括招标公告与资格预审公告时限,以及招标文件、资格预审文件等的销售时限。公告时限并无统一的规定,但对于公开招标的货物、服务或工程项目,从公告日期到开标日期不得少于20日(科技项目招标不得少于30日);自招标文件开始发出之日起至投标人提交投标文件截止之日止,不得少于20日(水运工程勘察设计招标除外,其中设计组织招标的不得少于15日,设计方案招标的不得少于30日)。在遵循法律规章的基础上,应根据招标内容、缓急程度、投标人范围与公告时间跨度等控制公告时限。

1) 招标项目内容:是公告时限的主导因子。与货物、服务相比,工程的投标人一般需较长时间进行实地考察、可行性分析及投标文件的编制,其中设计施工总招标项目或需以投标联合体来完成的项目,应给予更长的公告时间。钢材、木材等通用建材的公告时间一般都较短。

2）需求的缓急程度：对于急需项目，可在法律许可的范围下缩短公告时间，在发出公告之后，也可直接通知最具有相应能力的供应商。

3）投标人的范围：应确保有足够的时间便于最具能力的供应商参加投标，此时应考虑文件的往返时间。

4）公告的时间跨度：若公告的时间与法定节假日重叠，如我国的国庆节、春节与国外的圣诞节，则应适当地延长公告时间，以便投标人有充足的时间做投标准备。

（3）保证金时限（包括保证金缴纳时限、保证金有效期和保证金退还时限）。

1）保证金缴纳时限：应规定投标截止时不再接收保证金。在实践中，由于资格后审时一般要求投标人提交保证金的银行收款单据，故保证金的缴纳一般不会超时。但也有投标人将保证金交错账号（如交到了履约保证金的账号）或未按照招标文件的要求从基本账户缴纳保证金，此时投标无效。

2）保证金有效期：保证金有现金、信用证、银行保函三种形式，对于后两种形式，应特别明确中标人的保证金的有效期截止于与中标人签订合同，其他投标人的保证金的有效期截止于发出招标结果通知书。具体为：中标人保证金有效期=开标时间+评标时间+定标时间+质疑投诉期+合同签订时间。

3）保证金退还时限：保证金涉及招标人的信誉和投标人的经济利益。可根据相关的法律规章确定保证金的退还时限，但若为吸引更多的投标人参与投标，可规定在与中标人签订合同的次日、发出招标结果通知书的次日分别向中标人、其他投标人无息退还保证金；若投标人不足三家而流标，则当日退还保证金。

（4）开标与评标时限。通常，开标的时间就是接收投标文件的截止时间，开标结束即进入评标程序。及早地进入评标程序，有助于防止串标及投标人与评委私下接触等不利于招标人的行为。评标时限与项目的复杂程度、投标人的数量有关，若预先确定评标不能在一天内完成，则应尽量避免评标时间与法定节假日相重叠。

（5）中标通知时限。应在中标结果经确认（如评标结果公示）的次日发出中标通知书和招标结果通知书。中标通知书和招标结果通知书的推迟发送会影响保证金的退还，尤其是影响履约担保的办理与交接。

（6）履约担保时限（包括履约担保缴纳时限、履约担保有效期和履约担保退还时限）。

1）履约担保缴纳时限：规定中标人在收到中标通知书的几日内办理履约担保手续，若无故延期，招标人有权将合同授予其他中标候选人。

2）履约担保有效期：应覆盖至合同履行并验收。

3）履约担保退还时限：应在合同履行并验收通过后及时退还履约担保。

（7）合同签订时限。尽管《政府采购法》和《招标投标法》均有须在中标通知书发出30日内签订合同的规定，但招标人仍应规定一个合理的合同签订时限，若中标人无故延期，招标人有权将合同授予其他中标候选人，这样才能提高招标效率。若要求中标人办理履约担保，则招标人应及时办理支付担保。

（8）招标总时限的控制。时间控制、投资控制与质量控制是招标控制的三项主要内容，其中时间控制是比较容易被忽视的。由于招标程序中的各分项时限对后一分项都有延后作用，因而有必要通过计划与管理进行总时限和各分项的控制。在总时限控制的实施中，可借鉴国外的计划评价与核查技术，该技术已被美国等国家广泛用于军用、民用项目的管理，特别适合分项繁多、难以协调的项目控制，它通过两表一图实施控制。

1）建立分项分析表：首先将招标内容详细分项，以便招标小组能清晰地了解各分项的工作步骤与内容，从而明确分工；其次是将各分项进行编号，以便绘图与制表进行管理。

2）绘制分项作业图：有些分项并不与前一分项直接相关，通过绘制分项作业表能使计划与步骤更为明确，是精确制订招标作业时间总表的基础。

3）制订分项时间表：在上述基础上对各分项的时间进行推算：

$$各分项的预计时间=（最短时间+最长时间+4×常规时间）/6$$

通过上述程序，就能获得较准确的招标作业时间总表。

（9）重新招标时限。一旦出现流标等需要重新招标的情形，应立即就其原因进行仔细分析，尽快申报重新招标的方式，如招标文件有瑕疵，应尽快修正。此时，可借助计划评价与核查技术对招标时间进行控制。

（10）不同的采购方式有不同的采购时限。邀请招标一般需要资格预审，故比没有资格预审的公开招标所需的时间长。若时间紧急或招标失败而采用竞争性谈判，则可缩短采购时间，但有报价过高而流标的潜在风险，故采用竞争性谈判时，应确保有足够多的潜在供应商（包括一部分外地的潜在供应商）前来参加谈判。

案例5-16

某高层建筑施工招标时未将消防设施工程纳入招标范围。经批准后，招标人采用竞争性谈判的方式进行采购。由于潜在供应商了解招标项目时间紧急，故在谈判中都报出高价，使招标人无法接受。最终，招标人还是采用了公开招标的方式并顺利完成了招标工作，但从谈判再到招标，多耗费了两个月。

428. 招标文件或资格预审文件至少应在递交投标文件或资格预审申请文件截止之日前多少日发出？招标文件、资格预审文件的最短销售时间是多少日？

答：招标文件至少应在递交投标文件截止之日前20日发出。资格预审文件至少应在递交资格预审文件截止之日前10日发出。招标文件、资格预审文件的最短销售时间是5日。

429. 对招标文件或资格预审文件进行必要的澄清或修改，应在递交投标文件或资格预审申请文件截止之日前多少日发出？

答：对招标文件进行必要的澄清或修改，应至少在递交投标文件截止之日前15日发出；对资格预审文件进行必要的澄清或修改，应至少在递交资格预审申请文件截止之日前3日发出。达不到上述期限的，应顺延截止日期。

430. 工程项目招标公告应包括哪些内容？

答：招标项目的名称（及标段名称或代码）；招标编号；招标条件（包括审核或备案的文号、资金来源、业主名称）；招标项目概况（包括建设地点、规模、计划工期、招标范围等）；投标人的资格要求；获取招标文件的时间、地点、方式及招标文件售价；投标截止时间、开标时间及地点；发布公告的媒介名称；招标项目联系人的姓名和电话。

431. 招标公告中的招标编号有什么作用？

答：若同一项目重新招标，且招标条件、范围、要求等均未改变，那么两次招标公告的内容几乎会是相同的，故应使用招标编号加以区分。此外，使用招标编号也便于招标机构进行档案管理。

432. 工程项目资格预审公告应包括哪些内容？

答：招标项目的名称（及标段名称或代码）；招标编号；招标条件（包括审核或备案的文号、资金来源、业主名称）；招标项目概况（包括建设地点、规模、计划工期、招标范围等）；申请人的资格要求；资格预审方法；获取资格预审文件的时间、地点、方式及售价；递交资格申请书的截止时间及地点；发布公告的媒介名称；招标项目联系人的姓名和电话。

433. 邀请招标的投标邀请书包括哪些内容？

答：招标项目的名称（及标段名称或代码）；被邀请单位名称；招标条件（包括审

核或备案的文号、资金来源、业主名称）；招标项目概况（包括建设地点、规模、计划工期、招标范围等）；投标人的资格要求；获取招标文件的时间、地点、方式及招标文件售价；投标截止时间、开标时间及地点；确认收到投标邀请书的时间；招标项目联系人的姓名和电话。

434. 通过资格预审的投标邀请书包括哪些内容？

答：招标项目的名称（及标段名称或代码，若项目分为两个及以上标段）；被邀请单位的名称；获取招标文件的时间、地点、方式及招标文件售价；投标截止时间、开标时间及地点；确认收到投标邀请书的时间；招标项目联系人的姓名和电话。

435. 对联合体投标中的同一专业的不同等级资质如何认定？

答：按较低等级确认。

436. 为何招标文件不得指定某一特定的生产供应商或品牌？

答：指定某一特定的生产供应商或品牌属于限制和排斥其他生产供应商的行为，故不得指定。

437. 招标人是否应允许投标人在提交投标文件截止时间之前修改或撤回投标文件？

答：应当允许。

438. 招标人是否应拒收迟到的投标文件？

答：应拒收。

439. 若投标人或资格预审的申请人少于3个，是否必须重新招标？

答：均须重新招标。

440. 如何避免或减少招标失败？

答：避免招标文件出现瑕疵；选择恰当的招标评标方式，确定合理的控制价，对设有标底的应严格保密；及早发布招标公告，以确保有较多的投标人参与投标；可在发布招标公告后直接将招标信息通知信誉良好的企业；严格规定评标程序，包括推选评标委员会主任。

441. 对开标的时间和地点有什么法定要求？对投标有效期有什么法定要求？

答：开标应在提交投标文件截止时间的同一时间公开进行；开标地点应为招标文件中预先确定的地点。投标有效期从提交投标文件的截止之日起算。

442. 应如何履行开标手续？

答：开标由招标人主持，邀请所有投标人参加。开标时，由投标人或其推选的代表检查投标文件的密封情况，也可由招标人委托的公证机构检查并公证；经确认无误后，由工作人员当众拆封，宣读投标人名称、投标价格和投标文件的其他主要内容。招标人在招标文件要求提交投标文件的截止时间前收到的所有投标文件，开标时都应公开拆封与宣读，但投标人少于3个的除外。开标过程应记录并存档备查。

443. 若投标人未提交投标保证金，应如何处理？

答：未提交或未按规定提交投标保证金的，均为废标。

444. 招标人和中标人应自中标通知书发出之日起多少日内签订合同？招标人应如何退还投标保证金？

答：招标人和中标人应自中标通知书发出之日起30日内签订合同。招标人最迟应当在书面合同签订后5日内向中标人和未中标的投标人退还投标保证金及银行同期存款利息。

445. 招标人应在确定中标人之日起多少日内向有关行政监督部门提交招标投标情况的书面报告？

答：15日内。

446. 若中标人不按照招标文件规定提交履约保证金的，应如何处理？

答：应对招标人的损失承担赔偿责任，其中标资格将依据招标文件而被取消，投标保证金不予退还。

447. 若中标人不履行与招标人订立的合同，应如何处理？

答：履约保证金不予退还，给招标人造成的损失超过履约保证金数额的，还应对超过部分予以赔偿，但因不可抗力不能履行合同的除外。

448. 招标人是否可以允许中标人将中标项目进行分包？

答： 可以按招标文件的要求允许中标人将工程的非主体部分进行分包。

449. 招标人规避招标有哪些类型？

答： 有以下类型：以各种理由规避招标，如案例5-5、案例5-6；肢解项目规避招标；以小掩大规避招标；虚构招标以规避招标；"后补"招标；"速成"招标；订立"阴阳合同"。

案例5-17

某工程的结算价达到中标价的4倍，原因之一就是与中标价等额的装修工程未进行招标。将装修工程等分部工程或室外建筑工程等单位工程从整个项目中肢解出去以规避招标的案例屡见不鲜。

案例5-18

某校舍扩建，业主将工程款分解为2/3的劳务承包款和1/3的建材费，从而规避招标。本案例属于典型的恶意规避招标的情形。

案例5-19

某板材项目，先以不足百万的小项目公开招标，此后价款达到小项目二三十倍的其他项目均未招标，而是承包给原先的中标人。

案例5-20

有关部门在检查时，发现某厂房属强制招标范围，业主称该厂房已进行招标并找出中标通知书，但无法提供招标公告、招标文件与投标文件等资料。显然，招标公告的刊登是无法造假的。

案例5-21

某公司进行设备采购，直接与一家机电设备公司签订设备进口合同，此后发现该项目须招标，后委托某招标代理公司组织设备的国际招标，并确认已签约的机电设备公司为中标人。

对规避招标者责令限期改正,可处项目合同金额0.5%~1%的罚款;对全部或部分使用国有资金的项目,可暂停项目执行或暂停资金拨付;对单位直接负责的主管人员和其他直接责任人员依法给予处分。

案例5-22

在某直辖市,某房地产商开发的楼盘中的一幢商品房在竣工之前整体倒塌,事故鉴定的结论是在该楼房的两侧分别堆积、开挖大量土方而形成巨大的压力差所致。挖土方未预先报批,也未采用招标投标的方式来选择施工单位,其行为已违反《招标投标法》。其相关责任人在事故发生后即被刑拘。

450. 什么行为属于招标人以不合理条件限制或排斥潜在投标人?招标人将受到何种处罚?

答:下列行为均属于以不合理条件限制或排斥潜在投标人:就同一招标项目向潜在投标人或者投标人提供有差别的项目信息;设定的资格、技术、商务条件与招标项目的具体特点和实际需要不相适应或者与合同履行无关;依法必须进行招标的项目以特定行政区域或者特定行业的业绩、奖项作为加分条件或者中标条件;对潜在投标人或者投标人采取不同的资格审查或者评标标准;限定或者指定特定的专利、商标、品牌、原产地或者供应商;依法必须进行招标的项目非法限定潜在投标人或者投标人的所有制形式或者组织形式;以其他不合理条件限制、排斥潜在投标人或者投标人。对招标人的上述行为将责令改正,可处1万~5万元的罚款。

451. 为何招标人不能透露已获取招标文件的潜在投标人的名称?

答:因为会导致不公平竞争,尤其是容易发生串标。

452. 招标代理机构违法泄露应保密的与招标投标有关的情况和资料,将导致什么结果?

答:处5万~25万元罚款,对单位直接负责的主管人员和其他直接责任人员处单位罚款数额5%~10%的罚款;并处没收违法所得;构成犯罪的,依法追究刑事责任。给他人造成损失的,依法承担赔偿责任。

453. 招标人是否能从评标委员会推荐的中标候选人之外确定中标人?

答:不能。

第五章 工程招标、投标与评标及合同管理

454. 招标人若从评标委员会依法推荐的中标候选人之外确定中标人，将受什么处罚？

答：中标无效。责令改正，可处中标项目金额0.5%～1%的罚款；对单位直接负责的主管人员和其他直接责任人员依法给予处分。

455. 招标人不按招标投标文件与中标人订立合同或订立背离合同实质性内容的协议，将受到什么处罚？

答：责令改正；可以处中标项目金额0.5%～1%的罚款。

456. 什么是串标？应如何界定？串标应受到何种处罚？

答：串标是指投标人在投标过程中与其他投标人或招标人、招标代理机构暗中达成协议，以不正当方式获取中标（详见本书问答第134条）。只要是为谋取中标而暗中达成协议的，无论当事人是否得到好处，均属串标。

以下情形均属于投标人相互串通投标：投标人之间协商投标报价等投标文件的实质性内容；投标人之间约定中标人；投标人之间约定部分投标人放弃投标或者中标；属于同一集团、协会、商会等组织成员的投标人按照该组织要求协同投标；投标人之间为谋取中标或者排斥特定投标人而采取的其他联合行动。

以下情形均视为投标人相互串通投标：不同投标人的投标文件由同一单位或者个人编制；不同投标人委托同一单位或者个人办理投标事宜；不同投标人的投标文件载明的项目管理成员为同一人；不同投标人的投标文件异常一致或者投标报价呈规律性差异；不同投标人的投标文件相互混装；不同投标人的投标保证金从同一单位或者个人的账户转出。

以下情形均属于招标人与投标人串通投标：招标人在开标前开启投标文件并将有关信息泄露给其他投标人；招标人直接或者间接向投标人泄露标底、评标委员会成员等信息；招标人明示或者暗示投标人压低或者抬高投标报价；招标人授意投标人撤换、修改投标文件；招标人明示或者暗示投标人为特定投标人中标提供方便；招标人与投标人为谋求特定投标人中标而采取的其他串通行为。

串标者中标无效，并应处中标项目金额0.5%～1%的罚款，对单位直接负责的主管人员和其他直接责任人员处单位罚款数额5%～10%的罚款，并处没收违法所得；情节严重的，取消其1～2年内参加依法必须进行招标的项目的投标资格并予以公告，直至吊销营业执照；构成犯罪的，依法追究刑事责任；给他人造成损失的，依法承担赔偿责任。

457. 投标人以他人名义投标或以其他方式弄虚作假骗取中标的，应受到何种处罚？

答：中标无效，给招标人造成损失的，依法承担赔偿责任；构成犯罪的，依法追究

刑事责任。

458. 中标人将中标项目直接或肢解后转让给他人或违法分包，或分包人再次分包的，将受到什么处罚？

答：见本书问答第404条。

459. 招标人向他人透露已获取招标文件的潜在投标人的名称、数量或泄露标底的，应受到何种处罚？

答：给予警告，可并处1万～10万元的罚款；对单位直接负责的主管人员和其他直接责任人员依法给予处分；构成犯罪的，依法追究刑事责任。

460. 非法定招标项目的招标投标活动是否应遵循《招标投标法》？

答：非法定招标项目若采用了公开招标或邀请招标的方式，其招标投标活动应遵循《招标投标法》。

第二节 工程投标概述

461. 什么是投标人？

答：投标人是响应招标、参加投标竞争的法人或其他组织。

462. 投标决策中有哪些特殊的手段和方法？

答：竞争情报、决策树、线性规划。

463. 什么是竞争情报？

答：竞争情报（competitive intelligence，CI），竞争领域中旨在决策而将所需信息的搜集与分析相集成的方法论，是多种信息搜集方法的组合与不同信息分析方法的综合，所涉及的方法必须正当、合法。

464. 竞争情报与信息资料、市场调查、经济谍报、传统的情报研究有什么区别？

答：（1）竞争情报与信息资料的区别：信息资料是零散无序的，并不能为企业直接带来实施方案，更不能带来竞争优势；有的信息资料可能是虚假或错误的；信息大多只代表着过去，若企业不加以分析就直接利用，很可能遭受不必要的损失。

> **案例5-23**
>
> 某承包商拟将部分业务分包给别人，当每一个潜在分包商来拜访该承包商时，该承包商就借故离开办公室几分钟，而来拜访该承包商的潜在分包商就会发现其他分包商向该承包商提供的一份报价单。这些潜在的分包商都以为得到了竞争对手的情报，从而报出了一份比该报价单更低的报价。最终，分包商在获得该分包业务时，已几乎没有什么利润。

（2）竞争情报与市场调查的区别。

1）市场调查的对象主要是客户，而竞争情报的对象既有客户，也有竞争对手（包括潜在的进入者），还有竞争环境（包括原材料设备供应商，产品的销售商，技术、政策经济环境，法律法规，文化习俗）。在招标投标中，投标人不仅需要对市场进行调查，以获取廉价的原材料；也需要对竞争对手进行分析，以便提高中标率。有的公司在投标时几乎从未被废标，有的公司投标时则时常被废标，若后者想通过向前者学习来改变这一不利局面，这就属于竞争情报而不属于市场调查的范畴。

2）市场调查主要为营销部门服务；而竞争情报不仅为营销部门服务，也为技术开发、财务、资本运营、后勤、管理、生产制造等部门服务。

3）市场调查主要通过客户获取第一手资料，并采用定量的研究方法；而竞争情报既注重第一手资料，也注重其他渠道的第一手或第二手的信息资料，根据特定对象，采用定量或定性的研究方法。在招标投标中，可以从开标过程中了解对方的报价，为以后的投标做准备。

4）市场调查的起始点很明确，而竞争情报的起始点不一定明确，这在施工投标中尤为明显。

> **案例5-24**
>
> 某施工招标文件规定由招标人提供钢筋，评标结束后招标人发现自己的钢筋已用于其他工程，无法再提供给中标人，便致函中标人要求其就该项目所需钢筋进行报价。招标人在收到中标人的报价后表示同意，并要求中标人签署一份由招标人起草的正式协议。此后，招标人一直未提供书面协议，也未与中标人商谈。待开工一段时间后，当中标人向招标人提出钢筋进场计划时，双方才发现都没有准备工程所需钢筋。由于钢材价格飙升，运费也在增加，而工期延误已成定局。

> 双方都认为应由对方承担责任，其中招标人认为中标人已接受了由中标人自行解决钢筋的要求，而中标人则认为招标人又放弃了由中标人自行解决钢筋的要求。在本案例中，若中标人有自己的竞争情报系统对竞争环境进行监测，发现钢材价格上涨后，就不会坐等招标人的书面协议了。当然，由于招标人改变了招标的条件，且未提供要求中标人签署的正式协议，故负有不可推卸的责任。

（3）竞争情报与经济谍报（以力拓案为例）的区别。

1）经济谍报所使用的手段是不正当的，甚至是非法的；而竞争情报所采用的手段是正当的、合法的。

2）经济谍报的信息来源主要是受法律保护的非公开的商业秘密和技术秘密；而竞争情报的信息来源非常广泛，包括公开的、半公开的及没有受法律保护的非公开的信息。

3）经济谍报的着眼点是特定用途的商业秘密；而竞争情报既涉及具体问题，也涉及提升整个单位的竞争力，包括提供风险预警。

4）经济谍报只可能出现"单赢"，获取暴利，击垮对手，扰乱经济秩序；而竞争情报可能出现双赢，使本单位的供应商、销售商受益，甚至使部分同行受益。

5）经济谍报一般围绕企业的经济利益之争；而竞争情报既可服务于企业，也可以服务于非企业机构。

根据《招标投标法》，招标人或其代理人不得向他人透露已获取招标文件的潜在投标人的名称与数量。若投标人直接向招标人询问潜在投标人的名称与数量，就超出了竞争情报的范畴。但投标人可以通过晒图的数量等对潜在投标人的数量进行推测，这属于竞争情报范畴。询问投标人的工作人员他们公司是如何编制投标文件的与询问投标人的工作人员应该如何编制投标文件是不同的，是否以利诱方式进行询问是有本质区别的。

（4）竞争情报与传统的情报研究的区别。

1）传统的情报研究的信息来源是公开出版的文献资料；而竞争情报的信息来源既包括公开的文献资料，也包括非文献资料，如人际交往、反向技术等。

2）传统的情报研究主要服务于政府，而竞争情报主要服务于企业。

3）传统的情报研究一般不做竞争对手的分析，而竞争对手的分析是竞争情报的核心内容。对竞争对手的分析是决定投标与否、报价高低的重要环节。

465. 竞争情报有什么功能？

答：充当决策支持系统、预警系统与学习工具。

466. 竞争情报有哪些类型和本质特征？

答： 竞争情报可依据内容、意图来划分，具体如下：

（1）依据内容划分可分为竞争环境情报（涉及政治法律环境、经济环境、技术环境、社会文化环境、自然环境）、竞争对手情报、竞争策略情报（涉及产品策略、营销策略、服务策略、投标策略等）。

在投标中，由于潜在投标人的不确定性与投标核心内容（如设计方案、报价）的保密性，对竞争对手的研究要比对竞争环境的研究要困难。经过对竞争环境和竞争对手的分析，投标策略就处于核心位置。

（2）依据意图划分可分为问题导向型竞争情报和战略型竞争情报。问题导向型竞争情报也称为战术型竞争情报，主要是解决某一具体问题，尤其是技术难题或对手的商业秘密，一般历时较短；战略型竞争情报并不是解决某一具体问题，而是为了帮助部门乃至整个单位制订一种长期的发展策略，如提升竞争力。用于提升整个投标实力的竞争情报就属于战略型竞争情报。

竞争情报的本质特征是合法性、正当性、谋略性、战略性、对抗性和动态性。

在投标中，若投标人直接通过招标代理机构获得潜在投标人的情况，这就超出了法律允许的界限。

对于投标成本过高，迫使投标人都志在必得的招标投标项目，例如一些大型项目的设计施工总招标，其竞争情报的对抗性很强，谋略性也很强。

建材价格下降可能导致中标人受益，但若建材价格的下降是房地产的持续疲软所致，那么垫资建设的承建商很可能被拖欠工程款，因而需要借助竞争情报进行系统分析，所得成果将具有前瞻性。

467. 在投标中如何运用竞争情报？

答： 尽管投标的标的物千差万别，但都可以先对投标的竞争环境（包括宏观竞争环境分析和行业竞争环境分析）与竞争对手进行分析，从而为投标决策提出行动方案或建议。投标的宏观竞争环境分析包括政治环境分析、法律环境分析、经济环境分析、社会文化环境分析与自然环境分析。行业竞争环境分析包括对招标人与招标信息的分析。

（1）对竞争环境进行分析。

1）政治环境分析，主要用于国外招标项目。需分析的因素包括招标国的政治局势是否稳定（是否会政变或内战），招标国的对外关系、与投标人所在国家的外交关系，招标国国内党派或集团对投标经营的影响。政治环境分析对履约时间较长的项目尤为重要。

2）法律环境分析，在各种环境分析中，法律环境分析对投标人最为密切。

①在国内，投标人不仅要熟悉国家相关的法律法规和规章，也要熟悉招标项目所在地的规定，对于资金由国际组织或外国政府提供的，还要熟悉他们的相关规定，以免被废标，避免无谓的浪费时间与资金。有时还可以通过投诉以保障自身的合法权益不被侵害。

②在国外，涉及的法律内容更为复杂，主要包括各国的政府采购法、合同法、税法、劳动法与公司法等，其中应特别注意招标国对国际协定的执行情况。

案例5-25

某建设施工项目招标失败后重新招标，在评审过程中，发现两个标段的所有投标人中只有一个投标人按招标文件的要求提供了项目管理班子所有人员的劳动合同及社会保险，根据招标文件的规定，同一个投标人不能同时中两个标段，这意味着该项目须就其中的一个标段进行第三次招标。有人提出，重新招标会浪费很多时间；也有人提出，第一次招标并未出现技术标被废标的情形，不应作废标处理，经过激烈的辩论，评标委员会最终否决了未同时提供全体项目管理班子成员劳动合同和社会保险的投标文件。

案例5-26

某建设施工项目招标评审中，某投标文件所提供项目管理班子成员的劳动合同不齐全，但同时提供了该公司董事会聘用部分人员的会议纪要的复印件，所聘人员中包括了未提供劳动合同的项目管理班子成员。评标委员会否决了该投标文件。

在上述两个案例中，提供劳动合同及社会保险是招标项目所在地对施工项目招标的统一规定。如果大部分投标人知晓此规定或对招标文件进行认真分析，就不会被废标。

3）经济环境分析包括当地的交通运输及仓储物流条件，劳动力成本（包括福利与保险），原材料及设备的价格水平与利率水平。对于政府采购项目，当地经济状况的好坏对能否及时收回履约款项是直接相关的。在国外招标项目中，还应考虑当地的基础设施（水电、通信）、科技及汇率水平。

4）社会文化环境分析包括风俗习惯与宗教信仰，如在欧美国家，圣诞节持续的时间很久，投标之前必须考虑到此因素；阿拉伯国家的斋月期间，只在日出前和日落后进食，无论是在投标之前还是在施工过程中，都应予考虑。

此外，也可以了解招标项目所在地的评审是否严格、公正。不少企业凭经验认为政府采购都是走形式，放弃了参与投标的机会，或未对投标做认真的准备，结果被废标，反过来还认为不公正。一些投标人认为招标及评标不公正，没有中标就投诉，结果浪费了时间。对于准备异地投标或进入新领域投标的，潜在投标人可以通过向当地或该行业内比较有评审经验的评标专家了解相关情况，为是否投标提供参考。

> **案例5-27**
>
> 在一次设计施工总招标中，某投标人被废标，在评标结果（包括废标理由及依据）公布之后，该投标人一直认为评标过程不公正，并质问评委（评委的名单随评标结果的公布而一同公示）为何自己被废标？评审的严格与否确实会与评委本身有直接关系，但评委通常都是从专家库中随机抽取的，故对投标人而言，最重要的是认真准备投标文件以确保不会被废标。

5）自然环境分析主要用于建设工程招标项目，尤其是异地建设工程的施工与设计。在南方滨海城市，夏季容易遭受强热带风暴与台风的袭击，投标人应在投标之前有所考虑。有时，招标人为尽量减少台风所造成的影响，要求投标人备有发电机与蓄水池等，且把这些要求作为强制性要求。

> **案例5-28**
>
> 某建设施工项目的招标要求投标人必须准备发电机，部分投标人无论是在拟投入的主要施工机械设备的相关章节中，还是在施工方法中均未响应，最终评标委员会否决了这些投标。

6）对招标人进行分析以确保合同履约后能收回履约款项。对于非政府采购项目，尤其是履约时间较长的项目，例如施工项目的招标，潜在投标人应在决定投标之前调查招标人的信誉、经济实力，结合招标信息与招标文件对履约投资风险进行评估。潜在投标人可通过网络、当地工商部门、招标人的供应商和采购商等渠道进行调查。对于国外招标项目，还应结合政治环境与法律环境进行分析。

7）对招标信息进行分析。

①首先，应确定该招标项目是第一次招标，还是重新招标。如果是重新招标，那么必须确定以往招标失败的原因，必须掌握所有被判为废标的原因与依据，以免自己再犯同样的错误。

②其次,应确定招标项目是否分为若干个标段与标包;同一个投标人能否同时投两个及以上的标段与标包,能否同时中两个及以上的标段与标包,若可以同时投两个及以上的标段与标包而不允许同时中两个或两个以上的标段与标包,那么中标的可能性无形中就提高了。

对投标人资质要求的分析并对以往的招标投标情形进行比较,将有助于了解投标人的数量。

(2)对竞争对手进行分析。由于在开标之前通常无法准确知道投标人及其数量,故在开标及评标结果公布时应及时记录(表5-1、表5-2),以便为以后的投标报价做准备。应将每次的结果进行汇总,统计竞争对手的报价的高、中、低价位的频率。由于开标的条件是到场的投标人至少要有三家,否则将不能唱标,故理论上每次都可将对手的报价分为高、中、低三档。鉴于挂靠时有发生,故需要多次统计才能得到较为可靠的数据。

表 5-1　最低评标价法的招标投标结果记录

单位名称	报价	与公布的控制价或成本预测价的比较(百分比)	排名或报价价位	中标或被废标的情况

表 5-2　综合评分法的招标投标结果记录

单位名称	技术分	商务分	价格分及报价价位	总分	中标或被废标的情况

(3)基于竞争情报的投标决策。通过上述分析,并结合对自身实力与条件的分析,从而确定是否参与投标及以什么价位参与投标,是投一个标段与标包还是投所有标段与标包。以法律环境分析为例,假定非本地某建设工程从公告日期到开标日期仅20日,而本企业从未在该建设工程所在地备案,且备案是外地企业在该工程所在地进行投标的必要条件,如果备案审批时间需要15个工作日,那么就不必考虑参与这一次的投标,否则只会造成时间与资金的浪费(这是因为在办理备案审批手续时,第一次提交的资料时常不齐全,即使能顺利办理下来,通常还需要将项目经理的人选或整个项目管理班子的人选提交备案,故无法在开标时办妥所有必要手续)。若准备到国外去投标,竞争情报则变得尤为重要,例如有的国家规定在当地投标须与当地企业合资或联合投标。

案例5-29

某水电站引水工程进行招标。日本甲公司参与了该项目的投标,由于该公司在投标前确认其主要竞争对手是乙公司,故在开标之前突然将总报价降低8%。经评审,甲公司的最终报价系最低评价,因此中标。

案例5-30

某国外招标项目,由于我国与项目所在国并未建立外交关系,等国内的投标小组几经周折赶到招标项目所在地时,离投标截止日期仅20日,故投标小组在没有做充分调查的基础上就仓促投标报价。等开标后,投标小组才发现报价过低,亏损局面几乎难以挽回。评标时,招标人代表与监理工程师发生分歧,后者认为该投标小组的报价过低,项目无法按期完成,故应作为废标,而招标人代表坚持并最终将该标授予了中国公司。该投标小组发现合同有诸多不确定(汇率不固定且当地汇率变动较大)与不利条件(无预付款、需要缴纳占合同价款13%的税收),故与招标人进行多次沟通,在对招标人的支持表示感谢的同时,也提出希望尽量减少亏损。由于投标小组掌握了相关情报:该贷款银行与项目所在国的协议规定该项目免税;该贷款银行的援助项目通常有预付款;按照国际惯例,汇率应以截标前的28日的中央银行的汇率为准。经招标人的尽力争取,投标小组所要求的免税、提供预付款、汇率固定的要求都被满足。最终,该中标人顺利完成合同并略有盈余。

上述两个案例表明竞争情报至关重要。案例5-30也同时表明,在投标之前如没有认真细致的分析,就会使投标人陷入非常被动的境地;而在投标之后,竞争情报仍能发挥很大作用。案例5-30与案例5-24在合同管理阶段就形成了鲜明的对比。

有时难以直观地做出是否投标,或投哪一个标段与标包的决定,此时就需要进行计算分析,例如借助运筹学、概率论等数学工具进行分析,见下文。

468. 投标人如何组建竞争情报系统?

答: 竞争情报系统(competitive intelligence system, CIS)是为有效实施竞争情报而建立的软件系统、硬件系统及其管理体系。

(1)竞争情报系统的组成。

1)软件系统。竞争情报的软件系统既包括从事竞争情报的专职人员,也包括已参与或可能参与情报的非专职人员。其中，专职人员包括三种类型：情报项目经理、情报分析师与数据管理员。各类情报人员的岗位职责见表5-3。情报分析师是情报专职人员中最重要的角色，不仅要具备竞争情报的专业知识、行业知识，也要具备良好的沟通能力与逻辑分析能力，还要熟悉主要的计算机分析软件。

表 5-3　各类情报人员的岗位职责

岗位	职责
情报项目经理	协调情报部门与所需情报的部门、人员之间的关系；协调、组织情报人员开展工作
情报分析师	搜集未公开发表的信息；对搜集的所有信息与资料进行分析；提出行动方案或建议
数据管理员	搜集公开发表的信息资料；储存所有经筛选的信息与情报并进行管理

2）硬件系统。竞争情报的硬件系统包括计算机系统和网络系统，以及本单位的资料图书室与档案室。

3）管理体系。竞争情报的管理体系包括竞争情报的组织结构、管理制度及反竞争情报体系。大公司通常自己从事竞争情报工作，有的单独设立竞争情报部门，有的在一些主要部门设立专职职位，或设立中央情报小组协调各部门的情报工作，例如Dow的竞争情报被称为技术中心，主要是对本行业和其他行业的企业的最佳做法进行调查，并将结果提供给公司的所有部门。竞争情报部门通常设在企业盈利部门（如营销部）、产生新产品的部门（如研发部）或决策部门（如总裁办公室、规划部门）。鉴于国内不少企业还对竞争情报不熟悉，故竞争情报机构最好先设在总裁办公室，以便于协调。

（2）中小企业竞争情报战略的实施。国外学者给出了中小企业实施竞争情报战略的步骤，适用于仅少数人专职从事竞争情报工作的企业。

1）创造并使用一个需求记录和（或）建议表。需求记录表旨在掌握公司同事的需求，表格由需求者及所在部门、需求日期、需求的具体内容组成；建议表（表5-4）旨在找出本公司与竞争对手的差距，提出改进或投标建议，表格包括各自产品的优、缺点，以及初步的分析结果与建议。

在货物、设备投标中，竞争对手的主要技术性能指标较易掌握，故在投标报价中可作为参考依据之一。

2）在公司内寻求帮助。将表格发放给公司员工，并主动咨询他们，以满足你和你的服务对象的需求。

3）组建一个竞争情报网络俱乐部。对于刚进入一个新领域的竞争情报从业者，可以邀请本行业的从事过竞争情报工作的人员组建竞争情报人际网络俱乐部，以共享商业在线服务、市场调研数据与分析、竞争情报咨询与会议的创意与信息，学习彼此的系统和流程，但各自企业的专有信息不在共享之列。

表 5-4　需求记录和（或）建议表

项目	本公司产品	竞争对手A的产品	竞争对手B的产品
主要技术性能指标			
主要材料			
主要配件			
优势			
劣势			
分析结果、改进或投标建议			

需求人员＿＿＿＿＿＿
所属部门＿＿＿＿＿＿
填写日期＿＿＿＿＿＿

4）了解本单位的销售力量。在得到销售副总裁的同意之后，通过销售网络掌握客户的需求与建议。

5）发出感谢信。向帮助过自己的人发出感谢信，对他们的所做表示肯定。

6）在努力中获得回报。通过自己构建的竞争情报网络能得到仅靠自己一个人难以得到的信息资料，奇迹会不期而遇。

若企业仅将竞争情报定位于招标投标，那么可以由投标小组来承担竞争情报的运作，对竞争环境与竞争对手进行分析，提出实施方案（详见本书问答第467问）。

469. 资金的时间价值有哪两种计算方法？

答：单利计算法和复利计算法。

470. 如何计算一次投资的本利终值？有什么意义？

答：一次投资且以单利方式一次性应得本利为：$V_s = P(1+ni)$

一次投资且以复利方式一次性应得本利为：$V_c = P(1+i)^n$

其中，P 为本金；n 为计息期数；i 为利率（下同）。

显然，当 $n=1$ 时，$V_s = P(1+1 \times r) = P(1+r)^1 = V_c$；当 $n \geq 2$ 时，$V_c > V_s$。

建设工程的时间较长，无论是贷款还是利用自有资金，投标人都应考虑复利因素。假定投标人需要一次性垫资 P，工程验收后才能得到工程款 M，若 $V_c = P(1+i)^n > M$，则投标人不宜投标。

当计息周期不是一年时，就有名义利率和实际利率之分。名义利率是以利息周期的利率乘以年计息期数，属于单利性质，例如利息周期的日利率为0.03%，则年名义利率为365×0.03%；实际利率是以复利方式来计算年实际利率，例如利息周期的月利率为1%，则年实际利率为（1+1%）^{12}－1=12.68%，此时比年名义利率12%（即12×1%）多0.68%。年实际利率与年名义利率的关系如下

$$年实际利率=\left(1+\frac{年名义利率}{年计息次数}\right)^{年计息次数}-1$$

471. 如何计算多次等额投资的本利终值？有什么意义？

答：当每个计息期开始时都等额投资P，在n个计息期结束时的终值为：$V_c = P\dfrac{(1+i)[(1+i)^n-1]}{i}$

显然，当$n=1$时，$V_c = P(1+i)$，即在第一个计息期结束时，终值仅包括了一次的等额投资款及其利息；当$n=2$时，$V_c = P(2+3\times i+i\times i)$，即在第二个计息期结束时，终值包括了第一次的等额投资款及其复利和第二次的等额投资款及其单利。

在建设工程中，如投标人需多次贷款或利用自有资金投资，假定每次所投金额相同且间隔时间相同，工程验收后才能得到工程款M，如若$V_c > M$，则投标人不宜投标。

472. 如何计算多次等额回款值？有什么意义？

答：假定每次所回收的金额相同且间隔时间相同，则计算公式为：$V_{c\overline{n}} = P \times \dfrac{(1+i)^n \times i}{(1+i)^n - 1}$

显然，当$n=1$时，$V_{c\overline{n}} = P(1+i)$，即在第一个计息期结束时，就全部回收投资。

在建设工程中，投标人一次投资P后，假定招标人每隔一段时间就等额偿还中标人工程款项M，如若$V_{c\overline{n}} > M$，则投标人不宜投标。

473. 什么是规划论？什么是线性规划、动态规划、组合规划、随机规划？

答：规划论是指在既定条件（约束条件）下，按照某一衡量指标（目标函数）在多种方案中寻求最优方案（取最大或最小值）。当目标函数与约束条件都是线形的，则称为线性规划，否则称为非线性规划；若规划问题与时间有关，则称为动态规划；若规划问题与有限个事物的排列组合有关，则称为组合规划，若规划问题与随机变量有关，则称为随机规划。

474. 使用线性规划的条件是什么？

答：约束条件和目标函数均为线性。

475. 如何在投标决策中运用线性规划？

答： 在工程投标中，时常会要在人力资源与资金等有限的条件下寻求最佳的投标策略，若约束条件和目标函数都是线性的，则可利用线性规划方法帮助决策者解决目标函数极大化或极小化的问题。其程序为：先确定决策变量、目标函数和约束条件，再据此线性规划模型求解。

例题5-1

某厂区建设项目，其中共有5项职工住宅单项工程和6项生产车间单项工程。每项职工住宅单项工程的预期利润为60万元，其中所需钢筋工、混凝土工、瓦工的工日分别为4000、2000、3000，需担任项目经理的无在建项目的建筑专业的注册建造师1名。每项生产车间单项工程的预期利润为100万元，其中所需钢筋工、混凝土工、瓦工的工日分别为6000、5000、4000，需担任项目经理的无在建项目的建筑专业的注册建造师1名。承包商的人力资源有限，其中可提供的钢筋工、混凝土工、瓦工的工日分别为40000、30000、30000，无在建项目的建筑专业的注册建造师共计8名。问承包商如何获得最大利润？

解：（1）确定决策变量。要解决的是承包商应承包几项职工住宅工程（x_1）和几项生产车间工程（x_2），以获得最大利润，此时x_1和x_2都是变量（$x_1=0$，1，…，5；$x_2=0$，1，…，6），称为决策变量。

（2）确定目标函数。利润由两种工程的收益构成，要使利润G获得最大值，即$G_{max} = 60x_1 + 100x_2$

（3）确定约束条件。

注册建造师限制：$x_1 + x_2 \leq 8$ 钢筋工限制：$4000x_1 + 6000x_2 \leq 40000$

混凝土工限制：$2000x_1 + 5000x_2 \leq 30000$ 瓦工限制：$3000x_1 + 4000x_2 \leq 30000$

（4）建立线性规划模型。求x_1和x_2使得$G_{max} = 60x_1 + 100x_2$并满足

$$\begin{cases} x_1 + x_2 \leq 8 & ① \\ 4000x_1 + 6000x_2 \leq 40000 & ② \\ 2000x_1 + 5000x_2 \leq 30000 & ③ \\ 3000x_1 + 4000x_2 \leq 30000 & ④ \end{cases}$$

$x_1 \in \text{INT}[0, 5]$，$x_2 \in \text{INT}[0, 6]$，（$\in$：属于；INT：取整符号）。

（5）求解。利用计算机和相关软件进行计算求解，可得当$x_1=4$，$x_2=4$时，$G=\max=640$万元，即当承包商承包4项职工住宅工程和4项生产车间工程时，可获得最大利润：640万元。

若无相关软件，因决策变量是非负整数且范围较小，故可逐一尝试，即将数组 $(x_1, x_2) = (0, 1)$，$(0, 2)$，…，$(0, 6)$；$(1, 0)$，$(1, 2)$，…，$(1, 6)$；…，$(5, 0)$，$(5, 2)$，…，$(5, 6)$ 分别代入上述条件式①～④，从中找出符合条件的数组 (x_1, x_2)，并分别代入 $G = 60x_1 + 100x_2$，对所得的 G 进行比较，确定符合 $G_{max} = 60x_1 + 100x_2$ 的 x_1 和 x_2。

476. 什么是决策树法？

答： 在投标中，应考虑可接受的最小预期利润和最大风险。决策树法是一种运用概率与图论中的树对决策中的不同方案进行比较，从而获得最优方案的风险型决策方法。

477. 什么是图论中的树？什么是决策树？

答： 图论中的树是连通且无回路的有向图，入度为0的点称为树根，出度为0的点称为树叶，树叶以外的点称为内点。决策树由树根（决策节点）、其他内点（方案节点、状态节点）、树叶（终点）、树枝（方案枝、概率枝）、概率值与损益值组成。

478. 如何将决策树法运用于投标决策？

答： 首先，绘制决策树；其次，计算损益期望值；最后，比较各方案节点的损益期望值并获得最优方案。

例题5-2

某厂区建设项目，共分为道路（甲）、厂房（乙）、办公楼（丙）3个标段进行招标建设，投标人只能选择其中一个标段参与投标。表5-5是依据经验所获得的各方案的损益与概率表，若未中标，购买招标文件、图样及人工费、利息支出合计为5000元。

解：（1）绘制决策树。依据表格数据绘制决策树，并将方案标于方案枝，概率标于概率枝，预期利润标于终点，如图5-1所示。

表5-5　3个标段以高价、低价中标的损益与概率

方案及结果	中标、落标概率	效果	预期利润/万元	预期利润概率
甲标段高价中标	0.2	赚	200	0.3
		一般	50	0.6
		赔	−20	0.1

（续）

方案及结果	中标、落标概率	效果	预期利润/万元	预期利润概率
甲标段高价落标	0.8	赔	−0.5	/
甲标段低价中标	0.4	赚	160	0.2
		一般	40	0.6
		赔	−30	0.2
甲标段低价落标	0.6	赔	−0.5	/
乙标段高价中标	0.3	赚	250	0.2
		一般	80	0.7
		赔	−30	0.1
乙标段高价落标	0.7	赔	−0.5	/
乙标段低价中标	0.5	赚	200	0.1
		一般	60	0.7
		赔	−40	0.2
乙标段低价落标	0.5	赔	−0.5	/
丙标段高价中标	0.1	赚	300	0.3
		一般	100	0.5
		赔	−40	0.2
丙标段高价落标	0.9	赔	−0.5	/
丙标段低价中标	0.3	赚	240	0.2
		一般	70	0.5
		赔	−50	0.3
丙标段低价落标	0.7	赔	−0.5	/

（2）计算损益期望值。计算各节点处的损益期望值，$E=\sum G \cdot P$，并标注于相应的节点上方

$E_7 = 200 \times 0.3 + 50 \times 0.6 + (−20) \times 0.1 = 88$ 　　$E_7 = 88 \times 0.2 + (−0.5) \times 0.8 = 17.2$

$E_8 = 160 \times 0.2 + 40 \times 0.6 + (−30) \times 0.2 = 50$ 　　$E_2 = 50 \times 0.4 + (−0.5) \times 0.6 = 19.7$

$E_9 = 250 \times 0.2 + 80 \times 0.7 + (−30) \times 0.1 = 103$ 　　$E_3 = 103 \times 0.3 + (−0.5) \times 0.7 = 30.55$

$E_{10} = 200 \times 0.1 + 60 \times 0.7 + (−40) \times 0.2 = 54$ 　　$E_4 = 54 \times 0.5 + (−0.5) \times 0.5 = 26.75$

$E_{11} = 300 \times 0.3 + 100 \times 0.5 + (−40) \times 0.2 = 132$ 　　$E_5 = 132 \times 0.1 + (−0.5) \times 0.9 = 12.75$

$E_{12} = 240 \times 0.2 + 70 \times 0.5 + (−50) \times 0.3 = 68$ 　　$E_6 = 68 \times 0.3 + (−0.5) \times 0.7 = 20.05$

（3）比较各方案节点的损益期望值。

max$\{E_1, E_2, E_3, E_4, E_5, E_6\}$ = max $\{17.2, 19.7, 30.55, 26.75, 12.75, 20.05\}$ = E_3

（4）结论。节点3的期望值最大，故从损益期望值的角度分析，应选乙标段投标并以高价报价最为有利。虽然丙标段的高价投标的预期利润是最高的，但其损益期望值最低（$E_5 = 12.75 = \min\{E_1, E_2, E_3, E_4, E_5, E_6\}$），因而选择丙标段投标并以高价报价是最差方案，原因是其中标的概率极低［$P_{5(中标)}=0.1$］。

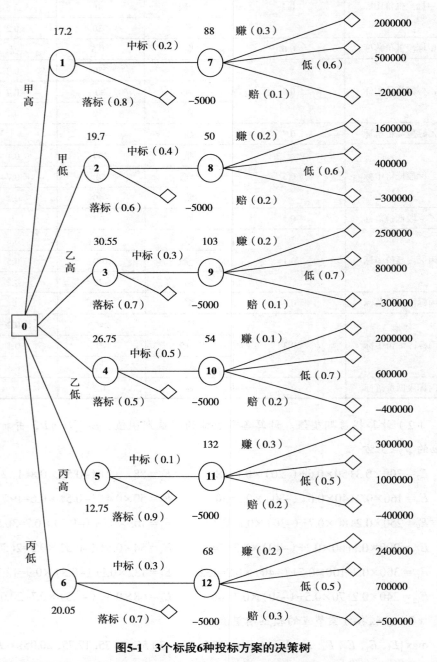

图5-1　3个标段6种投标方案的决策树

在使用决策树时，应注意以下事项：

（1）中标概率与落标概率及预期利润概率需借助竞争情报的系统分析方法。

（2）期望利润与中标利润（中标后的预期利润）不同，在实际报价中，报价=预期利润+估算成本。

（3）概率是统计值，实际发生的结果会与预期有所差异，工期越长，与原来预期的差距可能就越大。当工期较长时，应考虑资金的时间价值，即复利，见本书问答第469条～第472条。

479. 投标划分为几个阶段？

答：分为如下几个阶段：

（1）投标准备：筹建投标小组，若需资格预审，则投标小组负责编制资格预审申请书并向招标人递交。

（2）投标报价：购买招标文件，和招标人进行沟通，研究、编制投标文件，确定报价。

（3）递交材料：按照招标文件的要求递交投标文件。

（4）参与开标：在开标过程中了解相关信息，如对手的报价；有的招标文件规定投标人须参加开标。

（5）澄清、补正、答辩，若评标委员会对投标文件有质疑，或要求对投标文件的细微偏差进行修正，或者招标文件要求答辩，则投标人应及时澄清、补正、答辩。

480. 组建投标小组有什么意义？

答：投标小组的有效运作，能避免因疏忽大意所导致的废标，提高中标率，可避免因对风险预计不足而陷入进退两难的境地，提升投标的效率与效益。

案例5-31

某重点建设工程，因全部商务标被废标而进行第二次招标。在评审中，某投标人尽管满足了工程款超过5000万元就需委派投标人的副总经理进行项目协调的特殊要求，但在其技术标文件中遗漏了该项目拟派技术负责人的高级职称证书复印件。有人提出，该投标人在前一次投标中已提供了项目技术负责人的资格证明材料，此次是否可以不被废标。评标委员会认为，根据招标文件的规定，必须提供的材料若未提供，则不予确认，并作废标处理。一张复印件的遗漏就使前期的所有工作白费了。

案例5-32

有两个施工项目同时招标与开标。在商务标的评审中，竟发现有一家投标人把项目甲的投标函的项目名称写成了项目乙的名称，结果这不到十个字的差错就导致了该投标人被废标。

案例5-33

某工程招标，在技术标评审中，发现一投标人遗漏了人员班子配备表中某岗位拟派人选的资格证书和合同复印件，却提供了人员班子配备表之外的人员的资格证书和合同复印件，故被废标。

上述三个案例说明，在提交投标文件之前，和投标报价同样重要的工作就是对投标文件的校对审定。

481. 如何组建投标小组？

答：投标小组由以下人员组成：

（1）专业方面：包括施工或生产人员、工程或研发人员，负责解读招标文件的全部技术内容，编制投标文件的全部技术内容。有时还需勘查现场。在竞争性谈判采购中，参与谈判。

（2）财务方面：负责核算成本，工程造价编制，与营销人员等共同确定投标报价。

（3）采购方面：负责向供应商询价、购货。

（4）营销、竞争情报方面：相关信息、情报的搜集与分析，包括与招标机构进行沟通，获取招标的各项资料，掌握招标投标的程序，解读合同中的风险与责任，分析招标投标市场，了解标底。与其他人员共同编制投标文件，并负责投标文件的校对审定与投标文件的提交。在原材料采购的竞争性谈判中，与招标人进行谈判。

482. 如何编制资格预审申请书？

答：资格预审有两种方式，即合格制和有限数量制，对于前者，申请人只要提供了满足资格预审条件的材料即可；而对于后者，申请人应提供尽量多的符合资格预审要求的业绩及其证明材料。

资格预审申请书通常包括资格预审申请函、法定代表人委托书、申请人基本情况表、近年财务状况表与近年完成的类似项目情况表。一般应注意以下问题：

（1）资格预审申请函应签字、盖章，若资格预审申请函不是由法定代表人签署而是由其授权的代表签字的，应附上法定代表人委托书，该委托书须由法定代表人签字。

（2）申请人基本情况表应按照招标人提供的格式进行填写。

（3）近年财务状况表应按照招标人所规定的年份或月份填写，若招标人要求申请人回答有关的财务问题，则申请人应明确回答；若要求提供会计审计报告，则应如实提供，该报告一般作为附件。

（4）近年完成的类似项目情况表中的业绩应满足时间与类似项目两个条件，业绩中的已投产项目应提交竣工验收证明与使用证明，否则将被视为在建项目。

（5）若属于联合体投标，则须：确保双方都达到相应的条件（若由同一专业的单位组成联合体，按照资质等级较低的单位确定联合体资质等级）；提交除资格预审申请函之外的上述各方材料；提交由各方签字盖章的资格预审申请函；提交联合体共同投标协议书，该协议应明确各方责任与义务。

> **案例5-34**
>
> 某国家重点建设项目需招标一批压力容器。有一家无生产许可证的企业和一家有生产许可证的企业组成了联合投标体，在对此联合投标体进行资格预审时引发了很大的分歧，有的人认为该联合体可以通过资格预审，而有的人认为该联合体不能通过资格预审。在本案例中，若在共同投标协议书中明确了无生产许可证的企业也承担生产任务，那么其资格预审是不能通过的；若在共同投标协议书中没有明确联合体各方的责任与义务，那么其资格预审也是不能通过的。

483. 如何研究招标文件？

答： 应在对招标文件通读的基础上对其技术与质量规格、合同条款、价格条件进行重点研究。

（1）通读招标文件：若招标人未提供招标文件的电子版，应将招标文件复印并分发给投标小组成员。通读招标文件的目的是对招标项目做一个初步的评估，同时对分散在招标文件中的强制性条款与星号条款用红笔或荧光笔进行标记，以便投标文件的编制与审核。

（2）研读技术与质量规格：应认真研究标的物的技术与质量规格（包括图样），确定其技术与质量的先进程度，本单位是否能完成，是否有更先进的设计方案，应补充哪些图样和说明文件。

（3）细读合同条款：确定合同类型（总包合同、总价合同、单价合同、酬金合同或工程量清单合同），重点是对工期（绿化工程施工招标投标项目还涉及养护期）等核心内容进行分析。

（4）审读价格条件：应基于技术与质量规格、合同内容等审读价格条件，并找出与价格条件紧密联系的条款，为投标报价做准备。价格条件涉及劳保费费率、不可竞争费的范围等。对于固定低价招标法，投标报价虽固定统一，但仍需确认其风险因素的范围，例如钢材、水泥等建材价格上涨至什么程度才超出原规定的承包风险范围。

484. 如何咨询与进一步沟通？

答：咨询的目的是就招标文件中表述不清、明显异常或错误的内容（如案例5-14）进行提问，以避免投标人的理解偏差，更正招标文件中的错误。但是，对招标文件的任何修正必须以书面方式进行，例如在案例1-13中，尽管招标人同意放宽项目经理的资格条件，但未发出书面澄清纪要，而提问的投标人也未坚持要求招标人出具修改纪要，结果项目经理岗位拟派人选不是注册建造师的投标人均被废标。

进一步的沟通主要是针对招标文件之外的内容进行咨询，包括施工现场条件与招标意图。通过对施工现场条件的了解，有时可省去投标人到现场考察的环节，这样既节省时间，又节省资金。在设计招标中，业主的意图并不一定都体现在招标文件中，甚至业主本身的想法仍有一些不确定性，故进一步的沟通是很有必要的。有时，进一步的沟通能提醒投标人不要重犯其他投标人以往的错误。对于有标底的招标，进一步的沟通有时能帮投标人了解标底的幅度。咨询与进一步沟通具有一定的技巧，可借助竞争情报的一些方法。

有时，投标人不一定需要向招标人提出澄清要求，而可以利用招标文件的疏漏乃至前后矛盾来为自己提供便利条件，如增加日后的工程造价，为自己创造重新投标的机会，例如在采用综合评分的招标中，若规定单项业绩100万元以下的每项给2分，100万～500万元的每项给4分，500万元以上的每项给6分，业绩满分为20分，那么对100万元的业绩和500万元的业绩的评分方法就不明确，此时如果投标人的业绩无论按照何种方法计算都能得满分，那么就无须要求招标人进行澄清，因为在实践中，一般有一部分投标人提供的业绩证明材料不能使其得到业绩满分。

在投标过程中，应充分借助公共关系策略，尤其在国外投标时更应如此。首先，可借助或创造各种与对方自然、亲切的接触机会，如访谈、宴会；其次，可利用各种场合对企业自身的能力进行宣传介绍；接着，应注意在不同地区、不同国家之间的文化习俗差异。有的国家如美国习惯直呼其名，而欧洲国家多以头衔互称；有的国家如美国强调的是速度、手续简便，而一些拉美国家切忌先谈生意，需先建立友谊；最后，所用手段要适中,不能违反当地法律。

485. 投标文件由哪些要件组成?

答:投标文件通常包括技术标、商务标及资格后审申请书(若需要进行资格后审)。

486. 标前答疑会是否一定要参加?

答:不一定,但参加可以多获取一些信息。若招标文件有参会的强制性要求,那么投标人须参会。

487. 投标人可能无法赶在投标截止时间前递交投标文件,投标人应如何应对?

答:若确有客观原因,可向招标人提出能否推迟投标截止时间,但在国内一般是不允许的,尤其是政府采购的工程项目,但特殊情况下确须推迟的,应征得所有投标人的同意。

488. 开标活动是否一定要参加?若未参加开标活动,投标保证金是否会被没收?

答:是否参加开标活动应根据招标文件而定。若未参加开标活动,投标保证金不应被没收。

489. 对资格预审文件或招标文件有异议的,应如何处理?在评标期间,投标人应如何澄清、补正或答辩?

答:潜在投标人或者其他利害关系人对资格预审文件有异议的,应当在提交资格预审申请文件截止时间2日前提出;对招标文件有异议的,应当在投标截止时间10日前提出。招标人应当自收到异议之日起3日内作出答复。

投标人澄清或答辩不得超出投标文件的范围,也不得改变投标文件的实质性内容。否则将被评标委员会拒绝。补正仅限于细微偏差的修正。重大偏差无法通过澄清、补正或答辩进行补正。无论是澄清还是补正,均以书面方式递交,并须签字盖章。投标人不得主动提出澄清或补正。

> **案例5-35**
>
> 某工程招标,标底低于预算价的15%,而某投标人的报价比标底还要低约20%。在该投标人中标后,发现自己的报价与标底、其他投标人的报价均有很大差异,故要求提高中标价。在遭到招标人的拒绝后,投标人向法院起诉,认为招

> 标人没有让投标人对其过低报价进行澄清。显然，投标人的理由及其诉求都是不合理的。在投标文件并无表述不清、也无前后矛盾且经评审合格的前提下，招标人无义务要求投标人进行澄清，而根据相关规定，投标人不能主动要求对投标文件进行澄清或补正。

490. 合同文件的优先顺序是什么？

答：顺序依次为合同，中标通知，投标函及附录，专用、通用条款，技术标准和要求，图样，已标价工程量清单，其他。

第三节 工程评标概述

491. 评标的十项原则是什么？

答：（1）公平、公正：作为政府采购的原则的核心——公平、公正，是在整个评标中的基本原则。公平意味着应给予投标人平等的机会、待遇，公正意味着评委应无私、不能带有任何感情色彩，不能无原则、无依据地偏向投标人中的任何一家。遵循公平、公正原则是相关法律、法规得以发挥作用的重要保障，因为法律、法规、规章不可能涵盖所有细节，再者，即使再完善的法律、法规、规章也必须通过人去实施。

在案例1-26中，招标文件规定"……单项业绩50万～290万元的，每项给4分，单项业绩300万元以上的，每项给7分……"，即未给出属于290万～300万元的单项业绩的评分标准。在实践中，若提前发现此问题，那么有两种对事不对人的处理方式，第一种方式，认为招标文件有瑕疵而做出流标的处理，第二种方式，在评审之前确定属于290万～300万元的单项业绩的评分标准。若采用第一种方式，若投标人的单项业绩均不属于290万～300万元，那么就造成了很大的人力、物力、时间的浪费。若基于评审的公平、公正及政府采购兼顾效益与效率的原则，那么，应采取第二种方式。

（2）依法评标：不同采购对象适用不同的法律、法规和规章，例如，《政府采购法》规定若合格标不足3家，则流标，而《招标投标法》规定若合格标不足3家，但只要价格有竞争性，仍可从合格标中确定中标人。

案例5-36

某次竞争性谈判，共有3个标包。每一个标包，代理机构都只邀请了一家供应商参加谈判。有专家指出，这不合法，因为此次采购是第一轮采购。代理机构解释以往也是如此处理，因为在地产目录中，该项目只有一家供应商。事实上，其中2个标包都是同类的产品。代理机构的解释是站不住脚的。在和管理部门的交涉中，管理部门也认为代理机构的做法有问题。

（3）严格按照招标文件评标：只要招标文件未违反现行的法律、法规和规章，没有前后矛盾的规定，就应严格按照招标文件及其附件、修改纪要、答疑纪要进行评审。一旦进入评标程序，任何人（包括招标人、评标专家、投标人）都不得改变招标文件的内容，即使所有投标人同意改变评标办法，也不得对评标方法进行实质性的变更。但当它不够细化时，评标委员会应按合理、科学的原则进行细化。

案例5-37

某施工项目招标，开标会上宣布的评标方法与招标文件的不同，某投标人当场质疑，虽经评委征求各方意见并修改了部分条款，但该投标人仍有异议并退出投标、领回投标保证金。在本案例中，尽管评委征求了各方意见，但这并不能成为变更评标方法的理由。根据当时的相关规定或此后的《招标投标法》，招标人不得擅自改变招标文件，确需改变的，应在截标日期的数天或15天之前通知所有投标人。

案例5-38

某水库项目进行招标，结果几乎所有投标人的报价都超出了招标人的预算。招标人拟取消超出预算即废标的规定。在本案例中，招标人不能因预算的高低而临时取消超出预算即废标的规定，因为无论是招标人还是评委都不能改变招标文件中的任何实质性要求，否则有违公平、公正之原则。

案例5-39

某次设计招标采用资格预审的方式。在评审中，发现有的资格预审申请人只提交了一个月的社保证明，不符合资格预审文件规定提交近3个月社保证明的要求；有的资格预审申请人所提交的项目组成员的证明材料误把执业证书当作职称证书，有的资格预审申请人所提交的项目组成员的证明材料不符合资格预审文件对专业的要求。因而，这些资格预审申请人的申请均被否决。上述资格预审申请人进行了投诉。由于评委是按照资格预审文件进行评审的，最终，评委维持了原有的评审结论并将复核结论交给了招标办。

（4）合理、科学、择优：只有坚持合理、科学的评审原则，才能确保公平、公正，使各方接受评审结果。以分值评审法为例，若各评委对同一投标人所给出的客观分不同，则明显不合理。若招标文件的评审规则不够明确、细化，则应先讨论加以明确、细化，再进行评审。只有坚持合理、科学的评审原则，才能防止评委的自由裁量权过大。在分值评审法中，避免评委自由裁量权过大的方法之一是对主观分进行限定，如采用离散化的评分方法（见本书问答第132条）。逻辑上相容一致是合理、科学评审的必要条件（参见本书问答第130条）。

案例5-40

某次工程招标，招标文件与以往要求投标报价时其劳动保险费费率统一按丁类计取不同，要求直接按照企业实际的劳动保险费费率计算工程总价。在评审中发现某投标人提供的复印件显示其劳动保险费费率是丁类，但其工程总价是按照丙类计算得到的。由于招标文件并没有要求投标人提交劳动保险费费率核定卡，故由代理机构从建设厅网站查实该企业的劳动保险费费率等级。最终，确认该投标人的劳动保险费费率是丙类，其工程报价计算无误。

在上述案例中，若招标文件规定投标人要提交劳动保险费费率核定卡，那么就直接根据其提供的核定卡修正其报价。

案例5-41

某次设计招标，要求投标人有水利、环境、园林设计等多项资质，允许投标人组成投标联合体。某投标联合体由A、B、C三个投标人组成，这三个投标人均有多项资质，但没有一个同时具备招标文件所要求的所有资质。在评审时，有的评委认为投标人B和投标人C都有园林设计资质，按照《招标投标法》，应按照较低等级来确定其园林设计资质，该投标联合体将不满足招标文件对资质条件的要求。有的评委则坚持以联合体协议书中约定的分工为依据，若联合体成员承担相同工作，则按照资质等级较低的来确定联合体的资质等级。最终，评标委员会认定该投标联合体仍满足招标文件对资质条件的要求。

在上述案例中，若不以联合体协议书中约定的分工为依据，就可能导致悖论，即只能与没有同类资质的企业进行联合投标。今年实施的《政府采购法实施条例》的第22条就此给出了明确的答复。

实施政府采购、工程招投标不仅是为了防止腐败，也是为了确保所购标的质量，这就需要择优原则。固定低价招标法因报价固定，并不能体现出充分的竞争性，尤其容易引发挂靠围标，故不利于择优。

（5）对未提供证明资料的评审原则：凡投标人未提供的证明材料（包括资质证书、业绩证明、职业资格或证书等），若属于招标文件强制性要求的，评委均不予确认，应否决其投标，例如，案例5-25中部分投标人未提供社保或劳动合同而被废标，案例5-26中某投标人未提供劳动合同而被废标；若属于分值评审法或价分比法的评审因素，则不计分，投标人不得进行补正。若投标人对评委所提出的其投标文件表述不清、前后矛盾或明显错误的内容不进行书面澄清，评委将做出不利于投标人的评审结论。例如，评标委员会发现投标人的报价明显低于成本而要求该投标人做出书面说明、提供相关证明材料时，若投标人不能及时说明、提供相关证明材料，则评标委员会认定其报价低于成本并否决其投标。

上述评审原则显然与法律诉讼中允许用一般生活经验进行判断不同，也与法律诉讼中可以提交新证据以推翻原有的审理结果所不同。因而，上述评审原则是招标投标领域中特有的评审原则。在案例5-31中，投标人在第二次投标中未提供技术负责人的高级职称证书复印件这一事实所导致的废标结论并不会因为该投标人在第一次投标中提供了该证书复印件而改变。

案例5-42

某次施工招标对质量要求很高。投标人的报价相差很大，其中大部分报价都远高于标底，但某投标人的报价远低于标底。在评审期间，评标委员会要求其就此进行澄清，但该投标人未在规定时间内进行澄清。该投标人在投标被否决之后向法院起诉要求判其中标，但法院审理后驳回了该投标人的要求。

案例5-43

某次政府采购中，评委发现一位投标人提供的营业执照复印件未盖工商管理部门的公章，故要求让代理机构通知该投标人在规定的时间内将营业执照原件送至评标地点。经审核，该营业执照原件盖有工商管理部门的钢印。在本案例中，投标人提供的材料有瑕疵，若投标人不予澄清，其投标将被否决。

（6）做有利于投标人的评审：若招标文件表述不够明确，应做出对投标人有利的评审，但这种评审结论不应导致对招标人的具有明显的因果关系的损害。

案例5-44

某次招标中，招标文件要求项目经理必须是市政或建筑专业的二级以上注册建造师或临时执业建造师或取得助理工程师以上职称。显然，招标文件对助理工程师到底是否有专业的要求并不明确，经过激烈的争论，评标委员会认为此种情形下就应做出有利于投标人的评审结论，即只要投标人对项目经理拟派人选提供了市政或建筑专业的二级以上注册建造师或临时执业建造师的执业资格证书，或者助理工程师（不限专业）的职称证书，都属于响应招标文件，尽管对专业不做要求有悖常理。

案例5-45

在某大学医学院医学实验设备公开招标项目中，按照国家关于医疗器械生产的准入资格要求，该项目对供应商的资质提出要求：投标人为生产厂商的，须具有《医疗器械生产企业许可证》（进口产品除外）；投标人为代理经销商的，须具有所投产品生产厂家的《医疗器械生产企业许可证》的复印件并且加盖生产厂商的红印公章（进口产品除外）。

招标公告发布后，三家供应商前来投标。评标委员会进行评审时发现，三家供应商均为医疗器械的销售代理商，其投标文件中出具的所投产品生产厂商的《医疗器械生产企业许可证》的复印件，均只加盖了厂商的"投标专用章"。评审过程中，专家就投标专用章是否符合资质要求产生了意见分歧。经过争论，最终评标委员会认定三家供应商均不符合上文提到的资质要求，项目予以废标。

最终，监管部门应当依照《关于进一步规范政府采购评审工作有关问题的通知》（财库[2012]69号）的规定，判定该项目因评标委员会出现资格性检查认定错误，责令代理机构重新组织评标。

在上述案例中，红印公章是一个不规范也不明确的概念，因而，投标人提供了加盖厂商"投标专用章"的材料，是无可厚非的，监管部门所做出的责令代理机构重新组织评标的决定是正确无误的。

（7）反不正当竞争：评审中应严防串标、挂靠围标等不正当竞争行为。若无法当场确认，那么事后可向监管部门报告。

第五章 工程招标、投标与评标及合同管理

案例5-46

在某次设计招标中,共有三家投标人参与投标。在评标中,发现三家投标人的设计图中有高度雷同的内容,应视为投标人相互串通投标。最终,根据招标文件,全部作废标处理,此次招标失败。

(8)记名表决:一旦评审出现分歧,则应采用少数服从多数的表决方式,表决时必须署名,但应保密,即不应让投标人知道谁投赞成票、谁投反对票。项目评审(包括科技项目和招标投标项目)与生活中的选举、评优评先不同,前者是针对"事",评委必须对评审结论署名以示负责,后者是针对"人",是不署名的。

在案例5-25和案例5-43中,虽然对评审意见出现了严重的分歧,但由于表决时必须署名,最终形成了一致的评审结论。

(9)保密原则:评委必须对投标文件的内容、评审的讨论细节进行保密,此外,在评审结束前,应对标底、评委的人选名单进行保密。若确有需要向管理机构进行咨询,则不应提及投标人的名称。

(10)有错必纠:评审过程中出现错误,可能是评委自己弄错,也可能是代理机构等其他人员弄错。究其出错的原因,要么是偶然失误导致的,要么是故意搞错。无论是何种原因导致,一经发现,都应纠错。

案例5-47

某次设计招标,招标文件规定采用投票法评审。在整个评审结束前,由于代理机构的工作人员进行汇总。在即将打印评标报告时,发现代理机构工作人员进行的汇总有误。虽然此错误并没有改变中标候选人的排序,但还是立即进行了相应的更正。

案例5-48

某次工程招标投标,招标文件规定采用综合评分法,总分由商务分、技术分和价格分构成。在2名采购人代表和5名评审专家完成了各自的评审,将打分结果交给代理机构的工作人员去统计。随后,代理机构的工作人员公布了汇总结果。有的评审专家当即提出质疑,要求对分数进行查实。代理机构的工作人员说只能查实自己的打分结果,不得查看其他评委的打分。有的评审专家质疑汇总时是否已经去掉一个最高分和一个最低分,代理机构的工作人员答复说已经扣除。评审专家当即要求对汇总进行复核。随后,代理机构的工作人员说汇总有误。经重新汇总,中标候选人的排序发生了变化。

评审纠错或在评审结束之前，或在评审结束之后。若在评审之前纠错，那么直接由评委自行纠错；若在评审结束之后，通常需要报告行政主管部门，有的需要由原评标委员会进行复核，有的需要组建新的评标委员会重新评审。

案例5-49

某招标项目发布中标公告后，落标供应商A进行投诉。监管部门经审查后发现，有项评分，根据招标文件要求本应判这家供应商的投标无效，但评委却给了0分。对此，监管部门认为，评委没有按照法律规定及招标文件的要求判定这家供应商投标无效，这种做法，属于不按招标文件规定进行评分，应当将项目废标，责令重新开展采购活动。

在本案例中，评委的评审明显有误，属于《政府采购货物和服务招标投标管理办法》（财政部令第18号）第七十七条前款第五项的情形，但不属于第七十七条后款的情形。此外，也不属于《政府采购法》《政府采购法条例》所规定的应重新招标的情形。故无须重新招标。因而，监管部门的处理是不妥的。重新招标，不仅对原有的中标人不公平，也是对人力、物力和时间的浪费。

492. 评标的一般程序是什么？

答：一般程序包括四步，如图5-2所示。

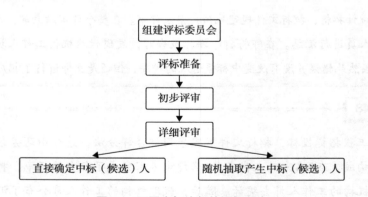

图5-2 不同定标途径的评标程序

493. 什么情形下可以暂停或中止评标？

答：只有当评标委员会进行必要的休息、不可抗力发生或被有关监督机构依法责令暂停时，评标活动方可暂停。如果暂停，则应封存全部投标文件和评标记录，待具备评标条件时，由原评标委员会继续评审。

当评审期间出现了影响招标评标公正的违法或违规行为，或评标委员会认为招标文件所规定的某项重要评标标准存在违法情形，据此评标将导致评标结果的不公平，背离了招标投标活动的目的或导致无法继续评标，则评标委员会应做出书面报告，建议中止评标且招标失败，由招标人重新组织招标。

494. 什么情形下可以延长评标时间？

答：超过三分之一的评标委员会成员认为评标时间不够的，招标人应当适当延长评标时间。

495. 什么情形下可以更换评委？

答：评标期间一般不得更换评委，但下列情形除外：因客观原因，评委不能到场或中途退出的；评标委员会的组成不符合有关法律法规或规章的；评委需要回避的；评审期间，评委违反有关规定，继续评标可能导致不良后果，有关监督机构责令更换评委的。

496. 如何组建评标委员会？

答：（1）评标委员会的人选。评标委员会（包括政府采购的询价小组与谈判小组）由招标人（采购人）或其代理机构按照有关法律法规和规章进行组建。评标委员会的人员统称评委，由招标人（采购人）代表和专家组成，有的地方已规定招标人不得派代表参加评标，故此时的评委均为评标（评审）专家。评标（评审）专家一般从评标（评审）专家库中随机抽取，特殊招标项目经批准后可以不采用随机抽取的方式，即直接指定。在某些工程项目的采购中，对直接指定的专家的比例是有限制的。

在政府采购活动中，评委与供应商有利害关系的，必须回避。在货物、服务的公开或邀请招标中，招标人就招标文件征询过意见的专家，不得再作为评标专家参加评标。采购人不得以专家身份参与本单位的采购项目的评标。采购代理机构的工作人员不得参加由本机构代理的政府采购项目的评审。

在工程的招标投标中，投标人或投标主要负责人的近亲属，项目主管部门或行政监督部门的人员，与投标人有经济利益关系，可能影响投标公正评审的人员，或曾因在招标投标、评标中从事违法行为而受过行政处罚或刑事处罚的人员，不得参加评标。

（2）评标委员会的人数。评标委员会的人数一般为五人或七人以上单数，其中技术、经济类的专家应占总人数的三分之二以上，但在某些采购中，评委人数略有差别（表5-6）。

表 5-6　不同项目的评委人数

项目	评委人数
一般的工程项目	五人以上单数
货物、服务的招标采购（其中，采购金额在300万元人民币以上、技术复杂的招标项目）	五人以上单数（专家为五人以上单数）
货物、服务的竞争性谈判，货物的询价采购	三人以上单数
科技项目、国家科研计划课题	七人、五人以上单数

（3）评标委员会的分工。评标委员会可以设主任（组长）一名，必要时可增设副主任（副组长）一名，负责评标活动的组织协调工作。评标委员会主任在评标前由评标委员会成员通过民主方式推选产生，或由招标人或其代理机构指定，招标人代表不得作为主任（组长）人选。评标委员会主任与评标委员会其他成员享有同等的表决权。若采用电子评标系统，则须选定评标委员会主任，由其操作"开始投票"和"拆封"。

有的招标文件要求对所有投标文件设主审评委与复审评委各一名，主审人选与复审人选可由招标人或其代理机构在评标前确定，或由评标委员会主任进行分工。

497. 评标委员会的职责是什么？

答：评标委员会应根据招标文件规定的程序、内容、方法和标准对投标文件进行评审和比较，推荐中标（候选）人或进入公开随机抽取的合格投标人，或经授权直接确定中标人，并向招标人提交评标报告。评标委员会主任负责评标活动的组织领导工作，包括分工、协调、组织学习熟悉相关文件与资料。

498. 评标委员会的权利、义务和评标纪律是什么？

答：（1）评委应准时到达评审现场并签到（有的地方采用了指纹签到的方式，若不准时签到，则自动取消评审资格）。评委在评标过程中不得擅离职守，在评审结束前，无正当理由不得中途退出评标委员会。

（2）评委可依据招标文件所规定的评标方法与标准对投标文件进行独立评审，充分发表自己的评审意见并可保留自己的评审意见，评标不受任何干扰。在采用网络评审时，有权对自动生成的总分进行校验。

案例5-50

在某次项目评审时，某评委发现各分项分数的自动统计值与真正的总计分数不同。经反复核查，发现是某些非满分的分值会被错误统计。评委就此问题进行反映，此问题随后得以解决。

（3）所有评委享有同等的表决权。

（4）评标委员会不得使用招标文件没有规定的评标方法，但评审标准不够细化时应先细化再评审。

（5）评标委员会应认真评审投标文件，对于投标文件中含义不明确、前后矛盾或明显有误的内容且不能直接定为废标的，评标委员会应以书面方式要求投标人做必要的澄清、说明或补正。投标人对此不及时澄清或未能澄清的，评标委员会将做不利于该投标人的评审。

（6）评标委员会对同一招标项目只能做出一种评标结论，评标委员会成员对评标结论如有异议，则按照少数服从多数的原则进行记名投票表决。对评标结论持异议的评委可以用书面方式阐述其不同意见和理由。评委拒绝在评标报告上签字且不陈述其不同意见和理由的，视为同意评审结论，评标委员会应对此进行记录。

（7）若招标文件允许投标人投备选标的，评标委员会可以对第一中标（候选）人所投的备选标进行评审，不符合中标条件的投标人的备选标不予考虑。但若允许提交双方案的，应同时评审；或若允许提交改进方案的，应在原投标方案合格的条件下（而非中标的条件下）对改进方案进行评审。

（8）评标委员会经评审，认为所有投标都不符合招标文件要求的，可否决全部投标。在货物、服务的招标性采购中，若有效投标不足三个时，应否决所有投标，例如案例1-4和案例1-12。在工程招标中，若有效投标不足三个而使得投标明显缺乏竞争的，评标委员会原则上应否决全部投标；因特殊情况未否决所有投标的，应提出充分的理由，并在评标报告上做出详细说明。

（9）在评标过程中，评标委员会发现投标人以他人的名义投标、串通投标、以行贿手段谋取中标或以其他弄虚作假方式投标的，该投标人的投标作废标处理。

（10）评标委员会在评标过程中发现的问题，应及时做出处理或向招标人提出处理建议，并作出书面记录；发现有违反"公开、公平、公正和诚信"的情况，应向监督机构反映。

（11）评委应客观公正地履行职责，遵守职业道德并对所提出的评审意见承担个人责任。

（12）评委不得与任何投标人或与招标结果有利害关系的人进行主动接触，不得收受投标人、中介人与其他利害关系人的财物或其他好处。

（13）评委不得透露对投标文件的评审和讨论的细节。

（14）评委在评审结束之后还有接受招标人的咨询、配合招标人答复投标人质疑的义务，配合有关监督管理部门的投诉处理工作。

（15）评委还享有并应遵守有关法律法规和规章等所规定的权力、义务和评标纪律。

499. 评标准备包括哪些工作？

答：（1）了解和熟悉相关内容：招标目标；招标项目范围和性质；招标文件中规定的主要技术要求、标准和商务条款；招标文件规定的评标标准、评标方法和在评标过程中考虑的相关因素；有的招标文件（主要是工程项目）在发售后进行了数次的书面答疑与修正，故评委应将其全部汇集装订。

案例5-51

某施工招标，评委在评审中发现招标文件对人员配备的要求与以往同类项目的不同，故询问代理机构的工作人员是否遗漏了某些答疑纪要。经查找，发现最后一次的答疑纪要都被代理机构的工作人员送到商务标的评审室，该答疑纪要将此次对项目经理的要求放宽至市政和建筑两种专业。若评委未见到此答疑纪要，那么将酿成招标评标事故，因为很多投标人的项目经理人选的专业与原招标文件不符。

案例5-52

某施工招标，待评审快结束时，发现有一家投标人在商务标中未提交授权委托书，属于废标，而被废标的必须写明是依据评标定标办法的哪一条，可代理机构的工作人员竟忘记携带评标定标办法。而在当天，评标大厅内的其他评标室并没有其他项目在评审，若等该工作人员去取回评标定标办法则需很长的时间。此时，评委提醒到发售招标文件的地方去找评标定标办法可节省大量时间。

（2）分工、编制表格：根据招标文件的要求或招标内容的评审特点确定评委分工；招标文件未提供评分表格的，评标委员会应编制相应的表格；此外，若评标标准不够细化时，应先予以细化。

案例5-53

某施工招标划分为五个标段，有数十家投标人参加了绝大部分标段的投标，一份完整的投标文件包括了施工组织方案（密封）、人员配备方案、商务标、资格后审申请书四份分别装订的文本，评委仅五位，故评审工作非常繁重。由于在评标准备阶段进行了分工,同时要求评委把除被初步认定为废标的文本之外的所有投标文本按照顺序归类摆放,故使随后的评审工作进行得很顺利;否则,若没有合理分工,没有按照顺序摆放,那么从几百份文本中查找其中一份文本或进行复评,都将花费大量的时间。

(3)暗标编码:对需要匿名评审的文本进行暗标编码。

在评标准备阶段,评标委员会成员对招标文件有疑问的,招标人代表应做相应的解释说明。

500. 评分规则如何细化、明确?

答: 评审对象要细化,例如在建项目、已验收项目、投产项目是否有区别,哪些可以作为同类业绩,哪些可以作为计分的信誉;评审标准要细化,等级标准要明确;各等级的分值范围要明确、不能重叠(参见本书问答第130问)。

案例5-54

某次招标采购中,招标文件规定某一分项若优则给〔15~12分〕,若良则给〔12~9分〕……在本案例中,评分规则就不明确——若评为优,是否能给12分?若采用集合论的符号,则招标文件应改成优∈〔15~12),良∈〔12~9)……实际上,直接采用>、≥、≤、<这些符号最为明确。

501. 什么是量化指标的统一?

答: 评标委员会对各个评审因素进行量化时,应将量化指标建立在同一基础或同一标准上,使各投标文件具有可比性,例如不同的投标文件以不同的币种报价时,若招标文件无特别约定时,则应按照开标日的央行汇率进行折算。统一量化指标可确保每一位评委能以同样的标准进行评审。

502. 初步评审包括哪些步骤?

答: 包括错误分析和修正,投标偏差评审,确定经初步评审合格的投标文件。

503. 投标文件错误分析和修正主要包括哪些内容?

答: 包括文本的语言版本的不一致、正本副本的不一致、金额的不一致,内容前后不一致，其他文字或数字与招标文件不符合。

504. 若不同投标文件以不同种货币报价，则应如何处理？

答： 应按中国银行在开标日公布的汇率中间价换算成人民币。

505. 投标文件的总价金额和单价汇总金额不一致且不存在小数点错误时，应如何处理？

答： 以单价汇总金额为准，但单价金额小数点有明显错位的除外。

例题5-3

某施工招标，其中有四家投标人在某些分项上所填写的金额存在明显错误（表5-7），故需要修正。修正结果为表5-8（加注"*"的部分）。

表 5-7　投标人分项工程错误简表

投标人	分项	内容	单位	数量	单价（大写：元）	单价（小写：元）	合价/元
投标人A	208	……	m²	150	叁仟	300.00	450000
投标人B	218	……	m²	200	壹仟	1000.00	20000
投标人C	306	……	m²	100	伍万	5000.00	500000
投标人D	328	……	m²	100	肆拾玖万	490000	490000

表 5-8　投标人分项工程错误的修正

投标人	分项	单价（大写：元）	单价（小写：元）	合价/元	修正依据
投标人A	208	叁仟	3000.00*	455000	大小写不一致，以大写金额为准
投标人B	218	壹仟	1000.00	200000*	总价与按单价汇总的结果不一致的，以按单价汇总的结果为准
投标人C	306	伍仟*	500.00	500000	投标人的意图，并参考施工图预算价和其他投标人的报价
投标人D	328	肆仟玖佰*	4900.00	499000	单价金额小数点明显错位

在对投标人C的分项报价修正中，若依据"大小写不一致，以大写金额为准"，则应修正小写单价，并据此修正合价；若依据"总价与按单价汇总的结果不一致的，以按单价汇总的结果为准，但单价金额小数点有明显错位的除外"，则可以修正大写金额的单价，因而这就涉及该如何应用上述修正依据。

显然，上述修正依据是在不清楚投标人的意图时所使用的通行做法。若评委清楚投标人的真实意图，则可接受其真实意图，而不必断章取义上述的修正依据。假定投标人C的单价报价大写仍为伍万、小写为6000.00，则应以单价伍万并依据"总价与按单价汇总的结果不一致的，以按单价汇总的结果为准"对小写单价和合价进行修正，以防部分投标人利用填写或计算错误以达到先低价中标的目的。须强调的是，对金额的修正应要求投标人进行书面确认并签字。若投标人拒绝签字确认，可做出对其不利的评审结果。

506. 投标文件的不同语言文本的释义不一致时，应如何处理？

答： 以中文文本为准。

507. 投标文件内容前后不一致时，应如何处理？

答： 工期、质量标准等前后不一致的，以投标函及投标函附录为准；人员配备前后不一致的，以项目管理班子配备情况表为准。

案例5-55

某施工招标要求对项目管理班子配备方案进行评审，项目管理班子须有9人，包括项目经理、项目技术负责人等各1名，项目管理班子成员均须同时提供社会保险证明、劳动合同和相应的职业资格证书或职称证书的复印件。其中，项目经理人选须取得注册建造师证。某投标人的项目管理班子配备方案中并未附项目管理班子配备表中的项目经理拟派人选的执业资格证书的复印件，而是附上项目管理班子其他人选的注册建造师证的复印件，故为废标。

508. 评标委员会应如何要求投标人进行澄清、补正？

答： 应以书面方式要求投标人进行澄清、补正。而投标人澄清、补正与否将成为重要的评审内容。

案例5-56

在一次塔式起重机的采购中，某投标人的报价比次低报价少300万美元。在投标人向招标人的报价被确认后，招标人不仅审查了该投标人的技术规格和设计要求，还要求该投标人提供费用分析资料。该投标人未提供费用分析资料，但一再声称能按照招标文件履约，并因此中标。双方签约后，该投标人才发现自己提供的塔式起重机并非招标文件所要的塔式起重机。在招标人拒绝了该投标人延期交货、增加费用的要求后,双方便对簿公堂。法院经审理,没有支持该投标人的修改合同的诉求。

509. 什么是重大偏差?

答:下列情形均属重大偏差:投标文件没有投标人授权代表签字和加盖公章;投标文件未按要求密封;组成联合体投标的,投标文件未附联合体各方共同投标协议的;未按招标文件要求提供投标担保或所提供的投标担保有瑕疵;投标文件载明的项目完成期限超过招标文件规定的期限;投标文件明显不符合技术规格与技术标准的要求;投标文件载明的包装运输方式、检验标准和方法等不符合招标文件的要求;报价不符合国家有关规定,或者报价超过控制价或低于成本形成恶性竞争的;投标文件附有招标人不能接受的条件;投标文件不符合招标文件中规定的其他实质性要求。

案例5-57

某工程设备招标,对设备的生产性能和发动机的最低额定功率都有明确要求。某投标人的投标文件载明了其所提供的发动机的功率比招标文件的低,但声明生产性能完全满足招标文件要求。招标人拟接受此最低价投标,但遭到审查人员的否决,审查人员认为既然招标文件载明了最低额定功率的要求,则任何投标人都必须满足。显然,该投标人未满足招标文件所规定的实质性要求,属重大偏差,应当废标。

案例5-58

招标人将码头建设的代理进行招标,结果吸引了很多投标人,竞争异常激烈。经评审后,某投标人以很低的价格中标。其他投标人向有关部门投诉,认为该投标人违反《招标代理服务收费管理暂行办法》(计价格[2002]1980号)的规定,要求取消其中标资格。中标人违反了当时的《招标代理服务收费管理暂行办法》"收费的上下浮动幅度不得超过20%"的规定,属于废标的情形。

案例5-59

某次监理招标,对某些仪器有强制性的要求:要么自有,要么提供有效的租用合同。在评审中,发现某投标人对仪器的租用合同已过期,因而该投标被否决。

第五章 工程招标、投标与评标及合同管理

510. 什么是细微偏差？

答： 细微偏差是指投标文件在实质上响应招标文件要求，但在个别地方存在漏项或提供了不完整的技术信息和数据等情况，且对其补正不会对其他投标人造成不公平的结果。细微偏差不影响投标文件的有效性。

511. 拒不按照要求对投标文件进行澄清或补正的，评标委员会是否可以否决其投标？

答： 可以否决其投标。

512. 如何确定经初步评审合格的投标文件？

答： 凡存在重大偏差的投标文件均作废标处理；只存在细微偏差的应要求书面澄清、补正，并由法定代表人或其委托代理人签名，拒不澄清、补正的，可做不利于投标人的评审；凡未被废标的投标文件即为经初步评审合格的投标文件。

513. 评审有哪些类别？

答： 无论是货物与服务采购还是工程招标投标的评审，或是科研科技项目招标投标、自然科学基金项目申请的评审，评审的方式有以下几种：

（1）单因素评审法、多因素评审法。前者在同等条件下只考虑一种因素（包括最低投标价法、固定低价评标法）；而后者在同等条件下同时考虑两种以上因素或先后考虑不同的因素，也称综合评估法（包括综合评分法、综合评议法、性价比法、价分比法、分步评审法及最低评标价法）。

（2）定性评审法、定量评审法。评审方式依据评审因素是否量化可分为两大类：定性评审法和定量评审法。定性评审法是指对所考虑的要素因难以量化或无须量化而未予量化的评审方法；定量评审法是指对所考虑的要素至少有部分量化的评审方法。定量评审法是一种相对客观、较为精确、评审结果可依据量化指标排序的评审方式；定性评审法是一种相对主观的评审方式，若评审对象差异很大、所考虑的因素难以量化时，宜采用定性评审法。

以2010年国家自然科学基金面上项目（生命科学部、医学科学部）的同行评议为例，评议人需对科学意义或应用前景、学术思想的创新性、项目的研究内容（包括研究内容是否合适、研究重点是否突出、所选择的关键问题是否准确）、总体研究方案与研究组的研究能力（包括项目主持人和主要人员的研究能力、研究基础、人员组成和试验条件）这五方面参照四个等级的衡量标准进行评议，并最终形成优、良、中或差的综合评价意

见，以及优先资助、可资助或不予资助的评议结论。此专家评议方式就属于定性评审。

综合评议法与固定低价评标法属于定性评审法；而最低评标价法、综合评分法、性价比法与价分比法均属于定量评审法。

在综合评分法、性价比法与价分比法中，得分由客观分和主观分构成。客观分是指当按照一定的评审规则进行评审时，分数本身并不取决于评委的主观评价的得分，即所有评委都应给出相同的分数；主观分是指即使当按照相同的评审规则进行评审时，分数会因评委的主观评价相异而不同，即不同的评委可能会给出不同的分数，甚至同一评委可能会在不同的时间给出不同的分数。

（3）独立评审法、联合评审法。评审方式依据评审者是否独自做出评审结论可分为两大类：独立评审法和联合评审法。独立评审法是指不允许讨论，评审者需独自对所有评审材料做出评审结论的方式，此时评审者仅对自己的评审结论负责；联合评审法是指成立评审小组或评标委员会后对所有评审材料做出评审结论的方式，评审期间可以或应当先分工，并对招标文件与投标文件进行必要的讨论，评审者对整个评审结论共同负责。若评委对评审结论有分歧，则须对表决结果进行署名。科技项目（包括国家自然科学基金）的自由申报的外审（同行评议）均为独立评审，而政府采购项目、工程招标与科技项目招标的评审均为联合评审法。

（4）集中评审法、通信评审法。评审方式依据评审者是否被集中可分为两大类：集中评审法和通信评审法。集中评审既可能是独立评审，也可能是联合评审。集中评审法的费用较高，但利于保密与监督，通常招标都采用集中评审法，评审期间通信工具须集中管理；通信评审法的费用较低，尤其是省去了大量的交通住宿费用，但不利于保密与监督。科技项目的自由申报的同行评议目前都逐步采用通信评审，评审者利用用户名与密码进行在线评审。科技论文的同行评审均采取通信评审，有的可以通过投稿系统进行在线评审。

（5）开放式评审法、匿名评审法、双盲评审法。评审方式依据评审者的姓名与被评审者的姓名（或单位名称）是否被公开可分为两大类：开放式评审法和匿名评审法，其中既不向被评审者公布评审者的姓名，也不向评审者公布被评审者的姓名的评审方式称为双盲评审法。机电产品国际招标的招标文件的审核就采用了双盲评审的方式。

在设计、施工招标中，通常对投标人的设计方案与施工组织方案进行匿名评审，在完成全部评审后，经公证人员监督才予开封（利用电子评标系统时，在完成匿名评审后则由评标委员会主任点击"拆封"，此后评审结论无法再修改）。而评委的名单在评审结束之前是保密的，故上述的评审仍属于双盲评审。

科学论文的评审多采用匿名评审法与双盲评审法（主要在国外），对一些争议性较大的论文或较新的研究领域的论文也使用开放式评审法。国家自然科学基金的同行评审为匿名评审，评议意见表的右下侧只有评议专家的代号，仅评审结果向项目申请者与专家组公布，评议专家的姓名并不公布。

514. 有哪两款定标法则？

答：《政府采购法》和《招标投标法》是政府采购和招标投标领域中仅有的两部法律（其他为行政法规、部门规章和地方法规），其中《政府采购法》没有列出评标定标规则、方法，而《招标投标法》的第四十一条列出了两款评标定标规则，因而可以将这两款评标定标规则称为定标法则。本书将其第一款即"能够最大限度地满足招标文件中规定的各项综合评价标准"称为定标法则①，将其第二款即"能够满足招标文件的实质性要求，并且经评审的投标价格最低；但是投标价格低于成本的除外"称为定标法则②。

有的误将上述定标法则称为评标方法。事实上，定标法则不同于评标方法，因为定标法则是较为原则性的，是必须遵守的，而评标方法较具体，是一种实施办法，是可以选择的，即定标法则是评标方法的基础，评标方法是定标法则的具体应用。有的规章对定标法则的理解出现了偏差，例如《政府采购货物和服务招标投标管理办法》把最低投标价法误作最低评标价法。

515. 有哪四类评标方法？与定标法则有什么对应关系？

答：按照定标所采用的排序依据可以分为四类：分值评审法（以分值排序，包括综合评分法、性价比法）、价格评审法（以价格排序，包括最低评标价法、最低投标价法、价分比法等）、综合评议法（以总体优劣排序）与分步评审法（先以技术分和商务分为衡量标准确定入围的投标人，再以他们的报价排序）。其中，分值评审法、综合评议法与分部评审法与《招标投标法》的定标法则①相对应，最低投标价法与《招标投标法》的定标法则②相对应。

516. 各部委所规定的评标方法有哪些？

答：各部委所规定的评标方法涉及分值评审法与价格评审法等，见表5-9。

表5-9 各部委规定的评标方法

规定评标方法的各部委	各部委所规定的评标方法
九部委（中华人民共和国国家发展和改革委员会、中华人民共和国工业和信息化部、中华人民共和国财政部、中华人民共和国住房和城乡建设部、中华人民共和国交通运输部等）令第23号	最低投标价法、综合评估法等
财政部	最低投标价法、综合评分法、性价比法

（续）

规定评标方法的各部委	各部委所规定的评标方法
商务部	最低评标价法、综合评分法
交通运输部	综合评分法、最低评标价法、评标价的直线内插法、双信封评标法、固定标价评分法、计分法、综合评议法等
工业和信息化部	最低投标价法、综合评估（分）法
科技部	综合评标法

517. 什么是综合评分法？

答： 综合评分法是指在满足招标文件实质性要求的条件下，依据招标文件中规定的各项因素进行综合评审，以评审总得分最高的投标人作为中标（候选）人的评标方法。采用综合评分法时，评委应附上评分比较一览表。

综合评分所涉及的因素包括：价格因素（有的涉及算术修正、汇率折算等）、技术因素、商务因素（财务状况、信誉、业绩、服务等）。

$$S（评标总得分）=\sum_{i=1}^{n}F_i \times W_i$$

其中，F_i 为各项评审因素汇总得分；W_i 为相应的权重（$\sum_{i=1}^{n}W_i=1$）。

政府采购（狭义）中，货物项目的价格分值的权重 $W_{价格}$ 为30%～60%，服务项目的价格分值的权重 $W_{价格}$ 为10%～30%（对于执行统一价格标准的服务项目，$W_{价格}$ 为0）。

综合评分法考虑的因素较全面，也简便易行，尤其适合价格要素的权重≤0.6、其他评审要素难以用金额表征的评审，但某些评审要素的权重及评分高低都或多或少带有主观性。综合评分法多用于一般货物、服务、工程勘察、工程设计、工程监理与招标代理等的采购，工程设备的采购因技术规格不一而较少使用综合评分法，工厂成套设备的采购一般不宜使用综合评分法，但价格要素的权重≤0.6、技术上有特殊要求的设备宜使用综合评分法。

在采用综合评分法等方法时，常会涉及四舍五入，此时应严格遵循招标文件的规定，若招标文件没有详细规定，则应在评审前先行统一。在日常生活中，多使用四舍五入的方法，但在统计中，有时采用"四舍六入五看前位"的方法，如8.124≈8.12，8.126≈8.13，8.125≈8.12，8.135≈8.14。

案例5-60

某工程招标，招标文件规定计算分数时四舍五入取小数点后两位，但评委将计算模式设置为自动取小数点后两位，导致投标人的得分排序出现了偏差。

518. 什么是性价比法？

答：性价比法是指在满足招标文件实质性要求的条件下，依据招标文件中规定的除价格以外的各项因素进行综合评审，以所得总分除以该投标人的投标报价，所得商数（评标总得分）最高的投标人为中标（候选）人的评标方法。采用性价比法时，评委应附上总分或性价比得分的比较一览表。

$$S（评标总得分）= \frac{1}{p} \sum_{i=1}^{n} F_i \times W_i$$

其中，W_i 为相应的权重 $(\sum_{i=1}^{n} W_i = 1)$；p 为投标报价；F_i 为价格以外的各项评审因素汇总得分。

519. 什么是价分比法？

答：价分比法是指在满足招标文件实质性要求的条件下，依据招标文件中规定的除价格以外的各项因素进行综合评审，以该投标人的投标报价除以所得总分，所得商数（评标价）最低的投标人为中标（候选）人的评标方法。

$$P（评标价）= \frac{p}{\sum_{i=1}^{n} F_i \times W_i}$$

其中，W_i 为相应的权重 $(\sum_{i=1}^{n} W_i = 1)$；p 为投标报价；F_i 为价格以外的各项评审因素汇总得分。

例题5-4

某次招标，有三家合格投标人，投标人甲、乙、丙的报价分别为52万元、48万元、45万元。价分比见表5-10。

表 5-10 三家合格投标人的价分比

评审标准	分值	投标人甲	投标人乙	投标人丙
船体制造	30	25	25	20
动力系统	30	25	20	20
冷冻设备	20	15	15	15
售后及零件供应	15	10	10	15
标准化	5	5	5	5
合计	100	80	75	75
报价/万元		52	48	45
价分比		65	64	60
中标（候选）人排名		3	2	1

520. 什么是综合评议法？

答：综合评议法是指在满足招标文件实质性要求的条件下，评委依据招标文件规定的评审因素进行定性评议，从而确定中标（候选）人的评审方法。综合评议法主要用于所考虑的因素难以量化的评审（如一定价位的计算机采购，某些监理项目与科技项目的招标），与其他评审方法不同，是一种完全定性的评审方法。若中标（候选）人的确定有分歧，则需要投票表决；若分歧过大、票数不能过半时，则无法产生中标（候选）人。建筑工程方案设计的评标方法中的综合评议法包括记名投票法、排序法（详见本书问答第707条和第708条）。

521. 什么是最低投标价法？

答：最低投标价法是指在满足招标文件实质性要求的条件下，投标报价最低的投标人作为中标（候选）人的评审方法。最低投标价法主要适用于技术规格通用、质量性能有标准的货物与建材的采购。政府采购的询价就是使用最低投标价法，经评审合格后，报价是唯一衡量的要素。评审结果应附上投标人的报价比较一览表。

522. 什么是经评审的最低投标价法？

答：经评审的最低投标价法是指在满足招标文件实质性要求的条件下，评委对投标报价以外的价值因素进行量化并折算成相应的价格，再与报价合并计算得到折算投标价，从中确定折算投标价最低的投标人作为中标（候选）人的评审方法。经评审的最低投标价法适用于技术规格通用、质量性能有标准的或无特殊技术与质量要求的项目采购，评委无需对投标文件中的技术因素进行价格折算。评审结果都应附上价格比较一览表。

经评审的最低投标价法的折算因素包括：支付条件（支付手段——币种，支付方式——是否可以延期），运费及保险费，竣工期提前（交货提前一般不考虑优惠），零部件及售后服务，设备、工厂的运转与维护，其他的价格调整因素（如总包优惠）。

例题5-5（运费折价）

经评审合格的三个投标人中，投标人甲对招标人所需设备的报价为15万元（含到交货地点的保险），交货地点为离招标人所在地220公里的某码头，从码头至招标人所在地的运费（含保险）约为2千元；投标人乙对该设备的报价为15.5万元（含到交货地点的保险），交货地点为招标人所在地；投标人丙对该设备的报价为16万元（含到交货地点的保险），交货地点为离招标人所在地90公里的某物流中心，从物流中心至招标人所在地的运费约为1千元（含保险）。调整后的价格见表5-11。

表 5-11　价格比较一览

报价、价格调整、排名	投标人甲	投标人乙	投标人丙
报价/万元	15	15.5	16
运费及保险/万元	+0.2	0	+0.1
经评审的投标价/万元	15.2	15.5	16.1
中标（候选）人排名	1	2	3

例题5-6（延期与零部件折价）

采购人委托采购一台设备，招标文件允许交货期有偏离，但不得超过30日，且交货期每延长10日，评标价格就增加0.5%；备品、备件以投标人供货范围相一致的部分的数量为基准，超出部分则参照数量多的投标文件的分项报价中备品、备件的单价进行折算。经评审，有两家代理同品牌同型号设备的投标人进入价格评审环节。其中，投标人甲的报价为50万元，交货期延长了20日；投标人乙的报价为53万元，但多出一批备品、备件，其价格为2万元。调整后的价格见表5-12。

表 5-12　价格比较一览

报价、价格调整、排名	投标人甲	投标人乙
报价/万元	50	53
交货期偏差折算/万元	+0.5	0
备品、备件折算/万元	+2	0
经评审的投标价/万元	52.5	53
中标（候选）人排名	1	2

例题5-7（延期折价与总包优惠）

某工程项目分A、B两标段，招标文件规定工期均为24个月，若超期则均不得超出12个月；且无论任何一个标段，每超期1个月，应折价10万元。此外，可以考虑两标段的总包优惠。表5-13是投标人的投标报价与工期。价格比较一览表、总价矩阵分别见表5-14、表5-15。

表 5-13 投标人的投标报价与工期

报价及工期	投标人甲	投标人乙	投标人丙	投标人丁	投标人戊
标段A（报价：万元；工期：月）	800；24	780；24	/	790；24	/
标段B（报价：万元；工期：月）	600；24	620；24	580；24	/	560；30
标段A+B（报价：万元；工期：月）	−5%；26/28	−10%；28/28	/	/	/

表 5-14 价格比较一览

报价、价格调整	投标人甲	投标人乙	投标人丙	投标人丁	投标人戊
标段A报价/万元	800	780	/	790	/
延期折算/万元	0	0	/	0	/
经评审的投标价/万元	800	780	/	790	/
标段B报价/万元	600	620	580	/	560
延期折算/万元	0	0	0	/	+60
经评审的投标价/万元	600	620	580	/	620
标段A+B报价/万元	1330	1260	/	/	/
延期折算/万元	+60	+80	/	/	/
经评审的投标价/万元	1390	1340	/	/	/

表 5-15 总价矩阵

单位/万元	投标人甲：B标段	投标人乙：B标段	投标人丙：B标段	投标人丁：B标段	投标人戊：B标段
投标人甲：标段A	1390	1420	1380	/	1420
投标人乙：标段A	1380	1340	1360	/	1400
投标人丙：标段A	/	/	/	/	/
投标人丁：标段A	1390	1410	1370	/	1410
投标人戊：标段A	/	/	/	/	/

经评审的投标价排序：1340（投标人乙：A标段+B标段）＜1360（投标人乙：A标段；投标人丙：B标段）＜1370（投标人丁：A标段；投标人丙：B标段）

例题5-8（终值折算）

　　某工程招标，可按照投标人要求给予投标人不超过20%的预付款。在评标开始后2个月签订合同，合同签订2个月支付预付款。预付款须从其被支付后4个月开始分20个月等额归还（不计息）。招标文件规定年贴现率12.68%。投标人甲与投标人乙进入价格评审环节，其中投标人甲报价1亿元，要求支付20%的预付款；投标人乙报价1.02亿元，要求支付10%的预付款。求经评审的投标价。

解：（1）先求月利率：$i = \sqrt[12]{1.1268} - 1 = 1\%$

（2）依据本书问答第470条的 $V_c = P \times (1+i)^n$ 求对投标人甲的预付款的现值。

预付款为10000万元×20%=2000万元；计息周期为4个月

故 $P_{y(甲)} = \dfrac{2000}{(1+0.01)^4}$ 万元 = 1922万元

（3）依据本书问答第472条的 $V_{c\overline{n}} = P \times \dfrac{(1+i)^n \times i}{(1+i)^n - 1}$ 及本书问答第470条的 $V_c = P \times (1+i)^n$ 计算投标人甲对预付款的还款现值

等额还款值为2000/20万元=100万元

故 $P_{h(甲)} = \dfrac{100 \times [(1+0.01)^{20} - 1]}{0.01 \times (1+0.01)^{20}} \times \dfrac{1}{(1+0.01)^4}$ 万元 = 1877万元

（4）求对投标人乙的预付款的现值

预付款为10200万元×10%=1020万元，计息周期为4个月

故 $P_{y(乙)} = \dfrac{1020}{(1+0.01)^4}$ 万元 = 980万元

（5）计算投标人乙对预付款的还款现值

等额还款值为1020/20万元=51万元

故 $P_{h(乙)} = \dfrac{51 \times [(1+0.01)^{20} - 1]}{0.01 \times (1+0.01)^{20}} \times \dfrac{1}{(1+0.01)^4}$ 万元 = 957万元

（6）经评审的投标价见表5-16

表5-16 价格比较一览

报价、价格调整、排名	投标人甲	投标人乙
报价/万元	10000	10200
预付款/万元	2000	1020
预付款现值/万元	1922	980
还款现值/万元	1877	957
折算/万元=预付款现值−还款现值	+45	+23
经评审的投标价/万元	10045	10223
中标（候选）人排名	1	2

523. 什么是最低评标价法？

答： 最低评标价法是指在满足招标文件实质性要求的条件下，评委对投标报价以外的商务因素与技术因素进行量化并折算成相应的价格，再与报价合并计算得到评标价，

从中确定评标价最低的投标人作为中标（候选）人的评审方法。最低评标价法适用于技术规格不完全通用与质量性能无统一标准的项目。

最低评标价法与经评审的最低投标价法的最大差异在于前者将技术因素进行折算，故前者也可称为经扩大评审的最低投标价法。经过折算后，投标价与评标价会有很大差异，有时报价最高的投标人的评标价最低，而报价最低的投标人的评标价最高。评审结果都应附上价格比较一览表。

例题5-9

某火电厂招标采购锅炉成套设备，有三家投标人满足招标文件，但几项主要技术参数均有不同程度的偏离，故将每一项技术参数中负偏离最少的数值设为基准进行价格折算，其中：锅炉热效每相差1%，价格调整2500万元；再热系统管道压降每相差1×10^5Pa，价格调整5000万元；锅炉及主蒸汽管道压降每相差1×10^5Pa，价格调整100万元；用电每相差1kW，价格调整1万元。调整后的价格见表5-17。

表5-17 价格比较一览

报价、价格调整、排名	投标人甲	投标人乙	投标人丙
报价/万元	40500	40000	37500
锅炉热效（%）	90.4%	90.8%	90%
折价/万元	+1000	0	+2000
再热系统管道压降/10^5Pa	2.5	2.8	3.2
折价/万元	0	+1500	+3500
锅炉及主蒸汽管道压降/10^5Pa	25	24	24.5
折价/万元	+100	0	+50
用电/kW	6000	8000	7500
折价/万元	0	+2000	+1500
评标价/万元	41600	43500	44550
中标（候选）人排名	1	2	3

524. 什么是设备运行年限评标法？

答：设备运行年限评标法是指在满足招标文件实质性要求的条件下，在最低评标价法的基础上考虑运行的年限及其运行与维护费用和贴现率。在具体的评审中，应首先确定一个统一的设备评审寿命期，为便于计算，可以选择运行年限最短的设备的寿命期为

第五章 工程招标、投标与评标及合同管理

基准来对其他投标人的设备的残值进行计算，并从他们的报价中予以扣除。通常，招标文件会规定贴现率，所有的价格都应折算成净现值，再计入评标价中，例如投标人甲的设备A的运行年限与报价均为投标人乙的设备B的一半，运行、维护费用等相同，若规定了贴现率，则设备A的评标价比设备B的评标价更低。

设备运行年限评标法主要用于工厂设备，尤其是成套生产线的采购及车辆等后期运行与维护费用较高的采购项目。某些车辆的采购费用与运行维护费用之比可达1：3或更高，故须考虑后期的运行维护费，同时应计算贴现率。

525. 什么是固定低价评标法？

答： 固定低价评标法是指投标人的报价必须等于招标人发布的合理低价，当投标文件满足招标文件的其他实质性要求时，就进入随机抽取中标人的环节的评标方式。若投标人的报价不等于招标人发布的合理低价，则作为废标。通常，投标人须按照招标人的要求提供工程合理低价确认函，以替代单位工程费汇总表等各种价格表。固定低价评标法是固定低价招标法中特有的评标方法，仅见于政府采购的小型工程。

> **案例5-61**
>
> 在某工程施工招标中，招标文件规定采用了固定低价评标法进行评审，其公布的合理低价仅比审核价低几千元，结果有一个投标人按照审核价报价，在商务评审时该投标文件随即被作为废标。

526. 什么是组合低价评标法？

答： 组合低价评标法是组合低价标底法（也称为经抽取系数的低价投标价法）中特有的评标方法，基于预先公布的成本预测价，通过开标后系数与权数的随机抽取计算出组合低价，以组合低价至其向上浮动至某一点的区间作为合理低价区间；最后对报价属于合理低价区间的投标人进行随机抽取，从而确定中标人。超过工程预算价（非政府采购）或审核价（政府采购）的报价均为废标。采用组合低价评标法时，常需计算不平衡报价与统计漏项，从而计算低价风险金。组合低价评标法的具体计算公式为

组合低价 $\quad L = cDw + M(1-w)$

其中：c 为小于1的成本预测价的调节系数；D 为预先公布的成本预测价；w 为权数；M 为有效报价均值。c 和 w 由现场抽取：$c = \{0.85, 0.86, \cdots, 0.99\}$，$w = \{0.3, 0.4, \cdots, 0.7\}$。

标底 $= [L, c'L]$，$c' = 1.005$（不同的招标文件中，c、w、c' 的取值范围有所差异）。

例题5-10

某政府融资施工项目招标，采用组合低价评标法，所发布的合理限价为工程审核价，即1333.2万元，所发布的成本预测价为1010.2万元。招标文件规定w、c均由现场抽取，M取去掉高于成本预测价的投标报价及低于成本预测价85%的投标报价之后依照报价从低至高排序而排在后面的90%的投标人的报价的算术平均值。在计算90%的投标人的报价时，投标人数出现小数的，则四舍五入，M经四舍五入后保留小数点后两位。共有十位投标人报价（表5-18）。经开标后现场抽取有，$c=0.9$，$w=0.4$。

表 5-18　投标人的报价

投标人	甲	乙	丙	丁	戊	己	庚	辛	壬	癸
报价/万元	1010	850	900	1333.3	1000	1010.2	858.67	950	909	920

解：（1）首先确定M范围内的投标报价并计算M。位于成本预测价85%至成本预测价的报价（万元）从低到高分别是：858.67万元、900万元、909万元、920万元、950万元、1000万元、1010万元、1010.2万元，此时共有八家投标人，因而

$$M = （900+909+920+950+1000+1010+1010.2）万元 / 7 = 957.03万元$$

（2）计算L并确定合理低价区间

$$L = cDw + M(1-w) = 0.9 \times 1010.2万元 \times 0.4 + 957.03万元 \times (1-0.4)$$
$$= 937.89万元$$

合理低价区间/万元 $= [L, c'L] = [937.89, 1.005 \times 937.89] = [937.89, 942.58]$

（3）由于无任何报价位于标底范围，故没有任何投标人进入随机抽取中标人的环节，本次招标失败。

从上述例子可以看出，组合低价评标法的标底（组合低价）难以预测，不存在泄密，但如果投标人不善于报价，或招标人本身确定的成本预测价较低，则容易导致招标失败。此外，由于商务标的评审专家常需计算不平衡报价与统计漏项，从而计算低价风险金，故商务标的评审不可能等技术标评完之后才开始，因而在计算M时，M的取值范围在理论上会包括技术标被废标的投标报价（这有些欠妥）。

在上述计算公式（1）中，因$c<1$，$M \leq D$，故$L = cDw + M(1-w) < Dw + D(1-w) = D$，即$L<D$。

有的招标文件将D（成本预测价）称为成本预警价并不妥，因为这意味着有的投标人将以低于成本预警价的投标报价中标，这有悖于《招标投标法》。

有的招标文件规定若没有一个投标人的报价位于合理低价区间，则以有效报价中高于且最接近合理低价区间的投标人报价为中标价。

527. 对备选标进行评审的前提是什么？

答： 该投标人为中标（候选）人。

> **案例5-62**
>
> 某工程的招标文件要求投标有效期为90日，投标人甲、乙、丙均为合格的投标人，他们的报价分别是0.98亿元、1亿元和1.02亿元。投标人乙在投标文件中提出，若评标及授予合同能在60日内完成，则愿意优惠5%。在本案例中，投标人乙的报价虽然不是最低的，但若其经评审的投标价最低，则其备选标可被考虑，否则其备选标是不能被考虑的。

528. 对投标人的改进方案进行评审的前提是什么？

答： 该投标人的原投标方案合格。

> **案例5-63**
>
> 某集装箱仓库屋顶招标，允许投标人提出改进方案，但不得改变仓库外形和下部结构。某公司的投标文件合格，报价位居第五，但改进方案能明显降低工程造价与缩短工期。经业主派专家实地考察，确认改进方案美观、可行，故决定将合同授予该公司。

529. 如何进行整体授标的评审？

答： 对于划分为多个施工单项合同的招标项目，招标文件允许投标人为获得整个项目合同而提出优惠的，评标委员会可以对投标人提出的优惠进行审查，以决定是否将招标项目作为一个整体合同授予中标人。将招标项目作为一个整体合同授予的，整体合同中标人的投标最有利于招标人。在例题5-7中，经评审的投标价（万元）排序：1340（投标人乙：A标段+B标段）＜1360（投标人乙：A标段；投标人丙：B标段）＜1370（投标人丁：A标段；投标人丙：B标段），故应将合同授予投标人乙，此时对招标人最有利。

530. 评标有哪些技巧和注意事项？

答：（1）做好充分的评标准备。对于包含多个标段或多个单项工程的项目评审，或设计施工总招标项目，在评审前应注意做好评标前的准备工作，包括推选有经验的评标专家为评标委员会主任；根据专业、人数等进行分工；将招标文件及附件、答疑纪要、修改纪要进行汇总；在研读招标文件等资料时，用色笔、荧光笔标记重要条款，尤其是与以往不同的废标条款。评分标准不够细化的则要先细化，否则不同评委之间的评审结果会出现很大分歧，此时不仅会浪费时间，且很难调整。将所有投标文本分类整理，并确保在评审过程中始终保持一定的次序。

案例5-64

某次政府采购评审，资格审查的内容较多、要求较细（如审核车辆的行驶证原件）。根据招标文件的规定，投标人还须答辩，只有资格审查与答辩都通过的投标人的报价才能作为有效报价，从而界定中标价。故在资格审查的过程中，采用分组的形式，这样就节省了一半的时间。

（2）评审中做好充分讨论。评审中应充分讨论，让评标委员会成员分别发表自己的观点，这在设计评审中或采用综合评议法评审时必不可缺。充分讨论有助于防止个别评委未仔细阅读招标文件就进行评审而造成的失误，能防止个别评委在评审中的片面性和主观性，能统一评审的标准（包括评分标准、废标的界定），并最终确保评审公平、公正、合理、科学。充分讨论对较少参加评标的评委特别重要。

（3）先评容易废标的部分。当评审包含多个标段或有很多投标人参加投标的项目时，可能需要面对几百份投标文本，故确保评审质量的快速评审是很重要的，因为评审到后面容易疲乏，这对评审是很不利的。此时，就同一个投标文本而言，可以选择其中时常被废标的部分先予评审。通常，只要有一项不合格、不满足或不可行，整个投标文件就会被否决。也有少数地方规定需要有两项不合格、不满足或不可行，投标才能被否决，曾出现评委未仔细阅读招标文件的这一规定而将一项不合格的投标文件否决而遭投诉的事例。

（4）废标的复核、共同确认。无论招标文件是否规定主审、复审，涉及废标的，每一位评委必须亲自确认废标的结论（包括废标的依据、废标的理由及其表述）。若不能达成共识，则投票表决，在投票时，评标委员会主任或有经验的评标专家应提醒表决是记名的。分歧的两方中只要有一方的理由是充足的，即使这一方仅占少数甚至只有一位评标专家，那么只要表决是记名的，其他评委也会慎重考虑做出最后的决定。曾有评委讨论难以达成废标或不废标的共识，但在开始记名投票表决方案时又达成废标或不废标的共识的事例。

（5）先评客观分、后评主观分。在分值评审法和价分法的评审中，将评分项区分为客观分和主观分，在细化评分标准的基础上先评客观分，客观分评审结束后才转入主观分的评审，这样才能确保评分的合理与科学。在主观分的评审中，通过去掉每一分项的最高分和最低分，能使评审结果更为可靠，但前提是评委不少于五人。此外，可以通过离散化的评分方法来保证评审的可重复性，增强其合理性与科学性。

（6）匿名文本的拆封。只有完成了对匿名文本的废标确认并全体签字，以及对匿名文本的评分确认并全体签字，才能对匿名文本进行拆封。曾有评委未全部签字就拆封，而个别评委又不同意原来的评审结论的事例。

（7）评分的汇总、评标价的计算。在计算与汇总中，应使用不同的计算器进行计算和校验。曾出现因计算器有故障而导致评分汇总错误的情况。在采用电子评标时，可以对自动生成的总分进行校验，见案例5-50。

531. 离散型的评标方法有什么意义？

答：在主观分的评审中，若将评委对同一家投标人的同一分项的每一次评分都看成一次"试验"，那么"试验"的结果至少在总体上应能重复，否则有违公平、公正的评审原则。若采用连续型的分值对多个投标人的所有分项进行评审，那么该"试验"的结果是难以重复的，故可采用离散型的评分方法：即先将各档（如优、良、中、差）设定为离散型的固定分值，一般将最高的一档直接设为满分，最差的一档设为最低分（0分或基本分），当投标文件的某一分项被评为优、良、中或差时，该分项就会得到相应的分值。显然，如果评委第一次没有误判，那么不管该评委此后重复评审多少次，都能得到和原来相同的评审结果。

上述离散型的评分方法实际上是借助了模糊数学的阈值概念。模糊数学是应用数学的重要分支之一，已应用于农业生产与开采矿山等诸多领域。当条件不充分时，则利用概率与数理统计的方法来解决问题；当边界不清晰时，则利用模糊数学来解决问题，因而主观分的评审的离散型评分方法是具备数学基础的，不仅能使评审结果重复，也能防止评标专家自由裁量权过大。

在日常生活中，主观分评审的情形较常见，例如作文的评审。但评标中主观分的评审与作文的评审有很大差异，后者的评审者是语文老师，若在一年中布置20篇作文，则一位只教50名学生的语文老师就要审查1000篇（份）作文，而一位评标专家在一年之中是绝不可能参与如此大量的评审的，故评委的评审技巧（而非专业）与熟练程度都会受到客观限制。此外，在作文的考试评审中，常选定一些标准样卷，但在评标中却难以如此操作，因而离散型的评分方法是很重要的，尤其对较少参与评标的评委（特别是招标人代表）就更为重要。

532. 定标的前提是什么？

答：不同项目有不同的要求，在货物、服务的招标采购中，符合专业条件的供应商且对招标文件做实质响应的供应商不得少于三家；在工程项目的招标中，有效投标不应少于三家或若不足三家但仍有竞争性，例如在固定低价或组合低价招标中，若经评审只有一家合格的投标人，仍可确定其为中标（候选）人。

533. 什么情形下评标委员会可以否决所有投标？

答：若所有投标都不符合招标文件的要求，或有效投标不足三家且缺乏竞争性，则应否决所有投标。

534. 废标和流标有什么区别？

答：废标是指投标文件不符有关的法律法规和规章的规定或招标文件的实质性要求；流标是指投标人不足三家，或所有投标都被否决（全部或部分投标文件为废标）。

535. 定标有哪些途径、模式？

答：定标途径分为两种：依据评分、评议结果或评审价格直接产生中标（候选）人；经评审合格后以随机抽取的方式产生中标（候选）人，如固定低价评标法与组合低价评标法。

定标模式分为两种：经授权、由评标委员会直接确定中标人；未经授权，评标委员会向招标人推荐中标候选人。

无论采用何种定标途径、定标模式与评标方法，对于法定采购项目（依据《政府采购法》或《招标投标法》及其配套法规、规章规定必须招标采购的项目），招标人既不得在评标委员会依法推荐的中标候选人之外确定中标人，也不得在所有投标被评标委员会否决后自行确定中标人，否则中标无效，招标人还会受到相应处理。对于非法定采购项目，若采用公开招标或邀请招标，那么招标人如果在评标委员会依法推荐的中标候选人之外确定中标人的，也将承担法律责任。

536. 定标的方法是什么？

答：评标委员会推荐的中标候选人为1~3人（科技项目、科研课题一般只推荐1名中标候选人），须有排列顺序。对于法定采购项目，招标人应确定排名第一的中标候选人为中标人。若第一中标候选人放弃中标，因不可抗力提出不能履行合同，或招标文件规定应提交履约保证金而未在规定期限内提交的，招标人可以确定第二中标候选人为中标人。第二中标候选人因前述同样原因不能签订合同的，招标人可以确定第三中标候选人为中标人。

537. 工程评标如何编写评标报告？

答： 评标委员会根据全体评委签字的原始评标记录和评标结果编写评标报告并全体签字，评标报告的主要内容包括：基本情况和数据表（包括招标项目名称，刊登的媒体名称，开标日期和地点等）；评委名单及签到表；评标方法和标准或评标因素一览表；开标记录；符合要求的投标一览表；废标汇总表（包括废标原因）；经评审的价格或评分比较一览表；中标（候选）人及排序；签订合同前需处理的事宜；澄清、说明与补正事项纪要。

对评标结论持异议的评委可书面阐述其不同意见和理由，评标委员会应对此做出书面说明并做记录。

538. 评标专家应具备什么条件？招标人代表是否可以作为评标专家？

答： 评标专家应具备的条件：从事相关专业领域工作满八年并具有高级职称或同等专业水平；熟悉有关招标投标的法律法规；能够认真、公正、诚实、廉洁地履行职责；身体健康，能够承担评标工作；法规规章规定的其他条件。

根据目前相关的法律、规章，招标人代表可以作为评标委员会的人选，但并非作为评标专家。对招标人代表是否可作为评标委员会的人选的争议非常大，有的地区已不允许招标人代表参加评标。

539. 评标专家库应具备什么条件？

答： 有符合规定条件的评标专家且专家总数不少于500人；有满足评标需要的专业分类；有满足异地抽取、随机抽取评标专家需要的必要设施和条件；有负责日常维护管理的专门机构和人员。

540. 评标委员会成员收受投标人的财物或其他好处的或透露评审情况的，将受到什么处罚？

答： 给予警告，没收收受的财物，可以并处三千元以上五万元以下的罚款，同时取消担任评标委员会成员的资格，不得再参加任何依法必须进行招标的项目的评标；构成犯罪的，依法追究刑事责任。

第四节 施工招标及策略

541．工程施工强制招标的规模标准是什么？

答：（1）全部或者部分使用国有资金投资或者国家融资的项目包括：使用预算资金200万元人民币以上，并且该资金占投资额10%以上的项目；或者，使用国有企业事业单位资金，并且该资金占控股或者主导地位的项目。

（2）使用国际组织或者外国政府贷款、援助资金的项目包括：使用世界银行、亚洲开发银行等国际组织贷款、援助资金的项目；或者，用外国政府及其机构贷款、援助资金的项目。

（3）不属于上述规定的大型基础设施、公用事业等关系社会公共利益、公众安全的项目（此类项目的界定详见问答第415条）。

（4）上述规定的项目，单项施工或同一项目中可以合并施工的合同估算价在400万元人民币以上。

542．依法必须进行招标的项目，什么情形下可以不招标？

答：属下列情形之一的，可以不进行施工招标：①涉及国家安全、国家秘密、抢险救灾或者属于利用扶贫资金实行以工代赈需要使用农民工等特殊情况，不适宜进行招标；②施工主要技术采用不可替代的专利或者专有技术；③已通过招标方式选定的特许经营项目投资人依法能够自行建设；④采购人依法能够自行建设；⑤在建工程追加的附属小型工程或者主体加层工程，原中标人仍具备承包能力，并且其他人承担将影响施工或者功能配套要求；⑥国家规定的其他情形。

543．进行工程施工招标的条件是什么？

答：招标人已依法成立；初步设计及概算需履行审批手续的，已获批准；有相应资金或资金来源已落实；有招标所需的设计图样及技术资料。

544．工程施工招标有哪两种方式？

答：公开招标、邀请招标。

第五章 工程招标、投标与评标及合同管理

545. 依法必须进行公开招标的项目，什么情形下可以采用邀请招标方式？

答： 下列情形之一经批准可进行邀请招标：①项目技术复杂或有特殊要求，或者受自然地域环境限制，只有少量潜在投标人可供选择；②涉及国家安全、国家秘密或者抢险救灾，适宜招标但不宜公开招标；③采用公开招标方式的费用占项目合同金额的比例过大。

546. 采用邀请招标方式应由什么部门批准？

答： 属于涉及国家安全、国家秘密或者抢险救灾，适宜招标但不宜公开招标的项目，由项目审批、核准部门在审批、核准项目时做出认定；其他项目由招标人申请有关行政监督部门做出认定。

547. 如何划分标段？

答：（1）依据项目具体内容：若内容差异很大、无相关性，且不适宜总包的，则应划分成不同标段。

（2）依据项目缓急程度：若项目很紧急，可划分成几个标段，以便有较多的人力、设备、物资投入。

（3）依据项目总量大小：若项目总量很大，即便是较单一的材料采购，也可以划分成几个标包，以便获得最优的采购条件。

（4）依据投标人实力：对潜在投标人进行调查，若有很多投标人在各方面都能满足项目要求，就可以少划分甚至不划分标段。

（5）分段招标：有一些大量物资需要陆续使用，或所需标的物较新颖，在招标管理中难以把握，此时可分段招标，以减少仓储费用；或基于第一次的招标经验再进行以后的招标。

（6）斜向分包：斜向分包既不同于竖向分包（将一个项目分成完全独立的几个标段或标包），也不同于横向分包（将一个项目依据工序分成相互关联的几个标段或标包），而是将竖向、横向分包进行动态组合。

> **案例5-65**
>
> 某电站需安装6台55万千瓦的发电机组，此时国内生产的发电机单机容量仅为32万千瓦，若不分包或单纯地采用纵向分包的方法，国内企业并不具备生产能力；若采用横向分包的方法，关键部件由国外企业生产，其他部件由国内企业生产，则难以获得国外先进技术。故采用一种斜向分包的方法，即第一台机组与第

二台机组的主要部件由国外企业生产，其他部件由国内企业生产，此后几台机组的主要部件逐步国产化，最后两台机组的主要部件均由国内企业生产。招标人据此提出投标人的资格条件：成功制造过40万千瓦的水轮机或44万千伏安的发电机，并成功运行两年以上；可独立或以联合体投标；成功制造过30万千瓦的发电机组的企业可以参与分包，且只能在投标前协议分包。最终，国内两大发电机生产厂商取得了分包。在本案例中，若由国内外厂商组成联合体投标，一旦这两家国内企业参加的联合体未中标，就无法让国内企业掌握国外的先进技术。

（7）便于管理：为便于管理，不宜将一个项目划分成过多的标段与标包，否则管理成本过高。有时可将一个项目划分成几个类似的标段与标包，以便于对项目的实施进行对比，也在中标人之间形成一种竞争。

案例5-66

某地的高等级公路项目包括数个特长桥、特长隧道及多个路段的施工，由于负责该项目的业主希望更专业的施工单位来参加投标，并且希望降低造价，故将该项目按照数个特长桥标段、特长桥隧道标段、路面标段和路基标段共计10个标段进行招标。由于当时的大公司缺乏施工实体，导致层层分包，而路基、路面的承包商对承包的路段质量相互推诿，故难以对施工进行有效监管。最终，项目建设延期并给业主带来了较大损失。

（8）将养护、维护任务分包给当地企业：对于养护、维护时期较长的项目，招标文件可要求外地投标人将养护、维护任务交由本地企业，以保证项目的后期质量。此做法有利于外地企业降低营运成本。

548. 什么是资格预审合格制？

答：资格预审合格制是资格预审的两种方式之一，对通过资格预审的人数没有限制，只要资格预审申请人通过了初步审查程序和详细审查程序，即可参加投标。

549. 什么是资格预审有限数量制？

答：资格预审有限数量制是资格预审的两种方式之一，对通过资格预审的人数有限制，若通过初步审查程序和详细审查程序的资格预审申请人的人数超出了资格预审文件所定的人数限制，将依据分数高低来确定通过资格预审的人选。

550. 工程施工招标的资格预审公告包括哪些内容？有无范本？

答： 包括：项目名称（及标段名称，若项目不止一个标段）；招标编号；招标条件（包括审核或备案的文号、资金来源与业主名称）；施工招标项目概况（包括建设地点、规模、计划工期与招标范围等）；申请人资格要求；资格预审方法；获取资格预审文件的时间、地点、方式及售价；递交资格申请书的截止时间及地点；发布公告的媒介名称；项目联系人的姓名和电话。

以下是由中华人民共和国国家发展和改革委员会、中华人民共和国财政部、中华人民共和国住房和城乡建设部等九部委（以下简称九部委）联合编制的施工招标的资格预审公告（略做改动，增加了"招标编号"一栏，删除了"持单位介绍信"）。

资格预审公告（代招标公告）

招标编号_____

_____（项目名称）_____标段施工招标公告

1. 招标条件

本招标项目_____（项目名称）已由_____（项目审批、核准或备案机关名称）以_____（批文名称及编号）批准建设，项目业主为_____，建设资金来自_____（资金来源），项目出资比例为_____，招标人为_____。项目已具备招标条件，现进行公开招标，特邀请有兴趣的潜在投标人（以下简称申请人）提出资格预审申请。

2. 项目概况与招标范围

_____（说明本次招标项目的建设地点、规模、计划工期、招标范围、标段划分等）。

3. 申请人资格要求

3.1 本次资格预审要求申请人具备_____资质，_____业绩，并在人员、设备、资金等方面具备相应的施工能力。

3.2 本次资格预审_____（接受或不接受）联合体资格预审申请。联合体申请资格预审的，应满足下列要求：_____。

3.3 各申请人可就上述标段中的_____（具体数量）个标段提出资格预审申请。

4. 资格预审方法

本次资格预审采用_____（合格制/有限数量制）。

5. 资格预审文件的获取

5.1 请申请人于____年__月__日至____年__月__日（法定公休日、法定节假日除外），每日上午__时至__时，下午__时至__时（北京时间，下同），在_____（详细地址）购买招标文件。

5.2 资格预审文件每套售价_____元，售后不退。

5.3 邮购资格预审文件的，需另加手续费（含邮费）_____元。招标人在收到单位介绍信和邮购款（含手续费）后_____日内寄送。

6. 资格预审申请文件的递交

6.1 递交资格预审申请文件截止时间（申请截止时间，下同）为____年__月__日__时__分，地点为_____。

6.2 逾期送达的或未送达指定地点的资格预审申请文件，招标人不予受理。

7. 发布公告的媒介

本次资格预审公告同时在_____（发布公告的媒介名称）上发布。

8. 联系方式

招标人：_____ 招标代理机构：_____
地址：_____ 地址：_____
邮编：_____ 邮编：_____
联系人：_____ 联系人：_____
电话：_____ 电话：_____
传真：_____ 传真：_____
电子邮件：_____ 电子邮件：_____
网址：_____ 网址：_____
开户银行：_____ 开户银行：_____
账号：_____ 账号：_____

____年__月__日

551. 施工招标的资格审查包括哪些内容？

答：包括一般性审查（如法人地位、企业信誉等）与专业审查（资质、能力、经验）。

552. 资质审查的基本要求是什么？

答： 投标人的施工资质应高于或与拟建工程项目的级别一致，应涵盖拟建工程项目的业务范围，不允许无资质证书的单位或低资质的单位越级承接施工业务，也不允许超范围承接施工业务。

553. 施工资质分为几类、几个等级？

答： 2020年11月经国务院常务会议审议通过，将10类施工总承包企业特级资质调整为施工综合资质，可承担各行业、各等级施工总承包业务；保留12类施工总承包资质，将民航工程的专业承包资质整合为施工总承包资质，其中，施工总承包甲级资质在本行业内承揽业务规模不受限制；将36类专业承包资质整合为18类；将施工劳务企业资质改为专业作业资质，由审批制改为备案制。具体如下：

资质类别	施工资质类型	等级
综合资质	综合资质	不分等级
施工总承包资质	建筑工程施工总承包、公路工程施工总承包、铁路工程施工总承包、港口与航道工程施工总承包、水利水电工程施工总承包、市政公用工程施工总承包、电力工程施工总承包、矿山工程施工总承包、冶金工程施工总承包、石油化工工程施工总承包、通信工程施工总承包、机电工程施工总承包、民航工程施工总承包	甲、乙级
专业承包资质	建筑装修装饰工程专业承包、建筑机电工程专业承包、公路工程类专业承包、港口与航道工程类专业承包、铁路电务电气化工程专业承包、水利水电工程类专业承包、地基基础工程专业承包、起重设备安装工程专业承包、防水防腐保温工程专业承包、桥梁工程专业承包、隧道工程专业承包、消防设施工程专业承包、古建筑工程专业承包、输变电工程专业承包、核工程专业承包	甲、乙级
	通用专业承包、预拌混凝土专业承包、模板脚手架专业承包	不分等级
专业作业资质	专业作业资质	不分等级

554. 工程监理资质分为几类、几个等级？

答： 2020年11月经国务院常务会议审议通过，对工程监理资质进行合并，调整后保留工程监理综合资质；取消专业资质中的水利水电工程、公路工程、港口与航道工程、农林工程资质，保留其余10类专业资质；取消事务所资质。具体如下：

资质类别	监理资质类型	等级
综合资质	综合资质	不分等级
专业资质	建筑工程专业、铁路工程专业、市政公用工程专业、电力工程专业、矿山工程专业、冶金工程专业、石油化工工程专业、通信工程专业、机电工程专业、民航工程专业	甲、乙级

555. 职业资格、从业资格和执业资格是什么关系？

答：职业资格包括从业资格和执业资格。从业资格是政府规定技术人员从事某种专业技术性工作的学识、技术和能力的基本条件，可通过学历认定或考试取得；而执业资格是政府对某些责任重大、社会通用性强与涉及公共利益的专业技术性工作实行的准入控制，是专业技术人员依法独立从事某种专业技术工作或独立开业的学识、技术和能力的必备条件，只能通过全国统考的考试取得。

556. 职业资格证书包括哪两类？它们的主要差别在哪里？

答：职业资格证书也相应分为从业资格证书和执业资格证书两种。执业资格实行注册登记制度，取得执业资格证书后，须在规定的期限内到指定的注册管理机构办理注册登记手续。所取得的执业资格经注册后，在全国范围内有效。

557. 建造师执业资格证书、建造师注册证书、建造师临时执业资格证书有什么区别？

答：早期对项目经理岗位的要求是持有项目经理证，此后取而代之的是注册的建造师证。建造师证包括：经考试合格取得的建造师执业资格证书（由建设主管部门和人事主管部门联合颁发，持证人被称为执业建造师）；取得建造师执业资格证书并经注册后所取得的建造师注册证书（由建设主管部门颁发，持证人被称为注册建造师）；由项目经理证过渡的建造师临时执业资格证书（由建设主管部门颁发，持证人被称为临时执业建造师）。

558. 建造师分为几级？各有哪些专业？

答：建造师分为一级建造师与二级建造师：一级建造师分为建筑工程、公路工程、铁路工程、民航机场工程、港口与航道工程、水利水电工程、市政公用工程、通信与广电工程、矿业工程、机电工程10个专业。原有的"房屋建筑、装饰装修"合并为"建筑工程"，"矿山、冶炼（土木部分内容）"合并为"矿业工程"，"电力、石油化工、机电安装、冶炼（机电部分内容）"合并为"机电工程"。二级建造师分为建筑工程、公路工程、水利水电工程、市政公用工程、矿业工程和机电工程6个专业（合并的类别同前）。

559. 如何选择施工招标中的项目经理？

答：应选择具有相关专业资质等级的注册建造师，且有类似建设项目的工作经验。

第五章　工程招标、投标与评标及合同管理

560. 除注册、临时执业建造师外，其他资格的人员是否可以作为项目经理的拟聘人选？

答：根据各地各类项目而定。在案例5-44中，项目经理居然可以由非专业的工程师或无专业划分的助理工程师来担任，工程质量恐难以保证。

561. 对潜在投标人的施工经验要求是否属于以不合理条件限制或排斥潜在投标人？

答：不属于。

562. 提高对潜在投标人的资质要求是否属于以不合理条件限制或排斥潜在投标人？

答：属于。

563. 为施工项目的前期准备或监理工作提供设计、咨询服务的法人及其附属机构是否能参与投标？

答：不能。

564. 招标文件或资格预审文件出售的最短时间是多少日？

答：5日。

565. 通过信息网络或其他媒介发布的招标文件与书面招标文件不一致时，以什么版本为准？

答：以书面招标文件为准，但招标人应保持书面招标文件原始正本的完好。

566. 工程施工的招标公告（资格后审）包括哪些内容？有无范本？

答：包括：项目名称（及标段名称，若项目不止一个标段）；招标编号；招标条件（包括审核或备案的文号、资金来源、业主名称）；招标项目概况（包括建设地点、规模、计划工期、招标范围等）；投标人资格要求；获取招标文件的时间、地点、方式及招标文件售价；投标截止时间、开标时间及地点；发布公告的媒介名称；项目联系人的姓名和电话。

有范本，以下是九部委联合编制的无资格预审的施工招标公告，略做改动（增加了"招标编号"一栏），以便招标机构进行档案管理，尤其是有的招标项目流标后又重新招标；删除了"持单位介绍信"；删除了"图样押金_____元，在退还图样时退还（不计利息）"，因为在实践中，图纸通常需要购买，尤其是投标人很多时，图样还

得由代理机构临时去晒图,此外若图样可退还,那么会有更多的投标人没有看图样就投标)。

招标公告

招标编号_____

_____(项目名称)_____标段施工招标公告

1. 招标条件

本招标项目_____(项目名称)已由_____(项目审批、核准或备案机关名称)以_____(批文名称及编号)批准建设,项目业主为_____,建设资金来自_____(资金来源),项目出资比例为_____,招标人为_____。项目已具备招标条件,现对该项目的施工进行公开招标。

2. 项目概况与招标范围

_____(说明本次招标项目的建设地点、规模、计划工期、招标范围、标段划分等)。

3. 投标人资格要求

3.1 本次招标要求投标人须具备_____资质,_____业绩,并在人员、设备、资金等具有相应的施工能力。

3.2 本次招标_____(接受或不接受)联合体投标。联合体投标的,应满足下列要求:_____。

3.3 各投标人均可就上述标段中的_____(具体数量)个标段投标。

4. 招标文件的获取

4.1 凡有意参加投标者,请于____年__月__日至____年__月__日(法定公休日、法定节假日除外),每日上午__时至__时,下午__时至__时(北京时间,下同),在_____购买招标文件。

4.2 招标文件每套售价_____元,图样_____元,售后不退。

4.3 邮购招标文件的,需另加手续费(含邮费)____元。招标人在收到单位介绍信和邮购款(含手续费)后_____日内寄送。

5. 投标文件的递交

5.1 投标文件递交的截止时间(投标截止时间,下同)为____年__月__日__时__分,地点为_____。

5.2 逾期送达的或未送达指定地点的投标文件,招标人不予受理。

6. 发布公告的媒介

本次招标公告同时在_____（发布公告的媒介名称）上发布。

7. 联系方式（略，与招标公告的相同，见本书问答第550条）

_____年___月___日

567. 邀请招标的投标邀请书包括哪些内容？是否有范本？

答：包括：项目的名称（及标段名称，若项目不止一个标段）；被邀请单位名称；招标条件（包括审核或备案的文号、资金来源、业主名称）；招标项目概况（包括建设地点、规模、计划工期、招标范围等）；投标人资格要求；获取招标文件的时间、地点、方式及招标文件售价；投标截止时间、开标时间及地点；确认收到投标邀请书的时间；项目联系人的姓名和电话。

有范本，以下是由九部委联合编制的施工邀请招标的投标邀请书：

投标邀请书（邀请招标）

_____（项目名称）_____标段施工投标邀请书

_____（被邀请单位名称）：

1. 招标条件

本招标项目_____（项目名称）已由_____（项目审批、核准或备案机关名称）以_____（批文名称及编号）批准建设，项目业主为_____，建设资金来自_____（资金来源），项目出资比例为_____，招标人为_____。项目已具备招标条件，现邀请你单位参加_____（项目名称）_____标段施工投标。

2. 项目概况与招标范围

_____（说明本次招标项目的建设地点、规模、计划工期、招标范围、标段划分等）。

3. 投标人资格要求

3.1 本次招标要求投标人须具备_____资质，_____业绩，并在人员、设备、资金等具有相应的施工能力。

3.2 你单位_____（可以或不可以）组成联合体投标。联合体投标的，应满足下列要求：_____。

4. 招标文件的获取

4.1 请于_____年____月____日至_____年____月____日（法定公休日、法定节假日除外），每日上午____时至____时，下午____时至____时（北京时间，下同），在_____持本投标邀请书购买招标文件。

4.2 招标文件每套售价_____元，图样_____元，售后不退。

4.3 邮购招标文件的，需另加手续费（含邮费）_____元。招标人在收到邮购款（含手续费）后_____日内寄送。

5. 投标文件的递交

5.1 投标文件递交的截止时间（投标截止时间，下同）为_____年____月____日____时____分，地点为_____。

5.2 逾期送达的或未送达指定地点的投标文件，招标人不予受理。

6. 确认

你单位收到本投标邀请书后，请于_____（具体时间）前以传真或快递方式予以确认。

7. 联系方式（略，与招标公告的相同，见本书问答第550条）

_____年____月____日

568. 通过资格预审的公开招标的投标邀请书包括哪些内容？是否有范本？

答：包括：施工招标项目的名称（及标段名称或代码，若项目分为两个及以上标段）；被邀请单位名称；获取招标文件的时间、地点、方式及招标文件售价；投标截止时间、开标时间及地点；确认收到投标邀请书的时间；施工招标项目联系人的姓名和电话。

有范本，以下是由九部委联合编制的施工邀请招标的投标邀请书：

投标邀请书（代资格预审通过通知书）

_____（项目名称）标段施工投标邀请书

_____（被邀请单位名称）：

你单位已通过资格预审，现邀请你单位按招标文件规定内容，参加_____（项目名称）_____标段施工投标。

请你单位于_____年____月____日至_____年____月____日（法定公休日、法定节假日除外），每日上午____时至____时，下午____时至____时（北京时间，下同），在_____持本投标邀请书购买招标文件。

招标文件每套售价为_____元,图样_____元,售后不退。邮购招标文件的,需另加手续费(含邮费)_____元。招标人在收到邮购款(含手续费)后____日内寄送。

递交投标文件的截止时间(投标截止时间,下同)为_____年____月____日____时____分,地点为_____。

逾期送达的或未送达指定地点的投标文件,招标人不予受理。

你单位收到本投标邀请书后,请于_____(具体时间)前以传真或快递方式予以确认。

联系方式(略,与招标公告的相同,见本书问答第550条)

_____年____月____日

569. 工程施工是否有招标文件、资格预审文件的范本?

答: 有范本,即由九部委编制的《中华人民共和国标准施工招标文件(2007年版)》和《中华人民共和国标准施工招标资格预审文件(2007年版)》,适用于设计和施工不是由同一承包商承担的工程施工招标。

570. 什么是标底?

答: 标底是指工程招标的预期价格,用于降低工程造价,并防止投标人以过低投标报价竞争。

571. 一个工程只能有一个标底吗?

答: 只能有一个。

572. 有哪些设标底的招标方式?

答:(1)招标人标底法:以招标人的标底价格作为评标标底,此方式的标底最容易泄密。

(2)入围标底法:划定合格标在招标人标底价格上下一定范围内的报价为有效报价,以这些有效报价的平均值作为评标标底。

(3)均价标底法:以全部合格标的投标报价的平均值为评标标底。

(4)组合标底法:以全部合格标的投标报价的平均值与招标人的标底加权平均作为评标标底。

（5）组合低价标底法：以成本预测价乘以一个小于1的系数并与成本预测价以内一定幅度的投标报价的平均值加权平均作为组合低价评标标底，权数常采取现场抽取的方式来确定，最终对属于标底幅度范围内的投标人进行抽签，从而确定中标人。组合低价标底法是一种比较复杂的标底法，涉及系数与权数的现场随机抽取，故挂靠围标不易成功，也能防止低价抢标。详见本书问答第526条。

573. 有哪些不设标底的招标方式？

答：（1）自主报价的无标底招标：招标人不设标底，投标人根据招标文件自主报价。招标人采用自主报价的无标底招标时，不仅要设定控制价，还要采取对策防止投标人低价抢标、高价围标。

（2）固定价格的无标底招标：固定价格的无标底招标（固定低价招标法）主要用于政府采购的小型工程，各投标人的投标报价完全固定，且此固定价格等同于招标人发布的合理低价，各投标文件经评审合格后进入随机抽取中标人的环节。固定价格的无标底招标能避免低价抢标，但容易出现大量的挂靠围标。

574. 什么是审核价？

答：属于政府采购的工程项目通常需要工程造价审核部门进行审核，审核所定价格即为审核（低）价。

575. 什么是控制价（拦标价）？与标底、审核价是什么关系？

答：控制价是指为避免投标价超出招标人支付能力所确定的价格，即投标人报价的上限。若设有标底，则无论是何种标底，均不得超过控制价。对于政府采购的工程项目，控制价≤审核价。标底不能超过控制价，否则组合标底法会被操纵。

案例5-67

某工程施工招标采用组合标底法，以有效报价的均值与招标人编制的标底加权作为组合标底。由于招标人编制的标底高于工程控制价，而超过工程控制价的投标人报价都被作为废标，故导致几乎与工程控制价相同的报价获得中标。最终，这种掩耳盗铃的做法受到了相关部门的查处。

576. 备案价、发布的合理低价与审核价是什么关系？

答：招标人向相关管理部门进行价格备案时的价格称为备案价。备案价经向投标人公布后即为发布的合理低价。它们与审核价的关系为：备案价=发布的合理低价≤审核价。

577. 工期过长时，招标人可以采取什么应对措施？

答：工期较长的，招标文件中可以规定工程造价指数体系、价格调整因素和调整方法。

578. 如何界定投标有效期的起始时间？

答：从投标人提交投标文件截止之日起计算。

579. 招标人是否可以要求投标人延长投标有效期？

答：可以，但投标人可以退出投标且投标保证金不能被没收。

580. 因延长投标有效期造成投标人损失的，招标人是否应给予补偿？

答：应给予补偿。

581. 投标保证金的缴交方式有哪些？

答：投标保证金除现金外，还有银行出具的银行保函、保兑支票、银行汇票或现金支票。

582. 招标人要求投标人从其基本账户缴纳投标保证金有什么意义？

答：在一定程度上可以防止挂靠。

583. 投标保证金的数额上限是多少？

答：投标保证金一般不得超过项目估算价的2%，但最高不得超过80万元人民币。

584. 投标保证金的有效期是多久？

答：投标保证金的有效期与投标有效期一致。

585. 联合体参加资格预审在获通过之后其成员发生变化，招标人应如何处理？

答：如果变化后的联合体削弱了竞争，含有预先未经过资格预审或资格预审不合格的法人或其他组织，或使联合体的资质降到资格预审文件中规定的最低标准以下，招标人有权拒绝其投标。

586. 投标人若在招标文件规定的投标有效期终止之前撤回投标文件，招标人应如何处理？

答：若在投标文件截止时间之前，则应在收到对方撤回投标文件的书面声明后同意其撤回投标文件；若在投标文件截止时间之后，则应没收其投标保证金。

587. 提交施工投标文件的投标人少于三个时，招标人应如何处理？

答：招标人应依法重新招标。重新招标后投标人仍少于三个的，属于必须审批的工程建设项目，报经原审批部门批准后可以不再进行招标；其他工程建设项目，招标人可自行决定不再进行招标。

588. 依法必须进行招标的项目，招标人应当自收到评标报告之日起多少天内公示中标候选人？公示期多久？

答：三日内公示。公示期不得少于三日。

589. 国有资金占控股或者主导地位的依法必须进行招标的项目在什么情形下招标人可以确定排名第二或第三的中标候选人为中标人？

答：排名第一的中标候选人放弃中标、因不可抗力提出不能履行合同、不按照招标文件的要求提交履约保证金，或者被查实存在影响中标结果的违法行为等情形，不符合中标条件的，招标人可以按照评标委员会提出的中标候选人名单排序依次确定其他中标候选人为中标人。但依次确定其他中标候选人与招标人预期差距较大，或者对招标人明显不利的，招标人可以重新招标。

590. 招标人是否应向中标人提供工程款支付担保？

答：若招标人要求中标人提供履约担保，则应向中标人提供工程款支付担保。

591. 招标人应何时退还投标保证金？

答：合同签订5日内。

592. 招标人能否使用非中标单位投标文件中的技术成果或技术方案？

答：可以，但需征得其书面同意，并给予一定的经济补偿。

593. 合同所确定的建设规模、标准、内容与价格确需超出规定范围的，招标人应如何处理？

答： 应在中标合同签订前，报原项目审批部门审查同意。凡应报经审查而未报的，在初步设计及概算调整时，原项目审批部门一律不予承认。

594. 不具备分包条件或不符合分包规定时，招标人应如何处理？

答： 招标人有权在签订合同或中标人提出分包要求时予以拒绝。

595. 若发现中标人转包或违法分包时，招标人应如何处理？

答： 可要求其改正；拒不改正的，可终止合同，并报请有关行政监督部门查处。

596. 如何防止施工招标中的投标人造假？

答： 采用资格预审的方式，便于有充足的时间进行调查；要求投标人提交所有的证明材料，且原件备查；延长公示期。通过相关网站查询业绩、项目管理班子成员是否备案（招标文件可以规定，凡未备案的，均不予认定）。

> **案例5-68**
>
> 某施工项目招标，招标文件规定，技术负责人拟派人员应具有园林专业的工程师及以上职称，并备案。经网站查询，某投标人拟派技术负责人的职称并未备案，尽管投标文件提供了工程师职称的复印件，评标委员会否决了该投标人的投标。

> **案例5-69**
>
> 某市政项目招标，招标文件规定，项目经理拟派人选应具有工程师及以上职称，并备案。经网站查询，某投标人拟派项目经理人选的注册建造师资格备案，但职称并未备案，评委一致否决了该投标人的投标。

> **案例5-70**
>
> 某工程项目招标文件规定，技术负责人拟派人选应具有工程师及以上职称，并备案。经网站查询，某投标人拟派项目经理人选的备案单位与投标人不一致，投标文件也未提供单位名称变动的信息，最终，评委否决了该投标人的投标。

597. 如何防止施工招标中时常发生的挂靠？

答：可采用"点名制"，并在招标文件的"专用合同条款"中予以明确，例如规定投标承包人承诺派往现场的项目管理班子的主要成员须每天向监理工程师报到签名，以确定是否在岗履行职责，如果项目经理与技术负责人未签名，则承包人应按3000元/（人·天）的标准向发包人支付违约金；安全员未签名，承包人应按2000元/（人·天）的标准向发包人支付违约金，违约金从工程进度款中扣除。此外，可以规定投标保证金须从投标人的基本账户中支付。

598. 如何防止挂靠围标？

答：挂靠围标是指一家投标人为提高中标率，以多家单位的名义进行投标。挂靠围标会破坏市场的合法有序的自由竞争，损害政府采购及招标投标制度。可采取相应的防范措施：

（1）及早发布招标信息：供应商的范围越大，挂靠围标的效果就越差，故应及早发布招标信息。

（2）选择恰当的评标方式：如采用经评审的最低投标价法、最低评标价法或综合评分法，而不采用固定低价招标法，因为后者能使挂靠围标者有更高的中标概率。

（3）严把投标人的资格审查关：挂靠时一般需要被挂靠人提供相关的所有资料，严把投标人的资格审查关能筛除不符合要求的被挂靠人。

（4）严格评审：由于挂靠围标人把精力都放在围标上，其投标文件的制作通常使用同一版本，甚至图、表都是一样的。通过严格评审，能找出较为明显的挂靠围标的投标人。

（5）规定保证金从基本账户缴交：规定保证金从基本账户缴交可在一定程度提高挂靠交易的成本。

（6）提高保证金的额度：在法律许可的范围内适当提高保证金的额度，能在一定程度上减少挂靠围标。当然，保证金的提高也能阻碍其他潜在投标人前来投标，故应与及早发布招标信息这一措施相结合。

标底是否设置或设置何种标底，对防止挂靠围标、串标与低价抢标的作用明显不同，真正对这三者都能起到一定抑制作用的只有严格评审与建立诚信档案。

599. 串标有哪些形式？应如何防止工程招标中的串标？

答：串标最常见的是高价围标，即投标人高价投标并互不竞争，逼迫招标人以高价成交，通常有三种形式：（A）由众投标人商议确定一个投标高价，并推举其中一个公司（被陪标人）以该价格投标，以期中标，其他公司（陪标人）则以更高的价格进行投标，即陪标，最终被陪标人以高价中标；（B）有时在（A）的基础上还加上一个护标的公司（护标人），护标人的作用是不让招标人发觉串标行为，其以极低价格进行投标报价，待其中标后以各种理由拒绝签订合同，迫使招标人把合同转授次低标的被陪标人，被陪标人即以高价中标；（C）一个公司（被陪标人）通过各种渠道掌握其他投标人的情况，甚至现场拦截投标人，通过贿赂等手段要求其他投标人放弃投标或以高价投标，被陪标人中标后向陪标人与护标人兑现好处费。

可采取以下的方式防止串标：

（1）选择恰当的招标方式（包括标底的设定）。

（2）及早发布招标信息。投标人的范围越大，就越不容易串标。

（3）严格保密投标人的名单。只要有一家投标人既不参加陪标，也不护标，串标就难以成功。某包工头为达到某招标项目中标的目的，在投标前买通了多家投标人，但在邻近截标之时，发现有一家未在买通之列的投标人前往交易中心投标，该包工头立即加以阻拦，在行贿未果的情况下竟施以拳脚。这说明只要有一家投标人没有被买通，串标将难以得逞，因而严格保密投标人的名单至关重要。

（4）严把评审关。对于上述形式（A）的串标，由于串标人把精力都放在串标上，其投标文件的制作通常较粗糙，甚至有很多内容几乎雷同的投标文件，在评审时还是比较容易发现的；对于形式（B）的串标，由于护标与陪标的角色较明显，故在评审时也是比较容易发现的。

600. 低价抢标的原因是什么？如何防止工程招标中的低价抢标？

答： 低价抢标主要出于投机心理，扭转开工不足、资金周转不灵或企业濒于破产，为进入新领域或为拓展新的业务区域等因素，故应采取相应的防范措施：

（1）细化规格标准：是防范低价抢标的首要措施，可防止投标人利用招标文件的"漏洞"。

（2）细化评标标准：有助于科学评审，以防止低价抢标。

（3）采用恰当的招标方式：设定合理的标底，或采用固定低价招标法，能有效防止低价抢标。

（4）严把投标人的资格审查关：通过会计事务所出具的审计结果，可以看出其流动资金是否充足。此外，采购人若经常招标，可以建立投标人的信誉的档案。

（5）严格评审：严格评审技术标与商务标，确定投标人是否有漏项。若是工程项目，还应确定投标人是否有压低不可竞争费等情形。

（6）要求提供履约保函：履约保函是防止低价抢标的措施之一。

（7）要求缴交低价保证金：可以在招标文件中规定若某些分项的报价较低或中标价低于控制价的某一百分比时，应交低价保证金。

601. 针对工程量清单可能出现的缺漏项，招标文件应如何应对？

答：可在招标文件中明确合同的优先顺序，其中图样居于工程量清单之前，故投标人若对工程量清单有疑问，可在投标截止日期15日之前向招标人进行书面质疑；若未质疑且图样无变更的，则上述缺漏项的费用不再另外支付；若已实行风险包干制，则可规定少量的工程量清单缺漏项纳入风险包干费中。

602. 针对图纸中可能出现的节点设计未深化、立面图不详，招标文件应如何应对？

答：招标文件可规定投标人对图纸中节点设计未深化、立面图不详的部分须综合考虑并计入投标报价中，中标后不再增补；且在施工前，中标单位对这些图纸需提供详细的施工图给业主方及设计单位确认。

603. 实行风险包干制有什么意义？

答：实行风险包干制即招标人在工程预算价中已根据工程实际情况和工期及市场情况按 $x\%$ 的风险包干系数计入了风险包干费，故可要求投标人在报价时应自行考虑风险因素并将风险费用计入在报价中。

604. 什么是联合招标？有什么意义？

答：联合招标是指多家招标人联合采购，即通过同一家招标代理机构发出同一招标文件进行采购，最后由各招标人和中标人分别签订合同。联合招标成功的关键在于选择一家富有经验的代理机构，此时一般需要较长的评审时间，否则无法保证评标质量。联合招标可减少招标重复率，降低交易成本，为中标人节约资金；另一方面，通过集中采购增加了投标人的数量，加剧了投标人之间的竞争，从而使招标人受益。

605. 什么是合并招标？有什么意义？

答：合并招标是指将多个项目合成一个或少数几个标段（标包）进行招标。合并招标常需要项目审批部门的协调。合并招标同样可减少招标重复率，降低交易成本，为中标人节约资金；另一方面，通过集中采购增加了投标人的数量，加剧了投标人之间的竞争，从而使招标人受益。

案例5-71

某市改造分属不同区的多条道路，投资总额超过千万，经协调将所有项目合并为两个合同包进行公开招标，并允许投标人为获得整个合同而提出优惠条件。最终，中标人以一定比例的报价优惠获得了整个合同。

606. 如何整合招标人的现有资源？

答： 挖掘潜在资源；同一资源重复利用。

案例5-72

某填海工程造价达十几亿元。招标文件规定填海所需土石料从另一工地开挖出来的土石中提取，材料费不计。在本案例中，另一工地开挖出来的土石急需场地堆放，将其用于填海，可谓一举多得，既解决了招标项目的材料来源，又解决了另一工地开挖出来的土石的去向问题及运费。

607. 如何妥善地提高或降低对投标人的资格条件？

答： 提高投标人的资格条件旨在防止投标人过多而不便于评标，有时可以起到防止低价抢标与挂靠围标的作用；而降低投标人的资格条件旨在保证须具备不同资质条件的招标项目有较多的投标人。此时，降低投标人的资格条件可通过联合投标时投标人在资质、经验、技术上的优势互补从而能够顺利履行合同，这尤其适合不便分成不同标段或标包的项目。提高投标人的资格条件主要通过对投标人须有类似供货、服务、施工或设计勘察项目的经验进行限制。如果提高投标人的资格条件并非针对特定的对象，使其被保留或被排除，则就不构成排斥或限制潜在投标人，而是属于好中选优；若提高投标人的资格条件后，潜在投标人的数量寥寥无几，那么就有排斥或限制潜在投标人之嫌。

案例5-73

某招标人对码头及配套办公楼项目进行招标，要求投标人必须同时具备房屋建筑工程施工资质和港口与航道工程施工资质。从理论上讲，招标人的做法并无不妥，但在实践中难以形成有效的竞争，甚至易出现流标。事实上，招标人可适度降低对投标人的资质要求，或划分成两个标段进行招标。

有时可以针对项目的特殊性而采用公开招标与邀请招标相结合的方式,即就项目中较特殊的部分确定被邀请的投标人短名单,让整个项目的投标人与这些短名单中的投标人进行联合投标。某地的仿古街道项目招标即采用此方法,避免了将项目分割成不同标段所导致的推诿,也可避免直接指定分包人的违规行为。

608. 在施工招标中如何增加免责条款?

答:为避免招标中出现的一些疏漏而使招标人本身处于一种被动、可能被起诉的境地,招标文件可增加免责条款,甚至可要求投标方须放弃诉讼的权利。免责条款成立的前提是招标人应遵守相关的法律法规。

609. 招标救济有什么意义?

答:可避免招标人在招标中遭受不必要的损失,见本书问答第142条。若招标人有过错的,则应承担相应责任。

> **案例5-74**
>
> 某单位委托招标采购发电机和抽水泵,所有投标文件均符合招标文件要求,经评审,最低价的发电机和抽水泵是不同国家的产品,无法配套使用。由于招标人预先未提出发电机和抽水泵要配套使用,最终招标人因规格制订不明确遭受了损失。在本案例中,若采购资金是财政资金,可依据《政府采购法》以损害公共利益为由不与中标人签订合同,但应承担违约责任,向中标人双倍返还投标保证金。

610. 什么情形下招标人或招标代理机构的违规违法行为会导致招标无效?

答:下列情形均导致招标无效:未在指定的媒介发布招标公告;邀请招标不依法发出投标邀请书;自招标文件或资格预审文件出售之日起至停止出售之日止,少于5个工作日;依法必须招标的项目,自招标文件开始发出之日起至提交投标文件截止之日止,少于20日;应公开招标而不公开招标;不具备招标条件而进行招标;应履行核准手续而未履行;不按项目审批部门核准的内容进行招标;在提交投标文件截止时间后接收投标文件;投标人的数量不符合法定要求不重新招标。

第五节 施工投标及策略

611. 什么是总价合同？有哪两种基本类型？

答： 总价合同是指根据合同规定的工程施工内容和有关条件。业主应付给承包商的工程款是一个预定的金额，若施工内容和有关条件不发生变化，业主付给承包商的工程款总额就不发生变化。总价合同分为以下两种：

（1）固定总价合同是以图样及规定、规范为基础，承、发包双方就施工项目协商一个固定的总价，该总价只有在设计和工程范围进行变更时才能随之做相应的变更。显然，作为合同价格计算依据的图样及规定、规范应尽可能详尽、准确。固定总价合同适用于：工程任务和范围明确；工程设计详细，图样完整、清楚；工程结构和技术简单；工程量小、工期短；环境因素变化小、工程条件稳定；投标准备时间较宽裕，承包商可详细考察现场、复核工程量。对于承包商而言，固定总价合同风险较大。

（2）变动（可调）总价合同的合同价格是以图样及规定、规范为基础，并按时价进行计算，当通货膨胀等原因使用工、用料成本增加时，可按合同约定对合同总价进行相应调整。至于因设计变更、工程量变化和其他工程条件变化所引起的费用变化，也将相应调整合同总价。对于承包商而言，变动总价合同风险较小。

612. 除总价合同外，建设工程还有哪些合同计价方式？

答： 还有单价合同、酬金合同、工程量清单合同与总包合同。

单价合同是指根据实际完工的数量和单价结算价款。其单价一般固定不变，也可以规定随工资与材料价格指数的变化而进行调整。

酬金合同是指总价由实际成本、总管理费和利润构成。酬金合同可以约定利润与施工质量、工期、实际成本相挂钩，以节省招标人的实际支出，保证采购项目的质量。酬金合同对投标人而言是风险最小的。

工程量清单合同是指招标人要求投标人基于工程量清单报出施工单价和总价。

总包合同是指业主只需在合同中提出使用要求与竣工期限，承包人即全面负责项目的可行性研究、勘察设计、工程施工和材料设备订购（工业性建设项目还涉及人员培训及竣工投产）。该合同按项目进度一般可分为可行性研究分合同（提出工程概算及可行性研究的费用）、工程设计分合同（提出设计方案及费用）与施工分合同（提出施工方案及费用）。

613. 什么是签约合同价？什么是结算合同价？

答：签约合同价是指承、发包双方签约时在合同协议书中列明的合同价格。

结算合同价是指承包人实际支付的费用，涉及签约合同价、变更与索赔等多项内容。

614. 施工投标有哪些程序？

答：（1）组成施工投标小组：由施工技术人员与造价工程师（或造价员）等相关人员组成施工投标小组。其中，施工技术人员将负责判断本企业是否具有独立施工的能力，编制投标文件中的全部技术内容；造价工程师负责编制工程造价，并须在投标总价或工程合理低价确认函等价格文件中签字盖章（一旦未签字或未盖执业章，均属废标）；采购、营销与情报人员负责向建材供应商询价，搜集相关信息情报，获取招标文件等资料，解读合同中的风险与责任，分析招标投标市场，与其他人员共同编制投标文件，并负责投标文件的校对审定与提交。

（2）研究施工招标文件：应在对招标文件进行通读的基础上对其技术与质量规格、合同条款、价格条件进行重点研究（参见本书问答第483条）。应确认企业自身能否独立施工或需要组成投标联合体；是否具备施工条件（如有的绿化施工项目，由于征地不能及时到位，导致施工项目只能完成一半而无法竣工验收，导致企业不仅要长时间垫资，而且无法将项目经理人选抽出来参与其他项目的投标）；能否在规定的工期内完成（若不能及时完工，承包商不仅要交违约金，而且项目管理班子的很多人选无法参与其他项目的投标，一旦遇上通货膨胀，承包商原来的利润预期很可能无法实行）；发包人是否提供预付款，在要求承包商提供履约担保的同时是否提供支付担保；确认不可竞争费的范围，因为这与日后的报价有关；是否允许提交备选标或改进方案。

（3）咨询与进一步沟通：不仅可以就招标文件中表述不清的内容、明显异常或错误的内容进行提问与质疑（详见本书问答第484条），也可以和招标人进行协商，以消除对自身投标不利的因素，例如放宽投标人的资格条件（当然放宽投标人的资格条件意味着有更多的潜在投标人）。若企业自身有更好的专利技术或其他施工方案，能够大幅度节省工程造价，那么就可以向招标人提出允许提交改进方案。

（4）确定投标报价（详见本书问答第615条）。

（5）确定投标文件的组成要件并编制投标文件。

（6）递交投标文件。

（7）澄清、补正与答辩。

如有需要，应根据评标委员会的书面要求进行澄清与补正，或根据招标文件的要求进行答辩。

615. 投标人确定投标报价有哪些步骤？

答：除固定低价招标投标外，均需投标人自己确定一个保密的投标报价。在固定低价招标投标中，报价虽公开、固定，但投标人仍需核算投标成本，以采取相应对策。投标报价包括询价、核算成本与确定报价。

616. 投标人如何进行询价？

答：询价是指投标人为购买某种原材料、设备而了解其价格信息。如投标人提供自己的产品，则不需进行询价。在异地施工时，通常需要进行询价，询价的内容包括运费与保险等。对于国外招标项目，即使提供自己的产品，也应对运费与保险进行询价，因为不同的运输方式的运费各不相同，不同的保险公司的保险费率也各不相同。若投标人提供的物资由其他供应商提供，则必须进行询价。有时根据招标文件，需要对方提供供货证明。

（1）所需物资分类。将所需物资（包括原材料、设备）全部分类列表，所列物资的名称要准确或通用，数量的估计要尽量准确或合理。第一次先按类别汇总，随后在第一次分类的基础上对自有物资和外购物资进行分类。

有的物资需到现场才能确定其所需数量；有的物资所需数量难以准确计算，此时应做合理的估算，确定其所需数量的上限与下限。

（2）询价的对象与内容。投标人可就自己所需物资向其生产企业进行询价，以降低采购成本；投标人可就自己所需的某种设备与材料向其经销商进行询价，以获得相关物资的各类信息；投标人可向分包商进行询价，并把图样与技术说明书等提供给分包商，以获得比较专业的报价。询价的结果一般决定着投标报价的高低。

询价的内容包括交货价、运费、保险费与分包价。运费一般占10%~15%，对于需要二次运输的，或无法借助起重机等进行装卸的，运费会更高一些。在案例1-5中，由于需二次运输，不仅要增加几种额外的运输工具的租赁费用，还要承担额外的人员住宿费用。

询价时应认真选择供应商，避免盲目发送询价单，以免对方认为询价人无诚意。过多地发送询价单有可能导致被询价物资的涨价。询价时应列明技术规格，以免对方含糊报价。若报价过低，则应详细调查。

有的招标项目从公告日期到开标日期仅20日，因而询价会受到时间限制，如果投标人建立了自己的竞争情报系统，则询价就能在很短的时间内完成。

617. 如何核算投标成本？

答：投标成本包括直接成本和间接成本，对于国外招标项目或时间较长的采购项目，应考虑不可预见成本。

（1）直接成本。货物项目的直接成本主要包括生产成本与物流费用（包括保险费用）；服务项目的直接成本包括人工费用（和货物的生产费用、物流费用、设备的租赁或折旧费用）；工程项目的直接成本包括上述所有费用。国外招标项目则还涉及口岸费用。

（2）间接成本。间接成本包括投标费、税费、贷款利息、经营管理费和施工保险费。

1）投标费：投标费包括购买招标文件（和资格预审文件）的费用，办理投标保函和（或）履约保函的费用，投标文件的制作费用，投标期间的工资与活动经费（包括到现场的考察费用，在国外当地的各种活动费用），中标后支付的代理佣金。如委托投标，则需加入投标代办费。

2）税费：税费包括公司营业税、公司所得税、个人所得税、印花税、城建与教育附加费等各种税费。涉及进出口的还包括相应的关税。

3）贷款利息：工程或服务项目的合同履约期较长，若需要投标人垫付部分或全部资金，则应考虑贷款利息。对于工程项目，还应考虑工程造价审核（提交监理工程师审核，财政项目还需提交当地工程造价审核所审核）等诸多因素引起的招标人付款的时间差所造成的利息负担。一些包含了众多工程招标项目的大型建设项目，工程造价审核的时间较长，因而投标人预先应有所准备。某些园林景观工程项目，招标文件规定其养护期长达两年，此时应对投入的资金所产生的利息以复利方式进行计算。

4）经营管理费：经营管理费包括临时设施费，驻地工程师的办公住宿费，车辆使用费，主管部门收取的管理费，工程辅助费（包括维修费，人员培训和试运转费等）。

（3）不可预见成本。不可预见成本涉及价格上涨及其他不可预见的损失，发包人违约或因其他因素未能及时支付项目款；对于国外招标项目，还涉及货币贬值。此时，可以按照一比例适当计入不可预见成本。若有竞争情报基础，则能比较容易确定计入不可预见成本的比例。

618. 由招标人提供部分材料或设备，应如何界定工程总价？

答：若免费提供，则该部分不计入工程总价，否则应计入工程总价。

619. 如何确定投标报价？有什么策略？

答：报价一般由四项费用构成：报价=直接成本+间接成本+不可预见成本+预期利润。

预期利润的实现以中标为前提,在特定情形下,预期利润也可以为0或负值。投标人拟将中标项目作为示范项目时,尤其是为拓展外地业务时,可将预期利润设置为0,以获得最大的报价优势,但此时应在商务标中表明该优惠报价不低于成本价。在园林工程的招标中,若投标人的苗圃恰遇征地,苗木可以得到补偿,此时可以将预期利润设置为负值,但在商务标中应提供相应的证明,以免评委认为该报价低于成本价而被废标。无论投标人将预期利润定高还是定低,招标文件所规定的所有不可竞争费都不得调低或取消。

报价的策略如下:

(1)备选报价。除固定低价招标法的投标外,由于报价本身的各项费用的计算有一定偏差,或具有可调性(如预期利润),投标报价的准备时间较长,而竞争对手的报价又难以掌握,故至少应准备两套报价方案,这样既可根据到场的竞争对手采用相应的报价方案,又能增强报价的保密性。在竞争性谈判中,应预先确定谈判的底价。临场选择报价方案的前提是提早到场,及时把握现场的情况,待截标时间只剩两三分钟时再递交投标文件,此时竞争对手已无法再替换先前递交的投标文件。

案例5-75

某投标人在截标时间前口头提出要修改投标文件,招标人不予认可。招标活动结束后,招标人因该投标人在开标后撤回投标文件而没收了投标保证金。该投标人向法院起诉招标人,要求收回保证金,但未得到法院支持。显然,投标人以口头方式提出修改投标文件是无法成立的。

案例5-76

在某工程投标截止时间的前一天,一位投标人递交了报价为1亿元的投标文件并被招标人的工作人员所接收。次日投标截止前一小时,该投标人决定将总价及所有单价都降低近5%并向招标人递交了密封的报价信,但被招标人的工作人员拒绝。在本案例中,招标工作人员在投标截止时间之前拒收投标人的报价信违反了《招标投标法》。在国际招标中,在投标截止前递交折扣报价的事例数不胜数。

(2)恰当的报价价位。通常,投标人越多,中标的概率就越低。在固定低价招标的投标中,经评审合格的投标人中标的概率为

$$p = \frac{1}{\text{经评审合格的投标人数量}}$$

在多数情形下,报价越低,中标的可能性就越大,但预期利润也就越低,因而对报

价需要做综合考虑，在具备竞争情报的基础下，可按照决策树方法确定报价。

对于采用分值评审法的招标投标，若投标人经测算会得到较高的商务分和技术分时，可以用较高的报价进行投标，以获得较高的利润。

在组合低价招标的投标中，投标人的报价应合理。以例题5-10为例，当报价低于成本预算价的85%即858.67万元时，根据招标文件规定，就有失去被随机抽取资格的可能性。由于其他投标人都报高价或低价的可能性不大，故为提高中标的可能性，应给出居中的报价。但是，在上一次的招标投标中，若有相当一部分投标人的报价集中于某一区间时，则可考虑将报价设定在这一区间（参见本书问答第466条）。

（3）采取不平衡报价。不平衡报价有利于投标人尽早、更多地结算工程款（详见本书问答第623条）。

620. 什么是暂列金额？

答：暂列金额即为招标人的备用金，是指招标人在工程量清单中暂定并包括在合同价款中的一笔款项。暂列金额用于施工合同签订时尚未确定或不可预见的所需材料、设备和（或）服务的采购，施工中可能发生的工程变更、合同约定调整因素出现时的工程价款调整，以及发生的索赔、现场签证确认等的费用。

621. 什么是暂估价？

答：暂估价是指发包人在工程量清单中给定的、用于支付必然发生但暂时不能确定价格的材料、设备及专业工程的金额。暂估价与暂列金额不同，前者必然发生，而后者未必发生。

622. 什么是不可竞争费？

答：不可竞争费是由法律法规所规定的及由招标人所列支的一类费率固定或数额固定的费用，包括税金、规费（主要是劳动保险与安全文明施工费）及招标人自行采购的材料费与暂列金额。投标人在投标报价时必须完全保留并不得调低此类费用，否则将被作为废标，或者被要求修正或认定为不平衡报价而将其差额部分计入低价风险金。

623. 什么是不平衡报价？如何实施？实施中应注意什么事项？

答：不平衡报价是指在工程项目的投标总价确定后，根据招标文件的付款条件调整投标文件中子项目的报价，即在不抬高总价的前提下提高可早结算的子项目及工程量可能增加的子项目的单价，降低较晚结算的子项目及工程量可能减少的子项目的单价，以便实施项目时尽早、更多地结算工程款，以获取最大利润的一种投标报价方法，这是一种低价中标、高价结算的策略，有助于承包商及早收回工程款并减少风险。

实施方法如下：

（1）能早结算的款项，如开办费、土方与基础等，其单价可定得高些，以有利于资金周转；后期的工程项目单价，如粉刷、涂装、电气与养护等，则可适当降低。但这不适用于要求中标人垫资的招标项目。

（2）预计工程量会增加的，其单价可定得高些，以增加结算款；否则，其单价可定得低些。

（3）有价无量的，其单价可定得高些，如计日工资，可适当定得高些；土木工程中的挖岩石等的备用单价，也可定得高些，因为这样处理并不影响投标总价，一旦日后涉及这些子项目，那么投标人就可以获得更多的结算款。

在实施中应注意：不得随意增减子项；单价增减幅度应有度；不得增减不可竞争费，否则将被作为废标，或者被要求修正或缴交低价风险金（依招标文件而定）。

624. 什么是折扣？

答： 投标人在投标截止时间之前向招标人递交的报价优惠方案，即在原报价基础上按某一百分比进行打折，旨在防止原报价的泄密，并对竞争对手形成更有利的价格竞争。

625. 投标报价应注意哪些问题？

答： （1）除非允许提交备选或改进方案，任何的投标文件都只能有一个报价，否则将作为废标。在提交的几个方案中，每个方案都只能有一个报价。

> **案例5-77**
>
> 某投标人参加国外污水处理厂的设备招标项目，尽管业主已明文规定只能有一个报价，但该投标人认为业主所要求的设备技术参数已过时，故在投标文件中附上备选方案及相应报价。开标后，该投标人的投标被否决。在本案例中，投标人的做法是画蛇添足，导致了无可挽回的后果。若投标人确实认为业主的技术要求已过时，可以考虑在招标答疑中正式向业主提出，若业主接受投标人的建议并修改招标文件，那么对该投标人还是有利的，否则投标人只能严格地遵循招标文件的要求。

（2）在报价时应避免漏项，否则可能会被废标，或在中标后将面临利润缩水甚至出现亏损的局面。

案例5-78

某施工项目招标，由于投标人在工程量清单中遗漏了一项高达数百万元人民币的分项报价，尽管在总价中包含了该项报价，但经过评委对该商务标的修正，总价与单价不一致的，根据单价进行修正，该投标人也因此中标。由于该投标人坚持以修正前的总价签订合同，引起双方的争议，并最终对簿公堂，经审理，法院驳回了该投标人的诉求。

（3）若以较低报价投标，应特别慎重，一旦经评审合格并被招标人接受，则将无法修正其报价。提高中标价一定会被招标人所拒绝，见案例5-35；否则，若被认为是低于成本的恶性竞争，其投标将被否决。

（4）若采用不平衡报价，应掌握好尺度（见本书问答第623条）。

626. 投标文件由哪几部分组成？

答：由资格后审申请书（若无资格预审）、投标文件商务部分（商务标）与投标文件技术部分（技术标）组成。若已资格预审且不需要资格后审，则由商务标与技术标组成。

资格后审申请书的附表包括投标申请人一般情况表（表5-19）、财务状况表（表5-20）、投标申请人信誉与履约情况表（表5-21）、投标申请人类似工程简明情况表（表5-22）。

表 5-19 投标申请人一般情况

企业名称			（盖章）
地址、邮编			
联系人		电话	
传真		电子信箱	
注册地、年月		注册资本	
法定代表人		职务、职称、专业	
技术负责人		职务、职称、专业	
企业资质证书编号		企业资质批准部门	
企业主项及增项资质			

第五章 工程招标、投标与评标及合同管理

（续）

作为承包人的经营年数		作为发包人的经营年数	
质量保证体系认证			
有无被停业、停标的情形			
企业职工总人数/人			
管理人员/人：	正高职称/人： 副高职称/人： 中级职称/人： 初级职称/人：	技术人员/人：	正高职称/人： 副高职称/人： 中级职称/人： 初级职称/人：

注：独立投标申请人、联合体成员与分包人均适用此表；上述法人的营业执照副本与企业资质等级证书原件的复印件须附在本表后，营业执照复印件须包括企业法人年检记录，企业资质等级证书复印件须包括承包工程范围（及变更）与资质年检记录。

若招标人要求投标人提供财务状况而没有提供上述表格时，应特别注意招标人所要求的时间。若时间不符合招标人的要求，则在资格后审中很可能被否决（若在资格预审中则还可能有补正的机会）。

案例5-79

某投标人提供的财务报告比招标文件所要求的更早一个月，尽管其报价最低，但在评审中仍被作为废标。随后，投标人起诉招标人，法院认为投标人的错误是因疏忽大意造成的，投标人本身无任何恶意，且若提交新的数据并不会对招标人和其他投标人造成损害，故判决招标人将合同授予给投标人。本案的焦点是所提供的财务报告不符合招标文件要求，而是否属于重大偏差应由新组成的评标委员会进行评审。

表 5-20 财务状况

开户银行情况				
开户银行	名称		地址	
	联系人		职务	
	电话		传真	
近四年每年的资产负债情况				
财务状况/元	2009年	2008年	2007年	2006年
1. 总资产				
2. 流动资产				
3. 总负债				

（续）

4. 流动负债				
5. 税前利润				
6. 税后利润				

申请人承诺：上述填报内容都是真实的；现有资金或通过银行借贷、担保的资金完全能够满足用于本招标工程项目所需的流动资金，包括所需的投标担保金、履约担保金与低价风险担保金等。否则，申请人愿意承担违约责任。

（申请人盖章）

表 5-21　投标申请人信誉与履约情况

申请人		（盖章）
申请人目前有无处于财产被接管、冻结、破产状况		
申请人近一年内经营有无骗取中标、发生重大工程质量事故或发生严重违约问题	有无骗取中标行为	
	有无发生重大工程质量事故	
	有无同一项目因投标承诺的项目管理班子人员不到位、施工现场质量安全管理不善或其他不履行投标承诺的行为而受到有关行政主管部门记入企业信用档案或通报两次及以上的情况	
	除不可抗力外，有无因中标人原因放弃中标、不能按规定与招标人签订合同或不能履行合同的情况	
	有无因申请人不履行投标承诺或其他违约原因引起仲裁和诉讼的情况	
	有无因中标人原因造成工程质量达不到承诺标准或工期延误三个月及以上的情况	
	有无因拖欠建筑职工工资款而被投诉且被有关部门通报两次及以上的情况	
	有无其他不良行为被有关主管部门记入信用档案或通报两次及以上的情况	

表 5-22　投标申请人类似工程简明情况

申请人：			（盖章）
合同及执行情况			
合同名称		合同号	
合同授予时间		工程地址	
合同工期		竣工时间	
合同造价		结算价	
发包人及联系方式			
发包人名称		联系人	
电话		传真	
地址		邮编	
该合同的工程性质、特点：			

注：本表须附合同及竣工验收证明，其中合同只需提交显示发包人、承包人、项目名称、金额、签字时间。若非独立承包人，应注明参与工程项目的比例。

627. 商务标由哪些要件构成？

答： 商务标包括投标函，法人委托授权书（若法定代表人亲自签署投标文件并到场递交投标文件，则不需要）、保证金缴交凭证，投标函附录，投标总价，工程项目总价表，单项、单位工程费汇总表，分部（分项）工程工程量清单计价表，技术措施项目、其他措施项目、其他项目清单计价表，规费、设备、设施清单计价表，零星工作项目计价表，分部（分项）工程工程量清单综合单价分析表，技术措施项目清单综合单价分析表，人工、材料、机械台班价格表，企业开户许可证复印件（在固定低价招标法的投标中，替代上述各类价格表的是工程合理低价确认函）。若招标文件推荐主要材料设备品牌的，还应有主要材料设备品牌选用表。其中，投标总价或工程合理低价确认函须有造价工程师或预算员的签字及执业章。

> **案例 5-80**
>
> 某投标人在一次工程招标的投标报价中仅有预算员的执业章而没有其签字，故依照招标文件的规定予以废标。经查，该投标文件改变了招标文件的报价书格式，即将"造价工程师或预算员及注册证号：_____（签字并盖执业章）"改成了"造价工程师或预算员及注册证号：_____（签字或盖执业章）"，这或许是该投标人的预算员未同时签字并盖执业章的原因。

628. 投标函的基本内容是什么？

答： 基本内容是投标人对投标与中标的承诺。一旦投标人未盖公章，或法定代表人（或其委托代理人）未签字（或未盖章），势必为废标；若项目名称或标段名称（若该项目分成数个标段）张冠李戴，势必为废标。投标函基本格式如下：

投标函

致：_____（招标人）

1. 根据已收到_____（项目名称）_____（项目编号）的招标文件，遵照《中华人民共和国招标投标法》及其他有关招标投标的法规、规章和政策的规定，我方已研究上述工程招标文件（含招标文件澄清、修改纪要、招标答疑纪要）的所有内容和有关文件并考察现场，我方愿以我方所递交的投标文件中所填报的投标总价，按本工程招标文件的条件承担上述工程的施工、竣工和保修。

2. 我方已详细审核全部招标文件及有关附件，充分理解投标价格不得低于企业个别成本的有关规定。我方经过成本核算，所填报价格不低于企业个别成本。

3. 我方承认投标函附录是我方投标函的组成部分。

4. 我方一旦中标，则保证按我方所递交的投标函附录中的工期和招标文件中对工期的要求如期开工、竣工并移交整个工程。

5. 我方一旦中标，则保证工程质量达到我方所递交的投标函附录中的质量标准。

6. 我方一旦中标，则保证按投标文件中的项目管理班子及施工机械设备到位，并按投标文件中的施工组织设计实施。

7. 我方一旦中标，则保证用于工程的主要材料、设备不低于招标文件规定和投标文件承诺的合格产品，并在使用之前经建设单位、监理单位、设计单位共同确认后使用。

8. 我方一旦中标，则保证在规定时间内由我方法定代表人亲自签订合同及进场施工，并认真履行合同和其他投标承诺。

9. 招标文件如有履约担保要求，我方如中标，则保证按照招标文件规定的方式、时间和金额提交履约担保。

10. 我方同意所递交的投标文件在本工程规定的投标有效期内有效，在此期间内我方的投标有可能中标，则受此约束。

11. 除非另外达成协议并生效，招标文件、招标文件澄清、修改纪要、招标答疑纪要、中标通知书和本投标文件将构成约束我们双方的合同。

12. 我方金额为人民币_____元的投标保证金缴交凭证与本投标函同时递交。

投标人：_____（公章）
单位地址：_____
法定代表人或委托代理人：_____（签字或盖章）
日期：_____年_____月_____日

案例5-81

某招标项目分为两个标段，某投标人将两个标段的投标函都写成同一个标段，在商务评审中，标段名称写错的那一份投标文件直接被否决。

▶ **629. 投标函附录包括哪些内容？报价错误或工期错误是否会导致废标？**

答： 包括投标报价、工期与质量等核心内容。报价错误或工期错误通常导致废标。

案例5-82

某招标项目采用固定低价招标法,发布的合理低价比审核价低几千元。某投标人在投标函附录中将价格写成审核价而非发布的合理低价,故在商务评审中该投标文件直接被否决。

案例5-83

在一次绿化工程招标中,某投标人在投标函附录中将施工工期写为绿化养护期的时间,该投标文件随即被否决。

630. 授权委托书包括哪些内容?

答: 包括委托人(必须是法定代表人)的姓名及签字,被委托人(代理人)的姓名,投标人的名称及盖章,委托的内容及日期。基本格式如下:

投标文件签署授权委托书

本授权委托书声明:我_____(姓名)系_____(投标人名称)的法定代表人,现授权委托_____(单位名称)的_____(姓名)为我公司签署本工程已递交的投标文件的法定代表人授权委托代理人,我承认代理人全权代表我所签署的本工程的投标文件的内容。

代理人无转委托权,特此委托。

代理人:_____ 性别:_____ 年龄:_____ 身份证号码:_____

职务:_____

投标人:_____(印鉴)

法定代表人:_____(签字)

授权委托日期:_____年_____月_____日

案例5-84

某公司参加国际招标项目,由于法定代表人出国考察,总经理便代签了所有投标文件。在商务标评审中,该投标人的商务标被否决。

631. 联合体协议书的基本内容是什么?

答: 联合体协议书的基本内容包括各方拟承担的工作和责任。这不仅是联合体投标所不可缺少的，也是评标委员会判定联合体各方及联合体是否具备投标资格的重要依据之一。

632. 招标文件有限定数个品牌时，应如何处理？

答：应从中选择，否则为废标。

633. 图纸与主要设备表中的技术参数不一致时应如何处理？

答：应要求招标人澄清。若它们的不一致有利于投标人的投标报价，也可以在投标之前对此予以回避。

634. 技术标由哪些要件构成？

答：包括施工组织方案和项目管理班子配备方案。项目管理班子配备方案包括：项目管理班子配备情况表（表5-23）；项目管理班子关键职位人员履历表（表5-24）；项目管理班子配备情况辅助资料；有分包的还应包括拟分包情况表（表5-25）。项目管理班子配备情况辅助资料包括：项目管理班子人员职责（和现场项目管理组织框架图）；项目管理班子人员的职称证书、职业资格证书、劳动合同与社会保险证明；有的还要求提供项目经理拟派人选的类似工程业绩证明。项目管理班子配备情况表是项目管理班子配备方案中最基本的，若与项目管理班子配备情况辅助资料有不一致，均以前者为准。

表 5-23　项目管理班子配备情况

岗位	姓名	职称		职业（执业或从业）资格			专业目前已承担在建工程项目数	备案情况
		级别	专业	证书名称	证书号	级别		

我方承诺：我方拟派上述项目管理班子人员均为我方在职职工，并保证中标后项目管理班子人员依据相关规定及时、全员到位履行职责，若弄虚作假或项目管理班子未能及时到位履行职责，我方愿意承担违约责任并接受相关主管部门处罚。

表 5-24　项目管理班子关键职位人员履历

拟任岗位：					
姓名		性别		出生年月	
职务		职称		职业资格	
自年月至年月	所在公司名称	负责或参与的项目名称	任职	工作内容	备注

表 5-25　拟分包情况

序号	分包内容	分包人名称、地址、电话	分包理由	已完成的类似工程

> **案例5-85**
>
> 　　在某次招标投标中，某投标人在项目管理班子配备方案中，只有项目管理班子机构图，而没有项目管理班子配备情况表，尽管机构图中标明了项目管理班子各成员的职位与姓名等信息，但仍被作为废标，因为该项目管理班子配备方案并未响应招标文件的要求——项目管理班子配备情况表是招标文件规定所必需的。此外，项目管理班子配备情况表中有投标人进行相关承诺的统一格式与内容。

635. 施工组织设计包括哪些内容？

答：包括主要施工方法，确保工程质量、工期、安全、文明生产的技术措施，施工进度表或工期网络图，拟投入的主要机械设备表（表5-26）及进场计划，拟投入的劳动力计划表（表5-27）及描述，施工总平面图及临时用地表（表5-28）。

表 5-26　主要机械设备

序号	名称	型号规格	数量	产地	制造时间	额定功率	生产能力	已购/租

表 5-27　劳动力计划

工种	按照施工进度投入劳动力情况				

注：本劳动力计划表以每班8小时工作制为基础

表 5-28　临时用地

名称（用途）	位置	面积	所需时间

636. 投标文件的每一页是否都需要签字或盖章？

答：严格来讲，投标文件的非匿名评审部分应逐页签字或盖章。若招标文件有此明确要求,那么投标文件的非匿名评审部分一旦有一页漏签,都将作为废标。在一些国际招标中,不仅要求投标文件逐页签字,还对投标文件的字体与字号都有统一要求。

637. 按照招标文件的格式编写投标文件有什么意义?

答:按招标文件的格式编写投标文件不易被废标,否则可能会被废标,见案例5-80。在价分比法或各类分值评审法中,可避免自己缺项或评委漏评。

638. 编制目录页有什么意义?如何编制目录页?

答:若招标文件没有对目录的强制性规定,但已提供了目录主干的,则应以其顺序来编制目录。在目录上标明相应的页码,这不仅利于投标人自己检查投标文件,也利于投标文件的评审。

当采用经评审的最低投标价法或固定低价招标法时,只要投标人响应了招标文件的要求,就可以进入价格竞争的环节或随机抽取中标人的环节。在此情形下,评委因找不到投标文件对招标文件的响应内容而将该投标文件废标的可能性极小,因为评委做出废标的决定通常是很慎重的。当采用综合评分法、性价比法与综合评议法等综合评审的方法时,评委因找不到投标文件响应招标文件的得分项而未给分或做出不利的整体评议的可能性较大。此外,目录页的编制质量可能会对投标文件的主观分有所影响,故应编制目录页及页码,除非招标文件规定不允许编制页码(一些设计类项目招标有此规定)。

在编制目录时,可以先列出章节标题,待投标文件的内容编制完成后再标明各章节相应的页码。此外,目录应尽量详细,尤其是在采用分值评审法的招标中应尽可能将得分项(至少是大项)体现在目录中,例如业绩属于评分因素时,应在目录中标出其页码范围:要么就每一项业绩分别列出,要么将业绩总数标示于目录页,此时最好在正文中列出所有业绩的汇总表。

案例5-86

在某次招标投标中,某投标人的施工组织方案缺少施工总平面图,评委虽基本排除其投标文件脱页的可能性,但仍请代理机构的工作人员去开标大厅及过道查找,以防止作为施工组织方案最后一项内容的施工总平面图在交接与运输的过程中脱页。经仔细查找,并未发现任何被遗漏的物件。最终,评委依据招标文件规定,做出了缺项不予确认并否决其投标的决定。若投标人认真编制目录页,就不会遗漏施工总平面图。

第五章 工程招标、投标与评标及合同管理

639. 投标人拟进行分包的，应如何处理？

答： 若招标文件不允许分包，则投标人在投标时不得提出分包；否则，投标人进行分包的，应提交分包情况表。此外，项目的主体、关键性工作不得分包，分包后不得再次分包。

若确有必要，经招标人同意，投标人也可以就非主体、非关键性工作进行分包，但分包后不得再分包。

640. 如何确定非主体、非关键性工作？

答： 虽然法律法规无明确规定，但在实践中，主要建筑物的主体结构一般作为主体、关键性工作而不得分包，其他的则根据招标文件而定。

《水利工程建设项目施工分包管理暂行规定》规定分包工程量除项目法人在标书中指定部分外，一般不得超过承包合同总额的30%，但该规章已由《水利建设工程施工分包管理规定》废止。《公路工程施工招标评标委员会评标工作细则》则规定分包的工作量不应超过投标价的30%。

641. 分包与联合投标有什么主要异同点？

答： 主要共同点是两者均纳入评标范围，均承担连带责任；主要区别是分包人不直接与招标人签订合同。当然，在投标时，分包人不需要也不可能向招标人交纳投标保证金。

642. 联合投标的基本要求是什么？

答： 联合体各方均应具备承担招标项目相应内容的资质条件及相应能力；联合体各方应签订共同投标协议，明确约定各方拟承担的工作和责任，并将共同投标协议连同投标文件一并提交招标人。

643. 就资质而言，联合投标应注意什么问题？

答： 以联合体投标时应尽量使资质互补，否则就失去了联合投标的意义。因为在评审中，由同一专业的单位组成的联合体，按照资质等级较低的单位确定资质等级，即联合体各方应提供他们所具备的同一专业的最高等级的资质证书，而不能同时提供同一专业的其他等级的资质证书。

644. 联合投标有什么意义？

答：（1）联合投标是指投标人联合其他企业以获取在投标中的投标资格或人才、

技术、资金等方面的竞争优势。联合投标能扩大投标人的实力、分散风险、减少损失，如不具备勘察资质的设计单位可以通过与具备相应勘察资质的单位的联合而获得勘察设计的投标资格，中小型企业通过联合投标可获得具有某些特殊施工要求的施工投标资格。

（2）在国际招标中，联合投标应符合某些招标项目所在国的招标要求。

（3）对于一些大型项目，国际财团比较愿意向联合投标的企业提供贷款。

（4）就参与联合投标的中小企业而言，能获得更多的经验与业绩，便于日后单独或组织联合投标。

645. 施工总平面图与临时设施布置图、设计总平面图有什么区别？

答：施工总平面图不同于临时设施布置图，后者只是前者的一部分，前者主要表明施工期间各种施工要素的划分，如施工期间建材设备堆放场地的确定、施工单位办公区域的划分与施工区域内的交通导行。

施工总平面图也不同于设计总平面图，前者由施工投标单位提供，是临时性的布置；后者由招标人提供，是相对永久性的布置。施工总平面图的内容包括已有和拟建的建（构）筑物及其他设施的位置和尺寸，为工地施工服务的临时设施的位置，以及永久性测量放线标桩的位置。一些大型建筑项目，因建设工期很长且随着工程的进展，施工现场的面貌将不断改变，此时应按不同阶段分别绘制数张施工总平面图，或依据施工进度及时对施工总平面图进行调整与修正。施工总平面图的设计原则：节约施工用地，尽量重复使用场地；充分利用原有建（构）筑物等设施；合理布局，避免相互干扰，减少临时道路与管线工程量，保证运输便捷通畅，减少二次倒运，便于工人生产生活；符合劳动保护、安全生产、防火与防污染的相关规定。

646. 临时用地表或临时设施布置图是否能代替施工总平面图？

答：不能代替。如果施工总平面图属于招标文件的强制性要求，那么只提供临时用地表或临时设施布置图而未提供施工总平面图的，该投标文件将被否决。

案例5-87

某工程招标，有数位投标人只提供了临时用地表和临时设施布置图，并将临时设施布置图标注为施工总平面图，而提供施工总平面图是招标文件的强制性要求。后经评审，该施工组织方案不可行。

647. 精练投标文件有什么意义？如何精练投标文件？

答： 精练投标文件能突出投标文件的重点，便于检查。当采用价格评审法（价分法除外）时，投标文件冗长并无大碍，只要没有错误即可，但在分值评审法中，投标文件冗长可能会使重要的内容难以体现出来，甚至会被忽略。此外，投标文件的精练也有助于对其进行检查。

精练投标文件就是删除与招标投标无关的内容，删除投标人没有把握的内容或将其模糊化（但最好是请有关的专家把关）。若投标人一定要为自己宣传，那么应确保宣传资料的简明扼要且不会引起误解。某地招标，某投标人在投标文件中提出要动用多部大型车辆与机械装备，事实上招标所在地因岛屿特殊的地理环境条件而不允许汽车通行，投标文件的这些内容让评委啼笑皆非。

案例5-88

某投标人在一大型景观工程的投标文件中强调将种植土的酸碱度调至7~8.5。幸运的是该投标人在投标前请了相关专家对其投标文件进行修改与审订，否则其投标很可能被否决从而失去中标机会。

案例5-89

在某次设备招标中，有一位投标人的投标文件完全符合招标文件要求且评标价最低，但其投标文件随附了一份产品目录，该目录所列设备的技术规格不符合招标文件的要求，招标人以此为由拒绝了该投标文件。在本案例中，投标人确实是画蛇添足、弄巧成拙。但另一方面，按照相关规定，招标文件未要求的投标人的任何宣传资料都不能作为评审内容，即使招标人把随附的产品目录视为投标文件的组成部分，招标人也应根据《评标委员会和评标方法暂行规定》给予投标人澄清的机会，只有投标人不予澄清或无法澄清时，才能对投标人做出不利的评审，故对该投标文件的直接否决是不能成立的。

648. 编制投标文件有什么技巧？

答：（1）强调对特殊招标条款已响应：在编制投标文件的过程中，当对一些与以往不同的强制性招标条款进行响应时，可突出显示这些响应内容，能引起缺乏经验或不够细心的评委对相应招标条款的关注，这样有可能减少经评审合格的竞争对手的数目，提高投标人自己的中标率。因为在实践中，不少投标人在制作投标文件时相当不认真，甚至连招标文件都没有仔细阅读，而评委的水平与责任心也参差不齐。

（2）精练投标文件：突出投标文件的重点，便于检查。

（3）评估自己的得分：在分值评审法或价分法的招标投标中，投标小组可以在完成投标文件的同时评估自己的得分，尤其是对自己的投标文件进行客观评审项（如业绩、信誉）的打分。为自己打分既有利于确定投标报价，也有利于检查投标文件是否有相应的缺漏项，还能发现招标文件中一些不够明确的条款，例如信誉的界定时常不够明确。为此，可向招标人咨询，如果招标人没有明确的答复，可以从以下几方面提供相应的材料：投标人被评为重信誉、守合同的单位的证明，采购验收证明（附合同），职工的社会保险证明，投标人的缴税证明。若合同金额与结算金额有较大差距且难以解释澄清，则不应提供此类合同与验收证明。

（4）竞争情报的运用：投标人可借助竞争情报了解项目招标投标的特点与评审的惯例，从而提升投标文件的编制水平，避免废标。尤其在招标文件编制水平不高的情况下，能使投标文件的编制游刃有余。

649. 如何检查已编制的投标文件？检查有什么意义？

答：检查投标文件的方法包括全面检查、反复检查、多人检查、交叉检查、重点检查与纸质文本检查。全面检查是各种检查方法的前提；反复检查是在缺乏人手的条件下由投标文件的编制者自行多次检查投标文件；多人检查是指由投标小组的成员分别检查，以最大限度地避免错误、消除误差；交叉检查是指在时间非常紧急的条件下，由编制投标文件的成员进行相互检查；重点检查是指对投标文件的要件进行针对性的检查，包括开标一览表、投标函的签名、盖章，数值与单位符号；纸质文本检查是指已采用电子评标系统投标、评标的，仍需要将电子文本转为纸质文本进行检查。

检查的内容包括：目录与格式，投标文件的完整性及页码顺序，对招标文件强制性条款（研究招标文件时已做明显的标记，见前文）的响应情况；此外，应对数值部分进行复核，应就盖章、签字处进行检查是否有遗漏。而匿名评审的部分不能做任何标记，更不能盖章。曾有投标人将需要匿名评审的施工组织方案的每一页都盖章，开标之后该投标文件将不具备评审条件。

尽管检查工作枯燥无味，且花费大量时间，但认真检查可有效地避免废标，或者发现自己根本无法满足招标文件所规定的条件，此时即可放弃投标。由于评委的经验、水平参差不齐，故有的投标文件通过了第一次的评审，但未必能通过第二次评审（见案例5-25）。此外，尽管在招标投标中有因算术修正而澄清的机会，但在修正处理上，不同评委可能有不同的理解与处理方式，故投标人可能因金额填写或计算错误而失去中标机会，因而投标人不应有任何侥幸心理，应认真编制、检查投标文件。

650. 施工投标应注意哪些问题？

答：（1）技术标。对常规施工投标一般都采用价格评审法，其技术标通常包括施工组织方案和项目管理班子配备方案。投标人应确保施工组织方案编写了招标文件所规定的各项内容，尤其是一些相对特殊的分部（分项）工程。

> **案例5-90**
>
> 某景观工程招标，项目内容包括管道挖埋及沥青路面恢复，某投标人在投标文件的施工方法、施工设备或施工进度表等文件中均未编写，经评标委员会评审，该施工组织方案不可行。

> **案例5-91**
>
> 在一次绿化工程招标中，有一位投标人在投标文件中称将利用海边淤泥作为种植土。由于投标人没有给出脱盐的可行性方案，故施工方案被认定为不可行，其投标因此被否决。

若招标文件要求提供施工总平面图和临时用地表，则投标人应分别绘制施工总平面图与编制临时用地表。

项目管理班子配备方案通常包括职称与资格证书的复印件，投标人应确保复印清晰，尤其要确保所提供的职业资格证书（包括执业资格证书和从业资格证书）处在注册期内或有效期内（职称证书不存在注册或复审）。招标文件若规定有的岗位可以使用职称证书或职业资格证书的，应尽量使用职称证书，以免后者没有被及时提交年审。若项目管理班子人员有单位变更的，即现所在单位与原证书的单位不符时，应提供相应的证明，项目经理、造价师（员）的证书的复印件应包括单位变更记录。以注册建造师的增项专业的身份作为项目经理进行投标的，其证书复印件应包括增项记录。

> **案例5-92**
>
> 某次招标投标中，有的评委提出某投标人的项目经理的注册建造师的专业不符合招标文件的规定。但按常理，既然已通过了资格后审，其专业应符合招标文件的规定。经调取该项目经理的注册建造师证书，发现该证书的专业有增项记录，新增专业符合招标文件的规定，只不过该投标人在编制投标文件时没有提供增项记录的复印件。显然，若无法及时查证其证书原件，其技术标会被废标。

若招标文件要求提供项目管理班子人员的社会保险与劳动合同，则投标人应提供完整的证明资料，否则会被废标，见案例5-25。若招标文件允许项目管理班子的部分成员可以是退休人员，无须社保证明，那么投标人仍应提供与这些退休人员签订的劳动合同，且这些劳动合同不能以其他的证明所代替，见案例5-26。投标人在提供社会保险证明时，若提供的是一个经过税务局盖章的社会保险证明汇总单，那么在提供其复印件时，可在该汇总单中标记项目管理班子的全部成员，这样不仅可以节省评审时间，更重要的是能避免一些差错。

案例5-93

某次招标评审中，发现某投标人提供的社会保险证明的汇总名单缺少一名项目管理班子成员。根据招标文件规定，未提供相关证明资料的，不予确认并作为废标。显然，投标人若懂得将项目管理班子成员的名单标记于社会保险证明的汇总名单中就可以避免因自己的疏漏而失去中标机会。

（2）商务标。在编制商务标时，应特别注意投标函与投标函附录等文本的填写及报价方面。工期与质量等级是各式投标函附录最基本的两项内容，一旦填错或漏填，通常作为废标。

施工投标通常要求缴交投标保证金，有的招标文件规定必须从企业的基本账户支出，此时既要检查是否转到招标文件所规定的账户，也要检查是否从基本账户转出。

案例5-94

某次施工招标，发现某投标人的商务标所张贴单据是将投标保证金转到履约保证金账号的单据，为慎重起见，评标委员会请财务人员查询招标人的账户，确实未收到投标保证金，故其投标被否决。

案例5-95

某次施工投标，在完成了资格后审、商务标和技术标的评审后，准备进入随机抽取中标人的定标环节，代理机构发现某投标人的保证金一直未到指定账户，经查才发现该投标人将保证金转到了其他账户，该投标人的中标候选人资格因此被取消。若该投标人认真检查，就不会犯如此低级的错误。

报价方面除了金额大小写要一致、计算要准确之外,最关键的是要确定什么能列入定额计算的范围,什么不能列入定额计算的范围,以及应套用什么定额。此外,应确定可竞争费的优惠限度和哪些费用是不可竞争费,如在绿化施工中,绿地的土方造型指按照施工图上的等高线的要求进行施工,须有较大幅度的高差,而在施工中为园林植物生长、起排水作用所致的自然地形则不属于土方造型,不得套用土方造型定额。在施工招标中,时常因为未正确套用定额而导致商务标被废标。

(3) 资格后审申请。投标人在提供招标文件所要求的财务状况表或财务报告时,应特别注意招标文件所要求的时间。

(4) 联合投标。若联合投标,应满足联合投标的基本要求(见本书问答第642条),并提供同一专业的最高等级资质证书。

有的国家规定在外国企业当地投标必须与当地的企业合资或合作,有的还规定当地企业的所占股份与当地劳动力的所占比例,此时合资或联合投标就变成一种必要前提,投标人应及早做好准备。事实上,在较短时间内找到合作伙伴并达成合作协议是很困难的,故投标人应建立自己的竞争情报系统,了解招标文件的要求,了解哪些企业可能参与投标及他们的优势(包括新产品、新技术)和国际地位,只有这样才能找到目标一致的可靠的合作企业。

此外,在编制投标文件时,应确保其形式上符合招标文件的要求,如招标文件对字体的要求。

案例 5-96

某投标人在一次施工招标中落标,随后以中标人的投标文件的字体不符合招标文件的规定而有作弊之嫌,向业主和有关部门提出质疑和投诉。而当地发展和改革委员会以及建设局却下文称此次招标合法有效,要求业主加以确定并安排中标企业进入施工现场。落标企业认为该文件超越了发文单位的行政权限,干涉了招标投标活动,故向法院起诉,要求撤销该文件。在本案例中,若招标文件的字体的要求属于强制性条款,那么中标人的投标应被否决。无论该中标人的中标是否有效,当地发展和改革委员会发文确已超出其职权范围。

第六节 勘察、设计招标、投标与评标

651. 工程勘察、设计强制招标的规模标准是什么?

答:(1)全部或者部分使用国有资金投资或者国家融资的项目包括:使用预算资金200万元人民币以上,并且该资金占投资额10%以上的项目;或者,使用国有企业事业单位资金,并且该资金占控股或者主导地位的项目。

(2)使用国际组织或者外国政府贷款、援助资金的项目包括:使用世界银行、亚洲开发银行等国际组织贷款、援助资金的项目;或者,用外国政府及其机构贷款、援助资金的项目。

(3)不属于上述规定的大型基础设施、公用事业等关系社会公共利益、公众安全的项目(此类项目的界定详见问答第415条)。

(4)上述规定的项目,单项勘察、设计或同一项目中可以合并勘察、设计的合同估算价在100万元人民币以上。

652. 什么情形下可以不招标?

答:以下情形之一经批准或核准可以不招标:①涉及国家安全、国家秘密、抢险救灾或者属于利用扶贫资金实行以工代赈、需要使用农民工等特殊情况,不适宜进行招标;②主要工艺、技术采用不可替代的专利或者专有技术,或者其建筑艺术造型有特殊要求;③采购人依法能够自行勘察、设计;④已通过招标方式选定的特许经营项目投资人依法能够自行勘察、设计;⑤技术复杂或专业性强,能够满足条件的勘察设计单位少于三家,不能形成有效竞争;⑥已建成项目需要改、扩建或者技术改造,由其他单位进行设计影响项目功能配套性;⑦国家规定其他特殊情形。

653. 勘察、设计招标在什么情形下需要重新招标?

答:有以下情形之一的需要重新招标:资格预审合格的潜在投标人不足3个;在投标截止时间前提交投标文件的投标人少于3个;所有投标均被作废标处理或被否决;评标委员会否决不合格投标或界定为废标后,因有效投标不足3个,使得投标明显缺乏竞争,评标委员会决定否决全部投标;评标不能如期完成,而同意延长投标有效期的投标人少于3个。

第五章 工程招标、投标与评标及合同管理

> **案例5-97**
>
> 某项目设计招标，由于仅有的三家投标人中有一家投标人提供的展板不符合招标文件的要求，被确认为废标，故招标失败。该项目只得重新招标。

654. 重新招标再次失败的，招标人应如何处理？

答：属于按照国家规定需要政府审批的项目，报经原项目审批部门批准后可以不再进行招标；其他工程建设项目，招标人可自行决定不再进行招标。

655. 学术性的项目方案设计竞赛或"创意征集"，是否需要遵循建筑工程方案设计招标投标管理办法？

答：不需要。

656. 委托勘察有哪些类别和内容？

答：（1）自然条件观测：包括气候、气象、海洋及陆地的水文观测。若资料不足或从未观测且无观测站，则需建站观测。

（2）地形图测绘：包括陆地和海洋的工程测量和地形图测绘，一般小比例尺的区域图可由国家测绘局等相关部门提供，但规划设计用的工程地形图通常需要现场测绘。

（3）资源探查：通常由国家机构或一些专业机构完成，有的作为科研项目予以实施，故通常只需进行一些必要的补充探查。资源探查的环境、内容与手段相当广泛，包括陆地（地面、空中和地下）与海洋（海上和海下）的生物资源（包括微生物和动植物资源）和非生物资源（地下水资源、地热资源、金属及非金属矿藏资源、石油资源、天然气资源、风力、水力、潮汐力）的调查、观测、勘探。

（4）工程地质勘察：包括建（构）筑物岩土工程勘察，以及公路工程、铁路工程、机场工程、滨海工程与核电站工程地质勘察等。常同时进行水文地质勘察和中小型工程的地震地质勘察。

（5）水文地质勘察：以避免地下水对工程的影响与危害，或寻找地下水用于工程水源。在做资源探查或工程地质勘察时，通常同时进行水文地质勘察，故一般不会单列水文地质勘察，而是与工程地质勘察等同时委托。

（6）地震地质勘察：大型工程和地震地质复杂区通常需要在国家地震区划的基础上于建设地点做地震安全性评价。

（7）环境基底观测与环境评价：大多和陆地的环境调查与海洋的水文观测同时进

行。环境基底观测与环境评价中的环保措施有时需要借助试验研究。

（8）模型试验：一些大中型项目或特殊项目还需借助科研，建立模型进行试验，前期的一些实测资料可以作为模型的边界条件，例如港口设计前要做港池和航道的淤积研究。

657. 勘察招标有什么特点？

答：（1）任务较明确具体：和委托设计相比，勘察招标所委托的勘察任务较明确具体，对于没有科研要求的勘察任务通常是常规任务，如地质勘探的孔位、眼数与钻探深度等。

（2）合并委托：勘察任务可以单独招标，但考虑到与设计任务的衔接，可将勘察任务合并委托到设计招标中，由具有相应资质能力的设计单位完成或由具有设计能力的单位再去选择具有勘察资质能力的单位作为分包单位。通过合并委托，业主可以从勘察、设计的协调工作中摆脱出来，并能避免补充勘察工作。

（3）资格预审：与施工招标既可以资格预审也可以资格后审不同，勘察的公开招标常为资格预审。对于没有科研单位参与的勘察招标，招标人在资格预审公告中明确发包范围。

对于有科研单位参与的勘察招标，招标人在资格预审公告中明确初步任务大纲。对拟投标的勘察单位和科研单位所交的资格预审申请文件进行审查。只有通过审查的勘察单位和科研单位才能参加勘察投标。

（4）招标人与设计单位相协调：由于勘察是为设计服务，故招标人在选定勘察单位（和科研单位）后，需要与设计单位进行协调，确定勘察方案。

（5）中标人与设计单位相协调：中标人［勘察单位（和科研单位）］也需要与设计单位沟通，使勘探符合设计的要求。施工也需要与设计单位进行沟通，但目的是体现和完成设计任务，在施工的过程中可能会对原有的设计基于一定的程序进行调整。

658. 设计招标有什么特点？

答：（1）设计招标的类别较多：有单纯的设计招标，也有勘察设计总招标，还有设计施工总招标。设计招标包括方案设计招标、总体规划设计招标、初步设计招标、技术设计招标与施工图设计招标。

（2）任务较不明确具体：与其他招标的要求相比，设计招标的要求较不明确具体，仅提出设计依据、项目所在地的基本资料、项目限定的范围、项目应达到的技术功能指标与项目预期投资限额，无具体工作量。

（3）设计的合并实施：为确保规划设计思想的连贯性，一般由前一设计阶段的中标人来完成后面的设计任务，甚至由设计中标人来完成施工任务。若设计施工合并实施，招标人一般不再支付设计费用。

（4）招标的最终成果：和货物、施工等招标不同，设计招标所需要的是一种智力劳动成果。

（5）投标文件的编制较为特别：与施工的投标文件不同，设计的投标文件通常先提出设计的（指导思想和）构思，从而提出初步方案，并论述该方案的优越性和实施计划。

（6）唱标的方式较特别：对于单纯的设计招标（不含施工），开标时不是由招标机构的主持人或唱标员来宣读投标文件的报价与工期，而是由投标人各自扼要地说明投标方案的基本构思和意图（采用双信封投标、开标），或由唱标员宣读设计费、投标报价和设计周期。

（7）评标与奖励、补偿：设计招标常采用竞赛制，对未中标的前几名进行奖励或补偿，其中奖励或补偿的对象必须是达到设计深度、经评审合格的投标方案。评标时通常采用综合评分法。

659. 进行工程勘察招标的条件是什么？

答：①招标人已经依法成立；②按照国家有关规定需要履行项目审批、核准或者备案手续的，已经审批、核准或者备案；③勘察有相应资金或者资金来源已经落实；④所必需的勘察基础资料已经收集完成；⑤法律法规规定的其他条件。

660. 建筑工程方案设计招标分为哪两种类型？

答：概念性和实施性方案设计招标。

661. 进行建筑工程方案设计招标的具体条件是什么？

答：（1）建筑工程概念性方案设计招标应具备以下条件：具有经过审批机关同意的项目建议书批复或招标人已取得土地使用证；具有规划管理部门确定的项目建设地点、规划控制条件和用地红线图。

（2）建筑工程实施性方案设计招标应具备以下条件：政府投资的项目已取得政府有关审批机关对项目建议书或可行性研究报告的批复，企业（含外资、合资企业）投资的项目具有经核准或备案的项目确认书；具有规划管理部门确定的项目建设地点、规划控制条件和用地红线图；有符合要求的地形图，提供所需要的建设场地的工程地质、水文地质初勘资料。水、电、燃气、供热、环保、通信、市政道路和交通等方面的基础资料；有符合规划控制条件、立项批复和充分体现招标人意愿的设计任务书。

662. 工程勘察、设计招标有哪两种方式？

答：公开招标、邀请招标。

663. 依法必须进行公开招标的项目，在什么情形下可以采用邀请招标方式？

答：下列情形之一可采用邀请招标：①技术复杂、有特殊要求或者受自然环境限制，只有少量潜在投标人可供选择；②采用公开招标方式的费用占项目合同金额的比例过大。

664. 什么情形下可以对勘察、设计采用分段或分项招标？

答：在保证项目完整性、连续性的前提下，按技术要求实行分段或分项招标。

665. 勘察、设计招标文件或资格预审文件出售的最短时间是多少日？

答：5日。

666. 什么情形下招标人不得进行建筑工程方案设计的资格预审？

答：未在招标公告中明确或实际投标人的报名数量未达到招标公告中规定的数量时，不得进行资格预审。

667. 如果通过建筑工程方案设计的资格预审投标人的数量不足三家，招标人应采取什么措施？

答：招标人应修订并公布新的资格预审条件，重新进行资格预审，直至三家或三家以上投标人通过资格预审为止。特殊情况下，招标人不能重新制定新的资格预审条件的，必须依据国家相关法律法规的规定执行。

668. 能否以抽签、摇号等方式限制过多的资格预审合格的投标人参加建筑工程方案设计投标？

答：不能。

669. 应由什么人员负责建筑工程方案设计招标的资格预审？

答：须由专业人员负责。

670. 建筑工程方案设计招标的资格预审采用哪一种方式？

答： 合格制。

671. 勘察招标的资格审查包括哪些内容？

答： 勘察招标的资格审查包括一般性审查（如法人地位、信誉等）与专业审查，后者包括以下三方面：

（1）资质审查：勘察资质是勘察招标资格审查的首项内容。投标人的勘察资质应高于或与拟建工程项目的级别一致，应涵盖拟建工程项目的业务范围，不允许无资质证书的单位或低资质的单位越级承接勘察业务，也不允许超范围承接勘察业务。

（2）能力审查：审查人员的技术力量及主要技术设备。主要技术设备方面主要评估测量、制图、钻探设备能否满足工程勘察所需。

（3）经验审查：审查近几年承担的工程勘察任务，重点考察是否完成过与招标项目类似的勘察项目。

672. 工程勘察资质分为几类、几个等级？

答： 2020年11月经国务院常务会议审议通过，对工程勘察资质进行合并，调整后保留工程勘察综合资质；将4类专业资质及劳务资质整合为岩土工程、工程测量、勘探测试3类专业资质。具体如下：

资质类别	监理资质类型	等级
综合资质	综合资质	不分等级
专业资质	岩土工程、工程测量、勘探测试	甲、乙级

673. 工程设计资质分为哪几类？

答： 2020年11月经国务院常务会议审议通过，对工程设计资质进行合并，调整后保留工程设计综合资质；将21类行业资质整合为14类行业资质；将151类专业资质、8类专项资质、3类事务所资质整合为70类专业和事务所资质。具体如下：

资质类别	施工资质类型	等级
综合资质	综合资质	不分等级
行业资质	建筑行业、市政行业、铁路行业、港口与航道行业、民航行业、水利行业、电力行业、煤炭行业、冶金建材行业、化工石化医药行业、电子通信广电行业、机械军工行业、轻纺农林商物粮行业	甲、乙级
	公路行业	甲级

（续）

资质类别	施工资质类型	等级
专业和事务所资质	建筑行业建筑工程专业、建筑行业人防工程专业 市政行业（燃气工程、轨道交通工程除外）、市政行业给水工程专业、市政行业排水工程专业、市政行业燃气工程专业、市政行业热力工程专业、市政行业道路与公共交通工程专业、市政行业桥梁工程专业 公路行业公路专业、公路行业交通工程专业 港口与航道行业港口工程专业、港口与航道行业航道工程专业 水利行业水库枢纽专业、水利行业引调水专业、水利行业灌溉排涝专业、水利行业围垦专业、水利行业河道整治与城市防洪专业、水利行业水土保持与水文设施专业 电力行业火力发电工程专业、电力行业水力发电工程专业、电力行业新能源发电工程专业、电力行业核工业工程专业、电力行业送变电工程专业 煤炭行业矿井工程专业、煤炭行业露天矿工程专业、煤炭行业选煤厂工程专业 冶金建材行业冶金工程专业、冶金建材行业建材工程专业、冶金建材行业冶金建材矿山工程专业 化工石化医药行业化工工程专业、化工石化医药行业化工矿山专业、化工石化医药行业石油及化工产品储运专业、化工石化医药行业油气开采专业、化工石化医药行业海洋石油专业、化工石化医药行业原料药专业、化工石化医药行业医药工程专业 电子通信广电行业电子工业工程专业、电子通信广电行业电子系统工程专业、电子通信广电行业有线通信专业、电子通信广电行业无线通信专业、电子通信广电行业广播电视制播与电影工程专业、电子通信广电行业传输发射工程专业 机械军工行业机械工程专业、机械军工行业军工工程专业 轻纺农林商物粮行业轻工工程专业、轻纺农林商物粮行业纺织工程专业、轻纺农林商物粮行业农业工程专业、轻纺农林商物粮行业林业工程专业、轻纺农林商物粮行业商物粮专业 建筑装饰工程通用专业、建筑智能化工程通用专业、照明工程通用专业、建筑幕墙工程通用专业、轻型钢结构工程通用专业、风景园林工程通用专业、消防设施工程通用专业、环境工程通用专业	甲、乙级
	市政行业隧道工程专业、市政行业轨道交通工程专业 公路行业特大桥梁专业、公路行业特长隧道专业 铁路行业桥梁专业、铁路行业隧道专业、铁路行业轨道专业、铁路行业电气化专业、铁路行业通信信号专业	甲级
	建筑设计事务所、结构设计事务所、机电设计事务所	不分等级

674. 勘察设计招标文件包括哪些内容？

答： 投标须知；投标文件的格式及主要合同条款；项目说明书，包括资金来源情况；勘察设计范围，对勘察设计进度、阶段和深度的要求；勘察设计基础资料；勘察设计费用的支付方式，对未中标人是否给予补偿及补偿标准；投标报价要求；对投标人资格审查的标准；评标标准和方法；投标有效期。设计招标常进行匿名评审，若要求投标文件不得标注页码，正文须使用统一的字体、字号，须使用统一的指北针等，应在投标文件格式中以醒目的黑体字标注，并加注"*"。

675. 建筑工程方案设计的招标公告包括哪些内容？有无范本？

答： 招标公告的内容与范本如下：

招标单位（章）				
招标代理机构（章）				
工程项目名称				
建设地点				
计划开工日期及建设周期				
建筑面积	/m²		投资规模	/万元
招标类型	□ 概念性方案设计招标		□ 实施性方案设计招标	
招标内容及范围				
报名时间及地址				
报名资质条件				
报名时须携带资料				
其他说明（资格审查方式、招标文件工本费、保证金等）				
招标单位联系人电话			招标代理机构联系人电话	
管理部门				

676. 建筑工程方案设计的投标邀请函包括哪些内容？有无范本？

答： 投标邀请函的内容与范本如下：

为建设_____（工程名称），_____（招标单位名称）决定对_____（工程名称）工程设计进行招标。经资格预审合格，现邀请_____（投标单位名称）参加投标。相关事项如下：

招标单位（章）	
招标代理机构（章）	
工程项目名称	
建设地点	

(续)

计划开工日期及建设周期				
建筑面积	/m²		投资规模	/万元
招标类型	□ 概念性方案设计招标		□ 实施性方案设计招标	
招标内容及范围				
领取招标文件的时间、地点				
踏勘、澄清会的时间、地点				
开标的时间、地点				
其他说明（工本费、保证金等）				
招标单位联系人电话		代理机构联系人电话		
管理部门				

677. 有无建筑工程方案设计资格预审的法定代表人授权委托书的范本？

答：范本如下（如以联合体形式投标，联合体成员各方均应签字盖章）：

法定代表人授权委托书

致：＿＿＿＿＿＿＿＿＿（招标人）

本授权书宣告，在下面签字的＿＿＿＿＿＿以法定代表人身份代表本单位授权；＿＿＿＿＿＿为本单位的合法授权代表，授权其在＿＿＿＿＿＿项目方案设计招标活动中（项目编号：＿＿＿＿＿＿），以本单位的名义，并代表本人与你们进行磋商、签署文件和处理一切与此事有关的事务。授权代表的一切行为均代表本单位，与本人的行为具有同等法律效力。本单位将承担授权代表行为的全部法律责任和后果。

本委托书限期自＿＿＿年＿＿月＿＿日起至＿＿＿年＿＿月＿＿日止。

授权代表无权转让委托权，特此委托。

投标申请人：＿＿＿＿＿＿＿＿＿＿＿＿＿＿＿（全称、盖章）

法定代表人姓名：＿＿＿＿＿＿＿＿＿＿；职务：＿＿＿＿＿＿＿

授权委托人：＿＿＿＿＿＿＿＿＿＿＿＿；职务：＿＿＿＿＿＿＿

日期：＿＿＿＿＿年＿＿＿月＿＿＿日

第五章 工程招标、投标与评标及合同管理

678. 建筑工程方案设计的投标申请人的基本情况表包括哪些内容?有无范本?

答:基本情况表的内容与范本如下:

投标申请人全称			
资质等级及业务范围			
法定代表人姓名		职　务	
投标申请人地址		邮政编码	
电　话		传　真	
成立日期		职工人数	
管理体系认证证书			
基本情况简介:			

　　投标申请人:_____(全称、盖章)
　　法定代表人或授权委托人:_____
　　日期:_____年____月____日

679. 建筑工程方案设计资格预审的近三年类似项目的设计业绩表包括哪些内容?

答:设计业绩表包括建设规模等内容,具体如下:

建设单位(业主)	工程名称	建设规模(建筑面积及总投资额)	完成日期(年/月/日)	主要设计人员情况

　　投标申请人:_____(全称、盖章)
　　法定代表人或授权委托人:_____
　　日期:_____年____月____日

680. 建筑工程方案设计的拟投入设计人员的汇总表包括哪些内容?有无范本?

答:汇总表的内容与范本如下:

序号	姓名	性别	出生日期	学历	专业	技术职称	在本项目拟任职务

231

投标申请人：_____（全称、盖章）

法定代表人或授权委托人：_____

日期：_____年_____月_____日

681. 建筑工程方案设计的拟投入设计人员的简历表包括哪些内容？有无范本？应附上哪些资料？

答：简历表应附上职称和资格证书复印件，简历表内容与范本如下：

姓名		性别		出生日期	年　月　日
毕业院校专业				毕业时间	年　月　日
从事本专业时间			为申请人服务时间		
执业注册			职称		
在本项目拟任职务					
主要经历					
时间	参加过的工程设计项目名称及规模			该项目中担任职务	

投标申请人：_____（全称、盖章）

法定代表人或授权委托人：_____

日期：_____年_____月_____日

682. 建筑工程方案设计的投标须知包括哪些内容？

答：投标须知包括以下内容：

（1）项目概括简介：项目业主名称；招标编号；项目情况简介（项目名称、项目地点、建设规模）；项目批准单位及文号；工程造价；资金来源；投标周期（投标工作规定工作日限制）；被邀请人或自愿报名投标人员的资质要求。

（2）招标代理机构：招标代理机构的名称、地址、邮政编码、联系人、联系电话、传真与邮箱地址等。

（3）合格投标人的要求：对国内投标人的资质要求；对境外投标人的要求；对联合

体投标人的要求。

（4）招标工作进程安排：发放招标文件、答疑、现场踏勘、书面回复质疑、提交投标文件终止时间与地点等。

（5）招标文件的说明：招标文件组成；招标文件的质疑和澄清；招标文件的修改和补充。

（6）招标文件的规定：投标文件所使用的语言；规定计量单位；若招标人要求投标人提交投标商务文件，应明确投标文件中关于投标商务文件和投标技术文件是否分册装订的规定；投标文件匿名、包装与密封等规定。

683. 建筑工程方案设计招标的技术文件编制包括哪些内容？

答： 工程项目概要：项目名称、基本情况、使用性质、周边环境、交通情况、自然地理条件、气候及气象条件、抗震设防要求等；设计目的和任务；设计条件：主要经济技术指标要求（详见规划意见书）、用地及建设规模、建筑退红线、建筑高度、建筑密度、绿地率、交通规划条件、市政规划条件等要求；项目功能要求：设计原则、指导思想、功能定位等；各专业系统设计要求：根据招标类型及工程项目实际情况，对建筑、结构、采暖通风、给水排水、电气、人防、节能、环保、消防、安防等专业提出要求；方案设计成果要求：文字说明、图样、展板、电子文件、模型等。

684. 建筑工程概念性与实施性方案设计招标的深度要求有什么差异？

答： 在设计总说明、图样内容等方面均有差异，详情如下：

		概念性方案设计	实施性方案设计
设计总说明	总体说明	（1）设计依据。列出设计依据性文件、任务书、规划条件与基础资料等 （2）方案总体构思。设计方案总体构思理念、功能分区、交通组织、建筑总体与周边环境的关系，主要建筑材料、建筑节能、环境保护措施与竖向设计原则	（1）设计依据 1）招标人提供的有关文件名称及文号，如对项目建议书或可行性研究报告的批复文件，对项目核准或备案的项目确认书、规划审批意见书等 2）招标人提供的设计基础资料，如地形、区域位置、气象、水文地质、抗震设防资料等初勘资料；水、电、燃气、供热、环保、通信、市政道路和交通地下障碍物等基础资料 3）招标人或政府有关部门对项目的设计要求，如总平面布置、建筑控制高度、建筑造型与建筑材料等；对周围环境需要保护的建筑、水体与树木等 4）设计采用的主要法规和标准 （2）方案总体构思。方案设计总体构思理念、外形特点、建筑功能、区域划分、环境景观、建筑总体与周边环境的关系

（续）

		概念性方案设计	实施性方案设计
设计总说明	设计说明	（1）建筑物的使用功能、交通组织与环境景观说明 （2）单体、群体空间的构成特点 （3）若采用新材料、新技术，说明主要技术、性能及造价估算 （4）主要技术经济指标 （5）结构、电气、暖通、给水排水等专业设计的简要说明 （6）消防设计专篇说明 （7）节能设计专篇说明 （8）环境保护设计专篇说明	（1）总平面设计说明。场地现状和周边环境；项目若分期建设，说明分期划分；环境与绿化设计分析；道路和广场布置、交通分析、停车场地设置与总平面无障碍设施等；规划场地内原有建筑的利用和保护，古树名木及植被保护措施；地形复杂时应做竖向设计 （2）建筑方案设计说明。平面布局、功能分析、交通流线；空间构成及剖面设计；立面设计；采用的主要建筑材料及技术，若采用新材料、新技术，应如实陈述其适用性与经济性，说明有无相应规范、标准，若采用国外规范，说明其名称及适用范围并履行审查批准程序；建筑声学、建筑热工、建筑防护、空气洁净与人防地下室等方面有特殊要求的建筑，应说明拟采用的相关技术 （3）主要技术经济指标 （4）关键建造技术问题说明（必要时） （5）建筑结构系统方案设计说明。建筑结构设计采用的规范和标准，风压、雪荷载取值，地震情况及工程地质条件等；结构安全等级、设计使用年限和抗震设防类别；主体建筑结构、基础结构及屋盖结构体系，人防设计考虑；采用计算软件的名称 （6）电气系统方案设计说明。应分别对供电电源、变压器及变电室、照明系统、动力电源系统、防雷与接地等予以说明 （7）采暖通风系统方案设计说明。应分别对通风系统，防、排烟系统，空调系统（如采用高新技术及高性能设备也需简要说明），供暖系统等予以说明 （8）给水排水系统方案设计说明。应分别对给水系统、排水系统、雨水系统、污水系统、中水系统（如有必要）与节水措施等予以说明 （9）消防控制设计专篇说明。应分别对火灾自动报警系统及消防控制室、灭火系统、防火分区、排烟系统与消防疏散设计考虑等内容予以说明 （10）建筑节能设计专篇说明。说明采用的规范和标准，详述建筑节能技术要点及技术措施 （11）环境保护措施专篇说明。进行建筑环境影响分析，说明采取的环境保护措施 （12）楼宇智能化及通信系统方案设计说明。对项目设计中涉及的计算机网络系统、综合布线系统、电话通信系统、视频会议系统（包括同声传译系统）、卫星与有线电视系统、广播系统与楼宇自动化管理系统予以说明 （13）安全防护系统方案设计说明。应对项目中涉及的门禁系统、电视监视系统、安防通信系统、安防供电系统与取证记录系统予以说明 （14）部分卫生防疫要求较高的建筑（如医药卫生建筑与餐饮建筑等）应做卫生防疫、防射线、防磁与防毒等专项说明

第五章　工程招标、投标与评标及合同管理

（续）

		概念性方案设计	实施性方案设计
设计总说明	工程造价估算	（1）编制说明。工程造价估算说明包括：编制依据、编制方法、编制范围（明确是否包括工程项目与费用）、主要技术经济指标与其他必要说明的问题 （2）估算表。工程造价估算表应提供各单项工程的土建、设备安装的单位估价及总价，室外公共设施、环境工程的单位估价及总价	（1）编制说明。工程造价估算说明包括：编制依据、编制方法、编制范围（明确是否包括工程项目与费用）、主要技术经济指标、限额设计说明（如有）与其他必要说明的问题 （2）估算表。工程造价估算表应以单个单项工程为编制单元，由土建、给水排水、电气、暖通、空调、动力等单位工程的估算和土石方、道路、室外管线、绿化等室外工程估算两个部分内容组成 若招标人提供工程建设其他费用，则可将工程建设其他费用和按适当费率取定的预备费列入估算表，汇总成建设项目总投资 如采用新工艺、新技术、新材料或特殊结构时，应对该项技术进行专项评估，评估后纳入估算中
图样内容	总平面图样	应明确表示建筑物位置及周边状况	包括区域位置图样；场地现状地形图样；总平面设计图样 图中应标明用地范围、退界、建筑布置、周边道路、周边建（构）筑物、绿化环境与用地内道路宽度等；标明主要建筑物的名称、编号、层数与出入口位置；标注建筑物间的距离，各主要建筑物的相对标高，城市及用地区域内道路与广场的标高等
图样内容	设计分析图样	通常包括功能分析图、交通组织分析图与环境景观分析图等	（1）功能分析图样包括功能分区及空间组合 （2）总平面交通分析图样。交通分析图应包括：主要道路的宽度，坡度，人行、车行系统，停车场地（包括无障碍停车场地）主要道路剖面图及停车位，消防车通行道路、停靠场地及回转场地；各主要人流出入口，货物及垃圾出入口、地下车库出入口的位置，自行车库出入口的位置等 （3）环境景观分析图样。根据招标文件要求，说明景观性质、视线、形态或色彩设计理念与城市的关系 （4）日照分析图样。按招标文件要求使用软件绘制符合当地规定的日照分析图并明确分析结果。日照条件应符合国家相关规定 医院、疗养院、学校、幼儿园、养老院与住宅等建筑的日照条件应严格执行国家相关标准 一般建筑应分析日照影响，确保环境效果和公共利益 （5）招标文件要求的分析图样。根据项目方案设计与需要，可增加分期建设分析图、交通分析图、室外景观分析图、建筑声学分析图、视线分析图、特殊建筑内部交通流线分析图与采光通风分析图等
图样内容	建筑设计图样	（1）主要单体主要楼层平面图，深度视项目而定 （2）主要单体主要立面图，体现设计特点 （3）主要单体主要剖面图，说明建筑空间关系	（1）各层平面图样 （2）主要立面图样 （3）主要剖面图样
图样内容	效果图	建筑效果图须准确地反映设计意图及环境状况，不应制作虚假效果欺骗评审	根据建筑工程的项目特点和招标人要求，提供如实反映建筑环境、建筑形态及空间关系的建筑效果图
其他要求		其他需求内容由招标人自行增补	可依据招标人要求制作建筑模型，建筑模型应准确反映建筑设计及周边的真实状况。其他需求内容由招标人自行增补

685. 建筑工程概念性、实施性方案设计招标的主要技术经济指标表包括哪些内容？

答： 包括：总用地面积（m²）、总建筑面积（m²）、建筑基地总面积（m²）、道路广场面积（m²）、绿地面积（m²）、容积率（总建筑面积/总用地面积）、建筑密度（建筑基地总面积/总用地面积）、绿地率（绿地面积/总用地面积）、汽车停车数量（地上、地下）与自行车停车数量（地上、地下）。

686. 建筑工程方案设计投标的商务标文件包括哪些内容？

答： 大型建筑工程的商务标文件包括投标函、投标函附表、法定代表人资格证明、法定代表人授权委托书、商务与技术条款偏离表、联合体牵头人授权书、联合体协议书、设计费投标报价表、项目分项投资估算表、服务承诺、设计顾问服务计划书、投标人基本情况表、投标人近年来完成与该项目类似工程设计情况表、项目首席建筑师基本情况表、拟投入项目设计人员汇总表、拟投入主要设计人员简历表与投标人近年来主要工程设计获奖证书和奖状等。若属于一般建筑工程，招标人可据实际情形提出要求。

687. 建筑工程方案设计的投标函包括哪些内容？有无范本？

答： 投标函的内容与范本如下（如以联合体形式投标，联合体成员各方均应签字盖章）：

投标函

致：_____（招标人）

根据贵方_____项目方案设计招标（招标编号为_____）的投标邀请函，我方针对该项目的投标报价为：_____元人民币（大写：_____元人民币）。并正式授权的下述签字人_____（职务）代表投标人（投标人名称），提交招标文件要求的全套投标文件，包括：

1. 招标文件中要求的投标文件。
2. 金额为_____元的投标保证金。
3. 其他资料。

据此函，签字人兹宣布同意如下：

1. 我方已详细审核并确认全部招标文件，包括修改文件（如有时）及有关附件。
2. 一旦我方中标，我方将按照投标文件中的承诺组建项目设计组，由投标文件所承诺的设计人员完成本项目的全部设计工作，保证在未征得招标人同意的前提下不变更主要设计人员,保证按投标函附表中承诺的设计周期完成设计并提供相应的设计服务。

3. 我方同意所提交的投标文件在招标文件的投标须知中第_____条规定的投标有效期限内有效,在此期间内如果中标,我方将受此约束。

4. 除非另外达成协议并生效,贵方中标通知书和本投标文件将成为约束双方的合同文件的组成部分。

5. 其他补充说明:_____(补充说明事项)与本投标有关的一切正式往来通信请寄:

  投标人:_____(全称、签章)
  地址:_____ 邮编:_____
  电话:_____ 传真:_____
  法定代表人或授权委托人:_____(盖章、签字)
  注册建筑师:_____(盖章、签字)
  日期:____年____月____日

688. 建筑工程方案设计的投标函附表包括哪些内容?有无范本?

答: 投标函附录的内容与范本如下(如以联合体形式投标,联合体成员各方均应签字盖章):

项目名称		招标编号	
投标人名称			
投标报价	投标报价:_____元人民币 [_____(小写)元人民币]		
设计周期	方案设计优化:____日历日;初步设计:____日历日;施工图设计:____日历日 共计:____日历日		
备注			

689. 建筑工程方案设计的法定代表人资格证明有无范本?

答: 有,范本如下(如以联合体形式投标,则由联合体牵头人出具):

法定代表人资格证明

  单位名称:_____
  地址:_____

姓名：_____ 性别：_____ 年龄：_____ 职务：_____系_____的法定代表人。为设计_____项目，签署上述投标文件、进行合同谈判、签署合同和处理与之有关的一切事务。

特此证明。

投标单位：（盖章）_____

日期：____年___月___日

690. 建筑工程方案设计投标的法定代表人授权委托书有无范本？

答：有，范本如下（如以联合体形式投标，则由联合体牵头人出具）：

法定代表人授权委托书

本人作为_____（投标人名称）的法定代表人，在此授权我公司的_____，其身份证明号码：_____，作为我的合法的授权代表，以我的名义并代表我公司全权处理_____项目设计投标的各项事宜。

本授权书期限自____年___月___日起至____年___月___日止。

在此授权范围和期限内，被授权人所实施的行为具有法律效力，授权人予以认可。

授权代表无权转让委托权，特此委托。

授权代表：_____（签章）性别：_____ 年龄：_____

身份证号码：_____职务：_____

投标人：_____（单位全称）（盖章）

法定代表人：_____（签字或盖章）

授权委托日期：____年___月___日

691. 建筑工程方案设计投标的商务、技术条款偏离表包括哪些内容？

答：具体内容如下：

条款号	招标文件条款内容	招标人响应内容	偏离	说明

声明：除本偏离表所列的偏离外，其他均完全响应"招标文件"中的要求。

692. 建筑工程方案设计投标的联合体协议书应包括哪些内容？

答：包括各方拟承担的工作和责任，其中中外合作的联合体各方拟承担的工作和责任应符合《关于外国企业在中华人民共和国境内从事建设工程设计活动的管理暂行规定》[建市(2004)78号]文件的要求。

693. 联合体牵头人授权书有无范本?

答: 有,内容与范本如下:

联合体牵头人授权书

本授权委托书声明:我_____、_____(联合体成员单位的法人代表姓名)系注册于_____、_____(联合体成员单位的注册地址)的_____、_____(联合体成员单位名称)法定代表人,现代表本公司授权_____(联合体牵头人单位名称)代表联合体各成员单位参加(项目名称)方案设计项目(招标编号为_____)的投标活动。

_____(联合体牵头人单位名称)被授权代表_____、_____(联合体成员单位名称)承担责任和接受指示。在本次投标、中标后合同实施中(包括支付),所签署的一切文件和处理的一切有关事宜,联合体各成员单位均予以承认。

按合同条件联合体成员单位与联合体牵头人就本次投标、中标后的合同实施承担连带责任。

本授权书于_____年___月___日签字生效,特此声明。

联合体牵头人名称:_____(盖章)　　联合体牵头人法人代表签字:_____
(签字或公章)

联合体各成员名称:_____(盖章)　　联合体各成员法人代表签字:_____
(签字或公章)

联合体各成员名称:_____(盖章)　　联合体各成员法人代表签字:_____
(签字或公章)

---

694. 建筑工程方案设计投标的设计费报价表包括哪些内容?有无范本?

答: 内容与范本如下:

项目名称		招标编号	
设计费报价/ 元人民币	(大写)		
	(小写)		

（续）

工作内容	项目明细		取费基数	计算过程及依据	设计费/万元
建筑安装工程	方案设计费				
	初步设计费				
	施工设计费				
	施工现场服务费				
	合计				
室外工程	方案设计费				
	初步设计费				
	施工设计费				
	施工现场服务费				
	合计				
装修工程	公共空间	方案设计			
		初步设计			
		施工设计			
		合计			
	其他空间	方案设计			
		初步设计			
		施工设计			
		合计			
	合计				
总计					
备注					

投标人：_____（单位全称，盖章）

法定代表人或授权委托人：_____（签字或盖章）

日期：____年____月____日

695. 建筑工程方案设计投标的项目分项投资估算表包括哪些内容？有无范本？

答：内容与范本如下：

序号	项目编号	项目名称	工程量	工程量单位	造价（人民币：万元）
		合计			

投标人：_____（单位全称，盖章）

法定代表人或授权委托人：_____（签字或盖章）

日期：_____年___月___日

696. 建筑工程方案设计的投标人基本情况表包括哪些内容？有无范本？

答：内容与范本如下（应附相关证书复印件，境外投标人应附证书的中译本；如为联合体投标，每个成员均需提供此表）：

投标人全称			
主要业务范围			
法定代表人名称		职　　务	
投标人地址		邮政编码	
电　　话		传　　真	
成立日期		现有职工人数	
等级资质证书	等级：	证书号：	
质量管理体系证书	等级：	证书号：	
设计单位组织机构简介（部室划分、各部室人数、中高级职称、注册建筑师与结构师等人数，企业组织机构框图附后）： 技术人员总数：_____人；一级注册建筑师：_____人；一级注册结构工程师：_____人			

697. 建筑工程方案设计的投标人的类似业绩表包括哪些内容？有无范本？

答：内容与范本如下（此表与项目一一对应，应附上相关证明，国外投标人应附证书的中译本；如为联合体投标，每个成员均需提供此表）：

建设单位（业主）	
工程名称	
建设规模（建筑面积/建设长度、宽度/高度）	
完成日期（年/月/日）	
主要设计人员情况	
……	

投标人：_____（单位全称，盖章）

日期：_____年___月___日

698. 建筑工程方案设计的项目首席建筑师基本情况表包括哪些内容？有无范本？

答：有，内容与范本如下：

姓名		性别		出生日期		年 月 日	
毕业院校及专业				毕业时间		年 月 日	
从事本专业时间				为申请人服务时间			
执业注册				职称			
在本项目中担任任务							
本人主要设计成果		工程项目名称及规模		完成年月		在该项目中任何职	
	1						
	2						
本人主要获奖情况							
其他需补充的情况							

699. 建筑工程方案设计投标的拟投入项目的主要设计人员有哪些?

答：包括总设计师，工程主持人，建筑、结构、设备、给水排水、暖通、电气、造价、园林等专业负责人。

700. 建筑工程方案设计的投标文件的编制时间是多少日?

答：建筑工程概念性方案设计投标文件的编制一般不少于20日，其中大型公共建筑工程概念性方案设计投标文件的编制一般不少于40日；建筑工程实施性方案设计投标文件的编制一般不少于45日。招标文件中规定的编制时间不符合上述要求的，建设主管部门对招标文件不予备案。

701. 什么情形下招标人可以在发布招标公告（发出投标邀请书）或出售招标文件后终止招标?

答：只有在不可抗力情况下方能终止招标。

702. 投标保证金的数额上限是多少?

答：保证金的数额一般不超过勘察设计估算费用的2%，最多不超过10万元人民币。

703. 已作为某一投标联合体的成员，是否还能参加其他联合体进行同一项目的投标?

答：不能参加。

704. 备选投标文件是否同时需要加盖单位公章和法定代表人或其授权代表的签字?

答：必须同时加盖单位公章和法定代表人或其授权代表的签字。

第五章 工程招标、投标与评标及合同管理

705. 建筑工程方案设计的原则是什么?

答: 适用、经济,在可能条件下注意美观的原则。

706. 建筑工程方案设计的评标方法有哪些?

答: 包括评分法、评议法(记名投票法、排序法)。

707. 什么是建筑工程方案设计的记名投票法?

答: 评标委员会对通过符合性初审的投标文件进行详细评审,各评委以记名方式投票,按招标文件要求推荐1~3名合格的中标候选方案;经投票汇总排序后,得票数最多的前1~3名投标人作为合格的中标候选人推荐给招标人。

708. 什么是建筑工程方案设计的排序法?

答: 评标委员会对通过符合性初审的投标文件进行详细评审,各评委按招标文件要求推荐1~3名合格的中标候选方案,并按第一名得3分、第二名得2分、第三名得1分的方式投票;经投票分数汇总排序后,得分最多的前1~3名投标人作为合格的中标候选人推荐给招标人。

709. 建筑工程方案设计的综合评分法的权重如何设置?

答: 技术部分的权重一般不低于85%;商务部分的权重一般不大于15%。

710. 建筑工程概念性方案设计的技术标的评分指标有哪些?

答: 评分指标如下(表中分值为参考值):

序号	评分项目	分值	评分标准	分项分值	得分
1	建筑构思与创意	30	建筑创意、空间处理是否符合并充分满足设计方案需求书	30	
2	总体布局	25	是否符合规划要求	5	
			是否符合标书提出的指标要求	5	
			是否布局合理	5	
			与周边环境是否协调,景观美化的程度	5	
			是否满足交通流线及开口要求	5	
3	工艺流程及功能分区	20	符合拟定工艺要求(参照设计方案需求书)	10	
			功能分区明确	5	
			人流组织及竖向交通合理	5	

（续）

序号	评分项目	分值	评分标准	分项分值	得分
4	技术可行性和合理性	25	结构、机电设计与建筑是否符合性强	10	
			消防、人防、环境、节能是否符合国家及地方规范要求	10	
			总造价是否满足标书要求	5	
	得分合计				
评委			日期		

711. 建筑工程实施性方案设计的技术标的评分指标有哪些？

答： 评分指标如下（表中分值为参考值）：

序号	评分项目	分值	评分标准	分项分值	得分
1	规划设计指标	6	是否符合规划要求	2	
			是否符合标书提出的指标要求	4	
2	总平面布局	25	是否布局合理	6	
			是否合理利用土地	4	
			与周边环境协调景观美化程度	5	
			是否满足交通流线及开口要求	3	
			是否满足消防间距要求	4	
			是否满足日照间距要求	3	
3	工艺流程及功能分区	28	符合拟定工艺要求（参照设计方案需求书）	10	
			功能分区明确	4	
			人流组织及竖向交通合理	8	
			各功能房间面积配置合理	6	
4	建筑造型	15	建筑创意、空间处理是否符合并充分满足设计方案需求书	15	
5	结构及机电设计	8	结构、机电设计与建筑是否符合性强	4	
			是否系统先进	2	
			是否造价经济	2	
6	消防	3	是否符合国家及地方规范要求	3	
	人防设计	3	是否符合国家及地方规范要求	3	
	环境保护	3	是否符合国家及地方规范要求	3	
	节能	3	是否符合国家及地方规范要求	3	
7	造价估算	6	估算资料是否齐全，总造价是否满足要求，计算是否正确	6	
	得分合计				
评委			日期		

712. 建筑工程方案设计的商务标的评分指标有哪些？

答：评分指标如下（表中分值为参考值）：

序号	评分项目	分值	评分标准	分项分值	得分
1	设计资质及管理体系认证	10	企业设计资质符合标书规定的资质等级，是否通过ISO质量认证并成功运行一段时间	10	
2	设计业绩	30	近年有无完成类似项目	15	
			类似项目是否竣工投入使用	15	
3	项目设计组人员及业绩	40	项目总设计师是否主持设计过类似工程	20	
			设计师的技术水平（职称、论著、获奖）及同类经验	10	
			设计组人员是否齐备	10	
4	设计人的服务承诺	20	工期是否合理并满足标书要求，为建设好本工程，设计人向招标人提供的各项服务	20	
	得分合计				
评委			日期		

713. 建筑工程方案设计的评标委员会如何组成？大型公共建筑工程方案设计的评委人数如何确定？

答：评标委员会的组成应包括招标人及与建筑工程项目方案设计有关的建筑、规划、结构、经济、设备等专业的专家。大型公共建筑工程项目应增加环境保护、节能、消防专家。评委应以建筑专业的专家为主，其中技术、经济专家的人数应占评委总数的三分之二以上；评标委员会的人数由五人以上单数组成，其中大型公共建筑工程项目评标委员会的人数不应少于九人。大型公共建筑工程或具有一定社会影响的建筑工程，以及技术特别复杂、专业性要求特别高的建筑工程，采取随机抽取确定的专家难以胜任的，经主管部门批准，招标人可以从设计类资深专家库中直接确定，必要时可以邀请外地或国外的资深专家参加评标。

714. 建筑工程方案设计的评标准备包括哪些内容？

答：应从评标委员会中确定一名资深技术专家担任评标委员会主任，并从技术评委中推荐一名评标会议纪要人；了解和熟悉相关内容；进行分工（如有需要）；暗标编码（如需匿名评审）。

715. 招标人可否派出建筑工程的方案设计评审的列席人员？若列席是否可以发表评审意见？

答：可以派出，但列席人员不发表评审意见，也不得以任何方式干涉评标委员会独立开展评标工作。

716. 什么情形下建筑工程方案设计的投标文件应予以废标？

答：有下列情形之一的应废标：投标文件中的投标函无投标人公章（有效签署）、投标人的法定代表人的有效签章及相应资格的注册建筑师的有效签章的；或投标人的法定代表人授权委托人没有经有效签章的合法、有效授权委托书原件的；以联合体形式投标，未向招标人提交共同签署的联合体协议书的；投标联合体通过资格预审后在组成上发生变化的；投标文件中标明的投标人与资格预审的申请人在名称和组织结构上存在实质性差别的；未按招标文件规定的格式填写，内容不全，未响应招标文件的实质性要求和条件的，经评标委员会评审未通过的；违反编制投标文件的相关规定，可能对评标工作产生实质性影响的；与其他投标人串通投标，或与招标人串通投标的；以他人名义投标或以其他方式弄虚作假的；未按招标文件的要求提交投标保证金的；投标文件中承诺的投标有效期短于招标文件规定的；在投标过程中有商业贿赂行为的；其他违反招标文件规定实质性条款要求的。

717. 什么情形下评标委员会可以对建筑工程的设计方案进行优化后再进行评审？

答：经评标委员会评审后认为各投标文件未最大程度响应招标文件要求，如重新招标但时间又不允许的，经评标委员会同意，评委可以采用记名投票方式，按自然多数票产生3名或3名以上投标人进行方案优化设计。评标委员会重新对优化设计方案进行评审后，推荐合格的中标候选人。

718. 建设工程勘察或设计的评审结果应何时公示？公示期多久？

答：应在接到评标委员会的书面评标报告之日起三日内公示中标候选人，公示期不少于三日。

719. 建筑工程方案设计的评审结果应公示哪些内容？有无范本？

答：内容与范本如下（公示单位可根据项目实际情况增加列表内容）：

建筑工程方案设计投标评审结果公示样本

_____（项目名称）方案设计评审结果公示

_____（建筑工程项目名称）经_____（招标人）委托_____（招标代理机构）开展公开（邀请）招标（招标编码_____），于____年____月____日____时在_____开标。评标委员会对投标人全部投标方案进行综合评审后，现将评审结果进行公示。

（一）投标方案排名顺序				
序号	投标机构	投标方案效果表现图	方案构思创意	首席建筑师

（二）评审委员会推荐中标方案
评审委员会推荐中标方案意见：

（三）评审委员会专家意见

序号	专家姓名	技术职称	专家评审意见

公示期为_____年____月____日起至_____年____月____日止。投标人若有异议，请于公示期截止前以书面形式向_____（部门）申诉，逾期不予受理。

联系人：_____　　联系电话：_____

公示单位：
_____年____月____日

720. 建筑工程方案设计招标投标情况书面报告的主要内容包括哪些？

答：包括：①建筑工程方案设计招标投标办事流程表；②中标通知书；③招标文件及补充文件；④招标公告或投标邀请函；⑤资格预审报告（如有）；⑥投标人报名表；⑦投标公函及附件；⑧评委名单；⑨评标、定标标准和方法；⑩评标委员会推荐的经排序的中标候选人名单、评标会议纪要、评委选票与专家评审意见表；⑪废标情况说明；⑫未确定排名第一的中标候选人为中标人的原因；⑬招标代理合同（如有）；⑭参加答疑、开标、评标会的人员签到表；⑮中标人的投标文件；⑯其他需要说明的情况。其中第④项~第⑭项应装订成册，并制作报告封面；若第③项已备案，不再提供。

721. 建筑工程概念性方案设计的招标人应如何付费？

答：招标人应按照国家规定的方案阶段设计付费标准的80%支付中标人。

722. 招标文件中规定给予未中标人经济补偿的，应在什么期限内给付？

答：招标人与中标人签订合同后5日内给付。

723. 招标人应在何时逐一返还未中标人的投标文件？

答：招标人应在将中标结果通知所有未中标人后7个工作日内，逐一返还未中标人的投标文件。

724. 招标人或中标人是否可以采用其他未中标人投标文件中的技术方案？

答：应征得未中标人的书面同意，并支付合理的使用费。

725. 拒绝延长投标有效期的投标人是否有权获得招标文件所规定的对未中标人的补偿？

答：招标文件中规定给予未中标人补偿的，拒绝延长的投标人有权获得补偿。

726. 设计招标文件的编制原则是什么？

答：准确，不被误解；完整表述设计任务范围及深度；简明，删除无关内容以免误导投标人的设计。

727. 编制设计招标文件与确定评分规则应注意什么？

答：应根据工程的具体情况突出设计的基本要求与重点要求，使设计者重点阐明其设计方案的可行性、合理性及优越性，经济技术指标的分析不宜过细，只要合理且满足控制造价即可；当招标范围不包括勘察任务时，应尽量提供完整的项目所在地的工程地质、水文地质与气象等基础资料，以使投标人能将更多的精力集中于投标方案；设计费用在评审中不应占太大比重。

728. 勘察设计投标应注意哪些问题？

答：（1）应遵循国家的技术规范等强制性要求。

（2）提供勘察设计业绩证明时，应就投产项目提供验收报告、使用证明，否则，所提供的业绩在评审时只能视作在建项目。有的招标文件要求业绩要备案，此时，投标人只能从符合要求的、有备案的业绩中选择、提交。

（3）若需要建立模型，投标人应证明其模型的合理性。

（4）无论是有科研要求的勘察投标还是设计投标，都应在投标文件中表明其方案的优越性，突出其设计亮点。

（5）在编制设计方案时，投标人首先应确保有正确的设计指导思想并满足招标文件的设计深度；否则设计指导思想不正确则无法入围，而达不到招标文件的设计深度要求则无法获得相应的奖励或补偿。

（6）设计者应保证设计方案中所陈述内容的准确性，对无把握的内容应尽量回避，否则可能对投标文件产生负面影响。设计者同时应保证设计方案的合理性,为此设计者应做好实地调查,例如园林项目的设计不仅受制于当地的气候条件,也受项目当地小环境的影响,其借景处理是设计者必须亲临现场考察的。若对项目当地的情况(如交通、历史、文化等)没有深入了解,就难以获得好的设计方案。

(7)若招标文件允许提交双方案的,可以考虑让提交的两个方案有较大的差异,以提高中标率。

(8)提供效果图时,切忌效果图中只有外国人。

在概念设计的投标中,投标方的设计者可以先分头考虑、提出项目的方案设想,再进行筛选,但在时间方面要有严格控制。此方法类似于管理学中的头脑风暴法。方案设计旨在克服复杂性、消除不确定性以使项目效益最大化,因而在方案设计初始,分出一些时间让设计者分头提出方案设想是很有必要的。

(9)应按照招标文件的要求提供完整的设计方案。

(10)如果要求提交动漫视频,应严格按照招标文件所规定的时长、字幕、配音等要求进行录制、提交。

(11)如果要求答辩,可以通过模拟答辩的方式进行应对。答辩是一个机会,可以将投标文件中不够明确的加以明确,突出己方的优势。

案例5-98

一名小孩从某小区的一幢高层经济适用房坠落身亡。经查,护栏的钢筋之间的间隙过大,不符合国家的技术规范。该小孩的家人向法院起诉,要求赔偿,施工单位认为他们是按照设计单位的施工图进行施工的,而设计单位认为他们已在设计说明中要求施工单位按照国家的技术规范进行施工。

案例5-99

在某次设计施工总招标中,某投标人在设计文件的末尾附上了一组图片,在每张图片的下方印出了图片中植物的中文名及拉丁学名,由于有的图片的下方的拉丁学名与图片中的植物不一致,这让评标专家难以确定投标人到底是要使用图片所示植物还是要使用拉丁学名所指的植物,而它们的景观效果是不一样的。在本案例中,如果投标人采用一种保守的做法,即只印出中文名而不印出拉丁学名,那么就不会弄巧成拙;但如果投标人给出准确的拉丁学名,则会体现出其专业性,有助于其主观评审项得到较高的分数。

案例5-100

在某次园林设计招标中,由于设计者对当地的情况不熟悉,某投标人在设计文件中规划出的道路比当地最宽的路还要宽几倍,这非常不合理。此后,投标人对该方案做了较大调整。

在设计招标中,评委有时会就设计方案中的一些表述不清楚的内容进行质询,此时投标人可以借助澄清的机会对设计方案做进一步的阐述。期间,若部分评标专家仍表露出困惑的神情,投标人应主动询问并做相应解释。但如果是电话答辩,答辩人就难以获取更多的信息。设计方案不能被评委清晰地了解,该方案就无法得到高分。投标人在介绍设计方案之前,最好先对项目背景进行简要介绍。

案例5-101

某招标人组织评标专家对外地住宅项目的景观工程进行评审,直到第三家投标人介绍他们的设计方案时,评标专家才知道该住宅项目是一个高层的商品房项目。这也表明前面的投标人的设计方案缺乏针对性,或至少是他们的设计方案的优越性未能阐明。

在一些较繁杂的项目(如含雨水、管线、绿化等的高速公路项目)的设计招标评审中,可能会由评标委员会主任进行分组,当共同评审、质疑时,各组从各自专业的角度阐述每个设计文件的优劣、对招标文件的响应程度与需质疑的问题;但若没有分组,或根本没有推选评标委员会主任(有的招标文件并未明确要求需产生评标委员会主任),那么就不一定要按专业的角度分别进行阐述,因而投标文件应在各专业设计中突出其设计亮点,并用醒目字体予以标示,除非招标文件规定必须使用统一的字体。

当然,最重要的是投标文件必须严格遵循招标文件的要求,尤其是投标函与投标函附表等的关键内容绝不能有任何差错,有的规定需匿名评审的技术标不得编制页码,否则将导致废标。

案例5-102

某项目设计招标,投资概算约3.5亿元。某投标人的设计方案排名第一,但因其投标函附表中的设计周期超出了招标文件所规定的时限,故被废标。

729. 编制园林工程设计投标文件时提供苗木清单有什么意义?

答:便于详细评审。

第五章　工程招标、投标与评标及合同管理

730. 由于设计原因造成工程项目总投资超出预算的，设计单位是否需要承担责任？

答：需要承担责任，但仅承担方案设计而不承担后续阶段工程设计业务的除外。

第七节　工程项目货物招标、投标与评标

731. 工程项目招标中的货物如何界定？

答：与工程建设项目有关的重要设备、材料。

> **案例5-103**
>
> 某设计项目招标，招标文件规定将山地项目的业绩作为资格条件，要求提交相关业绩的证明（包括合同和验收材料）。由于某投标人所提交的业绩无法体现出是山地项目，评委否决了该投标人的设计投标。

> **案例5-104**
>
> 某设计项目招标，招标文件规定将相关的业绩作为加分项，要求提交业绩的证明（包括合同和验收材料）并备案。由于某投标人所提交的业绩并未备案，其业绩得分为0。

> **案例5-105**
>
> 某地产项目设计招标，招标文件规定要提交样板房和售楼处的设计方案及效果图。某投标人提交的售楼处的设计方案是最佳的，但由于未提交样板房的效果图，被作为废标。

> **案例5-106**
>
> 某景观项目设计招标，招标文件规定要提交动漫视频。有的投标人在动漫视频中把解说词全部作为字幕呈现出来。事实上，大量的字幕不仅会破坏视频画面的完整性，也会分散评委的注意力。所以，比较好的做法是，以优质的配音代替字幕，仅在设计图和必要的环节出现文字。

案例5-107

某景观项目设计招标,有一个答辩环节。本来答辩是一个机会,但有的投标人并未做答辩的模拟,因而在答辩的过程中非常被动。答辩的问答一般是围绕现存的问题,以及如何解决,和投标人的设计亮点是什么。比如,厂矿的绿化,需要抗污染、防尘的树种,烟厂的绿化,应避免使用芳香植物,包括桉树类、芸香科植物等。

732. 工程项目货物招标有什么特点?

答:(1)对于建筑材料(如水泥、石材、钢材、木材)和中小型通用设备(如管道阀门、空调),标的的数量较大,品种与型号繁多,但质量标准明确,仅按照国家制定的质量规范约定即可。

(2)对于大型工业设备,标的的数量较少,有的标的仅有一个,但标的的金额较大。对于成套设备,通常只划分为一个合同包。合同管理阶段的时间较长,有的还约定对招标方的人员培训。大型工业设备的质量约定较复杂,质量标准可能依据国家或行业标准(国际招标可能还要依据生产国的标准),允许产品有技术指标偏差,这是与其他招标的主要区别之一。此外,大型工业设备的生产进度也是招标人特别关注的,承包商推迟交货将影响工程的进度,而提早交货则要求招标人有仓储空间,需增加保管的费用。

733. 工程项目货物强制招标的规模标准是什么?

答:(1)全部或者部分使用国有资金投资或者国家融资的项目包括:使用预算资金200万元人民币以上,并且该资金占投资额10%以上的项目;或者,使用国有企业事业单位资金,并且该资金占控股或者主导地位的项目。

(2)使用国际组织或者外国政府贷款、援助资金的项目包括:使用世界银行、亚洲开发银行等国际组织贷款、援助资金的项目;或者,用外国政府及其机构贷款、援助资金的项目。

(3)不属于上述规定的大型基础设施、公用事业等关系社会公共利益、公众安全的项目(此类项目的界定详见问答第415条)。

(4)上述规定的项目,单项货物或同一项目中可以合并采购的货物的合同估算价在200万元人民币以上。

734. 招标人是否需要在可行性报告中列明工程货物的招标范围、招标方式等有关招标的内容?

答:需要列明。

735. 建设项目货物的邀请招标由何部门批准？

答：若采用公开招标方式的费用占项目合同金额的比例过大，属于按照国家有关规定需要履行项目审批、核准手续的依法必须进行招标的项目，则由项目审批、核准部门认定；其他项目由招标人申请有关行政监督部门做出认定。

736. 工程项目未实行总承包招标时，由谁依法组织工程项目的货物招标？

答：由工程建设项目招标人依法组织招标。

737. 工程货物以暂估价形式包括在项目的总承包范围内时，什么情形下应当招标？

答：属于依法必须进行招标的项目范围且达到国家规定规模标准的，应当招标。

738. 工程货物的招标代理费用由谁支付？

答：招标代理服务费用根据招标文件确定。

739. 进行工程货物招标的条件是什么？

答：招标人已依法成立；按照国家有关规定应履行项目审批、核准或备案手续的，已获审批、核准或备案；有相应资金或资金来源已落实；能够提出货物的使用与技术要求。

740. 工程货物招标有哪两种方式？

答：公开招标和邀请招标。

741. 什么情形下可以采用邀请招标方式？

答：下列情形之一可采用邀请招标：①技术复杂、有特殊要求或者受自然环境限制，只有少量潜在投标人可供选择；②采用公开招标方式的费用占项目合同金额的比例过大；③涉及国家安全、国家秘密或者抢险救灾，适宜招标但不宜公开招标。

742. 工程货物招标如何确定招标文件或资格预审文件的价格？

答：不以营利为目的。

743. 工程货物招标在什么情形下适用资格预审？

答：适用于潜在投标人较多或大型、技术复杂货物的招标。

744. 工程货物招标公告或投标邀请书包括哪些内容？

答：招标人的名称和地址；招标货物的名称、数量、技术规格与资金来源；交货的地点和时间；获取招标文件或资格预审文件的地点和时间；对招标文件或资格预审文件收取的费用；提交资格预审申请书或投标文件的地点和截止日期；对投标人的资格要求。

745. 工程货物招标的资格预审文件包括哪些内容？

答：资格预审公告；申请人须知；资格要求；其他业绩要求；资格审查的标准和方法；资格预审结果的通知方式。

746. 工程货物的招标文件包括哪些内容？

答：招标公告或投标邀请书；投标人须知；投标文件格式；技术规格、参数及其他要求；评标标准和方法；合同主要条款。

747. 什么是工程货物的招标文件的实质性要求和条件？

答：招标文件不允许有任何偏差的要求和条件。

748. 什么是工程货物的招标文件的非实质性要求和条件？

答：允许有偏差的要求和条件，应规定允许偏差的最大范围和最高项数及对它们进行调整的方法。

749. 若须引用某一生产供应商的技术标准才能阐明拟招标项目的技术标准，招标人应如何处理？

答：应在参照后面加上"或相当于"的字样。

750. 编制招标文件应注意哪些事项？

答：（1）应细化尺寸、质量、生产性能、技术指标与通用性等规格。其中，质量规格包括（密度、重量与色泽等）物理性能、机械性能、化学成分与pH值等。若难以用文字表述，则可通过以下方式来表述：

1) 图样及其说明：机械产品与建设工程的质量规格较烦琐，常需图样配以文字进行说明。此方式虽详尽但评审很费时间。

2) 化学成分：某些物资的采购一般需要对其化学成分进行限定。该方式精确、易于比较。

3) 标准或等级：采用国际标准或招标国的标准或等级。该方式的表述简明扼要，也便于进行评审。

4）样品：若无法以上述方式来细化质量规格，那么招标人可以规定以样品为质量说明的依据，要求投标人在投标时提交样品，样品包括实物与照片，如泥炭土的种类很多，不同产地的泥炭土的吸水性能差别很大，有的泥炭土干燥时硬如石，吸水时重如铁，故招标人在采购时可要求投标人提供样品，这些样品既是评标的依据，又是以后验收的依据；采购盆景时可要求提供照片作为评审依据。

有的以产地、品牌来代替质量规格，但除非该产地或该品牌的产品具有质量、功能的专一性，否则有阻碍其他供应商进入本地区、本行业之嫌，会遭到其他供应商的投诉。

生产性能与技术指标不同，招标人可以对它们同时进行约定，此时投标人必须同时响应。在案例5-57中，生产性能完全满足招标文件的要求，但最低额定功率这一技术指标比招标文件的低，故投标被否决。

（2）应注意标的物之间或与非标的物之间的通用性（配套性），以避免不必要的损失，见案例5-74。

751. 没有提出联合体申请的投标人，在资格预审完成后是否能组成联合体投标？

答：不能组成。

752. 资格预审合格的潜在投标人不足3个时，招标人应如何处理？

答：应重新进行资格预审。

753. 工程项目货物招标提交投标文件的投标人少于3个时，招标人应如何处理？

答：应依法重新招标。重新招标后投标人仍少于3个的，必须招标的工程建设项目，报有关行政监督部门备案后可以不再进行招标，或对两家合格投标人进行开标和评标。

754. 工程货物招标是否可以分包？

答：主要设备或供货合同的主要部分不得要求或允许分包。除招标文件要求不得改变标准货物的供应商外，中标人经招标人同意后可以改变标准货物的供应商。

755. 投标保证金的数额上限是多少？

答：投标保证金一般不得超过项目估算价的2%，但最高不得超过80万元人民币。

756. 至提交投标文件截止时，若投标保证金仍旧未到账，应如何处理？

答：否决其投标。

757. 什么情形下可以采用两阶段招标？

答：对无法精确拟定其技术规格的货物可以采用两阶段招标。

758. 如何开展两阶段招标？

答：（1）在第一阶段，招标人可以首先要求潜在投标人提交技术建议，详细阐明货物的技术规格、质量和其他特性。招标人可与投标人就其建议的内容进行协商和讨论，达成一个统一的技术规格后编制招标文件。

（2）在第二阶段，招标人应向第一阶段提交了技术建议的投标人提供包含统一技术规格的正式招标文件，投标人根据正式招标文件的要求提交包括价格在内的最后投标文件。若招标人要求投标人提交投标保证金，应当在第二阶段提出。

759. 履约保证金的上限是多少？

答：中标合同价的10%。

760. 必须审批的工程建设项目的货物合同价格确需超出范围的，应如何处理？

答：应在中标合同签订前，报原项目审批部门审查同意。

761. 若项目审批部门对货物合同价格超出预算范围不予批准的，应如何处理？

答：招标人应自行平衡超出的概算。

762. 不属于工程建设项目，但属于固定资产投资的货物是否适用工程建设项目货物招标投标办法？

答：适用。

763. 同一法定代表人的不同法人是否可以在同一货物招标中同时投标？

答：不能同时投标。

764. 母公司、全资子公司及其控股公司是否可以在同一货物招标中同时投标？

答：不能同时投标。

765. 一个制造商对同一品牌同一型号的货物，是否可以委托多个代理商参加投标？

答：不可以。

766. 工程项目货物招标投标的投标文件包括哪些内容？

答： 投标函；投标一览表；技术性能参数的详细描述；商务和技术偏差表；投标保证金；有关资格证明文件；招标文件要求的其他内容。

767. 投标人是否必须出席开标会？

答： 不必，除非投标文件有强制性要求。

768. 什么情形下工程项目货物招标投标的投标文件应予以废标？

答： 有下列情形之一的应废标：无单位盖章且无法定代表人或法定代表人授权的代理人签字或盖章的；无法定代表人出具的授权委托书的；未按规定的格式填写，内容不全或关键字迹模糊、无法辨认的；投标人递交两份或多份内容不同的投标文件，或在一份投标文件中对同一招标货物报有两个或多个报价，且未声明哪一个为最终报价的，按招标文件规定提交备选投标方案的除外；投标人的名称或组织结构与资格预审时不一致且未提供有效证明的；投标有效期不满足招标文件要求的；未按招标文件要求提交投标保证金的；联合体投标未附联合体各方共同投标协议的；招标文件明确规定可以废标的其他情形。

769. 货物的招标投标采用何种评标方法？

答： 技术简单或技术规格、性能、制作工艺要求统一的货物，一般采用经评审的最低投标价法；技术复杂或技术规格、性能、制作工艺要求难以统一的货物，一般采用最低评标价法。

770. 货物的招标投标报告包括哪些内容？

答： 招标货物基本情况；招标方式和发布招标公告或资格预审公告的媒介；招标文件中投标人须知、技术条款、评标标准和方法、合同主要条款等内容；评标委员会的组成和评标报告；中标结果。

第八节 房屋建筑与市政基础设施工程施工招标、投标与评标

771. 房屋建筑与市政基础设施工程施工强制招标的规模标准是什么？

答： （1）全部或者部分使用国有资金投资或者国家融资的房屋建筑项目包括：使用

预算资金200万元人民币以上,并且该资金占投资额10%以上的房屋建筑项目;或者,使用国有企业事业单位资金,并且该资金占控股或者主导地位的房屋建筑项目。

(2)使用国际组织或者外国政府贷款、援助资金的房屋建筑项目包括:使用世界银行、亚洲开发银行等国际组织贷款、援助资金的房屋建筑项目;或者,使用外国政府及其机构贷款、援助资金的房屋建筑项目。

(3)上述规定的房屋建筑项目,以及市政基础设施项目,单项施工或同一项目中可以合并施工的合同估算价在400万元人民币以上。

772. 市政基础设施工程包括哪些工程?

答:包括城市道路、公共交通、供水、排水、燃气、热力、园林、环卫、污水处理、垃圾处理、防洪,以及地下公共设施及附属设施的土建、管道、设备安装工程。

773. 什么情形下房屋建筑与市政基础设施的施工可以不招标?

答:有下列情形之一经批准的可以不招标:停建或缓建后恢复建设的单位工程,且承包人未发生变更的;施工企业自建自用的工程,且该施工企业的资质等级符合工程要求的;在建工程追加的附属小型工程或主体加层工程,且承包人未发生变更的;法律法规和规章规定的其他情形。

774. 房屋建筑与市政基础设施施工招标的条件是什么?

答:按国家有关规定需要履行项目审批手续的,已履行审批手续;工程资金或资金来源已落实;有满足施工招标需要的设计文件及其他技术资料;法律法规和规章规定的其他条件。

775. 房屋建筑与市政基础设施施工自行招标的条件是什么?

答:有专门的施工招标组织机构;有与工程规模、复杂程度相适应并具有同类工程施工招标经验,以及熟悉有关工程施工招标法律法规的工程技术、概、预算及工程管理的专业人员。

776. 房屋建筑或市政基础设施的施工招标人若自行招标,应提前多少日向主管部门备案?

答:应在发布招标公告或发出投标邀请书的5日前备案。

第五章 工程招标、投标与评标及合同管理

777. 应公开招标而未公开招标的，或不具备自行招标条件而自行招标的，将导致何种后果？

答：应公开招标而未公开招标的，由县级以上地方人民政府建设行政主管部门责令改正，拒不改正的，不得颁发施工许可证。招标人不具备自行办理施工招标条件而自行招标的，由县级以上地方人民政府建设行政主管部门责令改正，处1万元以下的罚款。

778. 什么情形下房屋建筑与市政基础设施的施工可以采用邀请招标？

答：依法须施工招标的工程，全部使用国有资金投资或者国有资金投资占控股或主导地位的，应公开招标，但经中华人民共和国国家发展和改革委员会或省、自治区、直辖市人民政府依法批准可以进行邀请招标的重点建设项目除外；其他工程可以实行邀请招标。

779. 若需选择，招标人应如何从通过资格预审的投标申请人中选择投标人？

答：通过有限数量制选择不少于7家通过资格预审的投标申请人作为投标人。

780. 房屋建筑与市政基础设施施工的投标保证金的上限是多少？

答：一般不得超过投标总价的2%，最高不得超过50万元。

781. 房屋建筑与市政基础设施施工的招标评标中，各类奖项是否能额外加分？

答：不得额外加分。

782. 招标文件及其澄清或修改是否需要向工程所在地的建设行政主管部门备案？

答：需要备案。

783. 房屋建筑或市政基础设施施工招标投标是否需要进入有形建筑市场？

答：全部使用国有资金投资或者国有资金投资占控股或主导地位，以及依法必须进行施工招标的工程项目，应进入有形建筑市场进行招标投标活动。

784. 在开标时，什么情形将导致投标文件应作为无效投标文件而不得进入评标阶段？

答：有下列情形之一的应作为无效投标文件：投标文件未按招标文件要求予以密封；投标文件中的投标函未加盖投标人的企业及企业法定代表人印章，或企业法定代表人委托代理人没有合法、有效的委托书（原件）及委托代理人印章；投标文件的关键内

容字迹模糊、无法辨认；投标人未按照招标文件的要求提供投标保函或投标保证金；组成联合体投标的，投标文件未附联合体各方共同投标协议。

785. 评标委员会的组成不符合法律法规规定的，将导致何种后果？

答：县级以上地方人民政府建设行政主管部门将责令招标人重新组织评标委员会。招标人拒不改正的，不得对其颁发施工许可证。

786. 招标人应如何发出中标通知书？

答：建设行政主管部门自收到书面报告之日起5日内未通知招标人在招标投标活动中有违法行为的，招标人可以向中标人发出中标通知书。

787. 招标人如何确保园林工程中所栽植物的成活率？

答：在设计中尽量减少特大苗木的使用，尤其是棕榈科植物的大苗容易出现移植缢缩症，而进口的大苗很可能带有进境植物检疫性有害生物；要求投标人提供假植苗或容器苗，或由招标人提供乔木；做好招标准备，尽可能保证在适合种植苗木的季节进行施工栽植；延长乔木或所有苗木的养护期；对于有特大树木种植的，要求其在投标文件中提供详细的施工方法。

788. 园林工程投标文件的劳动力计划表有什么特殊要求？

答：须有养护计划，即需要什么样的人、多少人养护多久，养护时间必须满足招标文件的要求。

789. 园林工程的施工进度表有什么特殊要求？

答：须体现招标文件所规定的苗木养护期。

790. 园林工程的设计施工总承包的投标应采取什么策略？

答：设计施工总投标不仅与设计投标有明显的差别（需提供施工组织方案，且与施工预算一样都是重要的评审内容），而且与施工投标有很大的区别（设计方案的不确定性、竞争性），在投标时不能照搬施工投标或设计投标的方法。由于设计施工总投标的投入较大，前期的准备也较长，故其竞争性很强，投标人应在进行设计前与招标人进行充分的沟通，以了解招标人对某些设计理念的倾向性或排斥性。由于设计施工总投标是自己设计自己施工，故结算价格的弹性较小，故投标人在制订设计方案或编制该方案的预算时，都应特别注意。

设计施工总招标的评标方式主要有两种：将设计方案、施工组织设计与商务标赋予一定的权重进行打分；将设计方案进入前三名的投标人依报价从低至高的顺序确定为第一～第三中标候选人。显然，即使投标人的设计方案再好，若其施工预算过高，则也无缘中标，其方案反而可能被中标人借鉴，因而投标人应首先制订其施工报价不会太高且设计有可能进入前几名的设计方案，在初步完成设计方案后再通过控制特殊材料的用量与降低可竞争费等方法来调低施工预算，以争取中标。

在园林工程的设计施工总承包投标中，投标人最好能提供所选苗木的照片，尤其是乔木的照片须注明中文名，最好能加上拉丁学名。应注意：要使用自己拍的照片，而不要使用下载的图片，学名必须准确。

第九节 公路工程施工招标、投标与评标

791. 什么是公路工程？

答：包括公路、公路桥梁、公路隧道及与之相关的安全设施、防护设施、监控设施、通信设施、收费设施、绿化设施、服务设施与管理设施等公路附属设施的新建、改建与安装工程。

792. 由什么部门负责公路工程招标投标活动的监管？

答：交通运输部依法负责全国公路工程施工招标投标活动的监督管理。县级以上地方人民政府交通主管部门按照各自职责依法负责本行政区域内公路工程施工招标投标活动的监督管理。

793. 公路工程施工强制招标的规模标准是什么？

答：单项施工或同一项目中可以合并施工的合同估算价在400万元人民币以上。

794. 公路工程施工招标的条件是什么？

答：初步设计文件已批准；建设资金已落实；项目法人已成立并符合项目法人资格要求。

795. 公路工程施工自行招标的条件是什么？

答：具有与招标项目相适应的工程管理、造价管理与财务管理能力；有组织编制公

路工程施工招标文件和标底的能力；有对投标人进行资格审查和组织评标的能力。

796. 什么情形下公路工程施工可以采用邀请招标？

答：符合下列条件之一，不适宜公开招标的，依法履行审批手续后，可以进行邀请招标：①项目技术复杂或有特殊技术要求，且符合条件的潜在投标人数量有限的；②受自然地或环境限制的；③公开招标的费用与工程费用相比，所占比例过大的。

797. 公路工程施工的招标程序如何？

答：确定招标方式，若采用邀请招标，应报有关主管部门审批；招标人编制投标资格预审文件和招标文件，招标文件应报交通主管部门审批；发布招标公告，发售投标资格预审文件，如采用邀请招标的，招标人可直接发出投标邀请，发售招标文件；对潜在投标人进行资格审查，并将资格预审结果按项目管理权限报交通主管部门审批；向资格预审合格的潜在投标人发售招标文件；组织投标人考察工程现场，召开标前会；接受投标人的投标文件，公开开标；组建评标委员会评标，推荐中标候选人；招标人确定中标人，并将评标报告和评标结果报交通主管部门核备；招标人发出中标通知书；招标人与中标人订立公路工程施工合同。

798. 公路工程的施工招标采用何种资格审查形式？

答：若公开招标，则进行资格预审；若邀请招标，则进行资格后审。

799. 公路工程施工的资格预审的程序是什么？

答：编制资格预审文件；发布资格预审公告；出售资格预审文件；潜在投标人编制并递交资格预审申请文件；对资格预审申请文件进行评审；编写资格评审报告；发出资格预审结果通知。

800. 资格预审公告包括哪些内容？

答：招标人的名称和地址；招标项目和各标段的基本情况；各标段投标人的合格条件和资质要求；获得资格预审文件的办法、时间、地点和费用；递交资格预审申请文件的地点和截止时间；招标人认为应告知的其他事项。

801. 资格预审文件包括哪些内容？资格预审须知包括哪些内容？

答：资格预审文件包括：资格预审公告；资格预审须知；资格预审申请表格式；有

关附件，包括工程概况、各标段详细情况、计划工期、实施要求、建设环境与条件、招标时间安排等。

资格预审须知包括：潜在投标人可以申请资格预审的标段数量，以及可以通过资格预审的标段数量；对潜在投标人的施工经验、施工能力（包括人员、设备和财务状况）、管理能力和履约信誉等的要求；对工程分包、子公司施工与联合体投标的规定和要求；资格预审申请文件的编制和递交要求（包括编制格式、内容、签署、装订、密封及递交方式、份数、时间、地点等）；资格预审文件的修改和资格预审申请文件的澄清的要求；资格预审方法、评审标准（包括符合性条件、强制性标准与评分标准等）和合格标准；资格审查结果的告知方式和时间；招标人和潜在投标人分别享有的权利；招标人认为应告知的其他事项。

802. 资格预审文件至少应提前多少日发出？发出后若须修改，则应提前多少日？

答：资格预审文件至少应提前14日发出。发出后若须修改，则应提前7日。

803. 公路工程施工的招标人应要求潜在投标人在资格预审申请文件中提供哪些内容？

答：营业执照；相关工程施工资质证书；法人证书或法定代表人授权书及公证书；财务资信和能力的证明文件（包括近三年来财务平衡表及财务审计情况等）；拟派出的项目负责人与主要技术人员的简历、相关资格证书及业绩证明，并按要求提供备选人员的相关信息；拟用于完成投标项目的主要施工机械设备；初步的施工组织计划，包括质量保证体系与安全管理措施等内容；近五年来完成的类似工程的施工业绩情况及履约信誉的证明材料；目前正在承担和已中标的全部工程情况；资产构成情况及投资参股的关联企业情况；若存在工程分包、分公司施工或以联合体形式投标，应具备相应的资质和条件；招标人要求的其他相关文件。

804. 具参股关系的关联企业、母子公司，或同一母公司的子公司能否同时申请同一标段的资格预审？

答：不能。

805. 投资参股招标项目或承担招标项目代建工作的法人单位能否申请该项目的资格预审？

答：不能。

806. 公路工程施工的资格评审委员会如何组成？

答：由招标人代表和有关的专家组成，人数为5人以上单数，其中专家人数不少于总数的1/2。

807. 公路工程施工的资格评审方法有哪些？能否采用抽签、摇号的方式？

答：评审方法包括强制性资格条件评审法和综合评分法。不能采用抽签、摇号方式。

808. 公路工程施工的综合评分法的权重如何设置？

答：类似工程施工经验、财务能力、拟投入本标段的主要机械设备、拟投入本标段的主要人员资历、初步施工组织计划、履约信誉分值范围分别为15～25分、10～20分、10～20分、15～25分、10～15分、15～25分。

809. 公路工程施工的资格评审程序是什么？

答：先进行符合性检查，再进行强制性资格条件评审或综合评分，最后进行澄清与核实。

810. 公路工程施工的资格审查的符合性检查的内容是什么？

答：资格预审申请文件组成的完整性；资格预审申请文件的正本是否加盖潜在投标人法人单位公章及有法定代表人或其授权的代理人签字；潜在投标人的营业执照、法定代表人授权书及公证书是否有效；潜在投标人的施工资质是否满足资格预审文件的要求，若存在工程分包、分公司施工或以联合体形式投标的，则是否具备相应的资质和条件；潜在投标人是否正受到责令停产、停业、取消投标资格的行政处罚或正处于财务被接管、冻结、破产的状态；潜在投标人没有涉及正在诉讼的案件，或正涉及正在诉讼的案件但经评审委员会认定不会对承担本项目造成重大影响；潜在投标人是否提供虚假材料。

811. 公路工程施工的资格评审报告包括哪些内容？

答：包括：工程项目概述；资格审查工作简介；资格审查结果；未通过资格审查的主要理由及相关附件证明；资格评审表等附件。

812. 什么情形下招标人可以发出投标邀请书、资格审查结果？

答：交通主管部门在收到资格评审报告后5个工作日内未提出异议的，招标人可向通过资格审查的潜在投标人发出投标邀请书，向未通过资格审查的潜在投标人告知资格审查结果。

813. 什么情形下招标人可以对资格审查进行重审？

答： 有下列情形之一的可进行重审：由于招标人提供给资格评审委员会的信息有误或不完整，导致评审结果出现重大偏差的；由于评审委员会的原因导致评审结果出现重大偏差的；由于潜在投标人有违法违规行为，导致评审结果无效的。

814. 对二级以上公路、大型桥梁或隧道建设项目的主体工程施工的招标文件有什么要求？

答： 应使用中华人民共和国交通运输部颁发的《公路工程国内招标文件范本》。

815. 公路工程施工招标的招标文件至少应提前多少日发出？发出后若须修改，则应提前多少日？

答： 高等级公路、一级公路，以及技术复杂的特大桥梁、特长隧道的招标文件至少应提前28日发出；其他公路工程则不得少于20日。发出后若须修改，则应提前15日。

816. 公路工程施工的招标人对联合体的主办方有什么要求？

答： 联合体主办人所承担的工程量必须超过总工程量的50%。

817. 招标人应在多少日内将开标情况向交通主管部门备案？

答： 两日内备案。

818. 公路工程施工招标的评标分为几个步骤？

答： 组建清标工作组；组建评标委员会；初步评审；详细评审；撰写评标报告。

819. 公路工程施工招标的清标工作组如何组成？承担哪些工作？

答： 由招标人选派熟悉招标工作、政治素质高的人员组成，协助评标委员会工作。

820. 公路工程施工的评标委员会的评标准备工作包括哪些内容？

答： 根据招标文件，制订评标工作所需各种表格；根据招标文件，汇总评标标准、对投标文件的合格性要求，以及影响工程质量、工期和投资的全部因素；对投标文件响应招标文件规定的情况进行摘录，列出相对于招标文件的所有偏差；对所有投标报价进行算术性校核。

821. 公路工程施工招标的初步评审包括哪些工作？

答：包括符合性审查和算术性修正。

822. 公路工程施工招标的符合性审查包括哪些内容？投标人分包的上限是多少？

答：包括：投标文件是否按照招标文件规定的格式、内容填写，字迹清晰与否；投标文件上的法定代表人或法定代表人授权代理人的签字是否齐全、符合招标文件规定；与申请资格预审时进行比较，投标人的资格是否有实质性变化；投标人是否按规定提供了投标担保；若授权，其授权书是否符合招标文件规定；若以联合体形式投标时，是否提交了符合招标文件要求的联合体协议，联合体成员单位与申请资格预审时是否有实质性变化；若分包，是否有分包协议，分包工作量是否超过投标价的30%；一份投标文件是否应只有一个投标报价；投标人提交的调价函是否符合招标文件的要求；投标文件载明的工期是否超过招标文件规定的时限；投标文件有无招标人不能接受的其他条件。

823. 投标人对算术性修正结果存有不同意见或未做书面确认，将导致何种后果？

答：评标委员会应重新复核算术性修正结果。若确认算术性修正无误，则应对该投标文件做废标处理；若发现算术性修正存在差错，应及时调整并重新进行书面澄清。

824. 详细评审的第一个环节是什么？此后投标文件在什么情形下仍将成为废标？

答：详细评审的第一个环节是合同条件评审。此后若相对资格预审时其施工能力和财务能力有实质性降低且不能满足本工程实施的最低要求，承诺的质量标准低于招标文件或国家强制性标准要求，关键工程技术方案不可行，或施工业绩及履约信誉证明材料虚假，则仍为废标。

825. 公路工程施工招标采用什么评标方法进行评审？

答：包括综合评分法、最低评标价法，或法律、行政法规允许的其他评标方法。

826. 公路工程施工的综合评分法涉及哪些因素？对评分、统计有何要求？

答：涉及评标价、财务能力、技术能力、管理水平和以往的施工履约信誉。评标价采用直线内插法计算得分。除评标价得分外，投标文件的各项得分均不应低于其权重分的60%，且各项得分应以评标委员会的打分平均值确定，该平均值以去掉一个最高分和一个最低分后计算。

827. 什么是评标价的直线内插法？

答： 根据最高评标价和最低评标价的得分以线性方式来确定其他评标价的得分（最低的评标价常设为分项的满分），具体为

$$评标价得分 = 最高评标价得分 + \frac{最高评标价 - 该评标价}{最高评标价 - 最低评标价} \times (最低评标价得分 - 最高评标价得分)$$

例题5-11

招标文件规定："最高评标价得分设定为最低分X，最低评标价得分设定为满分即30分，其余评标价得分均按照直线内插法计算；最高评标价和最低评标价相差比例$\eta = $（最高价-最低价）/最高价，若$0 \leq \eta < 5\%$，$X=27$；若$5\% \leq \eta < 10\%$，$X=24$；若$10\% \leq \eta < 15\%$，$X=21$；若$15\% \leq \eta$，$X=18$。经评审合格的投标人甲、乙、丙、丁的报价经修正后分别为1000万、800万、600万、500万，求投标人的评标价得分。

解： 丁的评标价最低，故为30分；最高评标价和最低评标价相差在15%以上，故甲得分为18分

$$乙的得分 = 18 + \frac{1000-800}{1000-500} \times (30-18) = 22.8$$

$$丙的得分 = 18 + \frac{1000-600}{1000-500} \times (30-18) = 27.6$$

828. 招标人应何时将招标评标报告、评标结果提交交通主管部门核备？评标报告包括哪些内容？

答： 应当自确定中标人之日起15日内提交。评标报告包括：项目概况（包括招标项目基本情况和数据）；招标过程（包括资格预审和开标记录）；评标工作（包括评标委员会组成、评标标准与办法、初步评审、详细评审及废标说明）；评标结果；评标附表及有关澄清记录。

829. 什么情形下招标人可以发出中标通知书？

答： 交通主管部门自收到评标报告和评标结果之日起7日内未提出异议的，应发出中标通知书。

830. 招标人应在几日内退还保证金?

答:应自发出中标通知书之日起5日内退还投标保证金。

第十节 公路工程勘察设计招标、投标与评标

831. 公路工程勘察设计强制招标的规模标准是什么?

答:单项勘察(或设计)或同一项目中可以合并勘察(或设计)的合同估算价在100万元人民币以上。

832. 什么情形下公路工程勘察设计可以不招标?

答:下列情形之一可以不招标:①涉及国家安全、国家秘密、抢险救灾或者属于利用扶贫资金实行以工代赈等特殊情况;②需要采用不可替代的专利或者专有技术;③采购人依法能够自行提供勘察设计;④已通过招标方式选定的特许经营项目投资人依法能够自行提供勘察设计;⑤需要向原中标人采购勘察设计,否则将影响施工或者功能配套要求;⑥国家规定的其他特殊情形。

833. 什么情形下公路工程勘察设计可以采用邀请招标方式?

答:国务院发展计划部门确定的国家重点项目和省级人民政府确定的地方重点项目不适宜公开招标的,经国务院发展计划部门或省级人民政府批准,可以进行邀请招标。其他公路建设项目符合下列条件之一的可以进行邀请招标:①技术复杂、有特殊要求或者受自然环境限制,只有少量潜在投标人可供选择;②采用公开招标方式的费用占项目合同金额的比例过大。

834. 公路工程的施工或勘察设计招标采用何种资格审查方式?

答:若公开招标,则资格预审;若邀请招标,则资格后审。

835. 公路工程勘察设计的招标人采用自行招标或委托招标的,应何时向交通主管部门核备?

答:15日内核备。

836. 公路工程勘察设计的资格预审文件至少应提前多少日发出？

答：至少应提前14日发出。

837. 公路工程勘察设计的招标人应要求潜在投标人在资格预审申请文件中提供哪些内容？

答：营业执照、资质等级证书、资信证明和勘察设计收费证书；近五年完成的主要公路工程勘察设计项目和获奖情况及社会信誉；正在承担的和即将承担的勘察设计项目情况；拟安排的项目负责人、主要技术人员和技术设备、应用软件的投入情况；上两个会计年度的财务决算审计情况；以联合体形式投标的，联合体成员各方共同签订的投标协议和联合体各方的资质证明材料；有分包计划的，提交分包计划和拟分包单位的资质要求。

838. 公路工程勘察设计的招标文件包括哪些内容？

答：投标邀请书；投标须知；勘察设计合同通用条款和专用条款；勘察设计标准规范；勘察设计原始资料；勘察设计协议书格式；投标文件格式；评标标准和方法。

839. 招标文件应提前多少日发出？发出后若须修改，则应提前多少日？

答：招标文件应提前21日发出。发出后若须修改，则应提前15日。

840. 公路工程勘察设计的招标程序是什么？

答：编制资格预审文件和招标文件；发布招标公告或发出投标邀请书；对潜在投标人进行资格审查；向合格的潜在投标人发售招标文件；组织潜在投标人勘查现场，召开标前会；接受投标人的投标文件，公开开标；组建评标委员会评标，推荐中标候选人；确定中标人，发出中标通知书；与中标人签订合同。

841. 投标文件包括哪些内容？

答：（1）商务文件：投标书；授权书；项目负责人及主要技术人员基本情况；勘察设计工作大纲。

（2）技术文件：对招标项目的理解；对招标项目特点、难点、重点等的技术分析和处理措施；拟进行的科研课题；工程造价初步测算。

（3）报价清单：勘察设计费报价；勘察设计费计算清单。

842. 投标文件应采用何种密封形式？

答：双信封密封，第一个信封内为商务文件和技术文件，第二个信封内为报价清单。上述两个信封应密封于同一信封中为一份投标文件。

843. 公路工程勘察设计的开标程序有什么特殊之处？

答：开标时，由投标人或其推选的代表检查投标文件的密封情况，也可以由招标人委托的公证机构检查并公证；经确认无误后，当众拆封投标文件的第一个信封，宣读投标人的名称、投标文件的签署情况及商务文件标前页的主要内容。投标文件中的第二个信封不予拆封，并妥善保存。

844. 评标工作的程序是什么？

答：（1）投标文件第一个信封：符合性审查；澄清（如果需要）；评审打分。

（2）投标文件第二个信封：符合性审查；澄清（如果需要）；评审打分。

（3）综合评价，提出评标意见。

（4）编写评标报告。

845. 双信封的符合性审查的内容是什么？

答：（1）第一个信封：投标文件的格式、内容、字迹；投标文件中法定代表人或法定代表人授权代理人的签字；投标人与资格预审的投标申请人未发生实质性改变，联合体成员未发生变化；按招标文件的规定提供了授权代理人授权书，并附有公证机构的公证书；以联合体形式投标的，提交了联合体协议，并附有联合体各方的资质证明材料；有分包计划的，提交了分包计划，并附有对分包单位的资质要求。

（2）第二个信封：勘察设计的取费依据符合现行公路工程勘察设计取费标准的规定；勘察设计取费的计算方法合理；勘察设计取费计算清单明晰。

846. 评分的指标有哪些？如何确定报价得分？

答：（1）第一个信封：投标人的信誉和本项目相关的具体经验，分值范围为5~15分，均值为10分；拟从事本项目人员的资格和能力，分值范围为25~35分，均值为30分；对本项目的理解和技术建议，分值范围为25~35分，均值为30分；工作计划和质量管理措施，分值范围为5~15分，均值为10分；技术设备投入，分值范围为0~10分，均值为5分；后续服务，分值范围为5~15分，均值为10分。

（2）第二个信封：报价，分值范围为0~10分，均值为5分。

投标人实际报价低于平均报价的,报价得分为最高得分;投标人实际报价高于平均报价的,报价得分=[(0~10)×所有投标人的平均报价]/投标人的报价。

847. 评标报告包括哪些内容?

答:评标报告包括:评标工作回顾;评标委员会组成;废标情况说明;澄清、说明事项纪要;综合评价后的投标人排序;评标结果和推荐的中标候选人;附表;评标细则。

848. 公路工程勘察设计的招标人应在多少日内将招标评标报告报交通主管部门核备?

答:15日内核备。

849. 公路工程勘察设计的招标人应在多少日内发出中标通知书与招标结果通知书?

答:7日内发出。

850. 招标人、中标人能否使用未中标人的专利、专有技术的投标方案?

答:应征得未中标人的同意,并给予合理的经济补偿。

第十一节 公路工程施工监理招标、投标与评标

851. 公路工程的施工监理包括哪些?强制招标的规模标准是什么?

答:公路工程的施工监理包括路基路面(含交通安全设施)工程、桥梁工程、隧道工程、机电工程、环境保护配套工程的施工监理以及对施工过程中环境保护和施工安全的监理。

强制招标的规模标准如下:
单项监理或同一项目中可以合并监理的合同估算价在100万元人民币以上。

852. 公路工程施工监理招标的条件是什么?

答:初步设计文件需履行审批手续的,已获批准;建设资金已落实;项目法人或承

担项目管理的机构已依法成立。

853. 什么情形下对公路工程施工监理可采用邀请招标方式？

答：有下列情形之一的，经批准可采用邀请招标：技术复杂或有特殊要求的；符合条件的潜在投标人数量有限的；受自然地域环境限制的；公开招标的费用与工程监理费用相比所占比例过大的；法律法规规定不宜公开招标的。

854. 公路工程施工监理应如何划分标段？

答：应有利于对招标项目实施有效管理和监理企业合理投入。

855. 公路工程施工监理的招标程序如何？

答：（1）确定招标方式，采用邀请招标的，应先进行审批。

（2）招标人编制招标文件，并按照项目管理权限报县级以上地方交通主管部门备案；采用资格预审方式的，同时编制投标资格预审文件，预审文件中应载明提交资格预审申请文件的时间和地点。

（3）发布招标公告。采用资格预审方式的，同时发售投标资格预审文件；采用邀请招标的，招标人直接发出投标邀请，发售招标文件。

（4）采用资格预审方式的，对潜在投标人进行资格审查，并将资格预审结果通知所有参加资格预审的潜在投标人，向通过资格预审的潜在投标人发出投标邀请书和发售招标文件。

（5）必要时组织投标人考察招标项目工程的现场，召开标前会议。

（6）接受投标人的投标文件。

（7）公开开标。

（8）采用资格后审方式的，招标人对投标人进行资格审查。

（9）组建评标委员会进行评标，推荐中标候选人。

（10）确定中标人，将评标报告和评标结果按照项目管理权限报县级以上地方交通主管部门备案并公示。

（11）招标人发出中标通知书。

（12）招标人与中标人签订公路工程施工监理合同。

二级以下公路，独立中、小桥及独立中、短隧道的新建、改建与养护大修工程项目，可据具体条件和实际需要对上述程序适当简化，但应符合《招标投标法》的规定。

第五章 工程招标、投标与评标及合同管理

856. 公路工程施工监理的招标公告与投标邀请书包括哪些内容？

答：招标人的名称和地址；招标项目的名称、技术标准、规模、投资情况、工期、实施地点和时间；获取招标文件或资格预审文件的办法、时间和地点；招标人对投标人或潜在投标人的资质要求；招标人认为应公告或告知的其他事项。

857. 公路工程施工监理的招标公告是否可以只在交通主管部门提供的媒介上发布？

答：不可以。但可以在国家指定媒介与交通主管部门提供的媒介上同步发布。

858. 公路工程施工监理招标的资格审查方法有哪几种？

答：强制性资格条件评审法和综合评分法。

859. 公路工程的施工监理的资格预审文件应提前多少日发出？

答：14日。

860. 公路工程的施工监理的招标文件应提前多少日发出？其补遗书应提前多少日发出？

答：招标文件应提前20日发出。其补遗书应提前15日发出。

861. 公路工程施工监理的招标文件包括哪些内容？是否有范本？

答：包括：投标邀请书；投标须知（包括工程概况和必要的工程设计图样，提交投标文件的起止时间、地点和方式，开标的时间和地点等）；资格审查要求及资格审查文件格式（适用于采用资格后审方式）；公路工程施工监理合同条款；招标项目适用的标准、规范与规程；对投标监理企业的业务能力、资质等级及交通和办公设施的要求；根据招标对象（是总监理机构还是驻地监理机构）提出对投标人投入现场的监理人员与监理设备的最低要求；是否接受联合体投标；各级监理机构的职责分工；投标文件格式，包括商务文件格式、技术建议书格式与财务建议书格式等；评标标准和办法，应考虑投标人的业绩者处罚记录等诚信因素，评标办法应注重人员素质和技术方案。

二级及以上公路、独立大桥及特大桥、独立长隧道及特长隧道的新建、改建与养护大修工程项目，其主体工程的施工监理招标文件应使用中华人民共和国交通运输部颁布的《公路工程施工监理招标文件范本》，附属设施工程及其他等级的公路工程项目的施工监理招标文件可参照该范本并可适当简化。

862. 公路工程施工监理的招标文件能否规定以获得本地区奖项作为评标加分条件？

答：不能。

863. 公路工程施工监理的投标保证金的上限是多少？

答：5万元人民币。

864. 投标文件包括哪几部分？

答：由商务文件、技术建议书和财务建议书组成，但固定标价评分法的项目则由商务文件与技术建议书组成。

865. 公路工程施工监理的履约保证金的上限是多少？

答：5%。

866. 公路工程施工监理应如何开标？

答：开标时，由投标人或其推选的代表检查投标文件的密封情况，也可以由招标人委托的公证机构进行检查并公证；经确认无误后，当众拆封商务文件和技术建议书所在的信封，宣读投标人的名称和主要监理人员等内容。投标文件中的财务建议书所在的信封在开标时不予拆封，由交通主管部门妥善保存。在评标委员会完成对投标人的商务文件和技术建议书的评分后，在交通主管部门的监督下，再由评标委员会拆封参与评分的投标人的财务建议书的信封。

867. 什么是公路工程施工监理的固定标价评分法？

答：公路工程施工监理的固定标价评分法指由招标人按照价格管理规定确定监理招标标段的公开标价，对投标人的商务文件和技术建议书进行评分，并按照得分由高至低排序，确定得分最高者为中标候选人的方法。

868. 什么是公路工程施工监理的技术评分合理标价法？

答：公路工程施工监理的技术评分合理标价法指对投标人的商务文件和技术建议书进行评分，并按照得分由高至低排序，确定得分前两名中的投标价较低者为中标候选人的方法。

869. 什么是公路工程施工监理的综合评标法？

答：公路工程施工监理的综合评标法指对投标人的商务文件、技术建议书与财务建议书进行评分、排序，确定得分最高者为中标候选人的方法。其中财务建议书的评分权值应不超过10%。

870. 公路工程施工监理的招标人应在多少日内退还保证金？

答： 签订合同5日内退还。

第十二节 经营性公路建设项目投资人招标投标

871. 什么是经营性公路？

答： 经营性公路是指符合《收费公路管理条例》的规定，由国内外经济组织投资建设，经批准依法收取车辆通行费的公路（含桥梁和隧道）。

872. 经营性公路建设项目的招标人是谁？

答： 招标人是依据《经营性公路建设项目投资人招标投标管理规定》提出经营性公路建设项目、组织投资人招标工作的交通主管部门。

873. 对经营性公路建设项目应采用何种招标方式？

答： 应采用公开招标。

874. 经营性公路建设项目招标投标有哪些资格审查方式？

答： 资格预审或资格后审。

875. 经营性公路建设项目的资格审查内容有哪些？

答： 投标人的财务状况、注册资本、净资产、投融资能力、初步融资方案、从业经验和商业信誉等。

876. 经营性公路建设项目的招标程序有哪些？

答： 发布招标公告；潜在投标人提出投资意向；招标人向提出投资意向的潜在投标人推介投资项目；潜在投标人提出投资申请；招标人向提出投资申请的潜在投标人详细

介绍项目情况,可以组织潜在投标人踏勘项目现场并解答有关问题;实行资格预审的,由招标人向提出投资申请的潜在投标人发售资格预审文件;实行资格后审的,由招标人向提出投资申请的投标人发售招标文件;实行资格预审的,潜在投标人编制资格预审申请文件,并递交招标人,招标人应对递交资格预审申请文件的潜在投标人进行资格审查,并向资格预审合格的潜在投标人发售招标文件;投标人编制投标文件,并提交招标人;招标人组织开标,组建评标委员会;实行资格后审的,评标委员会应在开标后首先对投标人进行资格审查;评标委员会进行评标,推荐中标候选人;招标人确定中标人,并发出中标通知书;招标人与中标人签订投资协议。

877. 经营性公路建设项目的招标人在编制资格预审文件、招标文件时应注意什么问题?

答: 应参照国务院交通主管部门制定的经营性公路建设项目投资人招标资格预审文件的范本编制资格预审文件,并结合项目特点和需要确定资格审查标准。

878. 经营性公路建设项目的资格预审文件应提前多少日发售?

答: 应提前30个工作日。

879. 经营性公路建设项目的招标文件应提前多少日发售?

答: 应提前45个工作日。

880. 经营性公路建设项目的招标文件、资格预审结果与评标报告是否须报交通主管部门核备?

答: 应报交通主管部门核备。其中,列入国家高速公路网规划和需经国务院投资主管部门核准的经营性公路建设项目投资人招标投标活动,应当按照招标工作程序,及时将招标文件、资格预审结果、评标报告报国务院交通主管部门备案。

881. 全国经营性公路建设项目投资人招标投标活动的监督管理工作由什么部门负责?其主要职责是什么?

答: 由国务院交通主管部门负责。主要职责是:①根据有关法律、行政法规,制定相关规章和制度,规范和指导全国经营性公路建设项目投资人招标投标活动;②监督全国经营性公路建设项目投资人招标投标活动,依法受理举报和投诉,查处招标投标活动中的违法行为;③对全国经营性公路建设项目投资人进行动态管理,定期公布投资人信用情况。

第五章 工程招标、投标与评标及合同管理

882. 省级人民政府交通主管部门如何开展本行政区域内经营性公路建设项目投资人招标投标活动的监管工作？

答：①贯彻执行有关法律、行政法规、规章，结合本行政区域内的实际情况，制定具体管理制度；②确定下级人民政府交通主管部门对经营性公路建设项目投资人招标投标活动的监督管理职责；③发布本行政区域内经营性公路建设项目投资人招标信息；④负责组织对列入国家高速公路网规划和省级人民政府确定的重点经营性公路建设项目的投资人招标工作；⑤指导和监督本行政区域内的经营性公路建设项目投资人招标投标活动，依法受理举报和投诉，查处招标投标活动中的违法行为。

883. 未列入国家高速公路网规划或省级人民政府确定的重点经营性公路建设项目的投资人招标工作由什么部门负责组织？

答：由省级以下（不含省级）人民政府交通主管部门负责组织。

884. 经营性公路建设项目的招标应符合哪些条件？

答：①符合国家和省、自治区、直辖市公路发展规划；②符合《收费公路管理条例》第十八条规定的技术等级和规模；③已经编制项目可行性研究报告。

885. 经营性公路建设项目的资格预审委员会如何组成？

答：由招标人代表和公路、财务、金融等方面的专家组成，成员人数为七人以上单数。

886. 对经营性公路建设项目的招标文件编制有什么特殊要求？

答：招标人编制招标文件时，应当充分考虑项目投资回收能力和预期收益的不确定性，合理分配项目的各类风险，并对特许权内容、最长收费期限、相关政策等予以说明。

887. 招标人编制的经营性公路建设项目可行性研究报告和招标文件有什么关系？

答：应当作为招标文件的组成部分。

888. 投标人应当具备哪些基本条件？

答：①总资产六亿元人民币以上，净资产二亿五千万元人民币以上；②最近连续三年每年均为盈利，且年度财务报告应当经具有法定资格的中介机构审计；③具有不低于项目估算的投融资能力，其中净资产不低于项目估算投资的百分之三十五；④商业信誉

良好,无重大违法行为。

889. 以联合体形式参加投标的,对其提交的共同投标协议有什么基本要求?

答:共同投标协议应当明确约定联合体各方的出资比例、相互关系、拟承担的工作和责任。

890. 联合体中标的,联合体各方是否应当与招标人签订项目投资协议?

答:联合体各方应当共同与招标人签订项目投资协议,并向招标人承担连带责任。

891. 对投标联合体的主办人有什么要求?

答:联合体主办人为联合体控股方。

892. 投标担保的额度是多少?履约担保的额度是多少?

答:投标担保的额度一般为项目估算的千分之三[⊖],但最高不得超过五百万元人民币。履约担保的金额一般为项目资本金出资额的百分之十。

893. 经营性公路建设项目的评标委员会如何组成?

答:评标由招标人依法组建的评标委员会负责。评标委员会由招标人代表和公路、财务、金融等方面的专家组成,成员人数为七人以上单数。招标人代表的人数不得超过评标委员会总人数的三分之一。

894. 经营性公路建设项目投资人招标的评标办法是什么?

答:综合评分法或最短收费期限法。其中,综合评分法涉及收费期限、融资能力、资金筹措方案、融资经验、项目建设方案、项目运营、移交方案等因素。

895. 什么是经营性公路建设项目评审的最短收费期限法?

答:是指在投标人实质性响应招标文件的前提下,推荐经评审的收费期限最短的投标人为中标候选人,但收费期限不得违反国家有关法规的规定。

[⊖] 2015年6月24日施行的《经营性公路建设项目投资人招标投标管理规定》规定"投标担保的额度一般为项目投资的千分之三……",此规定不符合《招标投标法实施条例》,也不利于投标人对投标总价的保密。故此处作相应调整。

第五章 工程招标、投标与评标及合同管理

896. 什么情形下招标人可以确定排名第二或第三的中标候选人为中标人?

答:若排名第一的中标候选人有下列情形之一的,招标人可以确定排名第二的中标候选人为中标人:①自动放弃中标;②因不可抗力提出不能履行合同;③不能按照招标文件要求提交履约保证金;④存在违法行为被有关部门依法查处,且其违法行为影响中标结果的。

如果排名第二的中标候选人存在上述情形之一,招标人可以确定排名第三的中标候选人为中标人。

三个中标候选人都存在本条第二款所列情形的,招标人应当依法重新招标。

897. 招标人确定中标人后,应当在多少天内向中标人发出中标通知书并告知所有未中标的投标人?

答:十五个工作日内。

898. 履约保证金应当在什么时间退还?

答:履约保证金应当在中标人履行项目投资协议后三十日内予以退还。其他形式的履约担保,应当在中标人履行项目投资协议后三十日内予以撤销。

899. 经营性公路建设项目投资协议应包括哪些内容?

答:①招标人与中标人的权利义务;②履约担保的有关要求;③违约责任;④免责事由;⑤争议的解决方式;⑥双方认为应当规定的其他事项。

900. 对经营性公路建设项目特许权协议有什么要求?

答:应当参照国务院交通主管部门制定的特许权协议示范文本并结合项目的特点和需要制定。特许权协议应当包括以下内容:①特许权的内容及期限;②双方的权利及义务;③项目建设要求;④项目运营管理要求;⑤有关担保要求;⑥特许权益转让要求;⑦违约责任;⑧协议的终止;⑨争议的解决;⑩双方认为应规定的其他事项。

第十三节 水运工程建设项目招标、投标与评标

901. 什么是水运工程建设项目?强制招标的规模标准是什么?

答:水运工程建设项目是指水运工程以及与水运工程建设有关的货物、服务。

水运施工、货物、服务强制招标的规模标准如下：

单项施工或同一项目中可以合并施工的合同估算价在400万元人民币以上。

单项货物或同一项目中可以合并采购的货物的合同估算价在200万元人民币以上。

单项勘察（或设计、监理）或同一项目中可以合并勘察（或设计、监理）的合同估算价在100万元人民币以上。

902. 水运工程涉及哪些项目？

答：水运工程包括港口工程、航道整治、航道疏浚、航运枢纽、过船建筑物、修造船水工建筑物等及其附属建筑物和设施的新建、改建、扩建及其相关的装修、拆除、修缮等工程。

903. 什么是水运工程建设项目的货物？

答：是指构成水运工程不可分割的组成部分，且为实现工程基本功能所必需的设备、材料等。

904. 什么是水运工程建设项目的服务？

答：水运工程建设项目的服务是指为完成水运工程所需的勘察、设计、监理等服务。

905. 水运工程建设项目招标投标活动应遵循什么原则？

答：应遵循公开、公平、公正和诚实信用的原则。

906. 水运工程建设项目招标投标活动由什么部门监管？

答：交通运输部主管全国水运工程建设项目招标投标活动，并具体负责经国家发展和改革委员会等部门审批、核准和经交通运输部审批的水运工程建设项目招标投标活动的监督管理工作。

省级交通运输主管部门主管本行政区域内的水运工程建设项目招标投标活动，并具体负责省级人民政府有关部门审批、核准的水运工程建设项目招标投标活动的监督管理工作。

省级以下交通运输主管部门按照各自职责对水运工程建设项目招标投标活动实施监督管理。

907. 水运工程建设项目应当在什么场所开展招标投标活动？

答：应按照国家有关规定进入项目所在地设区的市级以上人民政府设立的公共资源

交易场所或者授权的其他招标投标交易场所开展招标投标活动。

908. 什么是水运工程建设项目招标人？

答：水运工程建设项目招标人是指提出招标项目并进行招标的水运工程建设项目法人。

909. 什么情形下可以开展勘察、设计招标？

答：按照国家有关规定需要履行项目立项审批、核准手续的水运工程建设项目，在取得批准后方可开展勘察、设计招标。

910. 什么情形下可以开展监理、施工、设备、材料等招标？

答：水运工程建设项目通过初步设计审批后，方可开展监理、施工、设备、材料等招标。

911. 水运工程建设项目的招标有哪些方式？

答：包括公开招标和邀请招标。

912. 国有资金占控股或者主导地位的水运工程建设项目在什么情形下可以采用邀请招标？

答：有下列情形之一的，可以进行邀请招标：①技术复杂、有特殊要求或者受自然环境限制，只有少量潜在投标人可供选择；②采用公开招标方式的费用占项目合同金额的比例过大。

913. 水运工程建设项目在什么情形下可以不进行招标？

答：有下列情形之一的，可以不招标：①涉及国家安全、国家秘密、抢险救灾或者属于利用扶贫资金实行以工代赈、需要使用农民工等特殊情况，不适宜进行招标的；②需要采用不可替代的专利或者专有技术的；③采购人自身具有工程建设、货物生产或者服务提供的资格和能力，且符合法定要求的；④已通过招标方式选定的特许经营项目投资人依法能够自行建设、生产或者提供的；⑤需要向原中标人采购工程、货物或者服务，否则将影响施工或者功能配套要求的；⑥国家规定的其他特殊情形。

914. 水运工程建设项目设计招标可采用什么方式？

答：可采用设计方案招标或设计组织招标。

915. 招标人自行招标应当具备哪些条件？

答：招标人自行招标应具备下列条件：①招标人应当是该水运工程建设项目的项目法人；②具有与招标项目规模和复杂程度相适应的水运工程建设项目技术、经济等方面的专业人员；③具有能够承担编制招标文件和组织评标的组织机构或者专职业务人员；④熟悉和掌握招标投标的程序及相关法规。

916. 招标人自行招标应当履行什么手续？

答：招标人自行招标应当向具有监督管理职责的交通运输主管部门备案。

917. 水运工程建设项目采用资格预审方式公开招标的程序是什么？

答：①编制资格预审文件和招标文件，报交通运输主管部门备案；②发布资格预审公告并发售资格预审文件；③对提出投标申请的潜在投标人进行资格预审，资格审查结果报交通运输主管部门备案；国有资金占控股或者主导地位的依法必须进行招标的水运工程建设项目，招标人应当组建资格审查委员会审查资格预审申请文件；④向通过资格预审的潜在投标人发出投标邀请书；向未通过资格预审的潜在投标人发出资格预审结果通知书；⑤发售招标文件；⑥需要时组织潜在投标人踏勘现场，并进行答疑；⑦接收投标人的投标文件，公开开标；⑧组建评标委员会评标，推荐中标候选人；⑨公示中标候选人，确定中标人；⑩编制招标投标情况书面报告报交通运输主管部门备案；⑪发出中标通知书；⑫与中标人签订合同。

918. 水运工程建设项目实行邀请招标应履行什么手续？

答：应将招标文件报有监督管理权限的交通运输主管部门备案。

919. 若依法必须进行招标的项目的资格预审文件或招标文件的内容违反法律、行政法规的强制性规定，违反公开、公平、公正和诚实信用原则，影响资格预审结果或者潜在投标人投标，应如何处理？

答：招标人应当在修改资格预审文件或招标文件后重新招标。

920. 对依法必须进行招标的水运工程建设项目的资格预审文件和招标文件的编制有什么要求？

答：应使用国务院发展改革部门会同有关行政监督部门制定的标准文本以及交通运输部发布的行业标准文本。

第五章 工程招标、投标与评标及合同管理

921. 对在网络上发布资格预审公告和招标公告，有什么要求？

答：至少应当持续到资格预审文件和招标文件发售截止时间为止。

922. 资格预审文件或招标文件的发售期是多少日？

答：不得少于5日。

923. 自资格预审文件停止发售之日起至提交资格预审申请文件截止之日止的最短期限是多少日？

答：5日。

924. 若对资格预审文件的澄清或修改可能影响资格预审申请文件编制，应如何处理？

答：应当在提交资格预审申请文件截止时间至少3日前以书面形式通知所有获取资格预审文件的潜在投标人。不足3日的，招标人应当顺延提交资格预审申请文件的截止时间。

925. 若依法必须招标的项目在资格预审文件停止发售之日止，获取资格预审文件的潜在投标人少于3个的，应如何处理？

答：应重新招标。

926. 若潜在投标人或者其他利害关系人对资格预审文件有异议的，应当在什么时间提出异议？

答：应在提交资格预审申请文件截止时间2日前提出。

927. 招标人应如何处理对资格预审文件的异议？

答：应自收到异议之日起3日内对异议进行答复；做出答复前，应当暂停招标投标活动。对异议做出的答复如果实质性影响资格预审申请文件的编制，则相应顺延提交资格预审申请文件的截止时间。

928. 资格预审有哪两种方法？

答：资格预审分为合格制和有限数量制。一般情况下应当采用合格制，凡符合资格预审文件规定资格条件的资格预审申请人，均通过资格预审。潜在投标人过多的，可采

用有限数量制。

929. 对资格预审采用有限数量制有何要求？

答：有限数量制的数额不得少于7个。符合资格条件的申请人不足该数额的，均视为通过资格预审。

930. 若通过资格预审的申请人少于3个的，应如何处理？

答：应重新招标。

931. 自招标文件开始发售之日起至潜在投标人提交投标文件截止之日止的最短时限是多少日？

答：20日。

932. 若对招标文件的澄清或修改可能影响投标文件编制，应如何处理？

答：应当在提交投标文件截止时间至少15日前，以书面形式通知所有获取招标文件的潜在投标人；不足15日的，招标人应当顺延提交投标文件的截止时间。

933. 若获取招标文件的潜在投标人少于3个，应如何处理？

答：应当重新招标。

934. 若潜在投标人或者其他利害关系人对招标文件有异议，应在什么时间提出异议？

答：应当在提交投标文件截止时间10日前提出异议。

935. 招标人应如何处理对招标文件的异议？

答：应当自收到异议之日起3日内进行答复；做出答复前，应当暂停招标投标活动。对异议做出的答复如果实质性影响投标文件的编制，则相应顺延提交投标文件截止时间。

936. 如何确定投标有效期的起始时间？

答：投标有效期是从提交投标文件的截止之日起算。

937. 投标保证金的上限是多少？

答：投标保证金的上限是招标项目估算价的2%。

第五章　工程招标、投标与评标及合同管理

938. 对境内投标单位采用现金或者支票形式提交投标保证金有什么要求？

答： 应当从投标人的基本账户转出。

939. 对招标人设立标底有什么要求？

答： 招标人可以自行决定是否编制标底，但一个招标项目只能有一个标底，且在开标前对标底必须保密。

940. 对接受委托编制标底的中介机构有什么要求？

答： 编制标底的中介机构不得参加受托编制标底项目的投标，也不得为该项目的投标人编制投标文件或者提供咨询等相关的服务。

941. 对招标人设立最高或最低投标限价有什么限制？

答： 若设立最高投标限价，则应在招标文件中明确最高投标限价或其计算方法。招标人不得规定最低投标限价。

942. 对招标人组织踏勘项目现场有什么要求？

答： 若招标人组织踏勘项目现场，应通知所有潜在投标人参与，不得组织单个或者部分潜在投标人踏勘项目现场。

943. 若招标人因特殊原因需要终止招标，应如何处理？

答： 应及时发布公告，或者以书面形式通知被邀请的或者已经获取资格预审文件、招标文件的潜在投标人。已经发售资格预审文件、招标文件或者已经收取投标保证金的，招标人应当及时退还所收取的购买资格预审文件、招标文件的费用，以及所收取的投标保证金及银行同期存款利息。利息的计算方法应当在招标文件中载明。

944. 什么情形属于以不合理条件限制、排斥潜在投标人或者投标人？

答： 下列情形均属于以不合理条件限制、排斥潜在投标人或者投标人：①就同一招标项目向潜在投标人或者投标人提供有差别的项目信息；②设定的资格、技术、商务条件与招标项目的具体特点和实际需要不相适应或者与合同履行无关；③依法必须进行招标的项目以特定行政区域或者特定行业的业绩、奖项作为加分条件或者中标条件；④对潜在投标人或者投标人采取不同的资格审查或者评标标准；⑤限定或者指定特定的专利、商标、品牌、原产地或者供应商；⑥依法必须进行招标的项目非法限定潜在投标人或者投标人的

所有制形式或者组织形式；⑦以其他不合理条件限制、排斥潜在投标人或者投标人。

945. 水运工程建设项目对投标人资格有什么限制？

答：与招标人存在利害关系可能影响招标公正性的法人、其他组织或者个人，不得参加投标。

单位负责人为同一人或者存在控股、管理关系的不同单位，不得参加同一标段投标或者未划分标段的同一招标项目投标。

施工投标人与本标段的设计人、监理人、代建人或招标代理机构不得为同一个法定代表人、存在相互控股或参股或法定代表人相互任职、工作的情况。

946. 如何认定联合体各方的资质等级？

答：联合体各方的资质类别以联合体协议书中约定的分工为依据，联合体中存在同一资质类别的，按照资质等级较低的联合体成员确定联合体的资质等级。

947. 对联合体成员有哪些限制？

答：联合体各方签署联合体协议后，不得再以自己名义单独或者参加其他联合体在同一招标项目中投标。

948. 资格预审通过后联合体增减、更换成员的，其投标是否有效？

答：投标无效。

949. 资格预审申请文件（或投标文件）按要求送达后，在资格预审文件（或招标文件）规定的截止时间前，潜在投标人（或投标人）是否可以对已提交的资格预审申请文件（或投标文件）进行撤回或补充、修改？

答：可以。

950. 潜在投标人（或投标人）若要撤回或者补充、修改资格预审申请文件（或投标文件），应履行什么手续？

答：应当以正式函件向招标人提出并做出说明。

951. 什么情形下，招标人应当拒收资格预审申请文件（或投标文件）？

答：①逾期送达的；②未送达指定地点的；③未按资格预审文件（或招标文件）要

求密封。

952. 若拒收资格预审申请文件（或投标文件），招标人应履行什么手续？

答：应如实记载送达时间和拒收原因，并将该记录签字存档。

953. 若投标人已缴纳投标保证金且在投标截止时间之前撤回已提交的投标文件，招标人应当在什么时间退还其投标保证金？

答：招标人应自收到投标人书面撤回通知之日起5日内退还投标保证金。

954. 若投标人在投标截止后撤销投标文件，招标人是否应退还其投标保证金？

答：招标人可以不退还投标保证金。

955. 若出现特殊情况需要延长投标有效期且投标人同意延长的，投标人是否可以要求或被允许修改其投标文件？

答：不可以。

956. 若出现特殊情况需要延长投标有效期且投标人拒绝延长，其投标是否失效，是否可以收回投标保证金？

答：投标失效，但投标人可以收回其投标保证金。

957. 若投标人少于3个，应如何处理？

答：招标人不得开标，应当重新招标。

958. 水运工程建设项目的开标由什么机构组织？

答：由招标人或招标代理组织并主持。

959. 开标记录包括哪些内容？

答：开标记录包括投标人名称、投标保证金、投标报价、工期、密封情况以及招标文件确定的其他内容。

960. 投标人若对开标有异议，则应如何应对？

答：对开标有异议的投标人应在开标现场提出。

961. 若投标人对开标有异议，招标人或招标代理应如何处理？

答：应在当场做出答复，并制作记录。

962. 若投标人未参加开标的，事后对开标结果提出异议是否有效？

答：若投标人未参加开标的，视为承认开标记录，事后对开标结果提出的任何异议无效。

963. 对依法必须进行招标的水运工程建设项目的评标委员会的组建有什么要求？

答：评标委员会成员由招标人的代表及有关技术、经济等方面的专家组成，人数为五人以上单数，其中技术、经济等方面的专家不得少于成员总数的三分之二。招标人的代表应具有相关专业知识和工程管理经验。

与投标人有利害关系的人员不得进入评标委员会。任何单位和个人不得以明示、暗示等任何方式指定或者变相指定参加评标委员会的专家成员。行政监督部门的工作人员不得担任本部门负责监督项目的评标委员会成员。

交通运输部具体负责监督管理的水运工程建设项目，其评标专家从交通运输部水运工程和交通支持系统综合评标专家库中随机抽取确定，其他水运工程建设项目的评标专家从省级交通运输主管部门建立的评标专家库或其他依法组建的综合评标专家库中随机抽取确定。

964. 若招标人设有标底，对招标人有什么要求？

答：应在开标时公布标底。标底只能作为评标的参考，不得以投标报价是否接近标底作为中标条件，也不得以投标报价超过标底上下浮动范围作为否决投标的条件。

965. 在评标过程中，若评标委员会成员因故更换，应如何处理？

答：被更换的评标委员会成员已做出的评审结论无效，由更换后的评标专家重新进行评审。已形成评标报告的，应当作相应修改。

966. 什么情形下，评标委员会应当否决其投标？

答：有下列情形之一的，评标委员会应当否决其投标：①投标文件未按招标文件要求盖章并由法定代表人或其书面授权的代理人签字的；②投标联合体没有提交共同投标协议的；③未按照招标文件要求提交投标保证金的；④投标函未按照招标文件规定的格式填写，内容不全或者关键字迹模糊无法辨认的；⑤投标人不符合国家或者招标文件规定的资格条件的；⑥投标人名称或者组织结构与资格预审时不一致且未提供有效证明的；⑦投标人提交两份或者多份内容不同的投标文件，或者在同一份投标文件中对同一招标项目有两个或者多个报价，且未声明哪一个为最终报价的，但按招标文件要求提交备选投标的除外；⑧串通投标、以行贿手段谋取中标、以他人名义或者其他弄虚作假方式投标的；⑨报价明显低于成本或者高于招标文件中设定的最高限价的；⑩无正当理由不按照评标委员会的要求对投标文件进行澄清或说明的；⑪没有对招标文件提出的实质性要求和条件做出响应的；⑫招标文件明确规定废标的其他情形。

967. 评标委员会应如何要求对投标人做出必要的澄清或说明？

答：评标委员会认为需要投标人做出必要澄清或说明，应当书面通知该投标人，评标委员会不得暗示或者诱导投标人做出澄清或说明。

968. 对投标人做出澄清或说明有什么限制？

答：投标人向评标委员会做出的澄清或说明应当采用书面形式，并不得超出投标文件的范围或者改变投标文件的实质性内容。投标人不得主动提出澄清或说明。

969. 什么情形下，评标委员会可以否决全部投标？此时，招标人应如何处理？

答：评标委员会经评审，认为所有投标都不符合招标文件要求的，或者否决不合格投标后，因有效投标不足3个使得投标明显缺乏竞争的，可以否决全部投标。

若所有投标被否决，招标人应依法重新招标。

970. 若资格预审或招标再次失败，招标人应如何处理？

答：经书面报告交通运输主管部门后，招标人可不再招标，并可通过与已提交资格预审申请文件或投标文件的潜在投标人进行谈判确定中标人，将谈判情况书面报告交通运输主管部门备案。

971. 中标人的投标应当符合什么条件？

答：应符合下列条件之一：①能够最大限度地满足招标文件规定的各项综合评价标准；②能够满足招标文件的实质性要求，并且经评审的投标价格最低，但是投标价格低于成本的除外。

972. 评标委员会可以推荐多少个中标候选人？

答：可以推荐不超过三个中标候选人。

973. 若评标委员会成员对评标结论持有异议，应如何处理？

答：持有异议的评标委员会成员可以书面方式阐述其不同意见和理由，评标报告应当注明该不同意见。评标委员会成员拒绝在评标报告上签字又不书面说明其不同意见和理由的，视为同意评标结论，评标委员会应当对此做出书面说明并记录。

974. 评标报告应包括哪些内容？

答：评标委员会成员名单；对投标文件的符合性评审情况；否决投标情况；评标标准、评标方法或者评标因素一览表；经评审的投标价格或者评分比较一览表；经评审的投标人排序；推荐的中标候选人名单与签订合同前需要处理的事宜；澄清、说明、补正事项纪要。

975. 依法必须进行招标的项目，中标候选人的公示期是多少时间？

答：不得少于3日。

976. 若投标人或者其他利害关系人对评标结果提出异议，招标人应当在什么时间做出答复？

答：应自收到异议之日起3日内做出答复。

977. 国有资金占控股或者主导地位的水运工程建设项目，应如何确定中标人？

答：招标人应当确定排名第一的中标候选人为中标人。排名第一的中标候选人放弃中标、因不可抗力不能履行合同、不按照招标文件要求提交履约保证金，或者被查实存在影响中标结果的违法行为等情形，不符合中标条件，招标人可以按照评标委员会提出的中标候选人名单排序依次确定其他中标候选人为中标人，也可以重新招标。

978. 招标人和中标人应当在什么时间订立合同？

答：应自中标通知书发出之日起30日内，按照招标文件和中标人的投标文件订立书面合同。

979. 履约保证金的上限是多少？

答：履约保证金的上限是中标金额的10%。

980. 水运工程建设项目是否可以分包？

答：中标人按照合同约定或者经招标人同意，可以将中标项目的部分非主体、非关键性工作分包给他人完成。接受分包的人应当具备相应的资格条件，并不得再次分包。

第十四节　水利工程招标、投标与评标

981. 由什么部门进行水利工程的监管？

答：由中华人民共和国水利部、流域管理机构与省级水行政主管部门进行水利工程的监管。

982. 水利工程强制招标的范围和规模标准是什么？

答：单项施工或同一项目中可以合并施工的合同估算价在400万元人民币以上；单项货物或同一项目中可以合并采购的货物的合同估算价在200万元人民币以上；单项勘察（或设计、监理）或同一项目中可以合并勘察（或设计、监理）的合同估算价在100万元人民币以上。

983. 水利工程招标的重要设备是指什么设备？

答：水利工程招标的重要设备是指直接用于项目永久性工程的机电设备、自动化设备、金属结构及设备、试验设备、原型观测和测量仪器设备等；使用本项目资金购置的用于本项目施工的各种施工设备、施工机械和施工车辆等；使用本项目资金购置的服务于本项目的办公、通信、电气、医疗、环保设备及车辆和生活设施设备。

984. 水利工程招标的重要材料是指什么材料？

答：水利工程招标的重要材料是指构成永久工程的重要材料，如钢材、水泥、粉煤灰、硅粉、抗磨材料等；数量大的耗材，如油品、木材、民用爆破材料等。

985. 什么情形下水利工程可以不招标？

答：有下列情形之一的，经批准可以不招标：涉及国家安全与国家秘密的项目；应急防汛、抗旱、抢险、救灾等项目；项目中经批准使用农民投工、投劳施工的部分（不包括该部分中的勘察设计、监理和重要设备与材料的采购）；不具备招标条件的公益性水利工程建设项目的项目建议书和可行性研究报告；采用特定专利技术或特有技术的；其他特殊项目。

986. 什么情形下水利工程可以采用邀请招标？

答：有下列情形之一的，经批准后可采用邀请招标：总投资额在3000万元人民币以上，但分标单项合同低于200万元（施工）、100万元（货物）或50万元（勘察设计、监理）的项目；项目技术复杂，有特殊要求或涉及专利权保护，受自然资源或环境限制，新技术或技术规格预先难以确定的项目；应急度汛项目；其他特殊项目。

987. 水利工程自行招标的条件是什么？

答：有法人或项目法人资格；有与招标项目规模和复杂程度相适应的工程技术，概、预算，财务和工程管理等专业技术力量；有编制招标文件和组织评标的能力；有从事同类工程项目招标的经验；有专门的招标机构或拥有3名以上专职招标业务人员；熟悉和掌握招标投标法律法规和规章。

988. 水利工程申请自行招标时应报送什么材料？

答：法人营业执照或项目法人组建文件；与招标项目相适应的专业技术力量情况；内设的招标机构或专职招标业务人员的基本情况；拟使用的评标专家库情况；以往编制的同类工程建设项目招标文件和评标报告，以及招标业绩的证明材料；其他材料。

989. 水利工程进行招标的条件是什么？

答：勘察设计招标应具备的条件：勘察设计项目已确定，勘察设计所需资金已落实，必需的勘察设计基础资料已收集完成；监理招标应具备的条件：初步设计已批准，监理所需资金已落实，项目已列入年度计划；施工招标应具备的条件：初步设计已批准，建设资金来源已落实，年度投资计划已安排，监理单位已确定，具有能满足招标要求的设计文件，已与设计单位签订适应施工进度要求的图纸交付合同或协议，有关建设项目永久征地、临时征地和移民搬迁的实施，安置工作已落实或已有明确安排；重要设备与材料招标应具备的条件：初步设计已批准，重要设备与材料技术经济指标已基本确定，设备、材料所需资金已落实。

990. 水利工程招标的程序是什么？

答：按项目管理权限向水行政主管部门提交招标报告备案；编制招标文件；发布招标信息（招标公告或投标邀请书）；发售资格预审文件；按规定日期接受潜在投标人编制的资格预审文件；组织对潜在投标人的资格预审文件进行审核；向资格预审合格的潜在投标人发售招标文件；组织购买招标文件的潜在投标人现场踏勘；接受投标人对招标

文件有关问题要求澄清的函件，对问题进行澄清，并书面通知所有潜在投标人；组织成立评标委员会，并在中标结果确定前保密；在规定时间和地点，接受符合招标文件要求的投标文件；组织开标评标会；在评标委员会推荐的中标候选人中确定中标人；向水行政主管部门提交招标投标情况的书面总结报告；发中标通知书，并将中标结果通知所有投标人；进行合同谈判，并与中标人订立书面合同。

991. 水利工程监理应何时开始招标？

答：监理招标宜在相应的工程勘察、设计、施工、设备和材料招标活动开始前完成。

992. 水利工程监理是否适合分标？

答：水利工程监理不适宜分标。若分标，各监理标的监理合同估算价应超过50万元。

993. 水利工程招标应在什么媒体发布招标公告？

答：应在中华人民共和国国家发展和改革委员会指定的媒介（见本书问答第423条）发布，其中大型水利工程建设项目及国家重点项目、中央项目与地方重点项目同时还应在《中国水利报》发布。

994. 公告正式发布至发售资格预审文件（或招标文件）的时间间隔是多少日？

答：不少于10日。

995. 水利工程招标的招标文件应提前多少日发出？若须修改，应提前多少日？

答：应至少在投标截止时间20日之前发出。若须修改，应至少在投标截止时间15日之前发出。

996. 水利工程招标文件的售价如何确定？

答：应按其制作成本确定售价，一般可按1000～3000元人民币的标准进行控制。

997. 水利工程监理或重要设备、材料招标的资格预审文件的售价限额是多少？

答：500元人民币。

998. 水利工程监理的招标公告（投标邀请书）包括哪些内容？

答：招标人的名称和地址；项目内容、规模与资金来源；项目实施的地点和服务期；获取招标文件或资格预审文件的地点和时间；招标文件或资格预审文件的费用；对投标人的资质要求。

999. 水利工程监理的招标文件包括哪些内容？

答：投标邀请书；投标人须知；合同书格式；投标报价书、投标保证金和授权委托书、协议书和履约保函的格式；必要的设计文件、图纸和有关资料；投标报价的要求及其计算方式；评标标准与方法；投标文件的格式；其他辅助资料。

1000. 水利工程监理的资格审查内容是什么？

答：具有独立合同签署及履行的权利；具有履行合同的能力，包括专业、技术资格和能力，资金、设备和其他物质设施能力，管理能力，类似工程经验与信誉状况等；没有被责令停业，投标资格被取消，财产被接管、冻结等；在最近三年内没有骗取中标和严重违约及重大质量问题。

1001. 水利工程的重要设备、材料的招标文件的内容包括什么？

答：招标公告或投标邀请书；投标人须知；合同条件（通用条款和专用条款）；图纸及设计资料附件；技术规定及规范（标准）；货物量、采购及报价清单；安装调试和人员培训的内容；表式和其他需要说明的事项。

1002. 水利工程的重要设备、材料招标的资格审查的内容包括什么？

答：营业执照、注册地点、主要营业地点、资质等级；管理和执行本合同所配备的主要人员的资历和经验；拟分包的项目及拟承担分包项目的企业情况；银行出具的资信证明；制造厂家的授权书；生产（使用）许可证、产品鉴定书；产品获得的国优、部优等证书；投标人的情况调查表，包括工厂规模、财务状况、生产能力及非本厂生产的主要零、配件的来源，产品在国内外的销售业绩、使用情况，近2～3年的年营业额，易损件供应商的名称和地址等；投标人最近3年涉及的主要诉讼案件；其他资格审查要求提供的证明材料。

1003. 水利工程投标设置标底的方法有哪些？

答：招标人组织编制的标底A；以全部或部分投标人报价的均值作为标底B；以标底A和标底B的加权平均值作为标底；以标底A值作为确定有效报价的标准，即以不高于A值一定百分比和不低于A值一定百分比的区间为有效报价区间，进入有效报价区间内的投标人报价平均值作标底。

1004. 水利工程投标保证金的额度是多少？

答： 合同估算价在亿元人民币以上、3000万～1亿元人民币之间、3000万元人民币以下，投标保证金的金额分别不超过合同估算价的0.5%、0.6%、0.7%，但最低不得少于1万元人民币。其中，监理、重要设备与材料的投标保证金的金额一般按照招标文件售价的10倍进行控制。

1005. 水利工程监理或重要设备、材料招标的履约保证金的额度是多少？

答： 额度为2%～5%，但最低不少于1万元人民币。

1006. 水利工程监理的投标文件包括哪些内容？

答： 包括投标报价书；投标保证金；授权委托书（若委托投标）；投标人营业执照、资质证书及其他有效证明文件的复印件；监理大纲；项目总监理工程师及主要监理人员的简历、业绩、学历证书、职称证书及监理工程师资格证书和岗位证书等证明文件；拟用于本工程的设施设备、仪器；近3～5年完成的类似工程、有关对投标人的评价意见及获奖的证明；投标人近3年的财务状况；投标报价的计算和说明；招标文件要求的其他内容。

1007. 水利工程监理的监理大纲包括哪些内容？

答： 包括工程概况、监理范围与目标、监理措施、对工程的理解、项目监理组织架构与人员。

1008. 水利工程重要设备、材料的投标文件包括哪些内容？

答： 投标书须按招标文件指定的表式填报投标总报价、重要技术参数、质量标准、交货期、售后服务保证措施等主要内容；资格后审时，投标人的资格证明材料；重要设备与材料的技术文件；近2～3年来的工作业绩与获得的各种荣誉；重要设备或材料的投标价目表和其他价格信息材料；重要设备的售后服务或技术支持承诺；招标文件要求提供的其他资料。

1009. 水利工程开标的程序是什么？

答： 主持人在招标文件确定的时间停止接收投标文件，开始开标；宣布开标人员名单；确认投标人法定代表人或授权代表人是否在场；宣布投标文件的开启顺序；依开标顺序，先检查投标文件的密封是否完好，再启封投标文件；宣布投标要素，并进行记录，同时由投标人代表签字确认；对上述工作进行记录，存档备查。

1010. 水利工程评标的程序是什么？

答：招标人宣布评标委员会的成员名单并确定主任委员；招标人宣布有关评标纪律；在主任委员主持下，根据需要，讨论通过成立有关专业组和工作组；听取招标人介绍招标文件；组织评标人员学习评标标准和方法；经评标委员会讨论，并经二分之一以上委员同意，提出需投标人澄清的问题，以书面形式送达投标人；对需要文字澄清的问题，投标人应以书面形式送达评标委员会；评标委员会按招标文件确定的评标标准和方法对投标文件进行评审，确定中标候选人的推荐顺序；在评标委员会三分之二以上委员同意并签字的情况下，通过评标委员会工作报告，并报招标人。

1011. 如何组建水利工程的评标委员会？

答：由招标人的代表和有关技术、经济等方面的专家组成，成员人数为七人以上单数，其中专家不得少于成员总数的三分之二。

1012. 水利工程评标的方法有哪些？

答：综合评分法、综合最低评标价法、合理最低投标价法、综合评议法与两阶段评标法。

1013. 水利工程评标标准的内容包括什么？

答：（1）勘察设计评标标准：投标人的业绩和资信；勘察总工程师与设计总工程师的经历；人力资源配备；技术方案和技术创新；质量标准及质量管理措施；技术支持与保障；投标价格和评标价格；财务状况；组织实施方案及进度安排。

（2）监理评标标准：投标人的业绩和资信；项目总监理工程师的经历及主要监理人员的情况；监理规划（大纲）；投标价格和评标价格；财务状况。

（3）施工评标标准：施工方案（或施工组织设计）与工期；投标价格和评标价格；施工项目经理及技术负责人的经历；组织机构及主要管理人员；主要施工设备；质量标准、质量和安全管理措施；投标人的业绩、类似工程经历和资信；财务状况。

（4）设备、材料评标标准：投标价格和评标价格；质量标准及质量管理措施；组织供应计划；售后服务；投标人的业绩和资信；财务状况。

1014. 什么情形下水利工程的投标文件为无效标？

答：有下列情形之一的均为无效标：投标文件密封不符合要求；逾期送达；投标人法定代表人或授权代表人未参加开标会议；未按招标文件规定加盖单位公章和法定代表人（或其授权人）的签字（或印鉴）；招标文件规定不得标明投标人名称，但投标文件上标明投标人名称或有任何可能透露投标人名称的标记；未按招标文件要求编写或字迹模糊导致无法确认关键技术方案、关键工期、关键工程质量保证措施与投标价格；未按规定交纳投标保证金；超出招标文件规定，违反国家有关规定；投标人提供虚假资料。

1015. 水利工程监理招标的评标报告包括哪些内容？

答：招标项目基本情况；投标人的业绩与资信评价；项目总监的素质与能力的评价；资源配置的评价；监理大纲的评价；投标报价的评价；评标标准和方法；评审结果及推荐顺序；废标情况说明；问题澄清、说明与补正事项纪要；其他说明；附件。

1016. 水利工程重要设备、材料招标的评标报告包括哪些内容？

答：（1）基本情况：项目简要说明；开标后，符合开标要求的投标文件的基本情况（投标人、报价、有无修改函）。

（2）评标标准和评标方法。

（3）初步评审情况：有效投标文件的确定（有效性、完整性、符合性）；废标原因的说明。

（4）详细评审情况：技术审查和评议；商务审查和评议。

（5）评审结果及推荐意见：排序推荐中标候选人1~3名。

（6）评标报告附件：评标委员会的组成及其签名；投标文件的符合性鉴定表；投标报价评审比较表；评标期间与投标人的往来函件；其他有关资料。

1017. 水利工程的招标人应何时与中标人签订合同？

答：自中标通知书发出之日起30日内订立合同。

1018. 水利工程监理或重要设备、材料的招标人应何时退还保证金？

答：签订合同后5个工作日内向中标人和未中标的投标人退还投标保证金。

1019. 招标人应何时向水行政主管部门提交招标评标报告？

答：在确定中标人后，应在15日之内提交招标投标情况的书面报告。

1020. 若由于招标人自身原因致使合同未能如期签订，招标人应承担什么责任？

答：招标人应按投标保证金双倍的金额赔偿投标人，同时退还投标保证金。

第十五节　通信工程建设项目招标、投标与评标

1021. 什么是通信工程建设项目？强制招标的规模标准是什么？

答：通信工程建设项目是指通信工程以及与通信工程建设有关的货物、服务。其中，通信工程包括通信设施或者通信网络的新建、改建、扩建、拆除等施工；与通信工程建设有关的货物，是指构成通信工程不可分割的组成部分，且为实现通信工程基本功能所必需的设备、材料等；与通信工程建设有关的服务，是指为完成通信工程所需的勘察、设计、监理等服务。

强制招标的规模标准如下：

单项施工或同一项目中可以合并施工的合同估算价在400万元人民币以上。

单项货物或同一项目中可以合并采购的货物的合同估算价在200万元人民币以上。

单项勘察（或设计、监理）或同一项目中可以合并勘察（或设计、监理）的合同估算价在100万元人民币以上。

1022. 由什么部门监督通信工程建设项目的招标投标活动？

答：由工业和信息化部和各省、自治区、直辖市通信管理局实施监督。

1023. 由什么部门建立"通信工程建设项目招标投标管理信息平台"？

答：工业和信息化部建立"通信工程建设项目招标投标管理信息平台"，实行通信工程建设项目招标投标活动信息化管理。

1024. 国有资金占控股或者主导地位的依法必须进行招标的通信工程建设项目在什么情形下可以邀请招标？

答：下列情形之一，可以邀请招标：①技术复杂、有特殊要求或者受自然环境限制，只有少量潜在投标人可供选择，此时，招标人应当向其知道或者应当知道的全部潜在投标人发出投标邀请书；②采用公开招标方式的费用占项目合同金额的比例过大，即采用公开招标方式的费用占项目合同金额的比例超过1.5%，且采用邀请招标方式的费用

明显低于公开招标方式的费用。

1025. 什么情形下可以不进行招标？

答：除《招标投标法》第六十六条和《招标投标法实施条例》第九条规定的可以不进行招标的情形外，潜在投标人少于3个的，可以不进行招标。

1026. 依法必须进行招标的通信工程建设项目的招标人若自行办理招标事宜，应履行什么手续？

答：应当自发布招标公告或者发出投标邀请书之日起两日内通过"通信工程建设项目招标投标管理信息平台"向通信行政监督部门提交《通信工程建设项目自行招标备案表》。

1027. 依法必须进行招标的通信工程建设项目的资格预审公告和招标公告，应在什么媒介发布？

答：除在国家发展和改革委员会依法指定的媒介发布外，还应当在"通信工程建设项目招标投标管理信息平台"发布。

1028. 资格预审公告、招标公告或者投标邀请书应当载明哪些内容？

答：招标人的名称和地址；招标项目的性质、内容、规模、技术要求和资金来源；招标项目的实施或者交货时间和地点要求；获取招标文件或者资格预审文件的时间、地点和方法；对招标文件或者资格预审文件收取的费用；提交资格预审申请文件或者投标文件的地点和截止时间；招标人对投标人的资格要求。

1029. 资格预审文件包括哪些内容？

答：包括：资格预审公告；申请人须知；资格要求；业绩要求；资格审查标准和方法；资格预审结果的通知方式；资格预审申请文件格式。

1030. 招标文件包括哪些内容？

答：招标公告或者投标邀请书；投标人须知；投标文件格式；项目的技术要求；投标报价要求；评标标准、方法和条件；网络与信息安全有关要求；合同主要条款。

1031. 对于招标文件中的非实质性要求和条件，招标人应如何处理？

答：应当规定允许偏差的最大范围、最高项数和调整偏差的方法。

1032. 勘察设计招标项目的评标标准包括哪些内容？

答：包括投标人的资质、业绩、财务状况和履约表现；项目负责人的资格和业绩；勘察设计团队人员；技术方案和技术创新；质量标准及质量管理措施；技术支持与保障；投标价格；组织实施方案及进度安排。

1033. 监理招标项目的评标标准包括哪些内容？

答：包括：投标人的资质、业绩、财务状况和履约表现；项目总监理工程师的资格和业绩；主要监理人员及安全监理人员；监理大纲；质量和安全管理措施；投标价格。

1034. 施工招标项目的评标标准包括哪些内容？

答：包括：投标人的资质、业绩、财务状况和履约表现；项目负责人的资格和业绩；专职安全生产管理人员；主要施工设备及施工安全防护设施；质量和安全管理措施；投标价格；施工组织设计及安全生产应急预案。

1035. 与通信工程建设有关的货物招标项目的评标标准包括哪些内容？

答：包括：投标人的资质、业绩、财务状况和履约表现；投标价格；技术标准及质量标准；组织供货计划；售后服务。

1036. 若通信工程建设项目的投标人少于3个，应如何处理？

答：不得开标，招标人在分析招标失败的原因并采取相应措施后，应当依法重新招标。

1037. 若投标人认为存在低于成本价投标情形的，应如何处理？

答：可以在开标现场提出异议，并在评标完成前向招标人提交书面材料。招标人应当及时将书面材料转交评标委员会。

1038. 开标记录包括哪些内容？

答：包括：开标时间和地点；投标人名称、投标价格等唱标内容；开标过程是否经过公证；投标人提出的异议。

1039. 开标记录应当由哪些现场人员签字？

答：由投标人代表、唱标人、记录人和监督人签字。

第五章　工程招标、投标与评标及合同管理

1040. 若因不可抗力或者其他特殊原因需要变更开标地点，招标人应如何处理？

答：招标人应提前通知所有潜在投标人，确保其有足够的时间能够到达开标地点。

1041. 通信工程建设项目评标委员会的专家成员应当具备哪些条件？

答：①从事通信相关领域工作满8年并具有高级职称或者同等专业水平。掌握通信新技术的特殊人才经工作单位推荐，可以视为具备本项规定的条件；②熟悉国家和通信行业有关招标投标以及通信建设管理的法律、行政法规和规章，并具有与招标项目有关的实践经验；③能够认真、公正、诚实、廉洁地履行职责；④未因违法、违纪被取消评标资格或者未因在招标、评标以及其他与招标投标有关活动中从事违法行为而受过行政处罚或者刑事处罚；⑤身体健康，能够承担评标工作。

1042. 依法必须进行招标的通信工程建设项目的评标委员会应如何组建？

答：评标委员会的专家应当从通信工程建设项目评标专家库内相关专业的专家名单中采取随机抽取方式确定；个别技术复杂、专业性强或者国家有特殊要求，采取随机抽取方式确定的专家难以保证胜任评标工作的招标项目，可以由招标人从通信工程建设项目评标专家库内相关专业的专家名单中直接确定。招标人应当通过"通信工程建设项目招标投标管理信息平台"抽取评标委员会的专家成员，以便通信行政监督部门对抽取过程进行远程监督或者现场监督。

1043. 依法必须进行招标的通信工程建设项目若技术复杂、评审工作量大，评标委员会是否可以进行分组评审？

答：评标委员会可以分组评审，但每组成员人数应为5人以上，且每组每个成员应对所有投标文件进行评审，此外，分组方案应当经全体成员同意。

1044. 评标委员会若设负责人，该负责人人选如何产生？

答：由评标委员会成员推举产生或者由招标人确定。

1045. 评标委员会若在评标过程中收到低于成本价投标的书面质疑材料、发现投标人的综合报价明显低于其他投标报价或者设有标底时明显低于标底，认为投标报价可能低于成本的，应如何处理？

答：应当书面要求该投标人做出书面说明并提供相关证明材料。若投标人不能合理说明或者不能提供相关证明材料的，则评标委员会应当否决其投标。

1046. 若部分投标人在开标后撤销投标文件或者部分投标人被否决投标后，有效投标不足3个且明显缺乏竞争，评标委员会应当如何处理？

答：应否决全部投标。

1047. 若有效投标不足3个，评标委员会又未否决全部投标，则评标委员会应当履行什么手续？

答：应在评标报告中说明未否决全部投标的理由。

1048. 依法必须进行招标的通信工程建设项目，若评标委员会否决了全部投标，则招标人应如何处理？

答：应当重新招标。

1049. 评标报告应当包括哪些内容？

答：包括：基本情况；开标记录和投标一览表；评标方法、评标标准或者评标因素一览表；评标专家评分原始记录表和否决投标的情况说明；经评审的价格或者评分比较一览表和投标人排序；推荐的中标候选人名单及其排序；签订合同前要处理的事宜；澄清、说明、补正事项纪要；评标委员会成员名单及本人签字、拒绝在评标报告上签字的评标委员会成员名单及其陈述的不同意见和理由。

1050. 招标档案应当包括哪些内容？

答：招标文件；中标人的投标文件；评标报告；中标通知书；招标人与中标人签订的书面合同；向通信行政监督部门提交的《通信工程建设项目自行招标备案表》和《通信工程建设项目招标投标情况报告表》；其他需要存档的内容。

第十六节 农业基本建设项目招标、投标与评标

1051. 农业基本建设项目招标的适用范围是什么？

答：适用于农业部管理的基本建设项目的勘察、设计、施工与监理招标，仪器、设备、材料招标及与工程建设相关的其他招标活动。

1052. 农业基本建设项目招标的规模标准是什么？

答： 施工单项合同估算价在200万元人民币以上；仪器、设备与材料采购单项合同估算价在100万元人民币以上；勘察、设计与监理单项合同估算价在50万元人民币以上；或总投资在3000万元人民币以上。

1053. 什么情形下农业基本建设项目可以采用邀请招标方式？

答： 有下列情形之一的经批准可以采用邀请招标：项目技术性和专业性较强，环境资源条件特殊，符合条件的潜在投标人有限的；受自然、地域等因素限制，实行公开招标影响项目实施时机的；公开招标所需费用占项目总投资比例过大的；法律法规规定的其他特殊项目。

1054. 什么情形下农业基本建设项目可以不招标？

答： 有下列情况之一的经批准可不进行招标：涉及国家安全或国家秘密不适宜招标；勘察和设计采用特定专利或专有技术的，或其建筑艺术造型有特殊要求不宜进行招标；潜在投标人为三家以下无法招标；抢险救灾及其他法定项目。

1055. 由什么部门管理农业基本建设项目的招标投标？

答： 中华人民共和国农业部发展计划司归口管理农业基本建设项目的招标投标工作，中华人民共和国农业部行业司局负责本行业农业基本建设项目招标投标管理工作，省级人民政府农业行政主管部门管理本辖区农业基本建设项目招标投标工作。

1056. 项目建议书中的招标方案包括哪些内容？

答： 招标范围，说明拟招标的内容及估算金额；招标组织形式，说明拟采用自行招标或委托招标的形式；招标方式，说明拟采用公开招标或邀请招标方式。凡自行招标或邀请招标的，应说明理由。

1057. 农业基本建设项目自行招标的条件是什么？

答： 有与招标项目规模和复杂程度相应的工程技术，概、预算，财务和工程管理等方面专业的技术力量；有从事同类工程建设项目招标的经验；设有专门的招标机构或拥有三名以上专职招标业务人员；熟悉和掌握《招标投标法》及有关法规规章。

1058. 农业基本建设项目招标的程序是什么？

答：有明确的招标范围、招标组织形式和招标方式，且立项审批时经批准；自行招标的应组建招标办事机构，委托招标的应选择具有代理资质的招标代理机构；编写招标文件；发布招标公告或招标邀请书，进行资格审查，发放或出售招标文件，组织现场踏勘；接受投标文件；制订具体评标方法或细则；成立评标委员会；组织开标、评标；确定中标人；向项目审批部门提交招标投标的书面总结报告；发放中标通知书，并将中标结果通知所有投标人；签订合同。

1059. 农业基本建设项目的招标文件销售的最短时间是多少日？

答：5日。

1060. 农业基本建设项目的招标文件须提前多少日发出？

答：自发售招标文件起至投标截止时间不得少于25日。

1061. 已发出的农业基本建设项目的招标文件若须修改，应提前多少日？

答：至投标截止时间不得少于15日。

1062. 农业基本建设项目监理招标的条件是什么？

答：初步设计已批准。

1063. 农业基本建设项目的监理招标文件包括哪些内容？

答：工程基本情况，包括工程建设项目的名称、性质、地点、规模、用地与资金等；投标人须知，主要包括接受投标报名、投标人资格审查、发售招标文件、组织招标答疑、踏勘工程现场、接受投标与开标等招标程序的规定和日程安排，以及投标人资格的要求，投标文件的签署和密封要求，投标保证金（保函）与履约保证金（保函）等；施工图；投标文件的内容和编制要求；评标标准和方法；拟签订合同的主要条款及合同格式；工程监理技术规范或技术要求。

1064. 农业基本建设项目的监理招标的评审内容有哪些？

答：业绩和资信；项目总监理工程师及主要监理人员的经历；监理规划（大纲）；投标价格；财务状况。

第五章　工程招标、投标与评标及合同管理

1065. 农业基本建设项目勘察设计招标的条件是什么？

答：可行性研究报告（项目建议书）已批准；具备必要的勘察设计基础资料。

1066. 农业基本建设项目的勘察设计招标文件包括哪些内容？

答：工程基本情况，包括工程的名称、性质、地址、占地面积与建筑面积等；投标人须知，主要包括接受投标报名、投标人资格审查、发售招标文件、组织招标答疑、踏勘工程现场、接受投标与开标等招标程序的规定和日程安排，以及投标人资格的要求，投标文件的签署和密封要求，投标保证金（保函）与履约保证金（保函）等方面的规定；已获批准的可行性研究报告（项目建议书）；工程经济技术要求；有关部门确定的规划控制条件和用地红线图；可供参考的工程地质、水文地质与工程测量等建设场地勘察成果报告；供水、供电、供气、供热、环保与市政道路等方面的基础资料；招标答疑与踏勘现场的时间和地点；投标文件的内容和编制要求；评标标准和方法；投标文件送达的截止时间；拟签订合同的主要条款；未中标方案的补偿办法。

1067. 农业基本建设项目的勘察设计招标的评审内容有哪些？

答：业绩、资信及财务状况；人力资源配备及主要承担人员的经历；技术方案和技术创新；质量标准及质量管理措施；技术支持与保障；投标价格；组织实施方案及进度安排。

1068. 农业基本建设项目施工招标的条件是什么？

答：初步设计及施工图设计已完成；建设资金及建设用地已落实，拆迁等工作已有明确安排。

1069. 农业基本建设项目的施工招标文件包括哪些内容？

答：工程基本情况，包括工程建设项目的名称、性质、地点、规模、用地与资金等；投标人须知，主要包括接受投标报名、投标人资格审查、发售招标文件、组织招标答疑、踏勘工程现场、接受投标与开标等招标程序的规定和日程安排，以及投标人资格的要求，投标文件的签署和密封要求，投标保证金（保函）与履约保证金（保函）等方面的规定；招标内容和施工图；投标文件的内容和编制要求；工程造价的计算方法和工程结算办法；评标标准和方法；拟签订合同的主要条款及合同格式。

1070. 农业基本建设项目的施工招标的评审内容有哪些？

答：施工方案（或施工组织设计）与工期；投标价格；项目经理及技术负责人的经

历；组织机构及主要管理人员；主要施工设备；质量标准、质量和安全管理措施；业绩和资信；财务状况。

1071. 农业基本建设项目的仪器、设备、材料招标的条件是什么？

答：初步设计已批准；施工图设计已完成；技术经济指标已基本确定；所需资金已落实。

1072. 农业基本建设项目的仪器、设备、材料招标文件包括哪些内容？

答：项目基本情况，包括工程建设项目的名称、性质与资金来源等；投标人须知，主要包括接受投标报名、投标人资格审查、发售招标文件、组织招标答疑、澄清或修改招标文件、接受投标与开标等招标程序的规定和日程安排，投标人资格、投标文件的签署和密封与投标有效期，以及投标保证金（保函）与履约保证金（保函）等方面的规定；招标内容及货物需求表；投标文件的内容和编制要求，应包括投标文件的组成和格式、投标报价及使用货币，投标使用语言及计量单位、投标人的资格证明文件与商务或技术响应性文件等方面的内容和规定；拟签署合同的主要条款和合同格式；投标文件的格式，包括投标书、开标报价表、投标货物说明表、技术响应表、投标人资格证明、授权书与履约保函等投标文件的格式；评标标准和方法；招标人对拟采购仪器（设备、材料）的技术要求。

1073. 农业基本建设项目的仪器、设备、材料招标的评审内容有哪些？

答：投标价格；质量标准及质量管理措施；组织供应计划；售后服务；业绩和资信；财务状况。

1074. 中华人民共和国农业部直属单位重点项目的招标文件须履行什么手续才能发出？

答：须经发展计划司委托有关工程咨询单位进行技术审核后方可发出。

1075. 农业基本建设项目的招标文件的售价额度是多少？

答：一般应控制在2000元以内。

1076. 农业基本建设项目的投标保证金的额度是多少？

答：一般不超过合同估算价的0.5%，但最低不得少于1万元人民币。

第五章　工程招标、投标与评标及合同管理

1077. 农业基本建设项目的开标人员由哪些人组成？

答： 至少由主持人、监标人、开标人、唱标人与记录人组成。

1078. 农业基本建设项目的开标程序是什么？

答： 主持人在招标文件确定的时间停止接收投标文件，开始开标；宣布开标人员名单；确认投标人的法定代表人或授权代表人是否在场；宣布投标文件的开启顺序；依开标顺序，先检查投标文件的密封是否完好，再启封投标文件；宣布投标要素，并记录，同时由投标人代表签字确认；对上述工作进行记录，存档备查。

1079. 农业基本建设项目的仪器、设备、材料招标中，对评标专家有何要求？

答： 参与制订招标文件的专家一般不再推选为同一项目的评标委员会成员。

1080. 农业基本建设项目的评标委员会如何组成？

答： 由招标人代表和有关技术、经济方面的专家组成；成员人数为五人以上单数，其中技术、经济等方面的专家不得少于成员总数的三分之二。技术特别复杂、专业性要求特别高或国家有特殊要求的招标项目，采取随机抽取方式确定的专家难以胜任的，经发展计划司同意可以直接确定。

1081. 农业基本建设项目的评标程序是什么？

答： 招标人宣布评标委员会成员名单并确定主任委员；招标人宣布评标纪律；在主任委员主持下根据需要成立有关专业组和工作组；招标人介绍招标文件；评标人员熟悉评标标准和方法；评标委员会对投标文件进行形式审查；经评标委员会初步评审，提出需投标人澄清的问题，经二分之一以上委员同意后通知投标人；需要书面澄清的问题，投标人应在规定的时间内以书面形式送达评标委员会；评标委员会按招标文件确定的评标标准和方法对投标文件进行详细评审，确定中标候选人的推荐顺序；经评标委员会三分之二以上委员同意并签字，通过评标委员会工作报告，并附往来澄清函、评标资料及推荐意见等报招标人。

1082. 农业基本建设项目设计、施工、监理评标之前，应履行什么手续？

答： 应由评标委员会以外的工作人员将投标文件中的投标人名称、标志等进行隐蔽。

1083. 什么情形下农业基本建设项目的投标文件为无效标？

答：投标文件密封不符合招标文件要求；逾期送达；未按招标文件要求加盖单位公章和法定代表人（或其授权人）的签字（或印鉴）；招标文件要求不得标明投标人名称，但投标文件上标明投标人名称或有任何可能透露投标人名称信息的；未按招标文件要求编写或字迹模糊导致无法确认关键技术方案、关键工期、关键工程质量保证措施与投标价格；未按规定交纳投标保证金；招标文件载明的招标项目完成期限超过招标文件规定的期限；明显不符合技术规格与技术标准要求；投标文件载明的货物包装方式、检验标准和方法不符合招标文件要求；不符合招标文件规定的其他实质性要求或违反国家有关规定；投标人提供虚假资料。

1084. 农业基本建设项目的评标方法有哪些？

答：综合评估法或经评审的最低投标价法。

1085. 农业基本建设项目的招标人应在多少日内向什么部门提交招标评标报告？

答：应自确定中标人之日起7个工作日内向省级农业行政主管部门（地方和直属直供垦区承担的项目）、中华人民共和国农业农村部有关行业司局（中华人民共和国农业农村部直属单位承担的行业项目）或中华人民共和国农业农村部发展计划司（中华人民共和国农业农村部直属单位承担的基础设施建设项目）提交招标投标情况的书面报告。

1086. 农业基本建设项目的招标评标报告的主要内容有哪些？

答：招标项目基本情况；投标人情况；评标委员会成员名单；开标情况；评标标准和方法；废标情况；评标委员会推荐的经排序的中标候选人名单；中标结果；未确定排名第一的中标候选人为中标人的原因；其他需说明的问题。

1087. 农业基本建设项目的定标工作应在什么时间内完成？

答：应在投标有效期结束日后的30个工作日前完成。

1088. 农业基本建设项目的招标人应何时退还投标保证金？对勘察设计的投标人予以补偿的，应何时予以给付？

答：与中标人签订合同后的五个工作日内向所有投标人一次性退还投标保证金。勘察设计招标文件中规定给予未中标人经济补偿的，也应在此期限内一并给付。

1089. 什么情形下农业基本建设项目应重新招标？

答：有下列情形之一的，应重新招标：在投标截止时间前提交投标文件的投标人少于三个的；资格审查合格的投标人不足三个的；所有投标均被作废标处理或被否决的；评标委员会否决不合格投标或界定为废标后，有效投标不足三个的；有效期内无法定标而同意延长投标有效期的投标人少于三个的；评标委员会推荐的所有中标候选人均放弃中标的。

1090. 农业基本建设项目重新招标后再次流标应如何处理？

答：若是投标截止时间前提交投标文件的投标人少于三个或资格审查合格的投标人不足三个，则经审批后可以不再招标。

第十七节　民航专业工程建设项目招标、投标与评标

1091. 民航专业工程包括哪几类？

答：（1）机场场道工程，包括：

1）飞行区土石方（不含填海工程）、地基处理、基础、道面工程。

2）飞行区排水、桥梁、涵隧、消防管网、管沟（廊）工程。

3）飞行区服务车道、巡场路、围界（含监控系统）工程。

（2）民航空管工程，包括：

1）区域管制中心、终端（进近）管制中心和塔台建设工程。

2）通信（包括地空通信和地地通信）工程、导航（包括地基导航和星基导航）工程、监视（包括雷达和自动相关监视系统）工程。

3）航空气象（包括观测系统、卫星云图接收系统等）工程。

4）航行情报工程。

（3）机场目视助航工程，包括：

1）机场助航灯光及其监控系统工程。

2）飞行区标记牌和标志工程。

3）助航灯光变电站和飞行区供电工程。

4）泊位引导系统及目视助航辅助设施工程。

（4）航站楼、货运站的工艺流程及民航专业弱电系统工程。其中，民航专业弱电系统包括：信息集成系统、航班信息显示系统、离港控制系统、泊位引导系统、安检信息管理系统、标识引导系统、行李处理系统、安全检查系统、值机引导系统、登机门显示系统、旅客问询系统、网络交换系统、公共广播系统、安全防范系统、主时钟系统、内部通信系统、呼叫中心（含电话自动问询系统），以及飞行区内各类专业弱电系统。

（5）航空供油工程，包括：

1）航空加油站、机坪输油管线系统工程。

2）机场油库、中转油库工程（不含土建工程）。

3）场外输油管线工程、卸油站工程（不含码头水工工程和铁路专用线工程）。

4）飞行区内地面设备加油站工程。

1092. 民航专业工程建设项目招标的范围和规模标准是什么？

答：单项施工或同一项目中可以合并施工的合同估算价在400万元人民币以上。

单项货物或同一项目中可以合并采购的货物的合同估算价在200万元人民币以上。

单项勘察（或设计、监理）或同一项目中可以合并勘察（或设计、监理）的合同估算价在100万元人民币以上。

1093. 民航专业工程建设项目的招标管理由什么部门负责？

答：民航总局机场司和质监总站负责，其中：

民航地区管理局负责：

（1）贯彻执行国家及民航有关招标投标管理的法律、法规、规章和规范性文件。

（2）辖区民航专业工程建设项目招标投标活动的监督管理。

（3）受理并备案审核辖区招标人提交的招标方案、资格预审文件、招标文件和抽取评标专家申请表。

（4）认定省级或者市级地方公共资源交易市场（以下简称地方交易市场），与地方交易市场制订工作方案，约定业务流程，明确有关责任义务。

（5）受理并备案审核招标人提交的评标报告和评标结果公示报告，对招标人提供的合同副本进行备案。

（6）受理辖区内有关招标投标活动的投诉，依法查处招标投标活动中的违法违规行为。

质监总站负责：

（1）贯彻执行国家及民航有关招标投标管理的法律、法规、规章和规范性文件。

（2）承担民航专业工程评标专家及专家库的管理和评标专家的抽取工作。

（3）受委托承担民航专业工程建设项目进入地方交易市场进行开标评标的驻场服务工作。

（4）招标投标活动各当事人的信用体系建设。

（5）受委托的其他招标投标管理的有关工作。

1094. 依法必须招标的民航工程建设项目，应当具备哪些条件才能进行招标？

答：（1）招标人已经依法成立。

（2）取得项目审批、核准部门审批、核准的文件。

（3）工程建设项目初步设计按照有关规定要求已获批准（勘察、设计招标除外）。

（4）有相应资金或者资金来源已经落实。

（5）能够提出招标技术要求，施工项目有招标所需的设计图及技术资料。

1095. 报民航地区管理局备案的招标方案包括哪些内容？

答：（1）项目批准（或核准）文件；按规定获得的初步设计批准文件，如初步设计批准文件由民航管理部门以外的部门或单位批准的，则需附民航行业审查意见。

（2）民航专业工程建设项目招标方案备案表。

（3）资格预审公告、招标公告或投标邀请书。

（4）招标文件或资格预审文件。

（5）招标代理委托书或委托合同复印件。

（6）其他有必要说明的事项。

1096. 什么情形下民航专业工程建设项目的招标人可以发出资格预审公告、招标公告或投标邀请书？

答：须经民航地区管理局备案。

1097. 对招标文件的发售期有什么要求？

答：招标文件的发售期不得少于5日，发售期的最后一天应当回避节假日。

1098. 民航专业工程建设项目的招标人如何进行资格预审？

答：招标人应当在资格预审公告中载明资格预审后投标人的数量，一般不得少于7个投标人，且应当采用专家评审的办法，由专家综合评分排序，按得分高低顺序确定投标人。

资格预审合格的潜在投标人不足3个的，招标人应当重新进行招标。

1099. 什么是民航专业工程建设项目投标人？

答：是响应招标、参加投标竞争的法人或者其他组织。

与招标人存在利害关系可能影响招标公正性的法人、其他组织或者个人，不得参加投标。已投标的，则投标无效。

单位负责人为同一人或者存在控股、管理关系的不同单位，不得参加同一标段投标或者未划分标段的同一招标项目投标。已投标的，则投标无效。

一个制造商对同一品牌同一型号的货物，仅能委托一个代理商参加投标。

1100. 若重新招标后投标人仍少于3个，招标人应如何处理？

答：重新招标后投标人仍少于3个的，属于必须审批、核准的工程建设项目，报经原审批、核准部门审批、核准后可以不再进行招标。

1101. 招标人允许联合体投标的，对联合体的资格有什么要求？

答：招标人接受联合体投标并进行资格预审的，联合体应当在提交资格预审申请文件前组成。资格预审后联合体增减、更换成员的，其投标无效。

联合体各方在同一招标项目中以自己名义单独投标或者参加其他联合体投标的，相关投标均无效。

联合体的资质等级根据联合体分工协议中所承担相应工作的联合体成员的资质等级确定，多个成员参与同一工作的，以这些成员所具备的最低资质等级为准。

1102. 民航专业工程建设项目的招标人拟申请在民航专业工程专家库中抽取专家，应填写什么表格？

答：应填写民航专业工程建设项目抽取评标专家申请表。

1103. 民航专业工程建设项目的评标委员会如何组建？

答：评标委员会人数应当为5人及以上单数，其中从专家库中抽取的专家人数不得少于评标委员会人员总数的三分之二。评标委员会的专家成员应当从专家库内相关专业的专家名单中以随机抽取的方式确定。

当招标项目需要民航以外专业的专家参与评标时，经民航地区管理局批准，可采取在其他专业省部级或国家级评标专家库抽取的方式选择部分专家共同组成评标委员会。

对于技术特别复杂、专业性要求特别高或者国家有特殊要求的招标项目,采取随机抽取方式确定的专家难以胜任时,可以经民航地区管理局特别批准后由招标人在民航专业工程专家库中直接选择确定。

项目主管部门(即项目的批复部门)或者行政监督部门的人员,与投标人有利害关系的人员,曾因在招标、评标以及其他与招标投标有关活动中从事违法行为而受过行政处罚或刑事处罚的人员,属于失信被执行人的人员,均不得担任评标委员会成员。

1104. 民航专业工程评标专家的抽取由什么部门负责?

答:由民航专业工程质量监督总站负责。

1105. 评标委员会成员拒绝在评标报告上签字且不陈述其不同意见和理由的,应如何处理?

答:视为同意评标结论。评标委员会应当对此做出书面说明并记录在案。

1106. 对于评委的打分超出算术平均分±30%时(技术部分总评分和商务部分总评分应当分别计算),应如何处理?

答:该评委应当就打分情况向评标委员会提供书面说明,并将该书面说明附在评标报告中。

1107. 在什么情形下,民航专业工程建设项目的评标结论才有效?

答:以评标委员会全体成员三分之二以上人数签署同意意见,方为有效。

1108. 评标报告包括哪些内容?

答:基本情况和数据表;评标委员会成员名单;开标记录,符合要求的投标一览表;废标情况说明;评标标准、评标方法或评标因素一览表;经评审的价格或评分比较一览表;经评审的投标人排序;推荐的中标候选人名单与签订合同前要处理的事宜;澄清、说明、补正事项纪要。

1109. 民航专业工程建设项目的招标人应在什么时间内提交评标报告和其他材料?

答:应自公示期满及确定中标人之日起3个工作日内提交评标报告、民航专业工程建设项目评标结果备案表和中标通知书。

1110. 民航专业工程建设项目的招标人在什么情形下可以发出中标通知书?

答:在获得民航地区管理局对评标结果的备案后方可发布中标通知书。

1111. 民航专业工程建设项目的评标委员会成员报到后,应如何管理?

答:评标专家凭身份证、招标人代表凭介绍信和身份证进入封闭评标区域,评标活动结束前不得与评标无关的人员进行接触。

1112. 投标人少于3个的,招标人应如何处理?

答:不得开标,招标人应当重新招标。

1113. 若投标人的报价超出最高限价,应如何处理?

答:作废标处理。

1114. 采用综合评分法时,是否应去掉一个最高分和一个最低分?

答:必须在先去掉所有评委中的一个最高分和一个最低分之后,再计算算术平均值。

1115. 对中标候选人公示有什么要求?

答:招标人应当自收到评标报告之日起3日内在与发布招标公告相同的媒体上对中标候选人进行公示。公示期不得少于3日,公示期最后一天应当回避节假日。

1116. 对投标保证金的数额有什么要求?

答:投标保证金不得超过招标项目估算价的2%,最高不得超过80万元。

1117. 对投标保证金的有效期有什么要求?

答:投标保证金有效期应当与投标有效期一致。

1118. 什么情形下,中标候选人方可确定为中标人?

答:公示期内无质疑或质疑不成立的,在公示期满后,中标候选人确定为中标人。

1119. 开标前对投标保证金的退还有什么要求?

答:投标人在投标截止时间前书面通知招标人撤回投标文件的,招标人应当自收到投标人书面撤回通知之日起5日内退还已收取的投标保证金。投标截止后投标人撤销投标文件的，招标人可以不退还投标保证金。

招标人终止招标的，应当及时退还所收取的投标保证金及银行同期存款利息。

1120. 开标后对投标保证金的退还有什么要求？

答：招标人最迟应当在书面合同签订后5日内向中标人和未中标的投标人退还投标保证金及银行同期存款利息。

第十八节 合同管理

1121. 施工项目的发包人有哪些义务？

答：遵守相关法律法规和规章，并保证承包人免于承担因发包人违法而引起的任何责任；按合同发出开工通知，提供施工场地及施工场地内地下管线和地下设施等的有关资料，并保证资料的真实、准确与完整；协助承包人办理所需的有关施工证件和批件；组织设计单位向承包人进行设计交底；按合同及时支付合同价款；按合同及时组织竣工验收；合同规定的其他义务。

1122. 施工项目的承包人有哪些义务？

答：遵守相关法律法规和规章，并保证发包人免于承担因承包人违反法律而引起的任何责任；依法纳税；完成各项承包工作；对施工作业和施工方法的完备性与安全可靠性负责；保证工程施工和人员的安全；负责施工场地及其周边环境与生态的保护；避免施工对他人利益造成损害；按监理人的指示为他人在施工场地或附近实施与工程有关的其他各项工作提供可能的条件；竣工移交前的维护和照管工程；合同规定的其他义务。

1123. 施工项目的监理人有哪些权利和义务？

答：监理人受发包人委托，享有合同约定的权利；监理人发出的任何指示应视为已得到发包人的批准，但监理人无权免除或变更合同约定的发包人和承包人的权利、义务和责任；合同约定应由承包人承担的义务和责任，不因监理人对承包人提交文件的审查或批准，对工程、材料和设备的检查和检验，以及为实施监理做出的指示等职务行为而减轻或解除。

1124. 发包人如何对施工监理进行有效管理？

答：为监理人提供相应的办公（和住宿）条件；对监理人是否履行职责进行调查；在现场派驻发包人代表；对无法胜任总监职责的监理人员，予以撤换。

1125. 中标人进场的项目管理班子人员与投标文件不符，应如何处理？

答：若进场的项目管理班子人员与投标文件不符，又未收到中标人改派项目管理班子人员的申请，则可要求中标人暂停施工并就此立即作出答复，而由此造成的损失（包括工期延误）由中标人承担。

1126. 总监或发包人发现项目经理不能胜任工作，应如何处理？

答：应予以撤换。

1127. 承包人要求更换项目经理等主要人员，应履行什么手续？

答：应向发包人提出书面申请，重新选派的项目管理班子人员应不低于投标时的选派标准。

1128. 如何对承包人提供的材料、设备，尤其是园林工程中的植物，进行有效的监管？

答：承包人应按合同约定将各项材料和工程设备的供货人及品种、规格、数量和供货时间等报送监理人审批，并向监理人提交其负责提供的材料和工程设备的质量证明文件；承包人应会同监理人进行检验和交货验收，查验材料合格证明和产品合格证书，并按合同约定和监理人指示进行材料的抽样检验和工程设备的检验测试，检验和测试结果应提交监理人，所需费用由承包人承担；材料与设备专用于合同工程，未经监理人同意，承包人不得运出施工场地或挪作他用。

对园林工程中的植物，应从以下几方面加强监管：先审批后进苗，避免集中进苗所导致的种植滞后或突击种植，以确保种植成活率；加强现场监管，如种类与规格是否与招标文件相符，长势如何，有无病虫害，严防检疫性病虫害的传入。

1129. 对发包人提供的材料、设备，尤其是甲供苗木，发包人与承包人应如何协调？

答：承包人应按合同进度计划向监理人报送要求发包人交货的日期计划，发包人应按照监理人与合同双方当事人商定的交货日期向承包人提交材料和工程设备；发包人应在到货7日前通知承包人，承包人应会同监理人在约定时间赴交货地点共同验收；若无特殊约定，验收后由承包人负责接收、运输和保管；发包人要求向承包人提前交货的，承包人不得拒绝，但发包人应承担承包人由此增加的费用；承包人要求更改交货日期或地点的，应预先报请监理人批准。由于承包人要求更改交货时间或地点所增加的费用和（或）工期延误由承包人承担。

由于苗木不能仓储，进场后须及时种植，故双方应从交货日期与验收两方面进行协调。发包人向承包人发货时，双方应再次确认。监理人务必在现场参与验收，以免日后发包人与承包人就苗木质量问题产生争议。

1130. 对入场的材料、设备的管理有什么基本要求？

答：运入施工场地的材料、工程设备，包括备品备件、安装专用工器具与随机资料，必须专用于合同工程，未经监理人同意，承包人不得运出施工场地或挪作他用；随同工程设备运入施工场地的备品备件、专用工器具与随机资料，应由承包人会同监理人按供货人的装箱单清点后共同封存，未经监理人同意不得启用。承包人因合同工作需要使用上述物品时，应向监理人提出申请。

1131. 若发包人提供的基准资料有误，应由谁承担责任？

答：若因基准资料错误导致承包人测量放线工作的返工或造成工程损失，发包人应承担由此增加的费用和（或）工期延误，并向承包人支付合理利润。

1132. 若无特别约定，应提前多少日向承包人发出开工通知？

答：监理人应在开工日期7日前向承包人发出开工通知。

1133. 由于发包人导致的工期延误，承包人应如何处理？

答：承包人有权要求发包人延长工期和（或）增加费用，并支付合理利润。

1134. 由于承包人导致的工期延误，应如何处理？

答：承包人应支付逾期竣工违约金。支付逾期竣工违约金并不免除承包人完成工程及修补缺陷的义务。

1135. 由于发包人导致暂停施工，承包人应如何处理？

答：承包人有权要求发包人延长工期和（或）增加费用，并支付合理利润。

1136. 由于承包人导致暂停施工，应如何处理？

答：暂停施工增加的费用和（或）工期延误由承包人承担。

1137. 对工程隐蔽部位覆盖前的检查有什么要求？

答：经承包人自检确认具备覆盖条件后，承包人应通知监理人在约定的期限内检查，该通知应附有自检记录和必要的检查资料。若经监理人检查确认质量符合隐蔽要求，并在检查记录上签字后，承包人才能进行覆盖；若检查确认质量不合格，承包人应在监理人指示的时间内修整返工后，由监理人重新检查。

1138. 由谁承担监理人重新检查的费用？

答：经检验证明工程质量符合合同要求的，由发包人承担由此增加的费用和（或）工期延误，并支付承包人的合理利润；否则，由此增加的费用和（或）工期延误由承包人承担。

1139. 若存在不文明施工，应如何处理？

答：应要求施工单位整改，施工单位应对其不文明施工所导致的后果承担责任。

1140. 若施工存在安全隐患，应如何处理？

答：监理单位发现存在安全事故隐患的，应要求施工单位整改；情况严重的，应要求施工单位暂停施工，并及时报告建设单位。施工单位拒不整改或不停止施工的，监理单位应及时向有关主管部门报告。

1141. 什么是合同变更？变更程序包括哪些内容？

答：合同变更一般指：取消合同中任何一项工作，但被取消的工作不能转由发包人或其他人实施；改变合同中任何一项工作的质量或其他特性；改变合同工程的基线、标高、位置或尺寸；改变合同中任何一项工作的施工时间或改变已批准的施工工艺或顺序；为完成工程需追加的额外工作。

变更程序如下：

（1）发包人需要变更，监理人向承包人发出变更意向书，变更意向书（附必要的图纸、资料）应说明变更的具体内容和发包人对变更的时间要求，应要求承包人提交包括拟实施变更工作的计划、措施和竣工时间等内容的实施方案；若发包人同意承包人的变更实施方案，则由监理人发出变更指示；若承包人认为难以实施此项变更，则应立即通知监理人，说明原因并附详细依据，监理人与承包人和发包人协商后确定撤销、改变或维持原变更意向书。或者，承包人认为需要变更，可向监理人提出书面变更建议，变更建议应阐明变更依据，并附必要的图纸和说明。监理人收到承包人的书面建议后，应与发包人共同研究，确认需要变更的，应在收到承包人书面建议后的14日（合同另有约定除外，下同）内做出变更指示；经研究后不同意变更的，应由监理人书面答复承包人。

（2）承包人应在收到变更指示或变更意向书后的14日内，向监理人提交变更报价书，并附必要的施工方法说明和有关图纸；变更工作影响工期的，承包人应提出调整工期的具体细节；监理人收到承包人变更报价书后的14日内商定或确定变更价格。

1142. 物价上涨幅度过高是否属于不可抗力因素？不可抗力因素有哪些？

答： 不属于。不可抗力是指订立合同时不可预见、在施工中不可避免发生并不能克服的自然灾害和社会性突发事件，如地震、海啸、瘟疫、水灾、骚乱、暴动、战争和专用合同条款约定的其他情形。

1143. 物价上涨时，价格应如何调整？

答： 依据合同规定，不得调整（如固定总价合同）、进行相应调整或须达到一定涨幅才能调整。价格调整公式（合同另有约定除外）为

$$\Delta P = P_0 \left[A + \left(B_1 \times \frac{F_{t1}}{F_{01}} + B_2 \times \frac{F_{t2}}{F_{02}} + \cdots + B_n \times \frac{F_{tn}}{F_{0n}} \right) - 1 \right]$$

其中：ΔP 是需调整的价格差额；P_0 是按约定的付款证书中承包人应得的已完成工程量的金额；A 和 B_i 分别是不可调部分的权重和可调部分的权重；F_{ti} 和 F_{0i} 分别是各可调因子的现行价格指数和基本价格指数，$i=1, \cdots, n$。

1144. 如何确定计量周期？

答： 除专用合同条款另有约定外，单价子目已完成的工程量按月计量，总价子目的计量周期按批准的支付分解报告确定。

1145. 如何处理质量保证金？

答： 监理人应从第一个付款周期开始，在发包人的进度付款中按合同约定扣留质量保证金，直至扣留总额达到合同约定的金额或比例时为止。缺陷责任期满时，承包人向发包人申请到期应返还承包人剩余的质量保证金金额，发包人应在14日内会同承包人按合同约定内容核实承包人是否完成缺陷责任，如无异议，发包人应在核实后将剩余保

证金返还承包人；如未完成缺陷责任，发包人有权扣留与未履行责任的剩余工作所需金额相应的质量保证金余额，并有权根据合同要求延长缺陷责任期，直至完成剩余工作为止。

1146. 什么条件下承包人可以提交竣工验收申请报告？

答：除监理人同意列入缺陷责任期内完成的尾工（甩项）工程和缺陷修补工作外，合同范围内的全部单位工程及有关工作，包括合同要求的试验、试运行及检验和验收均已完成，并符合合同要求；已按合同约定的内容和份数备齐了符合要求的竣工资料；已按监理人的要求编制了在缺陷责任期内完成的尾工（甩项）工程和缺陷修补工作的清单及相应施工计划；监理人要求在竣工验收前应完成的其他工作已完成；备齐监理人要求提交的竣工验收资料清单。

1147. 如何界定缺陷责任的起算日期？

答：一般自实际竣工日期起计算；在全部工程竣工验收前，若经发包人提前验收的单位工程，其缺陷责任期的起算日期相应提前。缺陷责任期满时，经核实无异议，发包人向承包人返还质量保证金。

1148. 如何界定保修责任的起算日期？

答：一般自实际竣工日期起计算；在全部工程竣工验收前，若经发包人提前验收的单位工程，其保修责任期的起算日期相应提前。

1149. 承包人违约应如何处理？发包人如何进行索赔？

答：承包人无法继续履行或明确表示不履行或实质上已停止履行合同，则发包人可书面通知承包人立即解除合同，并按有关法律处理。属于其他违约情形时，监理人可向承包人发出整改通知，要求其限期整改；承包人应承担其违约所引起的费用增加和（或）工期延误。

进行索赔时，监理人应及时书面通知承包人索赔金额和（或）延长缺陷责任期的细节和依据，延长缺陷责任期的通知应在缺陷责任期届满前发出。索赔金额可从合同价款中扣除，或以其他方式支付给发包人。

1150. 发包人违约应如何处理？承包人如何进行索赔？

答：若发包人无法继续履行或明确表示不履行或实质上已停止履行合同，则承包人可书面通知发包人解除合同。若属于其他违约情形，则承包人可通知发包人采取有效措施纠正违约行为；发包人收到承包人通知后的28日（合同另有约定除外，下同）内仍不履行合同义务的，承包人有权暂停施工，并通知监理人，发包人应承担由此增加的费用和（或）工期延误，并支付承包人合理利润；暂停施工28日后，发包人仍不纠正违约行为的，承包人可向发包人发出解除合同通知。

承包人应在知道或应知道索赔事件发生后28日（合同另有约定除外，下同）内，向监理人递交索赔意向通知书，说明索赔事由；承包人应在发出索赔意向通知书后28日内，向监理人正式递交索赔通知书，说明索赔理由及要追加的付款金额和（或）延长的工期，并附必要的记录和证明材料；若索赔事件具有连续影响，承包人应按合理时间间隔继续递交延续索赔通知，说明连续影响的实际情况和记录，列出累计的追加付款金额和（或）工期延长天数；在索赔事件影响结束后的28日内，承包人应向监理人递交最终索赔通知书，说明最终要求索赔的追加付款金额和延长的工期，并附必要的记录和证明材料。监理人收到承包人的索赔通知书后，应及时审查索赔通知书的内容并查验承包人的记录和证明材料；监理人应在收到上述索赔通知书或有关索赔的进一步证明材料后的42日（合同另有约定除外）内，将索赔处理结果答复承包人；承包人接受索赔处理结果的，发包人应在做出索赔处理结果答复后28日（合同另有约定除外）内完成赔付。若承包人不接受索赔处理结果，可友好协商解决或提请争议评审组进行评审，也可申请仲裁或诉讼。

第六章　机电产品国际招标、投标、评标与出口招标

第一节　机电产品国际招标、投标与评标

1151. 监督机电产品国际招标投标的国家行政主管部门是哪一个？有何相应职责？

答：商务部负责管理和协调全国机电产品的国际招标投标工作，制定相关规定；根据国家有关规定，负责调整、公布机电产品国际招标范围；负责监督管理全国机电产品国际招标代理机构；负责利用国际组织和外国政府贷款、援助资金项目机电产品国际招标投标活动的行政监督；负责组建和管理机电产品国际招标评标专家库；负责建设和管理机电产品国际招标投标电子公共服务和行政监督平台。

1152. 什么是机电产品国际招标投标活动？

答：是指中华人民共和国境内的招标人根据采购机电产品的条件和要求，在全球范围内以招标方式邀请潜在投标人参加投标，并按照规定程序从投标人中确定中标人的一种采购行为。

1153. 原产地在国内的机电产品，是否可以采用国内招标的方式？

答：可以。

1154. 机电产品国际招标一般采用什么招标方式？

答：公开招标。

1155. 国有资金占控股或者主导地位的依法必须进行机电产品国际招标的项目，什么情形下可以采用邀请招标？

答：有下列情形之一的，可以邀请招标：

（1）技术复杂、有特殊要求或者受自然环境限制，只有少量潜在投标人可供选择。

（2）采用公开招标方式的费用占项目合同金额的比例过大。

1156. 什么情形下机电产品不需要国际招标？

答： 有下列情况之一的，可不进行国际招标：①国（境）外赠送或无偿援助的机电产品；②供生产配套用的零件及部件；③旧机电产品；④一次采购产品合同估算价格在国务院规定的必须进行招标的标准以下；⑤供生产企业及科研机构研究开发用的样品样机；⑥供产品维修用的零件及部件；⑦供生产企业生产需要的专用模具；⑧根据法律、行政法规规定，其他不适宜进行国际招标采购的机电产品。

1157. 招标文件包括哪些内容？

答： 包括：招标公告或投标邀请书；投标人须知及投标资料表；招标产品的名称、数量、技术要求及其他要求；评标方法和标准；合同条款；合同格式；投标文件格式及其他材料要求（投标书，开标一览表，投标分项报价表，产品说明一览表，技术规格响应/偏离表，商务条款响应/偏离表，投标保证金银行保函，单位负责人授权书，资格证明文件，履约保证金银行保函，预付款银行保函，信用证样本，要求投标人提供的其他材料）。

1158. 应通过什么途径对招标文件进行备案？

答： 通过商务部所委托的为机电产品国际招标投标活动提供公共服务和行政监督的平台的专门网站进行备案。

1159. 什么情形下机电产品应采用国际招标方式？

答： 下列情形之一应采用国际招标：①关系社会公共利益、公众安全的基础设施、公用事业等项目中进行国际采购的机电产品；②全部或部分使用国有资金投资项目中进行国际采购的机电产品；③全部或部分使用国家融资项目中进行国际采购的机电产品；④使用国际金融组织或外国政府贷款、援助资金项目中进行国际采购的机电产品；⑤政府采购项目中进行国际采购的机电产品；⑥其他依照法律、行政法规的规定需要国际招标采购的机电产品。

1160. 机电产品国际招标投标活动中的机电产品涉及哪些领域？

答： 涉及机械设备、电气设备、交通运输工具、电子产品、电器产品、仪器仪表、金属制品等及其零部件、元器件。

1161. 机电产品国际招标投标活动应当有哪些原则？

答：公开、公平、公正、诚实信用和择优。

1162. 招标文件应提前多少日发售？发售后若须修改，且修改的内容可能影响投标文件编制的，应提前多少日？

答：至少在投标截止时间20日前。若须修改，且修改的内容可能影响投标文件编制，则至少在投标截止时间的15日前。

1163. 投标人若认为招标文件有歧视性条款或不合理要求，应如何处理？

答：应在投标截止时间10日前向招标人或招标机构提出，并将异议内容上传招标网。

1164. 投标人应如何应对星号条款？

答：对带星号（"*"）的技术参数必须在投标文件中提供技术支持资料。技术支持资料以制造商公开发布的印刷资料、检测机构出具的检测报告或招标文件中允许的其他形式为准。未提供的，评标时不予认可。

1165. 对使用同一家制造商或集成商生产的产品的两家以上投标人应如何界定？

答：按一家投标人计算。

1166. 对两家以上集成商或代理商使用相同制造商产品作为其项目包的一部分，且相同产品的价格总和均超过该项目包各自投标总价60%的，应如何界定？

答：按一家投标人计算。

1167. 开标时若投标人少于3个，应如何处理？

答：应停止开标，但对于国外贷款、援助资金项目，资金提供方规定当投标截止时间到达时，投标人少于3个可直接进入开标程序的，可以适用其规定。

1168. 开标后认定投标人少于3个的，应如何处理？

答：应当停止评标，招标人应当依照本办法重新招标。

1169. 重新招标后投标人仍少于3个的，应如何处理？

答： 可以进入两家或一家开标评标；按国家有关规定需要履行审批、核准手续的依法必须进行招标的项目，报项目审批、核准部门审批、核准后可以不再进行招标。

1170. 对评标委员会的组成有何具体要求？

答： 评标委员会由招标人的代表和从事相关领域工作满8年并具有高级职称或者具有同等专业水平的技术、经济等相关领域专家组成，成员人数为5人以上单数，其中技术、经济等方面专家人数不得少于成员总数的2/3。同一项目包评标中，来自同一法人单位的评标专家不得超过评标委员会总人数的1/3。

评标所需专家原则上由招标人或招标机构在招标网上从国家和地方两级专家库内相关专业类别中采用随机抽取的方式产生。但技术复杂、专业性强或者国家有特殊要求的，采取随机抽取方式确定的专家难以保证其胜任评标工作的特殊招标项目，报相应主管部门后，可以由招标人直接确定评标专家。

一次委托招标金额在1000万美元及以上的国际招标项目，所需专家的1/2以上应从国家级专家库中抽取。

1171. 若评标委员会成员名单泄密，应如何处理？

答： 除追究当事人责任外，还应报相应的主管部门并重新抽取专家。若泄密影响评标，则评标结果无效。

1172. 机电产品一般采用什么评分方法？

答： 一般采用最低评标价法。

1173. 对一般参数的偏离加价的幅度应控制在什么范围？

答： 一般参数的偏离加价一般为0.5%，最高不得超过1%。

1174. 在商务评议过程中，什么情形应予否决投标？

答： 下列情形之一，则否决投标：

（1）投标人或其制造商与招标人有利害关系可能影响招标公正性的。

（2）投标人参与项目前期咨询或招标文件编制的。

（3）不同投标人单位负责人为同一人或者存在控股、管理关系的。

（4）投标文件未按招标文件的要求签署的。

（5）投标联合体没有提交共同投标协议的。

（6）投标人的投标书、资格证明材料未提供，或不符合国家规定或者招标文件要求的。

（7）同一投标人提交两个以上不同的投标方案或者投标报价的，但招标文件要求提交备选方案的除外。

（8）投标人未按招标文件要求提交投标保证金或保证金金额不足、保函有效期不足、投标保证金形式或出具投标保函的银行不符合招标文件要求的。

（9）投标文件不满足招标文件加注星号（"*"）的重要商务条款要求的。

（10）投标报价高于招标文件设定的最高投标限价的。

（11）投标有效期不足的。

（12）投标人有串通投标、弄虚作假、行贿等违法行为的。

（13）存在招标文件中规定的否决投标的其他商务条款的。

（14）若招标文件要求提供原件的而未提供原件的。

1175. 若招标人列出的供货产品清单和分项报价有缺漏项，评标时应如何处理？

答：投标人投标报价缺漏项超出招标文件允许的范围或比重的，为实质性偏离招标文件要求，评标委员会应当否决其投标。

缺漏项在招标文件允许的范围或比重内的，评标时应当要求投标人确认缺漏项是否包含在投标价中，确认包含的，将其他有效投标中该项的最高价计入其评标总价，并依据此评标总价对其一般商务和技术条款（参数）偏离进行价格调整；确认不包含的，评标委员会应当否决其投标；签订合同时以投标价为准。

1176. 若招标文件允许以多种货币投标，在评标时应如何折算？

答：应以开标当日中国银行总行首次发布的外币对人民币的现汇卖出价进行投标货币对评标货币的转换以计算评标价格。

1177. 技术评议过程中，什么情形将应予否决投标？

答：下列情形之一，应予否决投标：

（1）投标文件不满足招标文件技术规格中加注星号（"*"）的重要条款（参数）要求，或加注星号（"*"）的重要条款（参数）无符合招标文件要求的技术资料支持的。

（2）投标文件技术规格中一般参数超出允许偏离的最大范围或最多项数的。

（3）投标文件技术规格中的响应与事实不符或虚假投标的。
（4）投标人复制招标文件的技术规格相关部分内容作为其投标文件中一部分的。
（5）存在招标文件中规定的否决投标的其他技术条款的。

1178. 评标结果公示表包括哪些内容？评标结果应公示多久？

答：采用最低评标价法评标的，评标结果公示表中的内容包括"中标候选人排名""投标人及制造商名称""评标价格"和"评议情况"等。每个投标人的评议情况应当按商务、技术和价格评议三个方面在评标结果公示表中分别填写，填写的内容应当明确说明招标文件的要求和投标人的响应内容。对一般商务和技术条款（参数）偏离进行价格调整的，在评标结果公示时，招标人或招标机构应当明确公示价格调整的依据、计算方法、投标文件偏离内容及相应的调整金额。

采用综合评价法评标的，评标结果公示表中的内容包括"中标候选人排名""投标人及制造商名称""综合评价值""商务、技术、价格、服务及其他等大类评价项目的评价值"和"评议情况"等。每个投标人的评议情况应当明确说明招标文件的要求和投标人的响应内容。

公示期至少为3日。

1179. 使用国外贷款、援助资金的项目，对公示有什么要求？

答：招标人或招标机构应当自收到评标委员会提交的书面评标报告之日起3日内向资金提供方报送评标报告，并自获其出具不反对意见之日起3日内在招标网上进行评标结果公示。

1180. 评标时如遇重大意见分歧，应如何处理？

答：进行表决。对评标结果有不同意见的评标委员会成员应当以书面形式说明其不同意见和理由，评标报告应当注明该不同意见。评标委员会成员拒绝在评标报告上签字又不说明其不同意见和理由的，视为同意评标结果。

1181. 若投标人对评标结果有异议，应在什么时间内进行质疑？应办何手续？

答：应在公示期内提出异议，并上传招标网。

1182. 投标人应如何投诉？

答：投标人或者其他利害关系人认为招标投标活动不符合法律、行政法规及本办法规定的，可以自知道或者应当知道之日起10日内向相应主管部门投诉。投诉人应当于投诉期内在招标网上填写投诉书。

若对资格预审文件、招标文件、开标或评标结果有异议，则潜在投标人或者其他利害关系人应当在自领购资格预审文件、领购招标文件、开标、评标结果公示结束10日内向相应的主管部门提出，且在进行上述投诉之前，应当先向招标人提出异议（异议答复期间不计算在投诉期限内），并提供异议和异议答复情况及相关证明材料，且将由投诉人单位负责人或单位负责人授权的人签字并盖章的投诉书、单位负责人证明文件及相关材料在投诉期内送达相应的主管部门。境外投诉人所在企业无印章的，以单位负责人或单位负责人授权的人签字为准。

投诉应当有明确的请求和必要的证明材料。投诉有关材料是外文的，投诉人应当同时提供其中文译本，并以中文译本为准。

1183. 什么情形下的投诉不予受理？

答：下列情形之一的投诉不予受理：①就《机电产品国际招标投标实施办法（试行）》第三十六条、第四十八条、第六十九条规定事项投诉，其投诉内容在提起投诉前未按照《机电产品国际招标投标实施办法（试行）》的规定提出异议的；②投诉人不是投标人或者其他利害关系人的；③投诉书未按《机电产品国际招标投标实施办法（试行）》有关规定签字或盖章，或者未提供单位负责人证明文件的；④没有明确请求的，或者未按《机电产品国际招标投标实施办法（试行）》提供相应证明材料的；⑤涉及招标评标过程具体细节、其他投标人的商业秘密或其他投标人的投标文件具体内容但未能说明内容真实性和来源合法性的；⑥未在规定期限内在招标网上提出的；⑦未在规定期限内将投诉书及相关证明材料送达相应主管部门的。

1184. 若招标人对投诉的内容无法提供充分解释和说明，应如何处理？

答：主管部门可以自行组织或者责成招标人、招标机构组织专家就投诉的内容进行评审。

1185. 采用综合评价法评标的原则是什么？

答：（1）评标办法应当充分考虑每个评价指标所有可能的投标响应，且每一种可能的投标响应应当对应一个明确的评价值，不得对应多个评价值或评价值区间，采用两步评价方法的除外。

对于总体设计、总体方案等难以量化比较的评价内容，可以采取两步评价方法：第一步,评标委员会成员独立确定投标人该项评价内容的优劣等级,根据优劣等级对应的评价值算术平均后确定该投标人该项评价内容的平均等级;第二步,评标委员会成员根据投标人的平均等级,在对应的分值区间内给出评价值。

(2)价格评价应当符合低价优先、经济节约的原则,并明确规定评议价格最低的有效投标人将获得价格评价的最高评价值,价格评价的最大可能评价值和最小可能评价值应当分别为价格最高评价值和零评价值。

(3)评标委员会应当根据综合评价值对各投标人进行排名。综合评价值相同的,依照价格、技术、商务、服务及其他评价内容的优先次序,根据分项评价值进行排名。

1186. 对投诉处理的结果有哪几种?

答:(1)投诉内容未经查实前,投诉人撤回投诉的,终止投诉处理。

(2)投诉缺乏事实根据或者法律依据的,以及投诉人捏造事实、伪造材料或者以非法手段取得证明材料进行投诉的,驳回投诉。

(3)投诉情况属实,招标投标活动确实存在不符合法律、行政法规规定的,依法做出招标无效、投标无效、中标无效、修改资格预审文件或者招标文件等决定。

1187. 招标人应何时退还投标保证金?

答:招标人最迟应当在书面合同签订后5日内向中标人和未中标的投标人退还投标保证金及银行同期存款利息。

1188. 采用最低评标价法评标的原则是什么?

答:(1)按招标文件中的评标依据进行评标。计算评标价格时,对需要进行价格调整的部分,要依据招标文件和投标文件的内容加以调整并说明。投标总价中包含的招标文件要求以外的产品或服务,在评标时不予核减。

(2)除国外贷款、援助资金项目外,计算评标总价时,以货物到达招标人指定到货地点为依据。

(3)招标文件允许以多种货币投标的,在进行价格评标时,应当以开标当日中国银行总行首次发布的外币对人民币的现汇卖出价进行投标货币对评标货币的转换以计算评标价格。

1189. 招标人和中标人应在什么时间内签订合同?

答:应自中标通知书发出之日起30日内签订合同。

1190. 若在评标结果投诉处理中,发现招标文件重要商务或技术条款(参数)出现内容错误、前后矛盾或与国家相关法律法规不一致的情形,影响评标结果公正性,应如何处理?

答:当次招标无效,主管部门将在招标网上予以公布。

第二节 机电产品出口招标

1191. 什么是机电产品出口招标?

答:指经营招标商品的出口企业通过自主投标并按规定程序取得商品出口数量。

1192. 机电产品出口招标工作的原则是什么?

答:公平、公正、竞争、效益。

1193. 招标委员会、招标办公室的职责分别是什么?

答:招标委员会的职责是根据《机电产品出口招标办法》管理机电产品的出口招标工作,招标办公室的职责是根据《机电产品出口招标办法》和招标委员会的决定具体实施各方面工作。

1194. 参加投标须具备什么条件?

答:经中华人民共和国商务部许可有外贸出口经营权;在工商行政管理机关登记注册;是机电商会所属招标商品分会会员或外资协会会员。

1195. 对投标价格有什么要求?

答:投标价格不得低于同行业协议价。

1196. 机电产品出口招标的投标文件包括哪些内容?

答:投标申请书;投标保证书;机电商会分会会员或外资协会会员证明(复印件);中华人民共和国商务部或其授权部门颁发的出口经营权批准文件,对外贸易企业审定证书,或外商投资企业批准证书(复印件);国家工商行政管理部门核发的法人营业执照(复印件);商检部门出具的出口产品质量许可证(复印件);招标委员会规定的其他材料。

1197. 招标工作由谁进行法律见证？

答： 招标工作由注册律师进行法律见证。

1198. 如何确定中标数量？

答： 中标数量=招标数量×上年出口数量权数×上年出口均价比。

1199. 什么情形下投标人将被取消当年的中标数量？

答： 虚报投标材料或擅自转让或变卖中标数量。

1200. 什么情形下投标人将被取消下一年度的投标资格？

答： 有下列情形之一的，则予以取消：涉及国外反倾销案而不参加应诉的；实际出口价格低于同行协议价或变相降价的；经有关部门查实侵犯商标权的；不按期缴纳中标手续费的；获得中标数量的企业不按规定申报登记和交回使用不完的中标数量，其比例达到或超过中标数量的30%。

第七章　政府采购新方式
——竞争性磋商

1201. 什么是竞争性磋商？

答：竞争性磋商是指采购人、政府采购代理机构通过组建竞争性磋商小组与符合条件的供应商就采购货物、工程和服务事宜进行磋商，供应商按照磋商文件的要求提交响应文件和报价，采购人从磋商小组评审后提出的候选供应商名单中确定成交供应商的采购方式。

1202. 竞争性磋商方式采购的范围是什么？

答：采购范围是：政府购买服务项目；技术复杂或者性质特殊，不能确定详细规格或者具体要求的；因艺术品采购、专利、专有技术或者服务的时间、数量事先不能确定等原因不能事先计算出价格总额的；市场竞争不充分的科研项目，以及需要扶持的科技成果转化项目；按照《招标投标法》及其《招标投标法实施条例》必须进行招标的工程建设项目以外的工程建设项目。

1203. 如何确定竞争性磋商项目的属性？

答：采购项目中含不同采购对象（如货物、服务）的，以占项目资金比例最高的采购对象来确定其项目属性。

1204. 竞争性磋商的采购程序是什么？

答：（1）采购预算、申请与审批：达到公开招标数额标准的货物、服务采购项目，拟采用竞争性磋商的，采购人应当在采购活动开始前，报经主管预算单位同意后，依法向设区的市、自治州以上人民政府财政部门申请批准。

（2）供应商的选择：采购人、采购代理机构应当通过发布公告、随机抽取或者采购人和评审专家分别书面推荐的方式邀请不少于3家符合相应资格条件的供应商参与竞争性磋商。

（3）发出竞争性磋商文件：向被邀请的供应商发出竞争性磋商文件。

（4）竞争性磋商的保证金缴交：磋商文件要求供应商缴纳磋商保证金的，供应商应在提交响应文件截止时间之前缴纳磋商保证金。

（5）提交响应文件：供应商应当在磋商文件要求的截止时间前，将响应文件密封送达指定地点。

（6）抽取评审专家并组建磋商小组：由采购人代表和评审专家组成磋商小组。

（7）审查：磋商小组根据磋商文件规定的评审程序、评审方法和评审标准进行独立评审。未实质性响应磋商文件的响应文件按无效响应处理，磋商小组应当告知提交响应文件的供应商。

（8）磋商：磋商小组所有成员集中与每一个被邀请的供应商分别进行磋商。

（9）报价：供应商根据最终采购需求提交最后报价。

（10）评审：磋商小组采用综合评分法对提交最后报价的供应商的响应文件和最后报价进行综合评分。

（11）确定成交候选供应商：按照评审得分由高到低顺序推荐成交候选供应商，并编写评审报告。评审得分相同的，按照最后报价由低到高的顺序推荐。评审得分且最后报价相同的，按照技术指标优劣顺序推荐。

（12）确定成交供应商：采购人应当在收到评审报告后的5个工作日内，从评审报告提出的成交候选供应商中，按照排序由高到低的原则确定成交供应商，也可以书面授权磋商小组直接确定成交供应商。采购人逾期未确定成交供应商且不提出异议的，视为确定评审报告提出的排序第一的供应商为成交供应商。

（13）公告并发出成交通知书：采购人或者采购代理机构应当在成交供应商确定后2个工作日内，在省级以上财政部门指定的政府采购信息发布媒体上公告成交结果，同时向成交供应商发出成交通知书，并将磋商文件随成交结果同时公告。

1205. 如何选择参加竞争性磋商的供应商？

答：采购人、采购代理机构应当通过发布公告、随机抽取或者采购人和评审专家分别书面推荐的方式邀请不少于3家符合相应资格条件的供应商参与竞争性磋商采购活动。其中，采用公告方式邀请供应商的，采购人、采购代理机构应当在省级以上人民政府财政部门指定的政府采购信息发布媒体发布竞争性磋商公告；采取采购人和评审专家书面推荐方式选择供应商的，采购人和评审专家应当各自出具书面推荐意见。采购人推荐供应商的比例不得高于推荐供应商总数的50%。

1206. 竞争性磋商公告应当包括哪些内容？

答：包括：采购人、采购代理机构的名称、地点和联系方法；采购项目的名称、数量、简要规格描述或项目基本概况介绍；采购项目的预算；供应商资格条件；获取磋商文件的时间、地点、方式及磋商文件售价；响应文件提交的截止时间、开启时间及地点；采购项目联系人姓名和电话。

1207. 对竞争性磋商文件的编制有什么要求？

答：应当根据采购项目的特点和采购人的实际需求编制，并经采购人书面同意。采购人应当以满足实际需求为原则，不得擅自提高经费预算和资产配置等采购标准。磋商文件不得要求或者标明供应商名称或者特定货物的品牌，不得含有指向特定供应商的技术、服务等条件。

1208. 竞争性磋商文件包括哪些内容？

答：磋商文件应当包括供应商资格条件、采购邀请、采购方式、采购预算、采购需求、政府采购政策要求、评审程序、评审方法、评审标准、价格构成或者报价要求、响应文件编制要求、保证金缴纳数额和形式以及不予退还保证金的情形、磋商过程中可能实质性变动的内容、响应文件提交的截止时间、开启时间及地点以及合同草案条款等。

1209. 竞争性磋商文件至少需要提前多久发出？

答：竞争性磋商文件从发出之日起至供应商提交首次响应文件截止之日止不得少于10日。

1210. 对竞争性磋商文件的发售时间有什么要求？

答：磋商文件的发售期限自开始之日起不得少于5个工作日。

1211. 若对已发出的竞争性磋商文件进行必要的澄清或者修改，在时间上有什么要求？

答：若澄清或者修改的内容可能影响响应文件编制的，采购人、采购代理机构应当在提交首次响应文件截止时间至少5日前，以书面形式通知所有获取磋商文件的供应商；不足5日的，采购人、采购代理机构应当顺延提交首次响应文件截止时间。

1212. 对采购人或采购代理机构组织供应商进行现场考察或召开磋商前答疑会有什么要求？

答：采购人或采购代理机构不得单独或分别组织只有一个供应商参加的现场考察和答疑会。

第七章 政府采购新方式——竞争性磋商

1213. 磋商保证金的上限是多少？

答：磋商保证金上限是采购项目预算的2%。

1214. 供应商如何缴纳磋商保证金？

答：供应商应采用支票、汇票、本票或者金融机构、担保机构出具的保函等非现金形式缴纳，且应符合按照磋商文件的要求。供应商为联合体的，可以由联合体中的一方或者多方共同缴纳磋商保证金，其缴纳的保证金对联合体各方均具有约束力。

1215. 对磋商小组的人员组成有什么具体要求？

答：磋商小组由采购人代表和评审专家共3人以上单数组成，其中评审专家人数不得少于磋商小组成员总数的2/3。评审专家应当从政府采购评审专家库内相关专业的专家名单中随机抽取。采购人代表不得以评审专家身份参加本部门或本单位采购项目的评审。采购代理机构人员不得参加本机构代理的采购项目的评审。市场竞争不充分的科研项目，需要扶持的科技成果转化项目，以及情况特殊、通过随机方式难以确定合适的评审专家的项目，经主管预算单位同意，可以自行选定评审专家。技术复杂、专业性强的采购项目，评审专家中应当包含1名法律专家。

1216. 采购人、采购代理机构或者磋商小组应当如何处理在截止时间后送达的响应文件？

答：在截止时间后送达的响应文件为无效文件，采购人、采购代理机构或者磋商小组应当拒收。

1217. 对供应商修改和撤回响应文件有什么要求？

答：供应商应在提交响应文件截止时间前进行补充、修改或者撤回，并书面通知采购人、采购代理机构。

1218. 若响应文件中有含义不明确、表述前后不一致或计算明显错误，应如何处理？

答：磋商小组可以要求供应商对上述问题做出必要的澄清、说明或者更正。供应商的澄清、说明或者更正不得超出响应文件的范围或者改变响应文件的实质性内容，且应以书面形式做出。供应商的澄清、说明或者更正应当由法定代表人或其授权代表签字或者加盖公章。由授权代表签字的，应当附法定代表人授权书。供应商为自然人的，应当由本人签字并附身份证明。

1219. 磋商中若采购需求中的技术、服务要求以及合同草案条款出现实质性变动，应如何处理？

答：所有实质性变动的内容须经采购人代表确认。磋商小组应当及时以书面形式同时通知所有参加磋商的供应商。

1220. 若磋商文件不能详细列明采购标的的技术、服务要求而需经磋商由供应商提供最终设计方案或解决方案的，磋商小组应如何处理？

答：磋商结束后，磋商小组应当按照少数服从多数的原则投票推荐3家以上供应商的设计方案或者解决方案，并要求其在规定时间内提交最后报价。

1221. 在竞争性磋商中，什么情形下提交最后报价的供应商可以为两家？

答：市场竞争不充分的科研项目或需要扶持的科技成果转化项目。

1222. 供应商在提交最后报价之前退出磋商，其磋商保证金将如何处理？

答：采购人、采购代理机构应当退还退出磋商的供应商的磋商保证金。

1223. 竞争性磋商的综合评分法中，价格分值占总分值的比重是多少？

答：货物项目的价格分值占总分值的比重（即权值）为30%～60%，服务项目的价格分值占总分值的比重（即权值）为10%～30%。因艺术品采购、专利、专有技术或者服务的时间、数量事先不能确定等原因不能事先计算出价格总额的项目，或执行统一价格标准的项目，其价格不列为评分因素。有特殊情况需要在上述规定范围外设定价格分权重的，应当经本级人民政府财政部门审核同意。

1224. 如何计算竞争性磋商的供应商的报价得分？

答：以满足磋商文件要求且最后报价最低的供应商的价格为磋商基准价，其价格分为满分。其他供应商的价格分统一按照下列公式计算：磋商报价得分=（磋商基准价/最后磋商报价）×价格权值×100。项目评审过程中，不得去掉最后报价中的最高报价和最低报价。

1225. 应当如何确定成交候选供应商？

答：磋商小组应当根据综合评分情况，按照评审得分由高到低顺序推荐3名以上成交候选供应商。对于市场竞争不充分的科研项目或需要扶持的科技成果转化项目，若实质性响应竞争性磋商文件的供应商仅有两家提交最后报价，磋商小组可以只推荐这两家供应商作为成交候选供应商。

1226. 应当如何确定成交供应商？

答：采购人应当在收到评审报告后5个工作日内，从评审报告提出的成交候选供应商中，按照排序由高到低的原则确定成交供应商，也可以书面授权磋商小组直接确定成交供应商。采购人逾期未确定成交供应商且不提出异议的，视为确定评审报告提出的排序第一的供应商为成交供应商。

1227. 成交结果公告应当有哪些内容？

答：应当包括：采购人和采购代理机构的名称、地址和联系方式；项目名称和项目编号；成交供应商名称、地址和成交金额；主要成交标的的名称、规格型号、数量、单价、服务要求；磋商小组成员名单。

采用书面推荐供应商参加采购活动的，还应当公告采购人和评审专家的推荐意见。

1228. 采购人与成交供应商应当在什么时间内签订政府采购合同？

答：应在成交通知书发出之日起30日内签订政府采购合同。

1229. 什么情形下磋商保证金不予退还？

答：下列情形之一的，磋商保证金不予退还：

（1）供应商在提交响应文件截止时间后撤回响应文件的。

（2）供应商在响应文件中提供虚假材料的。

（3）除因不可抗力或磋商文件认可的情形以外，成交供应商不与采购人签订合同的。

（4）供应商与采购人、其他供应商或者采购代理机构恶意串通的。

（5）磋商文件规定的其他情形。

1230. 采购人或者采购代理机构应当在什么时间退还磋商保证金？

答：采购人或者采购代理机构应当在采购活动结束后及时退还供应商的磋商保证金，但因供应商自身原因导致无法及时退还的除外。未成交供应商的磋商保证金应当在成交通知书发出后5个工作日内退还，成交供应商的磋商保证金应当在采购合同签订后5个工作日内退还。

1231. 什么情形下采购人或者采购代理机构应当组织重新评审或重新开展采购活动？

答：若资格性检查认定错误、分值汇总计算错误、分项评分超出评分标准范围、客观分评分不一致或经磋商小组一致认定评分畸高或畸低，则采购人或者采购代理机构应当组织重新评审。若发现磋商小组未按照磋商文件规定的评审标准进行评审，则应当重新开展采购活动，并同时书面报告本级财政部门。

1232. 若成交供应商拒绝签订政府采购合同，采购人应如何处理？

答：可以按照由高到低的排序递补成交供应商并签订政府采购合同，也可以重新开展采购活动。拒绝签订政府采购合同的成交供应商不得参加对该项目重新开展的采购活动。

1233. 什么情形下，采购人或者采购代理机构应当终止竞争性磋商采购活动并重新开展采购活动？

答：出现下列情形之一的，采购人或者采购代理机构应当终止竞争性磋商采购活动，发布项目终止公告并说明原因，重新开展采购活动：

（1）因情况变化，不再符合规定的竞争性磋商采购方式适用情形的。

（2）出现影响采购公正的违法、违规行为的。

（3）在采购过程中符合要求的供应商或者报价未超过采购预算的供应商不足3家的，但对于市场竞争不充分的科研项目或需要扶持的科技成果转化项目，若实质性响应竞争性磋商文件的供应商仅有两家提交最后报价的除外。

1234. 竞争性磋商和其他政府采购方式的主要异同点是什么？

答：主要异同点见下表：

	采购对象与适用范围	供应商或投标人产生的环节以及数量要求	报价方式	详细评审阶段的评审方式
竞争性磋商	（1）服务项目 （2）技术复杂或性质特殊而不能确定详细规格或具体要求的货物，或因艺术品采购、专利、专有技术或者服务的时间、数量事先不能确定等原因不能事先计算出价格总额的货物 （3）市场竞争不充分的科研项目，以及需要扶持的科技成果转化项目 （4）按照《招标投标法》及其《招标投标法实施条例》必须进行招标的工程建设项目以外的工程建设项目	公告、随机抽取或者采购人和评审专家分别书面推荐；不少于3家	二次报价	评分（依据得分从高到低排序）

第七章 政府采购新方式——竞争性磋商

（续）

	采购对象与适用范围	供应商或投标人产生的环节以及数量要求	报价方式	详细评审阶段的评审方式
公开招标	货物、服务、工程	公告；通常不少于3家	一次报价	评分（依据得分从高到低排序）；排序；投票（依据得票从高到低排序）
邀请招标	货物、服务、工程	邀请；不少于3家	一次报价	评分（依据得分从高到低排序）
询价	规格、标准统一、现货货源充足、价格变化幅度小的货物，且：若属于依法制定的集中采购目录以内，则未达到公开招标数额标准；若属于依法制定的集中采购目录以外、采购限额标准以上，则未达到公开招标数额标准；或者，若达到公开招标数额标准，则经批准采用非公开招标方式	公告、随机抽取或者采购人和评审专家分别书面推荐；不少于3家	一次报价	依据价格从低到高排序
竞争性谈判	（1）依法制定的集中采购目录以内，且未达到公开招标数额标准的货物、服务；（2）依法制定的集中采购目录以外、采购限额标准以上，且未达到公开招标数额标准的货物、服务；（3）达到公开招标数额标准、经批准采用非公开招标方式的货物、服务；（4）按《招标投标法》及其《招标投标法实施条例》必须进行招标的工程建设项目以外的政府采购工程	公告、随机抽取或者采购人和评审专家分别书面推荐；通常不少于3家	二次报价	依据价格从低到高排序
单一来源采购	同上	需论证和公示；仅一家	二次报价	价格协商

案例7-1

某次PPP采购，要求对合理利润率（A-X）%、折现率（B-Y）%、首年基准收入（C+Z）万元中的X、Y、Z进行竞标。由于采购文本存在严重瑕疵，将磋商文件写成招标文件，且报价格式又没有写清楚，导致部分投标人理解错误，将合理利润率与合理利润率的竞价条件、折现率与折现率的竞价条件、首年基准收入与首年基准收入的竞价条件相混，报价超出采购文本的规定幅度，导致流标。

在本案例中，采购文本的编制人没有搞清楚公开招标和竞争性磋商的区别，前者为招标性采购方式，只有一次报价机会，也没有其他磋商或谈判的余地，后者为非招标性采购方式，有不止一次的报价机会，可以进行一定程度的磋商与谈判。

1235. 竞争性磋商和竞争性谈判的报价策略有什么区别？

答：竞争性磋商和竞争性谈判最大的差别就在于，前者需要根据综合评分的结果来确定成交供应商，后者则依据价格从低到高来确定成交供应商的排序。因而，竞争性磋商的报价需要做综合考虑。如果竞争对手的分数（不含价格分）高于己方，那么，就应给出较低的报价。反之，可以给出较高的报价。

第八章 政府采购新方法
——电子招标投标

1236. 什么是电子招标投标活动?

答:电子招标投标活动是指以数据电文形式,依托电子招标投标系统完成的全部或者部分招标投标交易、公共服务和行政监督活动。数据电文是指以电子、光学、磁或者类似手段生成、发送、接收或者储存的信息。

1237. 电子招标投标系统包括哪些平台?它们的架构关系和主要功能是什么?

答:电子招标投标系统包括交易平台、公共服务平台和行政监督平台。其中,交易平台是以数据电文形式完成招标投标交易活动的信息平台。公共服务平台是满足交易平台之间信息交换、资源共享需要,并为市场主体、行政监督部门和社会公众提供信息服务的信息平台。行政监督平台是行政监督部门和监察机关在线监督电子招标投标活动的信息平台。这三个平台的架构关系和主要功能如下图:

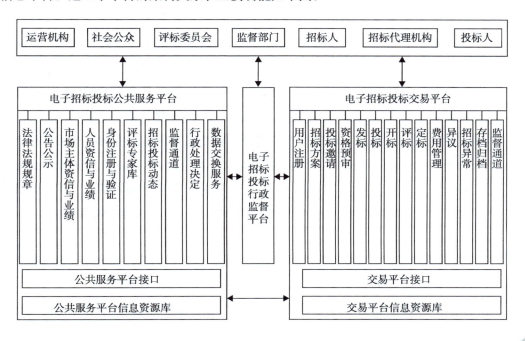

1238. 电子招标投标系统的开发、检测、认证、运营应遵守什么规章和技术规范?

答：应当遵守《电子招标投标办法》及所附《电子招标投标系统技术规范》。

1239. 电子招标投标交易平台建设和运营的原则和方向是什么?

答：电子招标投标交易平台按照标准统一、互联互通、公开透明、安全高效的原则以及市场化、专业化、集约化方向建设和运营。

1240. 电子招标投标交易平台应具备哪些基本功能?

答：电子招标投标交易平台应具备在线完成招标投标全部交易过程，编辑、生成、对接、交换和发布有关招标投标数据信息，提供行政监督部门和监察机关依法实施监督和受理投诉所需的监督通道等功能。

1241. 电子招标投标交易平台应满足哪些要求?

答：应当允许社会公众、市场主体免费注册登录和获取依法公开的招标投标信息，为招标投标活动当事人、行政监督部门和监察机关按各自职责和注册权限登录使用交易平台提供必要条件。通过检测、认证的电子招标投标交易平台应当在省级以上电子招标投标公共服务平台上公布。电子招标投标交易平台服务器应当设在中华人民共和国境内。

1242. 对电子招标投标交易平台运营机构有哪些要求?

答：电子招标投标交易平台运营机构应当是依法成立的法人，拥有一定数量的专职信息技术、招标专业人员。该机构应当根据国家有关法律法规及技术规范，建立健全电子招标投标交易平台规范运行和安全管理制度，加强监控、检测，及时发现和排除隐患；应当采用可靠的身份识别、权限控制、加密、病毒防范等技术，防范非授权操作，保证交易平台的安全、稳定、可靠；电子招标投标交易平台运营机构应当采取有效措施，验证初始录入信息的真实性，并确保数据电文不被篡改、不遗漏和可追溯。此外，电子招标投标交易平台运营机构不得以任何手段限制或者排斥潜在投标人，不得泄露依法应当保密的信息，不得弄虚作假、串通投标或者为弄虚作假、串通投标提供便利。

1243. 若招标人或者其委托的招标代理机构选择使用除招标人或招标代理机构之外第三方运营的电子招标投标交易平台的，应履行什么手续?

答：除在选用的交易平台注册登记之外，还应当与电子招标投标交易平台运营机构签订使用合同，明确服务内容、服务质量、服务费用等权利和义务，并对服务过程中相关信息的产权归属、保密责任、存档等依法做出约定。

1244. 电子招标投标中，对招标人或招标代理机构发出资格预审公告、招标公告或投标邀请书有什么特殊要求？

答：应当在资格预审公告、招标公告或投标邀请书中载明潜在投标人访问电子招标投标交易平台的网络地址和方法。依法必须进行公开招标项目的上述相关公告应当在电子招标投标交易平台和国家指定的招标公告媒介同步发布。

1245. 对数据电文形式的资格预审公告、招标公告、资格预审文件、招标文件有什么统一的要求？

答：数据电文形式的资格预审公告、招标公告、资格预审文件、招标文件应当标准化、格式化。

1246. 电子招标投标交易平台运营机构在投标截止时间前是否可以透露下载资格预审文件或招标文件的潜在投标人名称或数量？

答：在投标截止时间前，电子招标投标交易平台运营机构不得向招标人或其委托的招标代理机构以外的任何单位和个人泄露下载资格预审文件或招标文件的潜在投标人名称、数量以及可能影响公平竞争的其他信息。

1247. 电子招标投标中，对招标人澄清或者修改资格预审文件或招标文件有什么要求？

答：招标人对资格预审文件、招标文件进行澄清或者修改的，应当通过电子招标投标交易平台以醒目的方式公告澄清或者修改的内容，并以有效方式通知所有已下载资格预审文件或者招标文件的潜在投标人。

1248. 对电子招标投标交易平台的运营机构进行投标或代理投标有什么限制？

答：电子招标投标交易平台的运营机构，以及与该机构有控股或者管理关系可能影响招标公正性的任何单位和个人，不得在该交易平台进行的招标项目中投标和代理投标。

1249. 投标人在电子招标投标交易平台注册登记的原则是什么？

答：原则是如实登记。

案例8-1

某公司的一名员工买了一份假的学历证书,并将该证书和其他证书交由公司统一管理。在投标注册的过程中,该公司将这一份假的学历证书和其他证书一同上传。经审核确认,该证书是伪造的,投标人的投标资格被取消。

1250. 若投标人(或投标申请人)未按规定对投标文件(或资格预审申请文件)加密,将如何处理?

答:电子招标投标交易平台将拒收未加密的投标文件(或资格预审申请文件)并提示。

1251. 电子招标投标中,投标人(或投标申请人)是否可以补充、修改或者撤回投标文件(或资格预审申请文件)?

答:投标人(或投标申请人)只能在投标(资格预审)截止时间前补充、修改或者撤回投标文件(或资格预审申请文件)。

1252. 若在投标(或资格预审)截止时间前未完成投标文件(或资格预审申请文件)传输,将如何处理?

答:将视为投标人(或投标申请人)撤回投标文件(或资格预审申请文件)。

案例8-2

某次评标中,评委发现某一个投标人只提交了商务标的文件,没有提交技术标的文件。招标代理机构告知,该投标人没有在投标截止时间前完成技术标文件的上传。由于投标人总共只有三家,此次招标失败。

1253. 若在投标(或资格预审)截止时间后送达投标文件(或资格预审申请文件),将如何处理?

答:电子招标投标交易平台将拒收该文件。

1254. 对于投标(或资格预审)截止时间之前送达的投标文件(或资格预审申请文件),将如何处理?

答:电子招标投标交易平台应当即时向投标人(或投标申请人)发出确认回执通知,并妥善保存投标文件(或资格预审申请文件)。

1255. 什么情形下，在投标（或资格预审）截止时间前可以解密或提取投标文件（或资格预审申请文件）？

答：在投标截止时间前，只有投标人（或投标申请人）可以因补充、修改或撤回投标文件而解密、提取投标文件（或资格预审申请文件）。

1256. 电子招标投标活动中的开标（或资格预审申请文件的开启）与传统的开标（或资格预审申请文件的开启）有什么不同？

答：电子招标投标活动中的开标（或资格预审申请文件的开启）在电子招标投标交易平台上公开进行，所有投标人（或投标申请人）均应当准时在线参加开标（或资格预审申请文件的开启）。开标（或资格预审申请文件的开启）时，电子招标投标交易平台自动提取所有投标文件（或资格预审申请文件），提示招标人和投标人（或投标申请人）按招标文件（或资格预审文件）规定方式按时在线解密。解密全部完成后，应当向所有投标人（或投标申请人）公布投标人（或投标申请人）名称和招标文件（或资格预审文件）规定的其他内容。电子招标投标交易平台应当生成开标（或资格预审申请文件的开启）记录并向社会公众公布，但依法应当保密的除外。

1257. 投标文件（或资格预审申请文件）未解密的，应如何处理？

答：因投标人（或投标申请人）原因造成投标文件（或资格预审申请文件）未解密的，视为撤销其投标文件（或资格预审申请文件）；因投标人（或投标申请人）之外的原因造成投标文件（或资格预审申请文件）未解密的，视为撤回其投标文件（或资格预审申请文件），投标人（或投标申请人）有权要求责任方赔偿因此遭受的直接损失。部分投标文件（或资格预审申请文件）未解密的，其他投标文件的开标（或资格预审申请文件的开启）可以继续进行。

1258. 对电子评标中出现的澄清有什么要求？

答：评标中若需要投标人对投标文件澄清或者说明，招标人和投标人则应通过电子招标投标交易平台交换数据电文。

1259. 对电子招标投标活动中的资格审查报告、资格预审结果通知书、评标报告、中标结果公示、中标通知书、中标结果通知书和合同有什么特殊要求？

答：评标委员会完成评标（或资格审查）后，应当通过电子招标投标交易平台向招标人提交数据电文形式的评标报告（资格审查报告）。招标人应当通过电子招标投标交易平台以数据电文形式向中标人、未中标人或投标申请人发出中标通知书、中标结果通知书或资格预审结果通知书。招标人应当通过电子招标投标交易平台，以数据电文形式与中标人签订合同。

依法必须进行招标的项目，中标候选人、中标结果或资格预审结果应当在电子招标投标交易平台进行公示和公布。

1260. 投标人或者其他利害关系人对资格预审文件、招标文件、开标或评标结果有异议的，应通过什么途径提出？

答：应当通过电子招标投标交易平台提出异议。

1261. 招标人应通过什么途径对投标人的异议进行答复？

答：应当通过电子招标投标交易平台进行答复。

1262. 电子招标投标活动中的哪些文件需要电子签名并进行电子存档？

答：以下文件需要电子签名并进行电子存档：①资格预审公告、招标公告或者投标邀请书；②资格预审文件、招标文件及其澄清、补充和修改；③资格预审申请文件、投标文件及其澄清和说明；④资格审查报告、评标报告；⑤资格预审结果通知书和中标通知书；⑥合同；⑦国家规定的其他文件。

1263. 招标结束后，电子招标投标交易平台应当依法及时公布哪些信息？

答：应及时公布：①招标人名称、地址、联系人及联系方式；②招标项目名称、内容范围、规模、资金来源和主要技术要求；③招标代理机构名称、资格、项目负责人及联系方式；④投标人名称、资质和许可范围、项目负责人；⑤中标人名称、中标金额、签约时间、合同期限；⑥国家规定的公告、公示和技术规范规定公布和交换的其他信息。

1264. 各级人民政府有关部门应当在本部门网站及时公布并允许下载哪些与电子招标投标相关的信息？

答：①有关法律法规规章及规范性文件；②取得相关工程、服务资质证书或货物生产、经营许可证的单位名称、营业范围及年检情况；③取得有关职称、职业资格的从业人员的姓名、电子证书编号；④对有关违法行为做出的行政处理决定和招标投标活动的投诉处理情况；⑤依法公开的工商、税务、海关、金融等相关信息。

第八章 政府采购新方法—电子招标投标

1265. 电子招标投标公共服务平台应具备哪些要求？

答：①链接各级人民政府及其部门网站，收集、整合和发布有关法律法规规章及规范性文件、行政许可、行政处理决定、市场监管和服务的相关信息；②链接电子招标投标交易平台、国家规定的公告媒介，交换、整合和发布电子招标投标办法第四十一条规定的信息；③链接依法设立的评标专家库，实现专家资源共享；④支持不同电子认证服务机构数字证书的兼容互认；⑤提供行政监督部门和监察机关依法实施监督、监察所需的监督通道；⑥整合分析相关数据信息，动态反映招标投标市场运行状况、相关市场主体业绩和信用情况。其中，属于依法必须公开的信息，公共服务平台应当无偿提供。

1266. 投标人或者其他利害关系人认为电子招标投标活动不符合有关规定的，应通过什么途径投诉？

答：应通过电子招标投标行政监督平台进行投诉。

1267. 什么情形下，电子招标投标系统不得交付使用，或已经运营的应当停止运营？

答：①不具备电子招标投标办法及技术规范规定的主要功能；②不向行政监督部门和监察机关提供监督通道；③不执行统一的信息分类和编码标准；④不开放数据接口、不公布接口要求；⑤不按照规定注册登记、对接、交换、公布信息；⑥不满足规定的技术和安全保障要求；⑦未按照规定通过检测和认证。

1268. 在电子招标投标中，哪些情形将被视为限制或者排斥潜在投标人？

答：①利用技术手段对享有相同权限的市场主体提供有差别的信息；②拒绝或者限制社会公众、市场主体免费注册并获取依法必须公开的招标投标信息；③违规设置注册登记、投标报名等前置条件；④故意与各类需要分离开发并符合技术规范规定的工具软件不兼容对接；⑤故意对递交或者解密投标文件设置障碍。

1269. 电子招标投标系统运营机构向他人透露已获取招标文件的潜在投标人的名称、数量、投标文件内容或者对投标文件的评审和比较以及其他可能影响公平竞争的招标投标信息，将受到什么处罚？

答：将受到警告，或同时被处以一万元以上十万元以下的罚款；单位直接负责的主管人员和其他直接责任人员将依法给予处分；构成犯罪的，依法追究刑事责任。

1270. 就招标人而言，在电子招标投标中，有哪些与传统招标投标不同的策略？

答：招标人可以在招标文件（或资格预审文件）中明确投标文件（或资格预审申

文件）解密失败的补救方案，要求投标文件（或资格预审申请文件）按照招标文件（或资格预审文件）的要求做出响应。此外，招标人可以在招标文件（或资格预审文件）中进行提示，各地网速参差不齐，若网速过慢，则影响投标文件（或资格预审申请文件）的上传，甚至无法上传投标文件，故应及早上传投标文件（或资格预审申请文件）。

1271. 就投标人而言，在电子招标投标中，有哪些与传统招标投标不同的策略？

答：与传统的招标投标相比：①电子招标投标中的投标文件不需要装订，但可能涉及多个要上传的文件，尤其在设计投标中更是如此，故应对这些上传文件给出一目了然的名称，即能让评委从文件的名称就能知道文件的大致内容；②电子招标投标中的投标文件只能在计算机屏幕上查看，故投标人在扫描时，应确保有清晰的扫描效果，且图像不能倒置，文件应当按照顺序上传，若单个文件页数较多，则应当有目录页；③就内容而言，若招标文件没有限制，文档可采用不同的字体、字号、颜色，以便于评委评审，凡是对评审无用的内容，均不要上传。

案例8-3

在某次电子招标投标中，参与设计投标的有十几家投标人，其中，大部分投标人参与了不止一个标段的投标。在评审中，发现有的投标人的投标文件没有按照顺序上传，且没有对单个文件给出一目了然的名称，故评委难以再次查看所要查看的设计图；与之相比，某投标人不仅在投标文件中体现了较高的设计水平，且设计文件完全按照顺序上传，每一个上传的文件的命名都一目了然，最终前者在第一轮的投票中就被淘汰，后者在技术评审中获得最高分。

1272. 投标人在电子投标过程中使用计算机和网络时应注意什么问题？

答：应当使用自身的计算机和网络编制及上传投标文件，应完全避免使用其他人，尤其是其他投标人的计算机、软件和网络。有的行政部门有规定，不同投标人的已标价工程量清单XML电子文档记录的计价软件加密锁序列号信息有一条及以上相同，或者记录的硬件信息中存在一条及以上的计算机网卡MAC地址（如有）、CPU序列号和硬盘序列号均相同的（招标控制价的XML格式文件或计价软件版成果文件发布之前的软硬件信息相同的除外），或者不同投标人的电子投标文件（已标价工程量清单XML电子文档除外）编制时的计算机硬件信息中存在一条及以上的计算机网卡MAC地址（如有）、CPU序列号和硬盘序列号均相同的，应认定为《招标投标法实施条例》第四十条第（一）项"不同投标人的投标文件由同一单位或者个人编制"的情形。

第九章 政府采购新类型
——政府和社会资本合作项目政府采购（PPP项目采购）

1273. 什么是政府和社会资本合作项目政府采购（PPP项目采购）？

答：PPP项目采购是指政府为达成权利义务平衡、物有所值的PPP项目合同，遵循公开、公平、公正和诚实信用原则，按照相关法规要求完成PPP项目识别和准备等前期工作后，依法选择社会资本合作者的过程。

1274. PPP项目采购有哪些参与者？

答：采购人（PPP项目实施机构）、供应商（社会资本）、政府采购代理机构、PPP项目咨询服务机构、与社会资本合作的金融机构、评审专家。

1275. PPP项目咨询服务机构从事PPP项目采购业务的，应办理什么手续？

答：应当按照政府采购代理机构管理的有关要求及时进行网上登记。

1276. PPP项目采购有哪些方式？

答：包括公开招标、邀请招标、竞争性谈判、竞争性磋商和单一来源采购。

1277. PPP项目的公开招标主要适用哪些范围？

答：主要适用于采购需求中核心边界条件和技术经济参数明确、完整、符合国家法律法规及政府采购政策，且采购过程中不作更改的项目。

1278. PPP项目采购采用哪一种资格审查方式？

答：PPP项目采购应当实行资格预审。项目实施机构应当根据项目需要准备资格预审文件，发布资格预审公告，邀请社会资本和与其合作的金融机构参与资格预审，验证项目能否获得社会资本响应和实现充分竞争。

1279. PPP项目采购的资格预审公告包括哪些内容？

答：包括项目授权主体、项目实施机构和项目名称、采购需求、对社会资本的资格要求、是否允许联合体参与采购活动、是否限定参与竞争的合格社会资本的数量及限定的方法和标准以及社会资本提交资格预审申请文件的时间和地点。

1280. PPP项目采购的资格预审公告应当在什么时间发布？

答：应当在提交资格预审申请文件截止时间15个工作日前发布。

1281. PPP项目的采购文件包括哪些内容？

答：采购文件应包括采购邀请、竞争者须知（包括密封、签署、盖章要求等）、竞争者应当提供的资格、资信及业绩证明文件、采购方式、政府对项目实施机构的授权、实施方案的批复和项目相关审批文件、采购程序、响应文件编制要求、提交响应文件截止时间、开启时间及地点、保证金缴纳数额和形式、评审方法、评审标准、政府采购政策要求、PPP项目合同草案及其他法律文本、采购结果确认谈判中项目合同可变的细节以及是否允许未参加资格预审的供应商参与竞争并进行资格后审等内容。项目采购文件中还应当明确项目合同必须报请本级人民政府审核同意，在获得同意前项目合同不得生效。

采用竞争性谈判或者竞争性磋商采购方式的，项目采购文件除上述规定的内容外，还应当明确评审小组根据与社会资本谈判情况可能实质性变动的内容，包括采购需求中的技术、服务要求以及项目合同草案条款。

1282. PPP项目采购中，对参加采购活动的保证金有什么要求？

答：项目实施机构应当在采购文件中要求社会资本缴纳参加采购活动的保证金。社会资本应当以支票、汇票、本票或者金融机构、担保机构出具的保函等非现金形式缴纳保证金。保证金数额不得超过项目预算金额的2%。

1283. PPP项目采购中，对履约保证金有什么要求？

答：项目实施机构应当在采购文件中要求社会资本缴纳履约保证金。社会资本应当以支票、汇票、本票或者金融机构、担保机构出具的保函等非现金形式缴纳履约保证金。履约保证金的数额不得超过PPP项目初始投资总额或者资产评估值的10%，无固定资产投资或者投资额不大的服务型PPP项目，履约保证金的数额不得超过平均6个月服务收入额。

1284. PPP项目采购的评审小组应如何组成？

答： 评审小组由项目实施机构代表和评审专家共5人以上单数组成，其中评审专家人数不得少于评审小组成员总数的2/3。评审专家可以由项目实施机构自行选定，但评审专家中至少应当包含1名财务专家和1名法律专家。项目实施机构代表不得以评审专家身份参加项目的评审。

1285. PPP项目的采购结果确认谈判工作组应如何组成？

答： 采购结果确认谈判工作组成员及数量由项目实施机构确定，但应当至少包括财政预算管理部门、行业主管部门代表，以及财务、法律等方面的专家。涉及价格管理、环境保护的PPP项目，谈判工作组还应当包括价格管理、环境保护行政执法机关代表。评审小组成员可以作为采购结果确认谈判工作组成员参与采购结果确认谈判。

1286. PPP项目采购的程序是什么？

答： （1）发布资格预审公告：采购人在省级以上人民政府财政部门指定的政府采购信息发布媒体上发布。

（2）提交资格预审申请文件：供应商在提交资格预审申请文件截止时间前提交资格预审申请文件。

（3）成立评审小组：项目实施机构、采购代理机构成立评审小组，负责PPP项目采购的资格预审和评审工作。

（4）资格预审：评审小组成员按照客观、公正、审慎的原则，根据资格预审公告规定的程序、方法和标准进行资格预审。项目有3家以上社会资本通过资格预审的，项目实施机构可以继续开展采购文件准备工作；项目通过资格预审的社会资本不足3家的，项目实施机构应当在调整资格预审公告内容后重新组织资格预审；项目经重新资格预审后合格社会资本仍不够3家的，可以依法变更采购方式。

（5）公布资格预审公告：将资格预审结果告知所有参与资格预审的供应商。

（6）资格预审报告备案：将资格预审的评审报告提交财政部门（政府和社会资本合作中心）备案。

（7）采购文件的发出与获取。

（8）现场考察或答疑会：采购人组织社会资本进行现场考察或者召开采购前答疑

会，但不得单独或者分别组织只有一个社会资本参加的现场考察和答疑会。采购人可以视项目的具体情况，组织对符合条件的社会资本的资格条件进行考察核实。

（9）评审（及资格后审）：评审小组成员按照客观、公正、审慎的原则，根据采购文件规定的程序、方法和标准进行独立评审。已进行资格预审的，评审小组在评审阶段可以不再对社会资本进行资格审查。允许进行资格后审的，由评审小组在响应文件评审环节对社会资本进行资格审查。评审小组成员在评审报告（及资格后审报告）上签字，对自己的评审意见承担法律责任。对资格预审报告或者评审报告有异议的，应当在报告上签署不同意见，并说明理由。

（10）成立采购结果确认谈判工作组：采购评审结束后，项目实施机构应当成立专门的采购结果确认谈判工作组，负责采购结果确认前的谈判和最终的采购结果确认工作。

（11）谈判：采购结果确认谈判工作组应当按照评审报告推荐的候选社会资本排名，依次与候选社会资本及与其合作的金融机构就项目合同中可变的细节问题进行项目合同签署前的确认谈判，率先达成一致的候选社会资本即为预中标、成交社会资本。确认谈判不得涉及项目合同中不可谈判的核心条款，不得与排序在前但已终止谈判的社会资本进行重复谈判。

（12）签署确认谈判备忘录：项目实施机构应当在预中标、成交社会资本确定后10个工作日内，与预中标、成交社会资本签署确认谈判备忘录。

（13）公示：将预中标（或预成交）结果和根据采购文件、响应文件及有关补遗文件和确认谈判备忘录拟定的项目合同文本在省级以上人民政府财政部门指定的政府采购信息发布媒体上进行公示，公示期不得少于5个工作日。项目合同文本应当将预中标（或预成交）社会资本响应文件中的重要承诺和技术文件等作为附件。项目合同文本涉及国家秘密、商业秘密的内容可以不公示。

（14）中标或成交结果公告：项目实施机构应当在公示期满无异议后2个工作日内，将中标（或成交）结果在省级以上人民政府财政部门指定的政府采购信息发布媒体上进行公告，同时发出中标（或成交）通知书。

（15）签订合同：采购人在中标（或成交）通知书发出后30日内，与中标、成交社会资本签订经本级人民政府审核同意的PPP项目合同。需要为PPP项目设立专门项目公司的，待项目公司成立后，由项目公司与项目实施机构重新签署PPP项目合同，或者签署关于继承PPP项目合同的补充合同。

（16）合同公告：采购人在PPP项目合同签订之日起2个工作日内，将PPP项目合同在省级以上人民政府财政部门指定的政府采购信息发布媒体上公告，但PPP项目合同中

第九章　政府采购新类型——政府和社会资本合作项目政府采购（PPP 项目采购）

涉及国家秘密、商业秘密的内容除外。

> **案例9-1**
>
> 湖北省首例PPP项目是湖北香溪长江公路大桥采购项目，由湖北省政府采购中心组织，采用竞争性磋商采购方式采购。拟建大桥距三峡大坝上游约30公里，由香溪长江大桥和香溪河大桥组成。该项目建成后，将把长江三峡、神农架、武当山三大黄金旅游区以最便捷的路线串为一体，可更好地服务于湖北"一带两圈"发展战略。

香溪长江公路大桥建设投资主体为湖北省秭归县，项目总预算为20.98亿元。由于现行政策规定，政府不能直接向金融机构贷款，秭归县政府又无法按照国务院规定采用政府债券方式融资，而秭归县资本金仅6亿元，资金缺口高达15亿元。大桥建设迫在眉睫。为了破解融资困局，秭归县借鉴北京鸟巢等成功案例，采用财政部正在积极推行的PPP模式，决定成立拥有特许经营权的国有独资公司，与合作方设立项目公司投资、建设香溪长江公路大桥。

合作模式与双方的职责如下：

项目成交后，根据公司法、《收费公路管理条例》及其他相关法律和政策规定，由采购人与成交供应商共同组建项目公司，由项目公司对项目的筹资、建设、运营、维护、移交等全过程负责，自主经营，自负盈亏。项目公司在特许权协议规定的特许经营期满后，按照特许权协议的约定将公路、公路附属设施及相关资料依法无偿移交。

该项目合作期为24年，其中建设期4年，营运期20年。在项目收费期达到2/3之前，若经过测算项目收益不能收回建设成本、运营成本及财务费用等费用，采购人可协助项目公司通过转让收费权申请延长收费期，延长期限最长不超过5年。项目建成后，由项目公司营运和收费。年度收费收入首先用于偿还项目公司的银行贷款及其财务费用，最后如有正常利润（5%以内），全部归乙方享有；如产生超额收益（8%以上），则甲乙双方按照5∶5的比例分成；若收费年限到期，收费收入不足以补偿建设及营运成本时，甲方承诺以其境内的5000亩①国有林地的开发及收益权作为对乙方的补偿，直至其收入弥补成本时止。

甲乙双方按照竞争性磋商文件的规定，并依合同约定履行出资人职责，共同出资组建项目公司，对项目的建设、经营等进行管理、审计、检查、指导和考核；乙方并应担保项目公司在建设期内筹措到位资本金以外的建设资金并独立完整地承担筹措责任。项

---

① 1亩=666.6m²。

目公司负责对项目的筹划、资金筹措、建设实施、运营管理、养护维修、债务偿还和资产管理实行全过程负责，自主经营，自负盈亏，完成股东会制定的各项任务，执行相关决议，按规定将相关重大事项提请交通主管部门以及股东审查、审批、备案，接受并配合政府、股东对项目的审计以及检查，并及时提供相关资料等。

在特许经营期满至少6个月前，甲方与乙方联合聘请具有相应资质的中介机构对项目的技术状况进行检测并经公路工程质量监督机构认定。经检测，服务水平应达到PPP合作人的承诺并且符合核定的技术等级和标准，乙方方可按照有关规定向甲方办理项目移交手续。否则，乙方应当在甲方确定的期限内进行养护维修直至达到要求。乙方未在政府有关部门确定的期限内完成养护工作或养护工作未达到标准的，甲方将不予退还乙方运营期的履约保证金。

评审标准如下：

项目采用综合评分法，其中价格权重占比30%，商务权重占比70%。商务评议中，磋商小组只对资格审查和符合性检查合格的响应文件进行商务评议并依据评审标准中的分值进行评估。价格评议中，报价分采用低价优先法计算，即满足磋商文件要求且最终报价最低的供应商价格为磋商基准价，其报价分比重为满分。

具体评审内容分为8项，分别为建设期政府投资补助额度，30分；收费期限，10分；财务状况，6分；融资能力，10分；投融资业绩，5分；公司组建方案，5分；项目运营，29分；项目移交，5分。其中在项目运营方面，分值由4部分组成：供应商运营方案完全响应特许经营权合同第十二条的得5分，不响应不得分；经营期前五年政府补助额度在每年2000万元的基础上，每降低10%得1分，最高得10分；供应商承诺超额分成利润率为8%的得6分，每降低1个百分点得1分，最高10分，超过8%不得分；超额分成比例在5∶5的基础上，供应商每降低10%得1分，本项最高得4分。

由采购人代表和评审专家共7人组成的磋商小组对响应文件进行审查、评审、磋商、打分。其中，项目磋商分为两轮。第一轮中，磋商小组未能确定最终需求方案或有效供应商的，对磋商文件修正后进行第二轮磋商。第二轮磋商中，磋商小组根据第一轮磋商的情况对磋商文件进行修改，确定采购内容的详细规格或具体要求，并以书面形式将修改后的磋商文件发给参与磋商的供应商，按照磋商文件设定的方法和标准确定响应供应商。

由于项目论证充分，采取实施机构牵头主导、相关部门齐抓共管、整体联动的运作方式，最终，香溪长江大桥于2015年8月28日正式开工。

1287. 若评审小组发现采购文件内容违反国家有关强制性规定，评审小组应如何处理？

答：评审小组发现采购文件内容违反国家有关强制性规定的，应当停止评审并向项

第九章 政府采购新类型——政府和社会资本合作项目政府采购（PPP项目采购）

目实施机构说明情况。

1288. 若评审小组在评审中发现社会资本有行贿、提供虚假材料或者串通等违法行为的，或者受到非法干涉，评审小组应如何处理？

答：若评审小组在评审中发现社会资本有行贿、提供虚假材料或者串通等违法行为，则应及时向财政部门报告。

若受到非法干涉，评审小组应当及时向财政、监察等部门举报。

1289. PPP的采购人（PPP项目实施机构）如何提前做好项目公司的风控？

答：应在PPP合同草案界定供应商（社会资本）的权利、承担的责任。例如，在股东协议中规定：项目公司在整个合作期限内，未经采购人书面同意不得减资，不得对外投资，不得为除本项目外的其他项目提供任何形式的担保，不得从事本项目无关的其他业务，不得变更公司名称，不得将公司注册地址迁出项目所在地。

1290. 社会资本如何寻找PPP项目？社会资本在作为投标人或供应商时，应特别注意什么？

答：社会资本可在国家发展和改革委员会的网站上了解到全国PPP项目的名称、项目所在地与所属行业、项目建设内容及规模、项目总投资及进展情况、政府参与方式、拟采用PPP操作模式和负责人及联系方式。在提交材料时，应注意材料的真实性，尤其是涉及联合投标时更应注意。与其他政府采购项目不同，PPP项目通常金额很大，采购人通常会对供应商所提交材料的真实性进行严格审核。

若涉及特许经营，应做好测算；应考虑到如果特许经营收费年限到期，收费收入不足以补偿建设及营运成本时的补偿方案；应考虑到特许经营期满之前采购人对供应商移交时的检验验收要求。

由于PPP项目金额非常大，供应商在参与PPP项目竞争时，应当利用决策情报学里的竞争对手的全息分析法对竞争对手、采购人进行分析，例如，用基点分析法对采购人进行分析。

案例9-2

某次PPP采购，投标人将采购人提供的合同草案中的"项目公司在整个合作期限内，未经采购人书面同意不得减资，不得对外投资，不得为除本项目外的其他项目提供任何形式的担保……"修改为"项目公司在整个合作期限内，未经采购人或股东会表决同意不得减资，不得对外投资，不得为除本项目外的其他项目提供任何形式的担保……"。

在本案例中，投标人没有用基点分析法对采购人进行分析（采购人的这一做法属于风控），而是按照以往的"少数服从多数"的思维模式。通常，投标人的这类负偏离将会被评标委员会否决，更不可能得到当地政府的批准。

1291. 中标、成交结果公告内容应当包括哪些内容？

答：应当包括：项目实施机构和采购代理机构的名称、地址和联系方式；项目名称和项目编号；中标或者成交社会资本的名称、地址、法人代表；中标或者成交标的名称、主要中标或者成交条件（包括但不限于合作期限、服务要求、项目概算、回报机制）等；评审小组和采购结果确认谈判工作组成员名单。

第十章　政府采购新项目
——政府购买服务

1292. 什么是政府购买服务？应当遵循什么原则？

答：是指各级国家机关将属于自身职责范围且适合通过市场化方式提供的服务事项，按照政府采购方式和程序，交由符合条件的服务供应商承担，并根据服务数量和质量等因素向其支付费用的行为。

应当遵循预算约束、以事定费、公开择优、诚实信用、讲求绩效原则。

1293. 政府购买服务的购买主体和承接主体分别是什么？

答：各级国家机关是政府购买服务的购买主体。公益一类事业单位、使用事业编制且由财政拨款保障的群团组织，不作为政府购买服务的购买主体。

依法成立的企业、社会组织（不含由财政拨款保障的群团组织），公益二类和从事生产经营活动的事业单位，农村集体经济组织，基层群众性自治组织，以及具备条件的个人可以作为政府购买服务的承接主体。

1294. 政府购买服务的内容是什么？

答：政府购买服务的内容包括政府向社会公众提供的公共服务，以及政府履职所需辅助性服务。以下各项不得纳入政府购买服务范围：

（1）不属于政府职责范围的服务事项。

（2）应当由政府直接履职的事项。

（3）政府采购法律、行政法规规定的货物和工程，以及将工程和服务打包的项目。

（4）融资行为。

（5）购买主体的人员招、聘用，以劳务派遣方式用工，以及设置公益性岗位等事项。

（6）法律、行政法规以及国务院规定的其他不得作为政府购买服务内容的事项。

1295. 如何对政府购买服务实施管理？

答：政府购买服务的具体范围和内容实行指导性目录管理，指导性目录依法予以公开。

政府购买服务指导性目录在中央和省两级实行分级管理，财政部和省级财政部门分别制定本级政府购买服务指导性目录，各部门在本级指导性目录范围内编制本部门政府购买服务指导性目录。省级财政部门根据本地区情况确定省以下政府购买服务指导性目录的编制方式和程序。有关部门应当根据经济社会发展实际、政府职能转变和基本公共服务均等化、标准化的要求，编制、调整指导性目录。

编制、调整指导性目录应当充分征求相关部门意见，根据实际需要进行专家论证。

纳入政府购买服务指导性目录的服务事项，已安排预算的，可以实施政府购买服务。

1296. 政府购买服务合同包括哪些内容？

答：包括服务的内容、期限、数量、质量、价格，资金结算方式，各方权利义务事项和违约责任等。

1297. 政府购买服务合同的履行期限是多长？

答：一般不超过1年；在预算保障的前提下，对于购买内容相对固定、连续性强、经费来源稳定、价格变化幅度小的政府购买服务项目，可以签订履行期限不超过3年的政府购买服务合同。

1298. 承接主体是否可以将服务项目转包给其他主体？

答：承接主体应当按照合同约定提供服务，不得将服务项目转包给其他主体。

1299. 承接主体是否可以利用政府购买服务合同向金融机构融资？

答：承接主体可以依法依规使用政府购买服务合同向金融机构融资。但购买主体不得以任何形式为承接主体的融资行为提供担保。

附　录　案例索引

案　例	页　码	案　例	页　码
案例1-1	2	案例1-28	38
案例1-2	8	案例1-29	39
案例1-3	9	案例1-30	39
案例1-4	9	案例1-31	42
案例1-5	9	案例1-32	43
案例1-6	10	案例1-33	44
案例1-7	17	案例1-34	45
案例1-8	17	案例1-35	46
案例1-9	17	案例1-36	47
案例1-10	19	案例1-37	47
案例1-11	21	案例1-38	47
案例1-12	21	案例1-39	47
案例1-13	24	案例1-40	48
案例1-14	25	案例1-41	48
案例1-15	26	案例1-42	49
案例1-16	27	案例1-43	49
案例1-17	29	案例1-44	49
案例1-18	34	案例1-45	50
案例1-19	34	案例1-46	51
案例1-20	34	案例1-47	51
案例1-21	35	案例1-48	52
案例1-22	36	案例1-49	52
案例1-23	36	案例1-50	53
案例1-24	36	案例1-51	56
案例1-25	38	案例1-52	59
案例1-26	38	案例1-53	60
案例1-27	38	案例1-54	60

（续）

案　例	页　码	案　例	页　码
案例1-55	60	案例5-24	127
案例1-56	60	案例5-25	130
案例1-57	61	案例5-26	130
案例1-58	63	案例5-27	131
案例1-59	65	案例5-28	131
案例1-60	75	案例5-29	133
案例2-1	81	案例5-30	133
案例2-2	81	案例5-31	141
案例4-1	96	案例5-32	142
案例4-2	104	案例5-33	142
案例4-3	104	案例5-34	143
案例5-1	111	案例5-35	145
案例5-2	113	案例5-36	147
案例5-3	113	案例5-37	147
案例5-4	113	案例5-38	147
案例5-5	113	案例5-39	147
案例5-6	113	案例5-40	148
案例5-7	114	案例5-41	148
案例5-8	114	案例5-42	149
案例5-9	114	案例5-43	149
案例5-10	115	案例5-44	150
案例5-11	115	案例5-45	150
案例5-12	115	案例5-46	151
案例5-13	116	案例5-47	151
案例5-14	116	案例5-48	151
案例5-15	117	案例5-49	152
案例5-16	119	案例5-50	154
案例5-17	123	案例5-51	156
案例5-18	123	案例5-52	156
案例5-19	123	案例5-53	156
案例5-20	123	案例5-54	157
案例5-21	123	案例5-55	159
案例5-22	124	案例5-56	159
案例5-23	127	案例5-57	160

（续）

案　例	页　码	案　例	页　码
案例5-58	160	案例5-86	214
案例5-59	160	案例5-87	216
案例5-60	164	案例5-88	217
案例5-61	171	案例5-89	217
案例5-62	173	案例5-90	219
案例5-63	173	案例5-91	219
案例5-64	174	案例5-92	219
案例5-65	179	案例5-93	220
案例5-66	180	案例5-94	220
案例5-67	190	案例5-95	220
案例5-68	193	案例5-96	221
案例5-69	193	案例5-97	223
案例5-70	193	案例5-98	249
案例5-71	197	案例5-99	249
案例5-72	197	案例5-100	250
案例5-73	197	案例5-101	250
案例5-74	198	案例5-102	250
案例5-75	203	案例5-103	251
案例5-76	203	案例5-104	251
案例5-77	205	案例5-105	251
案例5-78	206	案例5-106	251
案例5-79	207	案例5-107	252
案例5-80	209	案例7-1	339
案例5-81	210	案例8-1	344
案例5-82	211	案例8-2	344
案例5-83	211	案例8-3	348
案例5-84	211	案例9-1	353
案例5-85	213	案例9-2	355

参考文献

[1] 苏明. 政府采购[M]. 北京：中国财政经济出版社，2003.

[2] 国家发展和改革委员会固定资产投资司，国家发展和改革委员会中国机电设备招标中心. 招标投标实务[M]. 北京：中国经济出版社，2004.

[3] 林善谋. 招标投标法适用与案例评析[M]. 北京：机械工业出版社，2004.

[4] 楼继伟. 政府采购[M]. 北京：经济科学出版社，1998.

[5] 刘海桑. 浅谈"废标"和"流标"[J]. 中国科技术语，2013,15(6): 33-34.

[6] 刘海桑. 观赏棕榈[M]. 北京：中国林业出版社，2005.

[7] Liu HS, Liu CQ. Revision of two species of Araucaria (Araucariaceae) in Chinese taxonomic literature[J]. J. Syst. Evol., 2008, 46：933-937.

[8] Liu HS, Mao LM, Johnson DV. A morphological comparison of Phoenix reclinata and P. sylvestris (Palmae) cultivated in China and emendation of the Chinese taxonomic literature[J]. Makinoa N. S., 2010, 8:1-10.

[9] 王煜全，Aroop Zutshi. 情报制胜：企业竞争情报[M]. 北京：科学出版社，2004.

[10] 曾忠禄. 企业竞争情报管理——战胜竞争对手的秘密武器[M]. 广州：暨南大学出版社，2004.

[11] 胡晖，刑峰. 竞争情报[M]. 北京：海洋出版社，2006.

[12] 刘海桑. "竞争情报"名词新解[J]. 中国科技术语，2014，16（4）：44-45,50.

[13] Berger A. Small but powerfull: Six steps for conducting competitive intelligence successfully at a medium-size firm[J]. Competitive Intelligence Review. 1997, 8(4):75-77.

[14] 卜月华，王维凡，吕新忠. 图论及其应用[M]. 2版. 南京：东南大学出版社，2015.

[15] Diestel R. Graph Theory, 2nd ed[M]. New York: Sringer-Verlag New York Inc, 2000.

[16] 刘钟莹，赵庆华，余璠璟. 建设工程招标投标[M]. 2版. 南京：东南大学出版社，2020.

[17] 王俊安. 招标投标案例分析[M]. 北京：中国建材工业出版社，2005.

[18] 黄文杰. 建设工程招标实务[M]. 北京：中国计划出版社，2002.

[19] 郑钦. PPP架起一座长江大桥——湖北香溪长江公路大桥PPP合作人采购项目分析[N]. 中国政府采购报，2015-9-1（3）.

[20] 刘海桑. 决策情报学——从概念、框架到应用 [M]. 厦门：厦门大学出版社, 2018.